权威·前沿·原创

皮书系列为
“十二五”“十三五”国家重点图书出版规划项目

北京市哲学社会科学研究基地智库报告系列丛书

交通蓝皮书

BLUE BOOK OF TRANSPORTATION

中国城市交通绿色发展报告（2018）

ANNUAL REPORT ON GREEN DEVELOPMENT OF CHINA'S URBAN TRANSPORTATION(2018)

林晓言　刘铁鹰　王梓利 等／著

社会科学文献出版社
SOCIAL SCIENCES ACADEMIC PRESS (CHINA)

图书在版编目（CIP）数据

中国城市交通绿色发展报告. 2018/林晓言等著. -- 北京：社会科学文献出版社，2018.12
（交通蓝皮书）
ISBN 978 - 7 - 5201 - 4142 - 0

Ⅰ. ①中… Ⅱ. ①林… Ⅲ. ①城市交通 - 交通运输业 - 绿色经济 - 研究报告 - 中国 - 2018 Ⅳ. ①F512.3

中国版本图书馆 CIP 数据核字（2018）第 292234 号

交通蓝皮书
中国城市交通绿色发展报告（2018）

著　　者 / 林晓言　刘铁鹰　王梓利 等

出 版 人 / 谢寿光
项目统筹 / 恽　薇　冯咏梅
责任编辑 / 冯咏梅　王春梅

出　　版 / 社会科学文献出版社 · 经济与管理分社（010）59367226
地址：北京市北三环中路甲 29 号院华龙大厦　邮编：100029
网址：www.ssap.com.cn
发　　行 / 市场营销中心（010）59367081　59367083
印　　装 / 三河市龙林印务有限公司

规　　格 / 开　本：787mm × 1092mm　1/16
印　张：25.75　字　数：388 千字
版　　次 / 2018 年 12 月第 1 版　2018 年 12 月第 1 次印刷
书　　号 / ISBN 978 - 7 - 5201 - 4142 - 0
定　　价 / 148.00 元

皮书序列号 / PSN B - 2019 - 800 - 1/1

为贯彻落实中共中央和北京市委关于繁荣哲学社会科学的系列指示精神，北京市社科规划办和北京市教委自2004年以来，依托首都高校和科研机构的优势学科领域，建设了一批北京市哲学社会科学研究基地。研究基地在优化整合社科资源、资政育人、体制创新、服务首都改革发展等方面发挥了生力军作用，为首都新型高端智库建设进行了积极探索，做出了突出贡献。

围绕新时期首都改革发展的重点和热点问题，北京市哲学社会科学规划办公室与社会科学文献出版社联合推出“北京市哲学社会科学研究基地智库报告系列丛书”，旨在推动研究基地成果深度转化的同时打造首都新型智库拳头产品。

本书是北京市社会科学基金研究基地项目“中国交通发展研究报告2018”（17JDYJA026）最终成果。

主要作者简介

林晓言 北京交通大学教授、博士生导师。中国人民大学工业经济学、北京交通大学技术经济学、北京交通大学运输经济学专业经济学学士、硕士、博士。国家社科基金重大项目首席专家，北京交通大学应用经济学一级学科责任教授，北京市哲学社会科学重点研究基地北京交通发展研究基地主任，首都高端智库北京综合交通发展研究院副院长。兼任中国技术经济学会运输技术经济分会会长，中国铁道学会经济委员会秘书长。曾任北京交通大学经济管理学院经济分院院长、国家863重大专项“高速磁浮交通技术”总体组专家。

主持及参加过京沪高铁、京九铁路、兰新高铁、青藏铁路、上海高速磁浮机场线等铁路重大工程项目的技术经济论证。多次获得高等学校科学研究优秀成果奖、北京市哲学社会科学优秀成果奖、中国铁道学会科学技术奖、中国技术经济学会优秀成果奖等科研奖项。主持在研国家社科基金重大项目“中国高铁经济理论解析框架及演化路径研究”。代表著作有《高速铁路与经济社会发展新格局》《轨道交通公益性与经营性平衡新模式》《高速铁路服务质量与市场竞争》《铁路的民营化改革与市场融资》等。

刘铁鹰 北京交通大学经济管理学院副教授，硕士生导师。2015年毕业于中国海洋大学，获经济学博士。在 *Urban Studies*、*Economic Modelling*、*International Review of Economics & Finance* 等国际刊物发表SSCI论文10余篇。主持承担国家社科基金青年项目、教育部人文社科青年基金项目等课题。研究领域为区域经济、运输经济等。担任 *Applied Economics*、*China Economic Review*、*Resource Conservation & Recycling* 等期刊匿名审稿人。

摘 要

交通运输业在国民经济中具有基础性、先导性、战略性地位，其促进经济社会发展的作用被广为认可与关注，但同时产生了较高的能源消耗与污染排放，引发了诸多生态环境问题。近年来，生态文明建设的地位和作用日益凸显。党的十九大报告明确指出，建设生态文明是中华民族永续发展的千年大计，要加快生态文明体制改革，建设美丽中国。在交通运输业，《"十三五"现代综合交通运输体系发展规划》提出了要促进交通运输绿色发展、强化生态保护和污染防治、推进资源集约节约利用的要求，充分重视落实可持续发展原则。

城市交通与城市发展、居民出行息息相关，改革开放以来，经济、生活水平不断改善，私家车保有量逐年上升，2017 年突破 1.7 亿辆，而城市规划相对滞后，交通限制政策作用有限，随着城镇化进程的加快、城市人口的增加，交通拥堵、环境污染、能源消耗等日趋严重，构建城市绿色交通体系，有力引导居民绿色出行成为解决城市交通问题的必由之路。近年来，由于互联网、大数据、云计算等技术的应用与拓展，城市交通领域出现了一系列新现象，共享单车的兴衰、网约车的竞合与安全事故问题、智慧出行的不断推广，对能源环境与居民出行产生了较大影响，由此，城市交通绿色发展研究就显得十分重要。

目前，有关绿色交通的政策已初步实施并取得一定成效，已有少数城市获得交通运输部"绿色交通城市"称号，但中国幅员辽阔，各地区经济社会发展差异巨大，其交通现状及有关治理政策迥异，有必要对不同城市的交通绿色发展情况进行综合评价，归纳形成原因及有效路径，这对践行绿色发展理念，促进资源节约与生态保护，缓解城市交通问题具有重要意义。

本书分为四个部分：第一部分为总报告，第二部分为指数篇，第三部分为专题篇，第四部分为国际案例篇。总报告立足中国城市交通发展历程及特征，分析城市交通总体态势、展望，发现中国城市交通基础设施建设增长稳中有序；“共享＋交通”模式热潮涌现，风险并存；城市交通呈现智能化趋势，北京、广州位于前列。总报告提出城市交通发展的对策建议，一是要完善绿色交通规制体系，二是要提升公共交通服务质量，三是要鼓励促进新能源汽车发展，四是全面采用信息化、智能化管理方式。指数篇从功能、经济、社会、生态、治理五个方面入手，构建城市交通绿色发展指数，对 38 个主要城市进行评价分析，在此基础上，进行指数分解、区域比较与满意度评估测算。经济基础、政府财政情况、政府管理效能、城区人口增长率与居民交通出行意识、习惯影响着城市交通绿色发展状况；就典型城市交通发展状况而言，资金投入、道路设施规划与土地利用、交通管理策略、绿色交通政策及文化建设等因素是形成绿色交通良好态势的主要手段。从指数分解与区域比较来看，东部地区经济指数具有极大优势，中部地区生态指数和社会指数发展最为突出，西部地区生态指数相对偏高，东北地区社会指数及生态指数相对较好。从经济、社会、生态方面提出绿色交通的实现路径，经济方面，要积极利用绿色交通对城市发展的作用，提升快捷性与可达性，采取有效的措施与制度保障绿色交通的持久竞争力；社会方面，要提升公共交通服务质量、水平，加强交通规划设计，加强宣传教育，树立绿色出行理念；生态方面，要建设生态城市，打造以人为本的健康绿色交通环境。城市交通发展对策包括要大力发展绿色交通出行方式，建立绿色交通系统；通过车辆购置税、停车管理等经济手段调整出行需求；完善交通规划与土地规划等。专题篇分别对北京市建设可持续交通体系、京津冀地区轨道交通发展现状及中国网约私家车监管问题进行深入剖析。国际案例篇介绍了法国巴黎、英国伦敦、美国波特兰等城市交通发展经验，为中国城市交通发展提供启示。

本书为城市交通绿色发展构建较为完备的评价指标体系，采用翔实的数据，基于两种方法进行测度评价，得出较为客观的研究结论。在需求侧方面，构建居民满意度排行榜，反映其对城市交通的主观感知情况。同时，考虑区域发展差异性，针对东部、中部、西部及东北地区进行指数比较分析，得出了具有针对性的建议，为中国城市交通发展的理论与实践提供借鉴。

关键词： 城市交通　绿色发展指数　排行榜　国际案例

目　录

Ⅰ　总报告

B.1　城市绿色交通发展概述及研究趋势
…………………………………………… 林晓言　刘铁鹰　王梓利 / 001

Ⅱ　指数篇

B.2　城市交通绿色发展的理论基础…………………… 崔卓然　林晓言 / 031
B.3　交通绿色发展指数评价方法……………………… 张泽华　刘铁鹰 / 044
B.4　城市交通绿色发展指数体系构建………………… 王梓利　张泽华 / 054
B.5　城市交通绿色发展指数测度……………………… 李宜航　刘铁鹰 / 088
B.6　中国城市交通绿色发展指数排行榜…………… 王梓利　林晓言 / 163
B.7　中国城市交通绿色发展指数分解研究………… 林晓言　张泽华 / 182
B.8　中国城市交通绿色发展区域比较………………… 刘铁鹰　王梓利 / 240
B.9　中国城市交通绿色发展满意度排行榜………… 林晓言　崔卓然 / 272
B.10　中国城市交通绿色发展实现路径与对策
…………………………………………… 梁潇艺　李宜航　刘铁鹰 / 297

Ⅲ 专题篇

B.11 北京未来的交通：建设可持续的城市交通体系 ……… 潘浩然 / 309
B.12 打造“轨道上的京津冀”
——区域铁路十年建设发展综述 …………………… 高明明 / 330
B.13 中国网约私家车的监管路径 ………………… 冯 博 杨 童 / 341

Ⅳ 国际案例篇

B.14 城市绿色交通发展国际案例与经验 ………… 刘铁鹰 梁潇艺 / 361

Abstract ……………………………………………………………… / 381
Contents ……………………………………………………………… / 385

皮书数据库阅读**使用指南**

总 报 告

General Report

B.1

城市绿色交通发展概述及研究趋势

林晓言　刘铁鹰　王梓利*

摘　要： 伴随着城镇化进程与城市范围扩张，出现了一系列交通问题，促进城市交通绿色发展成为必然趋势。本报告分析了相关研究背景与意义，并从概念、评价内容与实现路径三个角度进行文献综述，指出中国城市交通经历了四大发展阶段，具有交通基础设施建设迅速、政策导向突出"公交优先"、由自行车时代走向高等级机动化的发展特征。在新形势下，中国城市交通基础设施建设增长稳中有序；"共享+交通"模式热潮涌现，风险并存；交通智能化趋势明

* 林晓言，博士，北京交通大学经济管理学院，教授，博士生导师，北京交通发展研究基地主任，首都高端智库北京综合交通发展研究院副院长，研究方向为运输经济学、技术经济学；刘铁鹰，博士，北京交通大学经济管理学院，副教授，研究方向为区域经济学、运输经济学；王梓利，北京交通大学经济管理学院博士研究生，研究方向为运输经济学、产业经济学。

显，北京、广州位于前列。

关键词： 城市交通　绿色发展　总体态势

一　中国城市交通绿色发展的背景与意义

城市是人类生存发展的重要空间。自 18 世纪以来，人类开始经历史无前例的“城市化工程”，1950 年，30% 的世界人口居住于城镇；2015 年，54% 的世界人口居住于城镇；预计 2030 年这一比例将提高到 66%，至 21 世纪末城市化工程基本完成，3/4 或更高比例的人口将成为城市居民。而城市人口增加，城市逐渐扩张，对城市交通提出了挑战，中心城区高峰时段拥堵严重，主干道路通达性不佳，都市带的边缘区通常开放空间不足，缺少适合步行的短街区，造成城市生活质量下降，不利于促进经济发展与提高环境质量。

我国已迈入新型城镇化与城市群发展阶段，对交通服务能力与水平提出了新的要求，城市群、大都市圈内及城郊之间实现交通互联互通成为城市发展的关键问题，城市交通也扮演着引导城市有序扩张、促进城乡协调发展、引导产业空间合理布局的重要角色。近年来，我国城市交通发展取得了巨大成就，扩张迅速，2017 年末全国拥有公共电汽车 65.12 万辆，比 2016 年增长 7.0%，其中 BRT 车辆为 8802 辆，增长 14.5%；32 个城市开通了轨道交通，拥有轨道交通车站 3040 个，2017 年增加 572 个；运营车辆 28125 辆，增长 18.2%。但城市交通仍存在供需矛盾严重、交通拥堵、环境污染等现实问题。

据统计，在通勤高峰期，全国 26% 的城市处于拥堵状态，55% 的城市处于缓行状态，大部分大城市交通流量接近饱和，交通拥堵呈常态化和区域蔓延趋势。与此同时，公共交通发展相对滞后，公交车辆拥有率较低，国外城市平均每千人拥有 1 辆公交车，国内城市平均每千人仅拥有 0.6 辆，高峰时期公交系统超负荷载运，对居民出行质量产生不利影响，服务管理水平有待进一步提升。交通系统中的环境污染与能源消耗问题不容忽视，我国已成为世界机动车产销第一大国，机动车产生的尾气是空气污染的主要来源之一，2016 年，全国机动车排放污染物总量初步核算为 4472.5 万吨，交通能耗总量及其占比迅速攀升，北京交通能耗量由 2005 年的 563.4 万吨标煤增长到 2012 年的 1235.1 万吨标煤；上海居民出行交通二氧化碳排放量年均增长 12.7%，远高于同期全社会总能耗增长速度，因此，构建低碳、环保、安全、便捷、满意度高的城市交通体系是当代城市发展的必然要求。

作为我国最重要的服务性行业之一，交通运输业在维持国家经济运转过程中的基础性、先导性与战略性作用日益凸显。交通运输业快速发展产生的资源消耗与环境污染问题也逐渐引起人们的重视。绿色交通的理念正是在此背景下应运而生。交通运输部已经将其作为加强交通运输领域生态文明建设，实现交通运输业绿色发展的重要战略举措，通过科学构建现代综合交通运输体系来推进交通运输发展方式顺利转型。2017 年 12 月印发的《关于全面深入推进绿色交通发展的意见》提出，到 2020 年，要初步建成布局科学、生态友好、清洁低碳、集约高效的绿色交通运输体系；到 2035 年，形成与资源环境承载力相匹配、与生产生活生态相协调的交通运输发展新格局，绿色交通发展总体适应交通强国建设要求，有效支撑生态环境根本好转、美丽中国目标基本实现。该意见重点提出了全面开展绿色出行行动、深入实施公交优先战略、加强绿色出行宣传和进行科普教育等任务，积极鼓励公众使用绿色出行方式，加强城市慢行系统建设，全面推进“公交都市”建设，扩大公共交通覆盖面，启动全国绿色交通宣教行动，深入宣贯相关理念、目标和任务，让绿色出行成为风尚。

城市交通对城市发展具有重要作用，必须协调好城市道路交通与土地使用质量之间的关系、交通与城市经济发展的关系、交通与能源消耗及环境保护的关系，要减少因城市交通带来的负外部性，提升出行体验与改善生活质量；优化交通供给侧，促进交通绿色发展。

目前，绿色交通基础设施体系不断完善，运输装备也朝着绿色化方向革新，无论是专业化水准还是环保程度都大幅提升。科学高效的交通组织网络逐步成形，全国范围内城市公交年客运量已经超过900亿人次。绿色交通领域的科学研究工作内容也被屡屡突破，从控制污染源头的交通运输节能减排技术到改善污染区域环境条件的生态修复技术均取得显著成效，大数据、云计算等技术的引入也极大提升了交通网络的运行效率。同时，地方政府制定了相应战略、政策，推进绿色交通发展，2015年，山东省被交通运输部确定为绿色交通省创建试点省份之一，2015~2018年，山东绿色交通省建设共需完成10类21个重点支撑项目。长沙市继续健全绿色交通体系，2018年计划建成自行车道320公里，提高纯电动公交车投放使用比例，让城市出行更加绿色环保。

人民生活水平的提高，对交通出行的便捷舒适、安全环保等要求逐渐增加。交通行业也是节能减排的重点行业，在理论方面，关于绿色交通的研究多为定性分析或以某一城市为对象的定量评价，尚未出现系统性、全面性的分析与评价，本报告涉及对交通运输行业转型升级规律的梳理，也是对绿色经济、交通评价等领域的补充与完善。通过对交通绿色发展的评估分析，归纳总结国内主要城市发展的经验教训，提出对策建议，为其他城市的交通与土地规划、交通与产业协调，提升居民公共交通满意度等方面提供现实参考，对于促进我国城市交通实现“绿色发展”具有重要的现实意义。

二 国内外研究现状

（一）概念界定

1. 绿色经济的概念

“绿色经济”的概念最早由英国环境经济学家Pearce等在1989年的著作《绿色经济的蓝图》中提出，他认为“绿色经济的蓝图是从环境的角度，阐释环境保护及改善的问题”，对于“绿色经济”的具体定义并未说明。但该书对弱可持续性和强可持续性的概念进行了明确区分，他认为弱可持续性注重经济、社会、环境三个支柱的整体进步总和，即只要经济增长能抵消环境和社会方面的损失，就属于可持续发展；而强可持续性更加强调可持续发展是关键自然资本（如地球生态服务等）的非减化，如果不符合这个条件，那么即使经济增长能抵消环境和社会方面的损失也不是可持续发展。

在此之后的20世纪90年代，绿色经济一词仍然主要被环境经济学界的学者们所使用，常被用于从环境经济学的角度分析环境保护及改善的措施和建议，具体可见迈克·雅各布（Michael Jacobs）在20世纪90年代早期的论文。

国际绿色经济协会给出的定义为：以实现经济发展、社会进步并保护环境为方向，以产业经济的低碳发展、绿色发展、循环发展为基础，以资源节约、环境友好与经济增长成正比的可持续发展为表现形式，以提高人类福祉、引导人类社会形态由“工业文明”向“生态文明”转型为目标的经济发展模式。

联合国环境规划署（UNEP）将绿色经济定义为一种“促成提高人类福祉和社会公平水平，同时显著减少环境风险，降低生态稀缺性的环境经济”，认为可以通过私营投资和公共投入等来带动绿色收入与就业水平的提升，但是这些投资必须建立在减少碳排放与污染排放，提高资源利用效率，防止生态环境被破坏等基础上。联合国经济和社会事务部（UNDESA）通过利用清洁技术，减少废物和可持续农业来争取一场伟大的绿色技术转型，绿色经济的概念“体现了新发展模式的前景，其应用有可能确保在新的经济增长路径上保护地球生态系统，同时为减贫做出贡献”。

余春祥指出“浅绿色”观点与“深绿色”思想的区别，“浅绿色”观点认为，人类一方面可以寻找新的能源和替代资源来缓解目前的资源限制状况，另一方面也渴望通过技术进步来克服当前未能解决的种种生态问题；“深绿色”思想所倡导的绿色经济，指的是以保护生态、节约资源为基础的，以满足人类在长久的未来能够享有足够高的人均资源使用水平的，适度规模和适度技术的，区域性自给自足的经济形态或经济发展模式。

综合上述概念，绿色经济包括三方面含义：资源环境与经济增长协调发展、人类福祉水平的提升、创新与技术的进步。本报告认为绿色经济是以创新和技术进步为手段，以资源节约、环境友好、人类福祉改善和经济增长为目标的经济发展模式。创新和技术进步是发展绿色经济的手段，既包含技术创新，也包括组织与制度创新；资源节约、环境友好既包括对已有环境问题的改善，也包括对新环境的创造；人类福祉改善和经济增长包括就业水平提升、代际资源公平分配、生活幸福度提升。

2. 绿色交通与交通绿色发展

（1）绿色交通

绿色交通理念源自1994年Bradshaw提出的“绿色交通体系”。该体系根据各种交通方式运行过程中对环境的不同影响程度，从大到小对影响程度进行排序，得出小汽车对环境的影响最大，接着依次为摩托车、公共汽车、地铁、自行车、步行。1996年世界银行发布的《可持续城市交通：关键政策变化》首先提出了可持续城市交通的概念，并阐述了经济与金融可持续、环境与生态可持续、社会可持续三方面基本内容。环境与生态可持续是可持续发展的前提和基础。瑞典学者Dudow（1998）提出“绿色交通服务”的概念，其是从短期和长期来看，不危害公共健康或生态系统的运输服务，表现为：①在地球吸收能量的过程中造成排放和浪费；②使用可再生资源；③使用不可再生资源，以等于或低于可再生替代品的发展速度去使用不可再生资源；④尽量减少土地使用和噪声产生的影响；⑤社会成本总额由系统使用者支付。

关于绿色交通的概念，主要有以下几种界定方式。

一是将其定义为一种与环境相协调的交通运输系统，强调环境质量的提升与经济成本的降低。Bradshaw提出绿色交通（Green Transport）是一种以人为本的环保交通，是为了缓解交通拥堵、减轻环境污染、促进交通与社会公平而采用的低污染且有利于城市环境的多元化城市交通工具来实现社会经济活动协调的交通运输系统，即实现交通与环境的协调、交通与资源的协调、交通与社会的协调、交通与发展的协调（丁卫东等，2003）。绿色交通（Green Mobility）是嵌入环境中且尽量减少对环境干扰的运输系统（Jesse et al.，1998）。刘冬飞（2003）的定义与Bradshaw类似，认为除此之外还应当包含节省建设维护费用而实现低污染发展的内容。

陆化普（2009）认为绿色交通是致力于缓解交通拥挤、减少能源消耗、促进环境友好、节省建设维护费用的城市综合交通系统。付丽等（2011）则从需求角度出发，指出绿色交通是以最少的资源和环境成本最大限度地满足当代社会的城市发展交通需求的立体系统，主要表现为大力发展公共交通，提倡慢行交通，使用清洁燃料，实现人与物的低成本转移。

Björklund（2011）将“绿色交通”定义为与相同目的的竞争性服务相比，对人类健康和自然环境的负面影响较小的交通服务。Zahedi（2012）指出绿色交通系统旨在保持无污染环境，减少排放，以减少对人体健康和自然环境的影响。生态高效运输系统是指通过减少运输系统生产运营过程中不必要的投入和产出，提高环境质量、效率和盈利能力。

二是将城市规划与土地利用考虑到绿色交通系统中去。白雁等（2006）认为绿色交通不仅包括城市交通设施建设与科学高效的交通管理方式，同时也涉及城市交通领域的政策制定乃至城市整体规划发展，是一个全方位的综合系统。从微观层面来看，绿色交通首先要保证基本交通功能，使乘客出行需求得到满足；其次应该在合理利用土地资源的同时减轻环境污染程度；最后要改善交通管理方式，提升服务水平。从宏观层面来看，绿色交通是实现交通可持续发展这个长期目标的重要手段。Banister 等（2015）指出土地综合使用和交通规划与发展对于遏制交通对环境的不利影响至关重要，有效的定价和有效的交通管理也是十分重要的。

三是将绿色交通定义为一种发展理念。Jianli（2013）认为绿色交通是指充分利用现有的交通基础设施，从人民需求出发建设交通运输体系，可以减少交通对环境的污染，减少能源消耗，实现环境的可持续发展。它的基本要求是以人为本，从有关人士的需求出发，重视人的发展，注重社会公平，建立高效、舒适、环保、以人为本的交通体系。

Stas D. 等（2015）指出绿色交通（Green Transport）的目标是减少燃油消耗（与削减二氧化碳和其他废气密切相关），减少噪声，降低运输成本，减少交通堵塞，并遵守法律法规。

在欧盟运输白皮书（COM 2006：314 Final）修订之后，绿色走廊（Green Corridors）的概念被引入欧盟委员会的“货运物流行动计划”。根据“货运物流行动计划”的说法，绿色走廊将“反映一个综合的运输概念，海路、铁路、内河航道和公路相辅相成，增加环保运输的选择”。

综合以上观点，本报告认为绿色交通的概念存在广义与狭义之分，狭义的绿色交通是指兼以环境友好、社会公平与经济便捷为目标的综合交通运输系统，包含城市规划与发展、土地资源合理利用的内在要求。广义的绿色交通指一种发展理念，即以人为本，可持续发展，交通与经济、社会、生态相协调的发展理念。前者强调物质的客观性与实现“绿色”的目标性，后者强调意识的能动性与实现“绿色”的过程性。

（2）交通绿色发展

中国共产党第十八届中央委员会第五次全体会议公报中指出，要牢固树立并贯彻落实“创新、协调、绿色、开放、共享”的五大发展理念。作为其中的重要组成部分，绿色发展近年来广受关注，国内外相关研究十分丰富。关于对“绿色发展”概念的理解，主要强调人与经济、社会、自然环境的协调发展。胡鞍钢、周绍杰（2014）认为绿色发展强调经济系统、社会系统与自然系统的共生性（Symbiosis）和发展目标的多元化，即三大系统的系统性、整体性和协调性；绿色发展的基础是绿色经济增长模式，同时强调全球治理。黄志斌等（2015）认为绿色发展是在资源承载力与生态环境容量的约束条件下，通过“绿色化”“生态化”的实践，达到人与自然日趋和谐、绿色资产不断增值、人的绿色福利水平不断提升的目标，实现经济、社会、生态协调发展的过程。黄茂兴、叶琪（2017）认为绿色发展反映了人与自然关系的动态性和全面性，人与环境的和谐共融推动生产力的巨大飞跃，人与环境之间存在广阔的空间和广泛的载体，以人为本在人与环境关系中的根本地位，人与环境关系的自然规律和约束机制。

鲜有学者对交通绿色发展进行定义，黄伟宏等（2017）将其定义为交通的绿色转型发展，即根据国家整体经济和区域经济的动态发展状况，将先进的科学技术与高效的经营管理方式应用于交通运输业的发展当中，对其进行改造和升级，从交通运输业的上下游出发延伸到产业链中。其从全寿命周期的视角出发认为，以布局合理的基础设施为基础、以低能耗低污染的运输装备为载体、以高效便捷的运输组织为手段、以实用友好的智慧交通为关键支撑、以健全有力的能力体系为保障，推进交通运输业转向高效率、高循环、高碳汇、低消耗、低排放、低污染的发展方式，从系统上形成绿色的交通运输产业体系，并使其发展为资源节约型、环境友好型的绿色交通体系，将交通绿色发展的内容分为要素投入结构、排放结构、产业结构、区域结构、需求结构、目标结构、制度结构优化升级七个方面。

以绿色发展理念指引交通运输业未来转型。实质上交通绿色发展与五大发展理念中的创新、协调、开放、共享发展息息相关，贯穿始终（见图 1）。创新发展是交通绿色发展的重要工具与实现路径，创新规划理念，打造城市交通绿色化的空间布局；创新交通管理方式，利用交通创新技术，如电子收费系统、通信系统打造交通基本环境；创新政策体系，加强政府监管。协调发展是交通绿色发展的本质，实现交通绿色发展的最终目的是要达到交通活动与资源环境相协调，实现三产协调，以第二产业中的重工业为主要依托进而增加第一产业、第三产业的比重。同时，加强国际交流与合作，促进开放发展。气候变化、资源枯竭是世界各国面临的关键性问题，以全球化视角，开放包容，通力合作，使原本环境负外部性较大的交通运输领域向绿色化转型，共筑人类命运共同体，因而促进开放发展是交通绿色发展的内在要求。共享发展的主要任务就是保障与改善民生，而致力于解决环境问题的绿色发展理念恰好反映了共享发展的目标。要使广大人民群众能够更多、更公平地收获发展成果，使人民群众的幸福指数不断攀升，必须将绿色发展融入共享发展的全过程，积极维护公民的基本生存权，让人民真正拥有良好的生存环境。

综合来看，本报告认为交通绿色发展是“创新、协调、绿色、开放、共享”五大发展理念的集中体现，应当以城市交通为主要抓手，充分重视交通系统与生态环境的协调发展，将环保思想应用于城市交通系统的规划、建设与运营管理的全过程；具体来看，要积极推动公交优先发展政策的实施，引导人们采用自行车、步行等方式来满足短途出行需求，建立公共交通主导的城市综合交通系统等（陆化普，2009），城市交通规划、城市土地利用将对交通绿色发展的实践产生重要影响，是交通绿色发展不可忽视的一部分，本报告将从城市交通发展角度出发，探讨城市交通绿色发展的内涵并进行评价，最终针对现存问题形成政策建议。

本报告认为交通绿色发展是城市综合交通运输系统向“绿色化”转型的发展方式，其主要内涵应当包括以下几点。

第一，是“创新、协调、绿色、开放、共享”五大发展理念在交通运输领域的集中体现。

第二，以人为本的基本理念，注重出行者需求结构的满足与整体满意度的提升。

第三，是一种资源环境保护的发展方式，减少交通对环境的负面影响，其中包含低成本治理。

第四，经济基础、上下游产业链发展等是交通绿色发展的基础。

第五，制度环境的改善，以绿色发展为理念的组织管理方式的转变是必要条件。

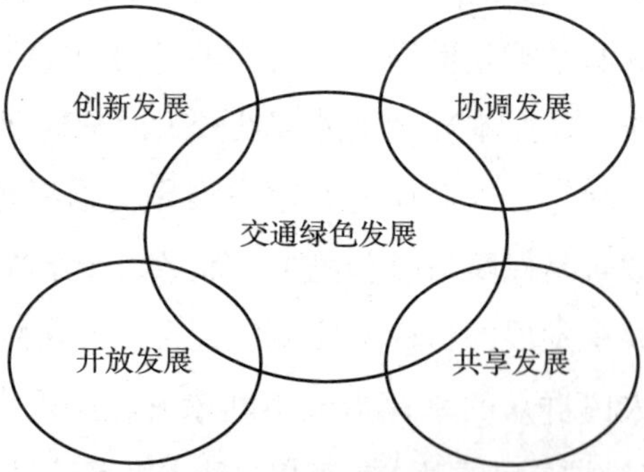

图1　交通绿色发展与五大发展理念中的创新、协调、开放、共享发展的关系

（3）两者比较

“绿色交通”与“交通绿色发展”的概念存在相同之处。第一，两者都是一种发展理念，强调交通的环境可持续性，人类的交通活动与自然环境相协调。第二，两者均对生态因素较为重视，强调经济、社会与生态的协调发展。第三，两者都提出了绿色与交通运输发展之间的适应性要求，一方面，各种资源的存量与开发利用水平要能大致满足交通运输业发展的资源需求；另一方面，现代交通运输业运转过程中产生的污染与排放也要符合经济发展对污染物排放的要求。要合理配置交通运输生产资源，在投入一定的情况下，交通运输系统应能够产生规模经济效应和发掘技术潜力，进而产生最大的经济效益；交通运输的服务水平和管理能力要满足国民经济快速发展与人民生活水平不断提高所引起的不断增长的交通运输需求。

“绿色交通”与“交通绿色发展”的概念也有明显区别。

本报告认为“交通绿色发展”拓宽了“绿色交通”的概念，主要包括以下几个方面。

第一，“交通绿色发展”强调“发展”的动态性，即侧重由现有交通体系向绿色交通体系的转型过程；而“绿色交通”侧重于符合绿色交通理念的交通系统构建。

第二，“交通绿色发展”强调全生命周期，有关交通装备或基础设施的研发、生产、销售或建造涉及上下游产业链的所有相关产业；而“绿色交通”侧重于交通工具、装备、基础设施的节能环保特性。

“交通绿色发展”强调全方位协调发展，既包括交通与经济、社会、生态相协调，也包含交通与产业发展、区域发展、出行者需求结构、制度环境相协调，是交通系统与上述子系统兼容优化的过程，是对“绿色交通”的深化与拓展。

（二）评价内容

随着空气污染、出行安全、交通拥堵现象日益普遍，交通绿色发展逐渐受到关注。众多学者分别从不同角度出发研究绿色交通，如研究面向未来的绿色交通、生态城市、慢行交通、出行效率、产城融合、绿道、造成城市交通污染的主要原因、公交场站布局、绿色出行方式、交通政策等，并将这些角度作为核心评价内容，在进一步研究的基础上提出相关建议。

目前，国内外关于交通可持续发展的理论研究比较多，对交通可持续发展提出了各自的指标体系和评价方法。通过对国内外研究对比后发现，国外文献注重对交通某一方面的深入剖析，如交通服务或运输价格等；而国内文献则以综合性指数为主，较为全面地考虑城市交通的各个方面。何玉宏（2009）在分析国外交通发展经验的基础上，针对我国现状，提出了交通体系未来发展的设想。他认为，这是一个社会生态问题，要有效处理就应有社会学与生态学思想指导的观点。以宽马路与高架桥为特征的中国城市交通环境体现的是一种“车本位”思想，应该创建一个以人为本的绿色交通环境，必须形塑“新人文”与“新生态”，从“心”出发，回归生态理性。城市交通的发展向绿色发展转变，建立人性化的绿色交通方式，必须立足国情，优先改变价值观念。

《世界发展报告》表明，对于城市二氧化碳排放及能源消耗，交通出行活动在其中占比不低，大约为 17.5%（Norman，2016）。2018 年，Chester 在“Life-cycle Environmental Inventory of Passenger Transportation in the United States”中提出了机动车尾气排放的生命周期评价法。Zhou 等（2009）在“Assessment of Historic Trend in Mobility and Energy Use in India Transportation Sector Using Bottom-up Approach”中使用自下而上方法建立了能源消耗评价框架并预测了印度交通行业能源消耗趋势。陆化普（2009）在研究如何实现绿色交通时，提出了未来城市及其交通发展系统：以公共交通为主体的，辅之以步行通道和自行车通道的生态交通系统。该系统应具有安全、畅通、舒适、环保、节能、高效率和高可达性的特征。王文渊等从交通需求、交通设施、交通运行三方面构建了低碳生态新城绿色交通发展指标体系，重点从土地利用模式、公共交通、道路网络、慢行交通、智能交通、新能源汽车六个方面提出了低碳生态新城绿色交通发展对策。考虑到交通系统变量众多，魏贤鹏、朝鲁（2016）在对各变量间因果关系进行充分分析的基础上，建立了城市绿色交通系统动力学模型。根据上海市交通发展仿真实验结果，机动车保有量的增长是城市交通污染气体排放的主要原因，要实现城市绿色交通发展模式应该有效解决机动车数量和质量问题。

绿色交通的目的是协调、优化各种运输方式，提高整体的交通效率，减少能源消耗和降低污染程度，促进环境与社会公平，研究的本质应该是实现可持续发展。秦茜等（2012）认为慢行交通是最能体现绿色交通本质的交通方式，可以实现居民的短距离出行，并且接驳公共交通。慢行交通系统主要是指包括步行、自行车出行以及低速环保助力车出行在内的非机动交通系统，其最高时速往往不高于20km（范海雁、杨晓光，2004）。慢行交通系统在发挥基本交通功能的同时也兼具城市系统功能，集商业、休闲、交流、交通等诸多功能于一体。慢行交通系统的规划方法可从街区尺度、慢行网络、公交衔接和设施景观设计等方面入手，其结合涿州生态示范基地慢行交通系统对此进行相关介绍。

通过回顾世界城市交通发展历程，潘海啸（2010）认为即便是在发达国家，很大一部分小汽车的出行并非必需的，从我国城市不同于世界其他国家城市的具体发展情况出发，提出了中国城市交通绿色发展的模式，并从与城市交通有关的空间规划策略、减少排放的技术策略和调节使用的政策和经济手段角度分析在我国建立绿色交通体系的途径和措施。

洪亮平、郭紫薇（2014）在剖析产城融合特征的基础上，认为产城融合理念将有助于绿色交通体系的构建，同时绿色交通的发展对实现产城融合也具有重要的推动意义。绿色交通的内涵主要包括四个方面：可持续发展、系统论、协调论和以人为本。基于该内涵，其结合呼和浩特市东部新城案例，从城市空间规划、交通系统规划、道路系统设计和交通管控措施四个方面提出绿色交通策略。

鉴于绿色交通和绿道有很多相似属性，将绿色交通和绿道进行融合设计，有助于保护环境，节约土地资源，方便换乘（王富等，2015），消除了公交车和私家车的干扰，方便了步行、自行车和公交车的换乘，改善了出行者的出行环境。

对于城市交通污染问题，国外学者较早便开始重视并对此进行了大量研究。其中，Suarez 等在 2005 年提出造成城市空气污染的主要源头之一就是机动车尾气排放。Geraldizne 等（2009）认为伴随着城市内机动车数量的增加，城市道路等交通基础设施的需求也随之增加，由于交通流量的增多，城市交通基础设施普遍被过度使用。

大力发展公共交通是实现城市交通可持续发展的重要举措，公交场站布局应以提高公交换乘效率、提升居民出行全过程的公交吸引力为原则。马阿瑾、尹毫企（2016）认为传统的公交场站规划过分强调公交场站资源的均质性及与公交线网的适应性，实际运行中往往由于各种原因造成换乘枢纽处公交服务水平低下，继而造成公交吸引力下降；认为新城应优先在交通枢纽处布置公交场站，并以郑州航空港经济综合实验区公交场站布局规划为例，详细阐述该规划理念在实践中的应用。

绿色出行的概念最早在20世纪90年代被提出，消费者的消费行为和心理因素等成为国内外学者研究绿色出行的重点方向。Line等（2010）对气候变化背景下的年轻人出行方式变化进行了研究。Valkila和Saari（2013）通过研究得出结论：消费者出行方式的选择与该地区居民密度有关，即居民密度高的地区，消费者更可能在驾车出行时搭载他人或者采用公共交通方式出行。为了给绿色出行相关管理政策的制定提供理论依据，殷焕焕、张璐（2016）在阐述绿色出行定义及其出行方式界定的基础上，结合2009年济南市居民出行的相关调查数据对绿色出行的特征进行探讨，构建绿色出行方式，选择ML（Multinominal Logit）模型来对影响居民选择绿色出行方式的主要因素进行分析，揭示出行者属性特征与绿色出行方式选择之间的关系，定量分析绿色出行方式在各影响因素条件下的选择概率。研究结果表明：绿色出行方式选择受居民年龄、家庭月收入、职业、出行时间、出行费用等因素影响；班车在远距离的通勤出行中占有一定的优势，应积极发展单位班车等形式的集约型绿色交通方式；针对出行时间和出行费用采取相应的城市交通管理措施，可以有效引导绿色出行。

Ülengin等（2010）从经济、社会、环境能源三个方面建立起三阶段问题结构模型来分析交通政策对道路交通产生的影响，认为只有对交通与环境之间的关系做到全方位的考虑，才能使城市交通达到可持续发展的状态。Milliman和Prince（1989）指出，市场激励型环境规制能强烈地激励排污主体去研发或引进更强污染控制技术。增加道路交通的收费和税收仍然是减少污染排放和缓解交通拥挤的有效政策手段，收取燃油费、实施公交补贴、征收拥挤费、提高汽车燃油的经济性等是常用的减少交通拥挤和尾气排放的政策手段。2008 年，Chen 等指出以往仅仅用资金和建设情况来评价交通战略规划的方式已经不符合城市发展的实际，可持续的交通政策实施效果需要在评估、资金、交通政策实施的各类机构之间实现深层次的整合。

（三）实现路径

1. 国家层面

基于外部性理论，刘细良等（2016）从绿色交通和环境规制的理论分析展开，通过对命令控制型、市场激励型、自愿参与型以及隐性环境规制工具推动绿色交通发展的作用进行现实考量，梳理了四类环境规制工具在绿色交通应用中的诸多问题，并指出政府可着力从完善绿色交通法规、推动交通基础设施市场化、推广信息公开、建立宣传培训合作机制、加强规制工具的协同运用等方面进行创新，进而推动绿色交通的可持续发展。

结合金融机制，赵放（2014）研究指出，金融活动促进低碳经济发展，开发新型碳金融机制，对每个市民的碳配额进行调控，并对此提出相应的政策建议。马晓明等（2016）则探索绿色信贷与交通行业绿色信贷的发展现状，建议银行和交通部门合作，明确绿色交通信贷扶持项目，通过引入第三方合作等方式推动发展。

从碳排放视角出发，李晔等（2011）研究“脱钩”理论并付诸应用，认为 2030 年至 2035 年应为相对脱钩阶段，我国交通发展要减缓排放增速；到 2035 年之后，要完善机制设计，最大限度提升新能源汽车的市场占有率，进入绝对脱钩阶段。杨英、芦鹏（2013）基于规划视角的城市低碳交通建设，提出要通过低碳交通理念引导交通规划思路，构建低碳交通空间结构，发挥综合运输体系的互补优势；通过低碳交通路网结构，建设具有合理的道路网密度的道路等级结构，分区优化的公共交通系统，减少交通出行压力；通过低碳交通道路设计建设绿色出行环境，发展碳汇林业。

城市规划、交通规划是重要的分析视角。周翔、高岳（2017）基于交通与城市空间协调布局、协同功能的规划思路，指出打造轨道都市、构建TOD社区、引导绿色出行是实现上海市绿色交通发展的主要路径及策略，提出重构多层次、多模式的轨道交通网络，推行街区制的全路网规划设计思路，进行交通策略分区，提升步行和自行车交通网络功能，加强智慧交通发展等多重措施。

章玉等（2015）指出要通过高效化、集约化、提质化的方式，结构优化、制度完善、标准建立、技术创新的路径，发展绿色运输、绿色装备、绿色航运、绿色枢纽。刘光新（2017）指出以大力发展公共交通，加大新能源汽车政策和资金投入，定期对评价指标体系进行目标考核等对策发展绿色交通。

从交通与物流视角，冯建丽（2014）分析了交通运输对资源消耗和生态环境所产生的负面影响，并分别从结构优化、技术创新、政策引导等方面提出了实践绿色交通的政策措施，在结构优化层面，要加快建设运输大通道和无缝衔接枢纽，优化运输装备，大力发展绿色运输方式；在技术创新层面，要加快替代能源和清洁能源的推广应用，加快智能交通系统开发与应用；在政策引导层面，要制定交通运输节能减排制度与环境保护标准体系。

高波等（2017）较为系统地指出了交通绿色发展长效机制的基本框架、构成要素及主要方面，形成约束机制、激励机制、保障机制、反馈机制，由政府、企业、社会参与到战略、结构与执行三个层面，主要任务包括建立有力的法律体系、形成开放的市场制度、构建完备的考核指标、搭建丰富的资源平台、建设优质的示范项目、营造良好的发展氛围等（见图2）。

2. 城市层面

肖飞、卞大伟（2013）以无锡市为例，通过反思以往城市交通规划建设中的不足，结合当前发展形势确定无锡交通发展目标，从协调交通与土地利用、优化交通出行结构、建立排堵保畅机制和制定协同实施计划四个方面研究城市交通绿色发展问题。

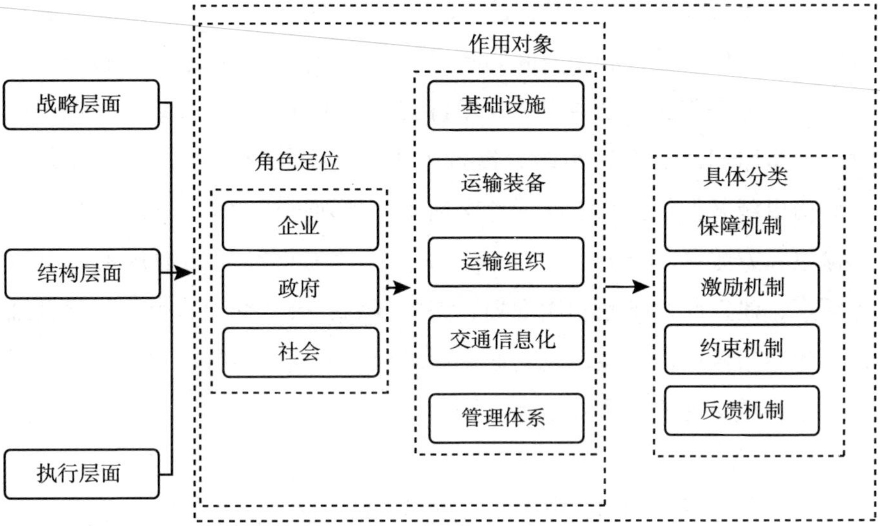

图 2　交通绿色发展长效机制的架构体系

马寿峰等（2016）针对天津市现状及其城镇化背景，对现有私人交通管理政策的效果进行跟踪评价，并适时进行调整、改进和优化，加快推动政策体系的完善；提升公交发展水平，促使小汽车出行方式转移到其他方式；加强舆论引导和宣传教育，倡导绿色、高效的出行理念；建立绿色交通的监测和评价机制；建立交通政策效果的动态评价和反馈机制。

李绍岩等（2016）提出了基于健康城市理念的沈阳市绿色交通体系规划要点与实现路径，包括完善城市绿道网、改善步行和自行车出行空间、优化轨道交通换乘系统、打通支路微循环系统，在各个方面均提出了宏观、中观、微观的交通规划设计方案。王紫嫣等（2012）以徐州市为例，加大政策支持及监督力度，大力发展绿色交通技术，提高居民绿色交通意识，对公交员工实施激励约束机制。

3. 历史城区或县域层面

历史城区在城市发展中具有特殊性，在绿色交通理念指导下，孔哲等（2011）指出，历史城区的交通发展应重点关注道路通行能力与需求匹配问题，合理分配路权，引导路网分流，疏导过境交通，注重对信息化和智能化等技术的综合应用。夏青、李庆铭（2015）认为，应在历史城区采取特殊的方式实现绿色交通，利用空间句法模型，对历史城区的特征进行分析，并从小汽车动静态交通、公共交通及慢行交通的角度，以淮阳古城区保护规划为例，从道路组织、车行组织、慢行组织、旅游线路、静态停车等方面出发，对历史城区保护体系下的绿色交通系统规划进行探索。

徐也、方波（2016）针对县域经济，综合考虑县城用地规模、出行特征等因素，建立起以土地利用规划、路网规划、公共交通、道路断面精细化设计等内容为核心的县城绿色交通发展路径，从而引导县城建立绿色交通体系，促进县城交通的可持续发展。

三　中国城市交通总体态势与展望

随着1978年改革开放以来的建设与发展，我国交通运输业成绩斐然，铁路、公路、航空网络形成并完善，建设运营里程显著增长，客货运量大幅攀升。在城市交通方面，在城镇化与特大城市迅速扩张的背景影响下，为适应城市居民不断增加的出行需求，城市交通基础设施建设逐渐完善，公共交通投入不断增加。截止到2017年底，在公交发展方面，我国主要城市中有24个城市公交线网覆盖率超过70%，其中，有11个城市500米站点覆盖率超过80%。公共电汽车线路总长度达63.27万公里，是全国高速公路里程的4倍；全国轨道交通线路平均运营里程长度为28公里，总运营里程实现4484公里。

综观我国城市交通的发展历程，新中国成立后经历了以自行车为主到20世纪80年代交通机动化发展，公共电汽车、小汽车逐渐进入城市交通，再到2000年以后轨道交通、公共电汽车、小汽车同步快速发展时期，自行车交通规模逐渐萎缩。整体而言，呈现非机动交通主导下的城市内聚发展阶段—机动交通初期城市扩张阶段—机动化下的城市结构调整与公共交通发展阶段—以城市交通管理为核心的交通发展阶段。在第一阶段，即1949年至改革开放之初，城市活动出行距离短，交通需求水平低，交通供给能力有限，城市交通方式构成混杂。而随着技术的进步与经济的发展，城市交通需求逐渐增加。进入第二阶段，即20世纪90年代，城市扩张带来道路、地面公交、轨道交通大规模发展，机动化程度提升，公共交通占比有所下降，与80年代相比，道路长度、面积分别增长了3.4倍和4.3倍，人均道路面积提高了2.6倍，交通基础设施投资增长迅速。第三阶段，即21世纪之后，进入交通机动化发展阶段，城市交通以高架道路、快速轨道、快速公交为主，承载着快速交通的高等级城市交通基础设施迅速发展。而随着城市路网的基本形成，个体机动交通需求上升，流量饱和与交通拥堵问题出现，仅仅依靠交通基础设施建设已无法解决城市交通问题，需要提高管理能力，对各交通出行方式进行规划、协调，提升城市交通效率，也即第四阶段。

在上述四阶段发展历程中，我国城市交通表现出以下特征。

其一，在城市扩张进程中，交通基础设施建设迅速。1999～2017年，我国城镇化率由30.89%提升至58.52%，增长了27.63个百分点，常住人口达8.13亿人，诱发城市交通需求大增，2016年，全国每万人拥有道路长度接近8000米，人均拥有道路面积已经超过15平方米，新型城镇化战略的实施将为我国城市交通带来新的挑战与契机。

其二，政策导向突出“公交优先”。早在1985年我国就把公共交通视为社会生产活动的重要组成部分，2012年10月国务院已开始部署城市公共交通优先战略，确定了发展公共交通的重点任务，12月，《国务院关于城市优先发展公共交通的指导意见》指出，要把公共交通放在城市交通发展的首要位置，保障其发展水平，转变交通发展方式，充分体现公共交通的公益性，由此，各级地方政府相继出台有关文件，明确优先发展城市公共交通，形成了政府引导下的公交优先格局。

其三，我国城市交通由自行车时代走向高等级机动化时代。交通运输设备随科学技术的发展不断更新，城市居民生活水平不断提升，机动车在出行工具中的占比迅速上升，同时，电动车则为城市交通主要的非机动出行工具，近年来，共享单车发展推动自行车出行频率有所增加。

目前，我国经济进入新常态，创新创业迎来热潮，体制机制改革如火如荼，互联网技术日新月异，共享经济蓬勃发展，为城市交通带来了新趋势与新特征。

（一）城市交通基础设施建设增长稳中有序

城市公共交通建设投入有所增加，快速公交增加明显。2017 年末全国拥有公共电汽车 65.12 万辆，比 2016 年增长 7.0%，客运量达到 722.87 亿人次，同比降低 3.0%，其中 BRT 车辆为 8802 辆，比 2016 年同期增长 14.5%，BRT 客运量为 21.96 亿人次，同比增长 24.4%。公共电汽车运营线路共计 56786 条，比 2016 年增加 3997 条，运营线路总长度为 106.9 万公里，增加 8.82 万公里。公交专用车道长度为 10914.5 公里，增加 1136.7 公里；BRT 线路长度为 3424.5 公里。

在轨道交通方面，截止到 2017 年，全国共有 32 个城市开通了轨道交通，其中 2017 年新增 2 个城市。拥有轨道交通车站共计 3040 个，增加 572 个；运营车辆为 28125 辆，增长 18.2%；运营线路为 149 条，增加 25 条，运营线路总长度为 4484.2 公里，增加 756.7 公里；客运量完成 183.05 亿人次，增长 13.3%。其中，全国有 8 个城市运营里程超过 200km，13 个城市的运营里程超过 100km，18 个城市轨道交通成网运行，轨道交通路网密度较高的城市依次为上海、北京、深圳、广州和南京。2018 年 6 月，《国务院办公厅关于进一步加强城市轨道交通规划建设管理的意见》对城市轨道交通的申报条件、规划质量、风险管控、项目监管等方面提出了具体要求，以促进城市轨道交通适度、有序、规范、健康发展。

同时，巡游出租车与城市客运轮渡船舶数量及客运量有所下降，2017 年巡游出租车为 139.58 万辆，降幅为 0.6%，客运量为 365.40 亿人次，下降 3.2%；城市客运轮渡船舶数量为 264 艘，下降 6.4%，城市客运轮渡运营航线为 92 条，客运量为 0.83 亿人次，下降 11.5%。

在政策鼓励下，我国新能源汽车市场需求量螺旋式上升，2017 年产量近 82 万辆，同比增长 58.7%，2018 年将超过 100 万辆，2020 年规划达到 200 万辆。在动力电池配套企业数量方面，2017 年企业数量为 83 家。动力电池应用全年达374亿瓦时，同比增长33%。我国成为全球最大的动力电池应用市场，新能源整车规模代表产业链的综合水平，年产能为82万辆，同比增长58.7%，达到世界第一水平。在公交电动化背景下，到2020年，新能源公交车比例由原来的30%调整到60%，电动乘用车向多样化、品质化以及共享化方向发展，增长前景可观。整体而言，我国城市交通建设呈上升趋势，运输结构有所调整，公交快速化、轨道交通有序化、新能源汽车增长优化特征明显。

（二）“共享+交通”模式热潮与风险并存

共享出行热潮出现。伴随着“共享经济”概念兴起，共享热潮蔓延至交通运输领域。2016年以来，由私营企业运营主导，以互联网技术为核心的共享单车在资本市场的助推下实现迅猛发展，数月时间出现数十家单车运营企业，其因便捷、经济等优势，成为城市交通不可或缺的组成部分，截止到2017年7月，全国互联网自行车租赁企业已累计投放自行车逾1600万辆，注册人数超过1.3亿人次。

与此同时，共享汽车兴起，多采用分时租赁模式，规模较大的经营企业已超过30家，基本在一线城市或省会城市布局，向三、四线城市的渗透作用有限；市场租赁车辆总规模已超过20万辆，年均增速达到20%。共享汽车为缓解城市拥堵问题，减少能源消耗，促进交通绿色发展提供了新的解决方案，市场前景可观，自2015年起，共享汽车出行的直接需求已增长约4.5倍，市场容量已增至5倍左右。

“共享+交通”在实现交通绿色发展方面具有一定的优势，首先，交通设施、交通工具等使用频率增加，使用效率得到提升，避免了乘坐交通工具时段的效率损失。其次，相关研究报告表明，共享单车使用量的提升有助于减少居民小区附近的交通拥堵问题，同时，共享汽车的发展将抑制部分城市居民的购车需求，有效减缓机动车购置量攀升的趋势，减少机动车尾气排放量。

尽管“共享+交通”模式在出现初期，受到资本市场青睐，相关行业规模迅速扩张，但同时也引发了一系列问题，如乱停乱放影响市容市貌、押金资金池安全问题、出行安全缺乏保障等，为应对市场发展的盲目性，有关政府部门采取了一定措施，以共享单车为例，2017 年 8 月，广州市交委禁止任何形式的新车投放；2018 年 10 月，《北京市非机动车管理条例》提出，对共享单车实施总量控制，将 191 万辆确定为共享单车数量上限；荆州市出台相关管理办法，禁止 12 岁以下儿童骑行，并对停放区的设置与设施维护保养做出具体规定。

（三）交通智能化趋势明显，北京、广州位于前列

随着智慧城市建设步伐加快，作为交通系统建设和促进经济增长与产业转型的必然选择，智能交通的重要性已被关注，《国务院关于印发“十三五”现代综合交通运输体系发展规划的通知》中指出，全面推广应用现代信息技术，以智能化带动交通运输现代化，突出了智能交通的地位。据有关部门统计，2016 年全国城市道路智能交通系统投资 356 亿元。智能交通通过借助多种科技手段和设备，连接多种交通工具及交通要素，完善各项信息服务，促进信息共享，实现高效的交通管理，有助于提升城市交通服务质量，形成绿色交通系统。

在我国，北京、广州、青岛、中山、厦门、济南等城市安装了公交智能终端工具，能够及时定位车辆，在调度室与司机之间及时传递信息、沟通协作。其中，北京、广州在智能交通领域发展较快。以北京市为例，智能交通系统在道路交通管理、公共交通管理、出行信息服务与电子收费等方面得到了较好的应用，建成了比较完善的智能化道路交通指挥管理系统，通过建设动物园公交枢纽站，对乘客信息统一进行收集处理，从而更加科学高效地进行公共交通组织调度，并邀请专业技术团队开发浮动车交通系统，实现信息动态发布，将信息化、智能化贯穿交通系统的各个方面。广州市也是构建智能交通体系的先行城市，其交通共用信息平台已初具规模，实现了羊城通系统、线网规划系统、出租车综合管理平台、联网售票系统、96900 呼叫中心等多个子系统的连接，可以完成数据的采集、分类和有效存储、查询、订阅等相应的数据处理工作，实现了诸多的数据处理功能，提供了初步的交通数

据服务功能。

在跨城市交通出行方面，智能交通逐步普及。2017 年，全国共有 26 个省份按照国家标准开展了高速公路 ETC 建设，华北地区和长三角地区分别实现区域联网，全国范围内的 ETC 专用车道有 7100 多条，ETC 用户规模超过 1000 万人，自营客服网点已运行超过 700 个，合作网点（银行等）超过 5000 个，充值终端超过 1 万台。

随着新一代信息技术的大发展以及“互联网 +”的推进，新一代智能交通系统将包含传感器、通信系统等新型智能化基础设施，以及无人驾驶车辆等智能化交通工具，建立多方位的出行服务系统和管理系统，交通运输将呈现完全不同的特征，提供多样化的服务，预计到 2020 年，交通基本要素信息数字化率将达到 100%，智能交通在智慧城市的背景下实现跨越式发展。

城市发展中交通与人口、经济、环境资源具有紧密的关系，在城市交通迅速发展的同时，也存在交通拥堵、管理欠缺、能源消耗、环境污染等问题，人民日益增长的美好生活需要和不平衡不充分的发展之间的矛盾在城市交通领域也有所体现。交通绿色发展正是在此背景下应运而生。绿色交通正是减少交通拥挤、降低环境污染程度、促进社会公平的一种有利于环境保护的交通运输系统，因此，构建绿色交通，促进交通绿色发展是我国城市交通的必然选择。

四　中国城市交通发展的对策建议

（一）完善绿色交通规制体系

其一是命令控制型环境规制工具，将交通绿色发展纳入法律制定与执行中，在交通相关法律制定或政策实施过程中，明确绿色发展的重要目标，不断完善交通活动的环境影响评估与分析体系，科学决策，制定有关奖励与惩罚政策，如对污染收费、对拥堵收费等。

要完善城市交通系统环境标准体系，优化环境影响评价制度，制定绿色交通采购制度并将其作为考核体系。评价考核应配以相应的监测网络，建立绿色交通发展的战略规划体系、法规标准体系，将公路运输、水路运输、港口生产、交通建设等绿色节能环保统计指标体系纳入统计制度。建立并实施交通政策评价指标体系，对城市交通及其治理效果进行监督，促进交通绿色发展。

其二是市场激励型环境规制工具，包括对节能环保的有关交通设施设备给予一定额度的补贴，加大对公共交通的财政投入力度，对城市交通领域的高新技术企业予以贷款减息，减少其融资困难，积极探索交通运输行业碳排放量、节能量、排污权交易试点，收取环境费税，设立绿色交通环保基金。

其三是自愿参与型环境规制工具，推广交通产业信息公开计划，鼓励交通企业采用绿色环保技术，按照标准定期对交通企业进行环保测评，并对其加以宣传，利用社会舆论压力促使交通企业采取环保措施。鼓励交通产业自愿协议，引导交通产业进行环境认证。

（二）提升公共交通服务质量

公共交通最基本的功能在于满足居民的出行需求，因此其通达性应该首先得到保证。要根据区域人口分布及流动特征因地制宜地完善公交线路。首先，政府应制定具有前瞻性且符合当地实际情况的公共交通发展规划，公交站点的布局应尽可能全面合理，形成以市中心、车站和商业圈为核心的放射状多层次的公交路网结构，同时兼顾小区、产业集聚区域、大学城等人口密集区域以及城市远近郊区等。其次，应充分认识到各种交通方式间衔接效率的重要性。重视公共交通换乘枢纽的规划建设，实现公交车内部之间、公交车与轨道交通之间以及与慢行交通整体的有限衔接，确保各换乘节点畅通运行。

加大对公共交通系统的财政支持力度。交通出行权是居民的基本权利之一，城市公共交通具有公益性特征，为鼓励绿色出行，提升公交系统服务质量，需加大项目投资与公益性补贴力度，对设备购置等投入给予一定的税收优惠政策。同时，适当引入社会资本，发展多元化投融资方式。

（三）鼓励推动新能源汽车发展

推动新能源汽车技术进步，提升安全性能。在技术方面，首先，应加大研发投入，多渠道拓展研发手段，通过与高校、车企等机构合作研发以及从国外引进先进技术来加快国内新能源汽车的技术更新速度，重点把握新能源汽车的储能技术、驱动技术、续航技术等关键技术部分，以及集中力量对整车集成技术进行全面改善。其次，应加大新能源汽车的推广力度，可采取试驾、租赁等方式让更多人认识到新能源汽车的种种优势与技术可靠性，由市场需求拉动技术进步。在安全性方面，新能源汽车的电池稳定性值得关注，应采取多样化的技术方案来降低安全风险。同时也要通过科普宣传使人们对新能源汽车有一个完整的认识，减少因操作不当造成的意外事故。

不断完善新能源汽车的配套设施布局。目前新能源汽车被市场接受程度不高的主要因素之一就是相关配套设施不完善，导致消费者对汽车进行充电等操作十分不便。要加大充电桩建设的投资力度，尽快扩大充电桩的覆盖区域，区域内的充电桩数量应满足当地新能源汽车用户的日常需求，同时随着新能源汽车数量的增长，应保证充电桩数量同步增长。除了数量要求之外，也要确保充电桩在区域范围内的合理布局，如在加油站、公共停车场、小区内部等配备一定数量的充电桩，以方便居民随时充电。政府已经明文规定物业公司要积极支持新能源小客车自用充电设施的安装，对于不配合的物业公司要进行信用记分并公开曝光，必要时采取强制措施予以纠正，确保私人充电桩顺利安装。最后，车企和充电设施生产企业要严格执行国家的统一标准，确保新能源汽车充电接口和充电桩接口的统一，为新能源汽车用户提供充电便利。

（四）全面采用信息化、智能化管理方式

智能交通系统的有效运用能够在完善交通决策、管理服务智能化以及优化交通资源配置和保障公众出行安全方面发挥积极作用，同时对节能减排也有一定的促进作用。智能交通系统主要从两个方面进行考虑，即道路交通信

息化和公共交通信息化。道路交通信息化的主要作用在于对道路相关信息（流量、速度等）进行实时的采集、处理和传播。这样不仅能够提升交通管理部门的管理质量与效率，而且还能通过为居民提供各种实时信息使公众的日常出行活动更加便捷。对于公共交通信息化而言，其主要提供三种类型的交通信息：首先能够提供公交车的实时行驶状态，包括运行时间、所处地点以及运行速度等；其次是公交车辆营运情况方面的信息，包括一些不同的发车时间间隔、沿途公交站点、等车乘客的数量以及突发情况等；最后是城市路网系统中道路系统的实时路况信息和换乘系统的实时状况。公交信息服务系统通过为出行者提供实时全面的信息服务，使出行者更好地规划出行时间与路线，由此吸引更多的乘客采用公共交通出行，也可以间接缓解城市交通拥堵，对减少排放有一定的促进作用。

参考文献

〔美〕安杰尔·什洛莫：《城市星球》，贺灿飞、陈天鸣等译，科学出版社，2015。

白雁、魏庆朝、邱青云：《基于绿色交通的城市交通发展探讨》，《北京交通大学学报》（社会科学版）2006 年第 2 期，第 10～14 页。

〔英〕大卫·皮尔斯等：《绿色经济的蓝图》（第 4 卷），何晓军译，北京师范大学出版社，1997。

丁卫东、刘明、杜胜品：《交通方式与城市绿色交通》，《武汉科技大学学报》（自然科学版）2003 年第 1 期，第 50～53 页。

杜胜品、熊玲、丁卫东：《绿色交通原则指导下的城市轨道网规划综合评价》，《西南交通大学学报》2006 年第 3 期，第 284～289 页。

樊建林、孙章：《城市交通可持续发展评价指标体系的研究》，《上海铁道大学学报》（理工辑）1999 年第 8 期，第 57～63 页。

范海雁、杨晓光：《城市绿色交通与可持续发展关系策略问题的研究》，《辽宁工学学报》2004 年第 6 期，第 33～36 页。

冯建丽：《基于绿色发展的交通物流发展路径研究》，《商场现代化》2014 年第 31 期，第 72 页。

付丽、杨顺顺、赵越、陈鸿汉：《基于绿色交通理念的城市交通可持续发展策略》，《中国人口·资源与环境》2011 年第 S1 期，第 367～370 页。

高波、刘宝双、邓东德：《交通绿色发展长效机制及实现路径探析》，《综合运输》2017 年第 12 期，第 19 ~ 23、52 页。

何玉宏：《城市绿色交通论》，南京林业大学博士学位论文，2009。

洪亮平、郭紫薇：《产城融合视角下城市新区绿色交通规划策略——以呼和浩特市东部新城为例》，《规划师》2014 年第 10 期，第 35 ~ 40 页。

胡鞍钢、周绍杰：《绿色发展：功能界定、机制分析与发展战略》，《中国人口·资源与环境》2014 年第 1 期，第 14 ~ 20 页。

黄茂兴、叶琪：《马克思主义绿色发展观与当代中国的绿色发展——兼评环境与发展不相容论》，《经济研究》2017 年第 6 期，第 17 ~ 30 页。

黄伟宏、唐锡军、高波、刘宝双：《交通绿色发展的内涵分析》，《交通节能与环保》2017 年第 5 期，第 1 ~ 5 页。

黄志斌、姚灿、王新：《绿色发展理论基本概念及其相互关系辨析》，《自然辩证法研究》2015 年第 8 期，第 108 ~ 113 页。

孔哲、窦雪萍、罗丽梅、严亚丹：《大城市历史城区绿色交通发展对策》，《规划师》2011 年第 S1 期，第 141 ~ 144、148 页。

李绍岩、宋涛、刘威：《基于健康城市理念的沈阳城市绿色交通系统规划》，《道路交通与安全》2016 年第 2 期，第 1 ~ 5 页。

李晔、包瑨、王显璞：《低碳交通体系的内涵、构建战略及路径》，《建设科技》2011 年第 17 期，第 29 ~ 33 页。

刘冬飞：《“绿色交通”：一种可持续发展的交通理念》，《现代城市研究》2003 年第 1 期，第 60 ~ 63 页。

刘光新：《绿色交通评价指标体系初探》，《江苏城市规划》2017 年第 1 期，第 43 ~ 46 页。

刘细良、申华冉、李华京：《发展绿色交通的环境规制工具创新——基于外部性理论的分析》，《湖南大学学报》（社会科学版）2016 年第 5 期，第 79 ~ 84 页。

陆化普：《城市绿色交通的实现途径》，《城市交通》2009 年第 6 期，第 23 ~ 27 页。

陆化普、毛其智、李政等：《快速城镇化进程中的城市可持续交通——理论与中国实践》，中国铁道出版社，2008。

马阿瑾、尹毫企：《绿色交通理念下的新城公交场站布局规划研究》，《城市公共交通》2016 年第 4 期，第 32 ~ 35 页。

马寿峰、魏芳芳、李庚、贾宁：《天津市新型城镇化进程中绿色交通发展策略研究》，《综合运输》2016 年第 5 期，第 69 ~ 74、80 页。

马晓明、应鸣岐、王靖添：《绿色信贷在交通节能减排方面应用现状和建议》，《现代管理科学》2016 年第 9 期，第 6 ~ 8、84 页。

潘海啸：《中国城市绿色交通——改善交通拥挤的根本性策略》，《现代城市研究》2010 年第 1 期，第 7 ~ 10 页。

秦茜、袁振洲、田钧方：《绿色交通理念下的慢行系统规划方法研究》，《规划师》2012 年第 S2 期，第 5 ~ 10 页。

世界银行：《2009 年世界发展报告：重塑世界经济地理》，胡光宇译，清华大学出版社，2009。

王富、高健、杨阳：《城市绿色交通与绿道融合交通设计研究》，《中国园林》2015 年第 9 期，第 47 ~ 49 页。

王文渊、刘英舜、叶茂、殷凤军：《低碳生态新城绿色交通发展对策探讨》，《现代城市研究》2015 年第 4 期，第 97 ~ 104 页。

王紫嫣、刘宁宁、宋言东：《徐州市绿色交通发展现状与对策研究》，《环境与可持续发展》2012 年第 1 期，第 47 ~ 49 页。

魏贤鹏、朝鲁：《基于 Vensim 仿真的城市绿色交通发展问题研究》，《综合运输》2016 年第 8 期，第 57 ~ 61 页。

夏青、李庆铭：《历史城区保护中的绿色交通系统规划探索——以河南省淮阳古城区保护规划为例》，《天津城建大学学报》2015 年第 6 期，第 444 ~ 450 页。

肖飞、卞大伟：《无锡构建现代化城市绿色交通体系的路径思考》，《江苏城市规划》2013 年第 8 期，第 18 ~ 22 页。

徐也、方波：《县城绿色交通发展路径探索》，《小城镇建设》2016 年第 10 期，第 68 ~ 72 页。

杨英、芦鹏：《基于规划视角的城市低碳交通建设路径探析》，《湖南工业大学学报》（社会科学版）2013 年第 1 期，第 7 ~ 11 页。

殷焕焕、张璐：《基于 ML 模型的绿色出行方式选择行为研究》，《交通运输研究》2016 年第 1 期，第 45 ~ 50 页。

余春祥：《对绿色经济发展的若干理论探讨》，《经济问题探索》2003 年第 12 期，第 92 ~ 95 页。

章玉、黄伟宏、胡兴华：《我国绿色交通的发展路径及策略》，《综合运输》2015 年第 12 期，第 7 ~ 10、16 页。

赵放：《城市绿色交通发展与碳金融机制创新》，《环境保护》2014 年第 9 期，第 43 ~ 45 页。

周翔、高岳：《“上海 2040”绿色交通发展愿景和路径选择》，《城市交通》2017 年第 3 期，第 9 ~ 19 页。

Ausubel, J. H., Marchetti, C., Meyer, P. S., “Toward Green Mobility: The Evolution of Transport,” *European Rev.*, 6 (2), 1998: 137 - 156.

Banister, D., Crist, P., Perkins, S., Land Transport and How to Unlock Investment in Support of “Green Growth”, OECD Green Growth Papers, 2015, https://www.oecd-ilibrary.org/content/paper/5js65xnk52kc-en.

Björklund, M., “Influence from the Business Environment on Environmental Purchasing—

Drivers and Hinders of Purchasing Green Transportation Services," *Journal of Purchasing & Supply Management*, 17 (1), 2011: 11 - 22.

Bradshaw, C., The Green Transportation Hierarchy: A Guide for Personal and Public Decision-Making Greenprint, Ottawa, 1994.

Chen, H., Namdeo, A., Bell, M., "Classification of Road Traffic and Roadside Pollution Concentrations for Assessment of Personal Exposure," *Environmental Modelling & Software*, 23 (3), 2008: 282 - 287.

Chester, M. V., Life-cycle Environmental Inventory of Passenger Transportation in the United States, Institute of Transportation Studies, University of California at Berkeley, 2018.

Dudow, A., ECO-Logistics: Incorporating Business Transport Issues into Environmental Management Systems. International Institute for Industrial Environmental Economics, Lund University, Lund, Sweden, 1998.

Feng, Jianli, Some Suggestions to the Green Development of Transportation, ASCE, 2679 - 2685, 2013, https://ascelibrary.org/doi/pdf/10.1061/9780784413159.390.

Gwilliam, K., Shalizi, Z., Sustainable Transport: Priorities for Policy Reform, Governments, 1996.

Jacobs, M., *The Green Economy: Environment, Sustainable Development and the Politics of the Future* (UBC Press, 1993).

Jesse H. Ausubel, Cesare Marchetti, Perrin S. Meyer, "Toward Green Mobility: The Evolution of Transport," *European Review*, 6 (2), 1998: 137 - 156.

Line, T., Chatterjee, K., Lyons, G., "The Travel Behaviour Intentions of Young People in the Context of Climate Change," *Journal of Transport Geography*, 18 (2), 2010: 238 - 246.

Milliman, S. R., Prince, R., "Firm Incentives to Promote Technological Change in Pollution Control," *Journal of Environmental Economics and Management*, 17 (3), 1989: 247 - 265.

Norman J., "Comparing High and Low Residential Density: Life-Cycle Analysis of Energy Use and Greenhouse Gas Emission," *Journal of Urban Planning and Development*, 123 (1), 2016: 10 - 21.

Pearce D. W., Markandya A., Barbier E. B., *Blueprint for a Green Economy* (Earthscan, 1989).

Pflieger, Geraldizne, Kaufmann, V., Pattaroni, L., Jemelin, C., "How Does Urban Public Transport Change Cities? Correlations between Past and Present Transport and Urban Planning Policies," *Urban Studies*, 46 (7), 2009: 1421 - 1437.

Prause, G., Hunke, K., "Sustainable Entrepreneurship along Green Corridor," *Entrepreneurship and Sustainability Issues*, 1 (3), 2014: 124 - 133.

Renner, M., Sweeney, S., Kubit, J., Green Jobs: Towards Decent Work in a Sustainable, Low-Carbon World, UNEP, 2008.

Stas, D., Lenort, R., Wicher, P., Holman, D., "Green Transport Balanced Scorecard Model with Analytic Network Process Support," *Sustainability*, 7 (11), 2015: 15243 - 15261.

Suarez, P., Anderson, W., Mahal, V., Lakshmanan, T. R., "Impacts of Flooding and Climate Change on Urban Transportation: A Systemwide Performance Assessment of the Boston Metro Area," *Transportation Research Part D: Transport and Environment*, 10 (3), 2005: 231 - 244.

UNDESA (United Nations Department of Economic and Social Affairs), The Great Green Technological Transformation. World Economic and Social Survey, 2011.

Valkila, N., Saari, A., "Attitude-Behaviour Gap in Energy Issues: Case Study of Three Different Finnish Residential Areas," *Energy for Sustainable Development*, 17 (1), 2013: 24 - 34.

Zahedi, S., "Green Transportation a More Eco-efficient Option," *Journal of Social and Development Sciences*, 3 (7), 2012: 223 - 228.

Zhou, N., McNeil, M. A., "Assessment of Historic Trend in Mobility and Energy Use in India Transportation Sector Using Bottom-up Approach," *Journal of Renewable and Sustainable Energy*, 1 (4), 2009: 43 - 108.

《2017年度中国主要城市交通分析报告》，高德地图，http://report.amap.com/share.do?id=8a38bb8660f9109101610835e79701bf。

Ülengin, F., Kabak, Ö., Önsel, Ş., Ülengin, B., Aktaş, E., "A Problem-structuring Model for Analyzing Transportation-environment Relationships," *European Journal of Operational Research*, 200 (3), 2010: 844 - 859.

指　数　篇

Index Section

B.2

城市交通绿色发展的理论基础

崔卓然　林晓言*

摘　要：　本报告简述了与交通绿色发展相关的绿色经济理论、城市规划理论与运输经济理论。绿色经济理论包含三个维度，即以效率为导向的绿色经济，经济系统的效率是核心；以规模为导向的绿色经济，生态系统的极限是核心；以公平为导向的绿色经济，社会制度公平是核心。目前，以公平为导向的绿色经济对产业和决策水平产生了极大的影响，并逐渐成为制定绿色经济政策的关键。城市规划理论一般将其看作一种配置资源方式，其主要用途是提供公共交通产品，能否实现公共利益最大化是评判资源配置质量的标准。运输经济理论中，

* 崔卓然，北京交通大学经济管理学院硕士研究生，研究方向为运输经济学、技术经济学；林晓言，博士，北京交通大学经济管理学院，教授，博士生导师，北京交通发展研究基地主任，首都高端智库北京综合交通发展研究院副院长，研究方向为运输经济学、技术经济学。

运输需求、运输供给、运输市场均衡的形成及其意义已成为运输经济学的基本研究内容。上述理论将构成城市交通绿色发展指数的研究基础，将内涵应用于指数构建与评价中。

关键词： 绿色经济　城市规划　运输经济

一　绿色经济理论

（一）背景

“绿色经济”的概念首先由英国知名环境经济学家皮尔斯提出。他认为，人类需要在社会状况、生态条件的基础上建立“可持续发展”经济。邹金泰与熊维明在前人对绿色经济研究的基础上，在《绿色经济》一书中提出了全新的主张。他们提出，“绿色经济发展”是由物质文明到物质文明、生态文明与精神文明的转变。在绿色经济发展中，人类应该追求高消耗、低能耗的生态文明，拒绝高消耗、高能耗的物质文明。

绿色经济理论在可持续发展理论基础之上建立和发展起来。在 1960 年以后，绿色经济作为一种新兴的可持续发展的环保经济是随着西方国家工业化进程的推进而产生的。绿色经济的实质是人类社会、经济以及生态协调统一、可持续发展。它是生态化与市场化的有机结合，是一种集现代文明与高科技于一体的可持续发展经济。绿色经济同样是一种可以充分体现生态环境与自然资源的经济形态。在绿色经济发展的背景下，许多环境友好的技术方式可以转变为新的生产力，进而实现经济的可持续高速增长，例如清洁生产与环保技术。

1950 年以来，绿色发展问题全球瞩目。过度追求经济高速增长遭到了越来越多的社会批评。从工业革命以来，由于经济增长方式不妥，人与环境之间有着日益尖锐的矛盾。随着人口的加速增长，传统的工业发展方式对资源与环境造成了很大的破坏。发展模式的不可持续性同样威胁到人类的生存。

1980 年以来，“发展是以人为本的综合发展思想”的新发展观逐步深入人心。联合国开发计划署（UNDP）于 1994 年提出了全新的人类可持续发展思想。可持续发展思想也逐步深入人心。随后，绿色经济理论不断完善。

（二）内涵

实现经济可持续发展是实现绿色经济的唯一途径。可持续发展问题是国际组织和政府面对的主要问题。可持续发展的概念是：“可持续发展满足现代人的需求，同时不影响子孙后代的发展。”可持续发展实质上是一个持续变化的过程。经济、环境和社会这三个关键词包含在可持续发展的许多定义中。Barbier（2016）在这三个方面用三个圈来展示可持续发展的目标（见图 1）。

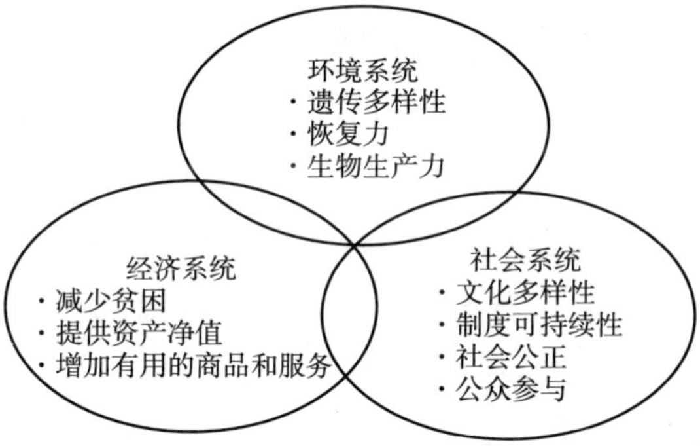

图 1　环境、经济和社会三个方面的可持续发展示意

资料来源：笔者绘制。

本报告结合 Jacobs 和 Stott（1992）的观点，认为可持续发展应包含以下观点：①对日常社会实践活动的要求；②兼顾长期以及短期利益；③全面理解决策中涵盖的所有本质问题；④认识到事物联系和发展阶段，认识到相互之间的依存关系，尤其是人类与其所依赖的生物物理学基础之间的关系，使用一定的手段来管理生态、社会和经济。

Rogers 等（2012）总结了可持续发展定义的三个标准：①在未满足的环境和社会约束下不应该最大化经济效益；②在未满足的经济和社会约束下不应当最大化环境效益；③在经济和环境条件不尽如人意的情况下，社会效益不能最大化。总之，可持续发展从理论上终结了经济发展与环境保护之间的长期对立，从环境和自然资源的角度提出了人类长远发展的战略模式，可持续发展的概念基本表达了两个明确的观点：第一，社会进步需要发展，需要消耗一定的资源，尤其是发展中国家；第二，它需要以有限和适度的方式发展，不能以损害后代发展的能力为代价。因此，我们必须认识到“可持续发展的概念依然在不断完善，正在不断被修正、扩展以及完善”。

可持续发展要求包括联合开发、整合发展、公平发展、高效发展和多维发展五个方面。

联合开发。我们生存的地球是统一的整体，追求全面、有序发展，即共同发展是可持续发展的基本要求。

整合发展。它指经济、社会与环境三个主要方面之间互相整合。人与环境的和谐共存是可持续发展的核心和本质要求，突出人类要在付出和回报之间保持一种动态平衡。

公平发展。当前世界经济的发展及其不平衡存在南北差异。空间维度的公平发展要求一个地区的发展不能不考虑其他地区满足需求的发展。

高效发展。可持续发展追求高效发展。

多维发展。可持续发展是一个综合概念，考虑到不同的发展水平，其包括文化、体制和地理差异。

此外，可持续发展包括可持续性、公正性和公共性三个原则。

可续性原则。它是经济增长的需要、优化资源配置的需要以及促进社会物质和精神发展的能力的需要。

公正性原则。它包括同代人的公平、代际公平、资源合理分配这三个方面。同代人的公平意味着可持续发展应该满足所有人的基本需要，目前有限资源没有得到公平的分配，发达国家人口数目前占世界人口数的26%，消耗了世界近80%的资源。

公共性原则。它要求共同遵守可持续性和公正性原则和相关的法规，有必要采取统一的全球行动方案一起满足可持续发展的要求。

“可持续发展”不仅指满足当代人的需求，还应满足后代的需求，但由于当代人的过度消费，无法满足后代的需求。可持续发展理论对传统发展产生了巨大影响。由于传统发展具有高投入、高消费、高享受的特点，往往侧重经济指标和发展的速度与数量，而忽视了发展的质量，即生态保护容易被忽视，因此，以往的经济发展方式可以被看作牺牲环境成本以换取经济增长的一种方式。可持续发展是经济、文化、人文和环境的协调和友好发展。全面发展的主要意义在于它不仅能满足人类的各种需要，而且能促进人的全面发展。这样从宏观上看，可持续发展主要包括生态可持续发展、经济可持续发展和社会可持续发展。

绿色经济作为人类文明演进的新阶段，既包括物质文明，又包括非物质文明。它是物质文明与非物质文明的有机统一。绿色经济的内涵符合大规模经济体制的整体创新和效率最大化的要求。它具有以下特点。

绿色经济的宗旨是为人们的需求服务。在偏离这一目标的前提下，探讨绿色经济是没有意义的。因为经济发展的动力来自经济利益的需求。只有当社会能够改善大多数人的福祉时，才能实现经济发展。

绿色经济自始至终强调经济的生态化发展。绿色经济一直把环境和生态因素作为经济发展的基本，并明确指出，经济可持续发展的关键在于生态环境和资源的可持续性。

绿色经济不断追求高水平的社会进步。绿色经济既追求经济发展，又追求人类社会和生态环境的进步。绿色经济理论认为，社会进步不仅包括生产和分配制度完善，还包括国民财富的合理分配，即要求公平。

绿色经济同样是效率最大化的经济。绿色经济不仅包括“绿色”，即生态文明和循环经济，而且包括以人为本地发展经济，促进社会和谐发展。

近十年来，理论研究不再局限于生态治理和经济增长，而是将绿色经济视为一个不可或缺的经济发展模式，与生态、经济和社会三大支柱相协调，对生态、经济和社会的发展做出回应，强调早期可持续发展战略。目的是协调可持续发展。将绿色经济解读为“同时关注并抓住机会，促进实现经济和环境目标”。可以说，2010 年后，“绿色经济”概念的发展不再是环境治理的单一经济工具，也不再是简单的经济“绿化”过程，而是对现有社会发展模式的全面反思。这种反思基于 2008 年金融危机后全球新的绿色经济政策的实践。它还涉及联合国和其他国际组织强调的人类发展目标。在实证研究中，首先，新研究侧重于社会公平和其他方面。其次，在第一阶段的研究绿色经济方法的基础上，进一步完善包括自然资本和社会资本在内的生产函数，增加资源的公共价值。

（三）意义

不难看出，“绿色经济”概念的转变是一个深化的过程，反映了人类发展模式：从最早的生态环境治理手段到制度经济改革，再到应对经济危机，最后到可持续发展。实际上，“绿色经济”的概念对于绿色交通可持续发展具有很大的启示和借鉴意义。发展绿色交通，不仅要考虑经济效益，还要考虑社会效益和保护生态环境，以期实现经济、社会、生态效益的同步提高。绿色交通是一个综合性的体系。发展绿色交通，既要注重效率，又要兼顾公平和全面可持续。同时，在知识经济时代，绿色交通的发展应注重科学技术的进步，绿色交通应实现从粗放型发展到集约型发展转变，大力保护环境，提高能源效率，例如大力发展新能源汽车、天然气公交车等。应对新能源汽车给予一定程度的奖励、政策支持，新能源汽车的发展不仅提高了经济效益，而且对生态效益有着不可磨灭的贡献：让绿色技术服务绿色交通。

二　城市规划理论

（一）背景

城市规划是指在一个时期内实现城市经济与社会的协调发展，确定城市的属性、规模和发展方向，合理利用城市土地资源，协调城市空间布局和建设的全面具体安排。

在18世纪，英国的工业革命极大地改变了人类居住区的格局，城市化被迅速推进。城市面临人口爆炸式增长的问题，特别是在20世纪30年代和40年代，霍乱疫情蔓延到英国和欧洲大陆，这被认为是由贫民窟和工人的住房造成的，这使社会更加敏感并引起广泛关注。19世纪中期，开始了一系列关于城市未来发展的讨论，从理论、意识形态和制度的角度为现代城市规划的形成和发展做了充分的准备。

现代城市规划的产生有三个主要背景。①工业革命给城市社会经济发展带来了深刻的变革。传统的规划方法（设计）已经不能解决许多城市问题。②工业革命使城市环境发生了翻天覆地的变化，其中包括工人居住区环境恶化。③乌托邦社会主义和改革派对城市问题非常关注。

正是由于城市资源有限，只有反映公平原则，维护社会各阶层利益，实现资源的最大效用，才能真正合理有效地利用城市资源。

（二）内涵

《现代汉语词典》（第7版）对“规划”一词有两个方面的具体解释。①名词，比较全面的长远的发展计划。②动词，做规划。字典中“规划”的定义相对简单。在实践中，“规划”比上述定义具有更多含义。“规划”一词最早被用于20世纪初。公共政策相关方面在讨论“规划”时，一般是指“更全面、更长远的发展规划”，类似对建筑中“规划”一词的第一种解释；在研究领域，在空间规划、城市规划、区域规划、基础设施规划方面，它指的是实际的规划工作。

在内容上，规划的本质是政府有效配置资源的一种方式（荣朝和，2010）。发展规划不仅包括政府对资源市场配置的制约和引导，还包括政府对公共产品的直接供给。在西方发达资本主义国家的规划中，政府干预公共物品供给的范围非常有限，大多采取限制和指引市场的方式。当然，不同国家的情况也各不相同。比如，在美国、英国和日本，由政府提供的直接公共产品的范围最小的是美国，接着是英国，从政府主导的角度来看，日本政府提供的直接公共产品范围最大。过去，中国实行计划经济体制，以公有制生产产品。现在已经发展成为社会主义市场经济体制，社会主义公有制是主要形式，多种所有制共存。综观发展中国家，中国政府通过发展规划直接提供的公共产品配置的资源最多，因此，这种资源配置方式在中国尤为重要。政府根据市场机制原则指导市场，政府提供公共产品弥补市场失灵，需要重新设计一套分配机制。市场机制自动实施，政府提供公共产品的机制是自动设置的，可以与“模拟”进行比较。在“仿真”设计机制中，市场机制必须面对的四个资源属性，其也必须面对。本报告主要针对政府提供公共产品的发展规划进行研究。

规划是政府提供公共产品的一种方式。为了合理配置资源的质量、数量、空间位置和时间状态，使其符合给定的标准，必须采用其他政府手段（如预算）合理配置资源。早期西方规划理论关于“规划是物质空间的一种形式”的思想，体现了与建筑资源及地理位置上人们的生活、生产等活动密切相关的思想；城市自我发展的经济规律体现了一个城市自我发展的规律。公共资源在质量、数量、空间位置和时间状态四个维度上进行合理分配，以期满足公民对生产工作和日常生活的需要。

（三）意义

运输的目的是实现人和物的运动，而不仅是车辆的运动。人是城市的主人，城市的发展和建设必须以人为本。在交通政策的制定中，交通工具的优化、交通路线的布局、交通设施的规划和交通管理措施必须体现以人为本的理念，实现便捷、安全、高效、低污染。短途交通的需求可以通过自行车和步行的慢行交通方式来满足。作为城市的主导模式，汽车不仅保证了城市交通的效率，而且从根本上满足了资源和环境约束的要求，因此，提高公共交通比例和推广慢行交通是绿色交通系统建设的关键。但是，目前城市交通流量引导现象已经十分普遍，要扭转交通缓慢的不利局面，必须采取多种措施，有效结合公共交通、道路网络、慢行交通、停车设施和智能交通五个绿色交通系统的基本要素，它们也是绿色交通的五个微观基本点。

基于城市土地利用的异质性，制定了差异化发展战略，以实现绿色交通与空间土地利用相互适应，为绿色交通系统建设提供宏观指导。

绿色交通是在交通可持续发展理念的基础上提出并发展起来的一个全新概念。这也是一个现实的目标。为了满足人们的需求，应建设方便、安全、高效、低污染，风景秀丽，有利于生态环境保护，公共交通主导的多元化城市交通系统。该系统旨在促进城市交通与城市建设的协调发展，提高交通效率，保护城市的历史文化特色、传统文化，净化城市环境。充分利用科学的方法、技术和手段，为城市的社会经济发展创造一个合适的交通环境。

三　运输经济理论

（一）背景

运输经济理论的发展历史可以分为两大阶段：运输经济的特殊研究阶段和运输经济的系统研究阶段。运输经济的特殊研究阶段主要是随着运输工具的发展而形成的运输经济理论。这一阶段经历了萌芽期和初始期。运输经济的系统研究阶段不仅限于对某种交通工具的研究，还应从交通运输业出发，全面考虑各方面的联系，形成一套系统的、广义的运输经济理论。这一阶段经历了快速发展和繁荣时期。

1. 运输经济的特殊研究阶段

首先，运输经济的特殊研究阶段主要涉及有关铁路的研究。此后，汽车运输的出现促使各种交通运输方式发展，运输经济学的研究也逐渐开始发展。在这一阶段，铁路作为一种新型的交通工具出现在交通运输业中，并逐渐占据交通运输业的主导地位，此时主要是对以铁路运输为主的运输经济进行研究。1776 年，亚当 · 斯密写了《国民财富的性质和原因的研究》，探讨了交通在促进城市和地区经济繁荣中的作用以及政府在交通设施上的投资。

这项研究是由各种运输方式驱动的。二战前，欧美国家汽车运输的发展速度超过了铁路运输，其他运输方式也发展迅猛。为了迎合世界这一发展大势，运输经济学也相应地改变了其研究内容和范围。

2. 运输经济的系统研究阶段

伴随着交通运输体系的日臻完善，交通运输与各部门的联系日益密切。随着运输经济的不断发展，运输经济进入了一个快速发展和繁荣时期。在 20 世纪七八十年代，西方运输经济学除了进行综合研究外，还进行了航空经济、海洋经济、客运、城市交通、各国交通政策分析等比较专业的工作。在这一阶段，西方具有标准的运输经济学理论基础，并且可以应用大量的计量经济学方法来分析运输经济问题。

在中国，运输经济学的研究起步较晚。西方运输经济学的发展始于 20 世纪二三十年代末期。20 世纪 70 年代末以来，我国经济学界和交通学界一直致力于探索适合我国国情和市场的运输经济学理论新体系。1989 年，赵传云、荣朝和和马云翻译了《运输经济——实践、理论与政策》；1999 年，上海海运学院教授陈贻龙和长安大学教授邵振一联合出版了《运输经济学》，这是中国交通经济学最系统的著作之一；2008 年，荣朝和《西方运输经济学》出版。

近十年来，我国在运输经济学领域取得了举世瞩目的成就，研究队伍不断壮大。专门从事运输经济学的学者的数量逐渐增加。

（二）内涵

市场均衡理论作为微观经济学的核心理论，是否能够满足运输活动的治理需要，应具体研究运输市场的构成和相关主体的行为选择，运输需求规律、运输供给法、运输市场均衡效应已成为运输经济学的基本研究内容。

1. 运输需求规律

运输需求规律不能简单地从经济原则出发进行验证。应结合交通运输业的特点加以论证。运输需求具有衍生需求特性，因此运输需求规律的决定性根据不是消费者边际效用递减规律。同时，交通需求和要素市场需求理论也不尽相同。运输需求分为客运需求和货运需求，客运需求根据出行目的可分为生产性客运需求和消费性客运需求。货运需求与生产性客运需求的特点与要素需求理论中决策者的目标一致，即经济活动主体利润最大化。具体而言，实现了业主或服务企业的利润最大化。

2. 运输供给法

成本是确定供给规律变化情况的基础。交通运输业属于网络型基础产业。运输业成本由基础设施成本、移动运营商成本和运营成本构成。它的成本不同于其他行业。首先，是否拥有基础设施决定了运输服务提供商的不同成本。服务量越大，基础设施成本所占比例越高，拥有基础设施的服务提供商的网络经济越强。相反，没有基础设施的运输服务提供者的网络经济是脆弱的。其次，运输工具是不可分割的，因为平均成本曲线不是完全平滑的。再次，在车辆给定承载能力范围内，边际成本变化不大，但超过承载能力则会快速增加。最后，交通运输业仍然存在大量共同成本。因此，应结合交通运输业的特点，研究运输成本变化规律，另外，运输供给定理的科学证明也是运输经济学研究的一个重要领域。

3. 运输市场均衡效应

运输市场均衡效应主要涉及运输市场能否自动实现均衡以及实现均衡的意义，目的是从理论角度证明运输市场在调节运输活动中能够发挥基础性作用。

总之，通过对运输供需规律的研究和运输市场均衡稳定性的证明，运输市场在满足基本假设的前提下，具有调节运输活动的能力，从而使运输利益最大化，参与交通活动，实现交通资源的合理配置。

生态文明建设是关系人民群众福祉和国家命运的重大工程。尝试将其作为可持续发展的必要条件，也是人们追求美好生活的重要体现。“绿水青山就是金山银山”，“良好的生态环境是最公平的公共物品，是普世福祉的生活”等理念已深深扎根于人们的心中，“绿色发展”理念将融入生态文明建设之中。未来的社会，绿色交通理念将得到越来越多人的认可，绿色出行的理念渐渐深入人心，绿色出行的发展是大势所趋，这需要人们的观念慢慢转变并予以认同。

（三）意义

“十二五”期间，我国严格执行节能减排、环境保护的法律和政策，加强战略规划和宏观总体规划，制订了一系列行动计划。作为应对气候变化的计划的一部分的交通运输行业计划涉及绿色港口、等级评估。加快节能环保运输设备和节能减排技术的开发和应用，严格执行机动车燃油消耗配额制度。全面提升工业节能环保水平，加快运输设备清洗工作。“十二五”期间降低能耗和碳排放强度的目标已成功实现。绿色循环和低碳发展已成为整个行业的共同目标和价值取向。

加快促进绿色交通管制能力提升。要进一步明确绿色交通发展的责任和目标，加强绿色交通宏观战略规划和绿色交通主要政策储备，不断推进绿色交通科学、系统发展。完善政策、法规、标准、监督评估体系，通过系统设计指导绿色发展，形成健全机制。建立健全绿色运输发展标准体系，有序推进节能减排、生态保护、污染防治、监测和监督标准的制定。建立交通绿色发展目标评估和问责机制，合理推进节能减排和污染防治工作，加强监督和问责。

应努力营造绿色交通环境。加强宣传引导，组织开展具有产业和区域特色的主题宣传活动，并在世界环境日、国家节能周和国家低碳日的基础上，广泛宣传绿色发展理念。倡导绿色出行模式，营造“绿色交通，人人负责”的良好氛围。大力发展交通运输，推动建设美丽中国，满足人民对良好生态环境和绿色出行的期望。给人民提供良好的绿色出行环境，使人们做到绿色出行、低碳出行，共享城市发展成果。

参考文献

陈贻龙、邵振一主编《运输经济学》，人民交通出版社，1999。

〔美〕罗依·桑普森等：《运输经济——实践、理论与政策》，赵佳云、荣朝和、马云译，经济管理出版社，1989。

荣朝和：《推进综合交通规划的方法创新》，《综合运输》2010 年第 1 期，第 10 ~ 14 页。

荣朝和编著《西方运输经济学》，经济科学出版社，2008。

邹金泰、熊维明：《绿色经济》，山西经济出版社，2002。

Barbier E. B., "Is Green Growth Relevant for Poor Economies," *Resource and Energy Economics*, 2016: 178 - 191.

Jacobs M., Stott M., "Sustainable Development and the Local Economy," *Local Economy*, 1992, 7 (3): 261 - 272.

Rogers, P. P., Jalal, K. F., Boyd, J. A., *An Introduction to Sustainable Development* (Routledge, 2012).

B.3

交通绿色发展指数评价方法

张泽华　刘铁鹰*

摘　要： 本报告重点介绍指数评价方法，其分为传统方法与交叉方法两类，传统方法包括综合评分法、满意度评价法、模糊综合评价法、灰色综合评价法、层次分析法与能值分析法，交叉方法包括系统动力学法、数据包络分析、人工神经网络、可拓学分析法与格序决策理论。

关键词： 城市交通　绿色发展指数　评价方法

长期以来，学者们在对事或物进行研究时，通常会采用效益评价的方法将事实和数据转化为定量指标。一般采用分总的方法从四个方面研究，即经济效益、社会效益、生态效益和综合效益。为构建更为合理的绿色交通指数，对现有的效益评价方法进行汇总，并进行对比研究。目前共有 11 种研究方法：综合评分法（Composite Grade Method）、满意度评价法（Satisfaction Evaluation）、模糊综合评价法（Fuzzy Sets）、灰色综合评价法（Grey Comprehensive Evaluation）、层次分析法（Analytic Hierarchy Process，AHP）、能值分析法（Emergy Analysis）、系统动力学法（System Dynamics，SD）、数据包络分析（Data Envelopment Analysis，DEA）、人工神经网络（Artificial Neural Network，ANN）、可拓学分析法（Extenics Analysis Method）、格序决

* 张泽华，北京交通大学经济管理学院硕士研究生，研究方向为运输经济学、技术经济学；刘铁鹰，博士，北京交通大学经济管理学院，副教授，研究方向为区域经济学、运输经济学。

策理论（Lattice-order Theory）。

上述 11 种方法都可以对某种事物的效益进行评价，方法的步骤之间存在很多共性，且可以被认为都是在综合评分法的基础上衍生而来的。按照方法之间的相似程度，可将其分为两类：传统方法、交叉方法。传统方法之间的相似程度很高，共性大于个性；交叉方法则让其他各种方法的相似程度保持限度，个性大于共性。传统方法包含六种：综合评分法、满意度评价法、模糊综合评价法、灰色综合评价法、层次分析法、能值分析法。交叉方法有五种：系统动力学法、数据包络分析、人工神经网络、可拓学分析法、格序决策理论。

一　传统方法

传统方法包含六种：综合评分法、满意度评价法、模糊综合评价法、灰色综合评价法、层次分析法、能值分析法。各方法之间的相似程度很高，共性大于个性。各方法都是在综合评分法的基础上衍生而来的，基本步骤相同：确定指标、赋予权重、评价指标得分、加权汇总、评价。

（一）综合评分法

综合评分法（Composite Grade Method）被认为是最古老的技术经济评价方法之一，将评价项目转化为可度量的和同度量的指标，给予一个综合性的量化概念，在各个领域都有非常广泛的应用。采用综合评分法时，首先要为评价项目设置多个指标，以及设置各个指标的分数上限、分数下限和评分标准，其次再采用专家打分等方法为每项指标打分，最后根据事先确定的公式加权汇总，评价项目。综合评分法的关键技术主要有三个方面：指标选择、权数确定、适宜的方法。在实际应用时，把握住三个方面的科学性，便能把握住全局，把握住可行性。

该方法简单易行，但也有明显的弊端，如指标的选择、各个指标的评分以及权重的赋予等主观性太强。鉴于上述弊端，一般将其应用于精度要求低的项目上。就使用的情况观察，综合评分法主要用于对自然与社会学科项目评价中，如环境、气候、人口、教育、社会民主化水平等。

（二）满意度评价法

目前，满意度评价法（Satisfaction Evaluation）技术共有十代（第1代到第10代），每代之间并不是替代关系，各代技术适用于不同类型。满意度评价法和综合评分法大同小异，其中最大的不同在于指标评分时采用满意度评价，由用户而非专家打分，即先根据项目的特性确定评价指标，然后由用户逐项评分，最后采用加权平均法求出总分，以度量目标的满意程度。该方法一般通过升、降半梯形分布函数建立各指标隶属函数，达到指标量化的目的。满意度评分法对指标评分系统进行改进，从用户角度而非专家角度评分，使结果更为亲民，应用范围极广。但是该方法也较为主观，指标选择和权重分配与设定者个人见识密切相关。

（三）模糊综合评价法

1965年，美国自动控制专家查德（L. A. Zadeh）教授提出模糊集合理论的概念，用以表达事物的不确定性。对事物进行评价时，往往不用简单的好与坏来形容，而是用模糊语言的形式评价好与坏的程度。

该方法的具体研究有七个步骤。①研究对象集合：$X = \{X_1, X_2, \cdots, X_t\}$。②评价指标集合：$U = \{U_1, U_2, \cdots, U_m\}$。③评价等级集合：$V = \{V_1, V_2, \cdots, V_n\}$。④求出评判矩阵：$R = (r_{ij})_{m \times n}$（先求出每个指标的评价向量，再据此求出模糊评价矩阵）。⑤确定权数向量：$A = \{A_1, A_2, \cdots, A_m\}$。⑥采用合适的方法，加权合成。⑦计算合成指标，并评价。模糊综合评价法有以下显著优点：①隶属函数和模糊统计方法为定性指标量化提供了有效的方法，实现了定性和定量方法的有效结合；②所得结果为一向量，即评语集在其论域上的子集，避免了以往以量化方式进行评价结果具有较大局限性的不足，而在评价范围上涵盖较广。但是其也有一定的缺陷，主要表现在：①对于一些特殊情况，其隶属函数求值方面存在较大困难；②在评价法的权重设计上受到使用者主观方面一定的影响而存在信度、效度问题。

（四）灰色综合评价法

20 世纪 80 年代，我国学术领域著名研究专家邓聚龙设计了灰色综合评价法（Grey Comprehensive Evaluation），其方法可以被用来对特定项目进行评价，避免了以往评价方法中信息准确度方面的问题对结果带来的不良影响。该方法能够通过控制论思想将模糊判断用于系统化的项目评价中，从而使一些原本难以被量化的指标得到更为客观的反映和转化，扩大评价方法的适用范围，对于一些原本以量化措施无法评价的项目进行评价，从而大大拓宽了评价法的适用范畴。

灰色综合评价法在其适用范畴上较为广阔，对于项目评价的精度不具有较高要求，其主要通过灰色系统进行综合性评价。灰色综合评价法的核心思想为通过构建专家组就特定项目实施相关要素进行打分，然后通过理论分析来判定指标在灰度层面的各类参数，并将此类参数纳入评价系统中构建相关的系数、向量与权矩阵，进而通过实施系统排序，以群体构权来分析指标的综合属性。该方法用于项目评价的突出优势体现在：①容易操作；②减少了主观因素对单一指标的影响，提高了指标信息反馈的综合度；③可以进行系统化排序，从而将指标的系统关联性以量化方式进行反映。其也存在一定的缺点，主要表现在：①该方法在专家评价上依然受到评价人的主观影响；②在指标信息量较大时，结果计算十分烦琐。

（五）层次分析法

该方法是 20 世纪 70 年代由美国理论领域著名研究学者托马斯·塞蒂（T. L. Saaty）研发出的著名分析方法，其属于将定性与定量手段融合而进行项目分析的科学分析理论。其主要程序可以分为两个步骤：①将项目实施层次性转化，按照项目性质与分析工作的核心目标，把项目分为若干个构成要素，进而依据各要素之间的影响作用与隶属关系实现层次关系的确立，并将其组合为一个多层次模型；②实施要素排序，通过把模型中的各个要素进行由低到高的不同层次排序，其重要性得以体现，并在分析方面获得有关权重的确立与方案选择依据的确立。

该方法所具有的突出优势体现在，其对指标丰富程度的要求较低，可以在较少的指标采集量基础上通过层次分析而选择最理想的项目处理方法。与此同时，层次分析法还能对项目进行比较分析与综合判断，具有一定的系统化分析能力。不过该方法也存在一些显著的缺陷，主要体现在：①如果可以用作定量分析的指标数量严重不足，则分析结果的主观性就会太高，得出的结论的可信度不够理想；②如果可以用于定量分析的指标数量太多，则分析工作会变得十分烦琐；③在指标模型建立上，其要素的打分主要通过专家组确定，因而会受到一定主观因素的影响；④假如无法按照结果实施分析方法检验修正，则其分析工作的准确度难以确定。

（六）能值分析法

20 世纪 70 年代，以 H. T. Odum 为首的美国学者在传统能量分析的基础上创立了能值分析法，对经济系统和生态系统进行研究。能值分析法以能值为基准，可以衡量和比较不同类别、不同等级的能量真实价值，可把不同类别不可比较的能量转换成可比较的同一标准——能值。但是该方法仅适用于生态系统、生态经济系统的评价，其关键指标“能值转化率”也是评价生态系统的专用指标，普适性较差。

该方法的分析工作主要包括五个步骤，分别是：①明确项目分析的系统范畴与分析内容，设计系统能量与能值图；②汇集、整理、实施、分析需要的各个方面的信息指标，并通过将其纳入模型进行储存；③通过能值分析得出相关的指标变动流；④构建对应的指标体系以进行更为系统化的分析，能值指标主要有各种类型能值的数量、各种能值结构比例指标、能值投入率、能值自给率、净能值产出率、环境承载力、能值可持续发展指标等；⑤进行系统的发展评价和策略分析，并对系统的优化提出建议。

二　交叉方法

交叉方法以一个主导方法为基础，并交叉其他理论。虽然交叉方法的基础也是综合评分法，但是其个性大于共性。交叉方法有五种：系统动力学法、数据包络分析、人工神经网络、可拓学分析法、格序决策理论。

（一）系统动力学法

1956 年，麻省理工学院福瑞斯特（J. W. Forrester）教授提出系统动力学的概念。系统整体行为是系统动力学的研究主体，为实现系统研究的目的，系统动力学法的核心思想是把项目分析工作纳入一个系统中，实施结构与功能拟态，以动力学理论进行模型分析。首先，其需要进行项目分析的各个方面要素关系确立与系统建设工作，并构建动态信息反馈收集措施，就系统动力情况实施模拟，然后运用构建出的系统模型实施项目分析与评价工作。该方法具有的优点可以概括为：①能够以系统化措施进行有关项目的结构与功能评测，科学性强；②可以采用定性与定量相互结合的手段实施项目的综合性评测，提高评测结果的全面性；③能够以不同指标与参数的规划来控制评测结果的信度、效度。不过该方法也存在一定的不足，主要体现在：①运用该方法进行评测，有关指标的计算十分烦琐复杂，工作量较大；②该方法要求模型当中不同的要素相互间应具有可量化的逻辑关系，而在处理一些不具有可量化特征的项目分析问题时会存在方法指标难以确立的问题。

系统动力学法在实施程序上可以分为六步。①确立分析目标：按照分析课题的要求与目标性质确立研究范畴与研究目的。②确立系统分析的范围，并研究不同要素的确立原则与要素间的逻辑关系。③设计系统的整体结构图表：按照上一步确立的要素间逻辑关系与权重构建模型分析的各类图表。④建立系统动力学模型：通过运用趋势外推原理、线性回归理论构建相关量化模型，并将系统要素以量化指标的形式纳入模型中从而确定有关数值。

⑤实施模型模拟分析与测试：在第四步的基础上进行测试工作以对模型的缺陷予以测量分析，并通过测试修正模型存在的不足与错误。⑥应用模型进行特定项目的评估：通过以测试后理想状态的模型对目标项目进行评估，获得模型评估结果，为评估单位提供评估意见与参考信息。

（二）数据包络分析

1978 年，Charnes 和 Cooper 创建数据包络分析（Data Envelopment Analysis，DEA），该方法适用于研究具有多投入和多产出特点的复杂系统，因此常被用来衡量拥有相同目标的运营单位的相对效率，被广泛应用于业绩评价。该方法主要分为三个步骤。①建立输入/输出指标体系：根据决策系统实际情况选择决策单元，并建立输入/输出指标体系。②选择 DEA 模型：数据包络分析模型有输入导向模型和输出导向模型两个，根据要评价的工作性质做适当选择。③分析评价结果并提出决策建议。

跟别的方法相比，DEA 在项目评估的要素权重确立上存在一定的特殊性，其主要把项目中不同指标的输入/输出方面的情况作为权重确立的依据，从而防止以主观因素对指标权重确立带来的不良影响。但 DEA 对异常值相当敏感，错误的输入数据会使结果偏差很大，并且难以根据研究结果，提出改进效率相对低下的决策单元的方法。

（三）人工神经网络

1943 年，心理学家 McCulloch 和数学家 Pitts 提出人工神经网络（Artificial Neural Network，ANN）方法。该方法是主要通过构建以权重方式量化反映不同指标与目标间的逻辑关系而建立模型以用于评估分析，从而使项目分析的过程模拟人脑对事物的认知学习过程，使项目分析科学性更高的分析方法。其核心思想是模拟人的大脑在认识事物方面所表现出的功能性特征，从人的神经网络对陌生信息的反映与认知特征入手，模拟人脑的神经网络对外部事务分析的功能与原理，从而实现对特定非量化项目的可量化分析。其在信息可量化性的确立上使用了“误差逆传播算法”，使用对信息进行先确立再计算误差从而修正的算法，使其误差传播的修正度不断提高，最终实现分析结果精确度不断提升，理论上可以通过反复纠错而实现任意目标误差率达标。

神经网络的类型和计算方法种类繁多，以最流行的后向传播算法为例，简单描述方法步骤如下。①确定参数，初始化权重：根据经验和实际确定模型所需的参数，并用很小的随机数初始化权重。②向前传播输入：将训练元组提供给网络的输入层，然后通过其输入的线性组合计算隐藏层和输出层每个单元的净输入和输出。③向后传播误差：通过更新权重和反映网络预测误差的偏倚，向后传播误差。

ANN 优势明显：能够同时处理定量、定性知识，可以充分逼近任意复杂的非线性关系，将定量或定性的信息都等势分布储存于网络内的各神经元，故有很强的鲁棒性和容错性，是可学习和自适应不知道或不确定的系统。但该方法进行网络收敛时所需要的时间不确定，实践中，权重收敛可能需要数十万个周期，而且目前用于各类模拟及预报的神经网络模型普遍存在内部参数物理概念不明确、隐层结构难以确定等问题。相比传统信息处理方式，当信息来源不完整，包含假象，决策规则有时相互矛盾，有时无章可循时，人工神经网络能很好地处理，并给出合理的识别与判断。

（四）可拓学分析法

可拓学（Extenics）为我国学术领域著名研究专家蔡文等研制的新一代分析方法。其可以用于很多领域的项目研究与课题分析，尤其在分析复杂性系统化问题时具有显著优势，该方法综合了数学、控制论等多个专业领域的相关思想。通过交叉使用多学科方法，项目分析的科学性与可量化性水平得到了很大提高，其基础理论主要建立在可拓论思想上，采用独特的对象拓展再收敛的分析手段对特定项目进行科学分析，使分析结果更加具有对对象特征的量化反应能力，该领域的理论研究从 20 世纪 70 年代就已经开始，并在 20 世纪 80 年代初步形成了理论基础，而通过不断的专业领域探索与理论发展，最终形成了一整套系统化的分析理论，目前该方法已经被广泛应用于AI、信息技术、工业自动化控制等多个领域。

可拓学分析法适合于解决难以定量分析的科学问题和充满矛盾的系统问题，主要有三个研究步骤：①可通过借鉴DPSIR（驱动力—压力—状态—影响—反应框架）模型来构建指标体系；②构建矛盾问题的形式化模型，如评价等级物元模型、评价指标物元模型、待评物元模型、距和关联函数模型；③根据计算机处理结果，分析矛盾问题。

（五）格序决策理论

格序决策理论（Lattice-order Theory）由西南交通大学郭耀煌教授率先提出，用于解决多目标决策问题。他指出格序能真实反映决策者偏好，并借助格结构建立格序决策理论，之后格序决策理论被广泛应用于各种决策领域。郝光等将格序决策理论进行改进，并将其应用于交通运输规划方案决策中；吴先聪等将格序决策方法与模糊多目标决策结合，并首次将其应用于管理者绩效评价中；吴凤平等运用格序决策理论思想将全序决策拓展为格序决策，并结合证据理论将其成功运用于水资源配置方案的综合评价中。

运用格序决策理论可以很好地解决评价目标之间的不可公度性与矛盾性问题，研究步骤可以归纳为四步。①建立评价体系：结合项目特性确定项目评价的影响因素，提取主成分并建立评价体系。②利用熵值法、OWA算子法等方法确定评价指标权重。③建立方案格序决策模型：提取加权决策矩阵中各决策指标属性值中的极大集和极小集作为正加权理想解和负加权理想解，计算各备选方案与正、负加权理想解之间的相对贴近度。④根据得到的决策向量进行方案决策。

参考文献

贾一伟：《基于系统动力学的高校科技产业可持续发展研究》，北京交通大学硕士学位论文，2013。

孙钰、王坤岩、姚晓东：《城市公共基础设施社会效益评价》，《经济社会体制比较》2015 年第 5 期，第 164 ~ 175 页。

杨文雅、张曾莲：《基于模糊综合评价的政府会计准则基本准则评价》，《财政监督》2014 年第 33 期，第 8 ~ 10 页。

B.4
城市交通绿色发展指数体系构建

王梓利　张泽华*

摘　要： 基于系统性、科学客观性、一致性、独立性、可比性、可操作性原则，从功能、经济、社会、生态、治理五方面选择指标。功能指数中的指标包含：城市道路网密度、公交线网密度、每万人拥有的公交车数量、地铁线网密度、每万人拥有的民用汽车数量、每万人拥有的出租车数量。经济指数指标为城市轨道交通与道路桥梁固定资产投资、节约乘客出行时间的效益、节约能源的效益、带动沿线土地升值的效益。社会指数指标则有公交客运量、拥堵延时度、绿色出行倾向程度、居民公共交通满意度、万车交通事故起数、交通与经济社会发展协调度、公共交通路网密度/全市人口。能源消耗量、人均绿地面积、绿化覆盖率和 SO_2 排放量四项指标作为生态指数评价对象。绿色出行宣传程度、道路交通规划体系、交通综合协调机制、交通新技术保障为治理指数评价指标。

关键词： 城市交通　绿色发展　指标体系

本报告认为交通绿色发展方式是城市综合交通运输系统向“绿色化”转型的发展方式，其主要内涵应当包括以下几点：第一，是“创新、协调、

* 王梓利，北京交通大学经济管理学院博士研究生，研究方向为运输经济学、产业经济学；张泽华，北京交通大学经济管理学院硕士研究生，研究方向为运输经济学、技术经济学。

绿色、开放、共享”五大发展理念在交通运输领域的集中体现；第二，是以人为本的理念，注重出行者需求结构的满足与整体满意度的提升；第三，是一种资源环境保护的发展方式，减少交通对环境的负面影响，其中包含低成本治理；第四，经济基础、上下游产业链发展等是交通绿色发展的基础；第五，制度环境的改善、以绿色发展为理念的组织管理方式的转变是必要条件。基于这一概念，本报告从城市交通功能、经济、社会、生态与治理五方面评价城市交通绿色发展情况。

对于城市交通绿色发展指数体系的构建，应该满足城市交通可持续发展的基本原则，同时注重城市交通发展的独特性与规律性，在此基础上选取更加全面且有针对性的评价指标。若一味追求全面性，则可能导致评价指标的选取工作出现重复现象，使评价结果的准确性和有效性难以得到保障；若一味追求针对性与精准性，则容易出现以偏概全的可能，忽视城市绿色交通与城市整体发展的联系，导致评价结果过于片面。鉴于以上考虑，我们在选取城市交通绿色发展的评价指标时，应力求保证评价结果的客观性、科学性与全面性，因此指标的选取过程应在以下指导原则下进行。

系统性原则

对城市交通绿色发展情况进行综合评价，选取的指标应保持一定的逻辑关系，不仅要能从不同角度反映城市交通各个方面的绿色发展状况，同时也应该体现所选取的各角度间的内在联系，进一步反映城市交通绿色发展的整体态势与动态变化趋势。在构建综合评价指标体系的过程中，应明确对评价方面的结构划分，体系中的层级关系要清晰合理，各指标间相辅相成，在全面把握综合评价主要因素的同时，充分利用次要因素的指标进行有力补充，保证评价体系的全面性与系统性。

科学性与客观性原则

科学性原则不仅是构建指标体系时应遵循的基本原则，还是所有科研活动都必须牢牢坚守的基本准则。在指标体系的构建上，具体表现在：首先要以整个城市交通系统自身的客观因素为依据，以相关理论为支撑，在此基础上进行指标选取与指标权重确定工作；采用定性和定量分析相结合的方式，科学全面地反映城市交通系统绿色发展的情况。客观性原则在科学性原则的基础上，通过搜集以往文献及咨询专家建议等方式，力求保证指标与数据的客观和完整，能够为指标体系评价结果的准确性提供保障。

一致性原则

指标体系的构建是为城市交通绿色发展的综合评价提供服务的，因此指标体系的最终导向应该与评价目标保持一致性。所选取的指标不仅具有直接效果，也需要体现间接效果，并在保证指标体系全面性的同时对其进行简化，剔除无关指标。

独立性原则

综合评价指标体系中各层级的指标间均应保持相互独立的关系，即不能包含或者被包含于同层级的其他指标中，且与上级指标的相关性与独立性也要得到有效验证，只有这样才能保证指标体系从各个角度对评价对象进行全面衡量。

可操作性原则

在指标体系的构建过程中，对可操作性原则的把握应贯穿始终。这意味着确定的指标既不能太过简单，也不能过于复杂。若所选指标过于简单，则难以有效反映待评对象的实际特征，评价结果的准确性得不到保证；相反，若所选指标过于复杂，则一方面给数据获取增加了难度，另一方面也不利于后期处理工作的顺利展开，因此指标选取应把握好可操作的程度。在保证评价结果准确性的前提下，应选取难易程度适中且有代表性的评价指标。

可比性原则

要对不同城市的交通绿色发展评价结果进行比较，其评价指标必然也应该满足可比性原则，即选取指标和确定数据时要采用通行口径，只有这样才能保证不同城市的综合评价结果可以进行横向对比，以及同一城市交通不同维度的纵向对比应避免特殊指标的出现。

经进一步筛选，本报告构建的城市交通绿色发展指标体系如图 1 所示。

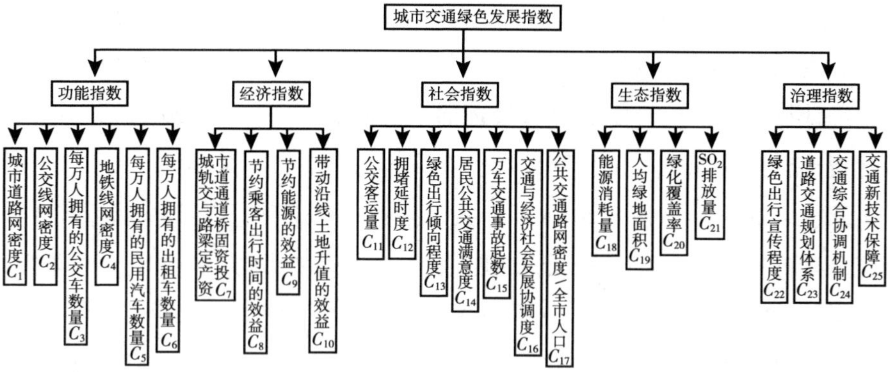

图1　城市交通绿色发展指标体系

一　功能指数

（一）城市绿色交通功能指数的内涵

绿色交通标准体系（2016 年）包括了交通运输部负责制定的公路、水路节能环保领域的产品和服务标准和工程建设标准。

绿色交通标准体系（2016 年）的设计综合考虑了《交通运输节能环保“十三五”发展规划》的节能环保主要任务、《交通运输标准化“十三五”发展规划》节能环保重点领域标准制修订的技术分类，并参考了环境保护部标准体系，针对公路、水路交通运输节能环保工作的技术和管理的标准化需求，按照《标准体系表编制原则和要求》（GB/T 13016－2009），将体系表结构划分为基础标准 100，节能降碳标准 200，生态保护标准 300，污染防治标准 400，资源循环利用标准 500，监测、评定与监管标准 600，相关标准 900。

基础标准 100 包括术语、标志标识两个方面。节能降碳标准 200 包括能耗强度、碳排放强度和能源节约三个方面。生态保护标准 300 包括环境保护设计、资源保护利用和生态修复技术三个方面。污染防治标准 400 包括大气污染防治、污水排放处理、噪声污染防治、固体废弃物处置、船舶污染物综合排放和水上溢油污染防治六个方面。资源循环利用标准500包括污水再生利用、废旧材料循环利用两个方面。监测、评定与监管标准600包括监测检测、统计核算、节能评定和监督管理四个方面。相关标准900包括与交通运输建设运营生态保护、节能降碳和污染物排放相关的国家标准。

绿色交通标准体系（2016年）共包括标准221项，其中基础标准3项，节能降碳标准48项，生态保护标准14项，污染防治标准52项，资源循环利用标准14项，监测、评定与监管标准54项，相关标准36项。

经文献综述得知，众多专家在构建绿色交通评价指标体系时，都将交通设施作为指标体系的必要部分。为更好地提炼出指标体系中的交通设施子部分，本报告在交通运输部办公厅发布的绿色交通标准体系（2016年）等权威文件的基础上，首先综述具有典型代表意义的城市绿色交通评价文章，并提出城市绿色交通设施评价体系的内涵，然后提出理想化的城市绿色交通设施评价体系，最后结合科学性、系统性、客观性和实际可操作性等原则，确定城市绿色交通设施实际评价体系，并对相关数据的来源进行介绍。

城市绿色交通设施评价体系可以反映交通基础设施在支撑城市绿色交通发展方面的基础作用，体现路网系统为人们的绿色出行所提供的便利。结合系统性、科学性、客观性等原则，交通基础设施被细化为道路基础设施、公共交通基础设施、非机动车基础设施、停车基础设施、绿色车辆五部分，可以通过城市道路网密度、主次干道密度、公交线网密度、每万人拥有的公交车数量、公共交通车站500m覆盖率、地铁线网密度、人行道面积率、非机动车道面积率、过街设施及交通信号灯配置率、百辆汽车停车位数、每万人拥有的新能源汽车数量、每万人拥有的民用汽车数量和每万人拥有的出租车数量13个具体指标衡量。

（二）城市绿色交通功能指数指标的构建思路

本报告借鉴王珍珍（2012）构建的城市绿色交通评价指标体系，其包含交通功能、环境影响、资源节约、社会和谐四部分。交通功能具体包括交通结构合理、交通设施、交通服务质量三部分内容，具体地，交通设施涵盖以下 14 个部分：道路网密度、轨道网密度、公交线网密度、慢行专用网络密度、公共交通专用车道设置率、自行车专用道设置率、人均道路面积、人均人行道面积、人均自行车道面积、百辆汽车停车泊位数、道路网级配比、城市道路网连通度、自行车道路网连通度、人行道道路网连通度。张宇（2017）则从交通安全、交通功能、环境影响三方面构建城市绿色交通评价指标体系，并将交通资源配备作为交通功能的一部分，具体包括万人拥有公共交通车辆、百辆汽车停车位数、主干道密度、出租车空驶率道路网密度、人均道路面积、道路面积率、道路网密度、路口监视器台数、公共交通客运量和公共交通投资比 10 个部分。张喆（2017）所建立的城市绿色交通评价指标体系也将交通设施作为绿色评价的必要部分，并将道路密度、人均道路面积、百辆车公共停车泊位数、公共交通覆盖率和公交专用车道设置率作为具体指标。

1. 功能指数评价指标的选取

结合系统性、科学性、客观性等原则，确定二级指标包括道路基础设施、公共交通基础设施、非机动车基础设施、停车基础设施、绿色车辆五部分，三级指标包括城市道路网密度、主次干道密度、公交线网密度、每万人拥有的公交车数量、公共交通车站 500m 覆盖率、地铁线网密度、人行道面积率、非机动车道面积率、过街设施及交通信号灯配置率、百辆汽车停车位数、每万人拥有的新能源汽车数量、每万人拥有的民用汽车数量、每万人拥有的出租车数量 13 部分。

（1）道路基础设施

①城市道路网密度

城市道路网密度是指在城市的建成区域内道路网的总里程与建成区域面积之比。它是衡量城市道路网是否合理的基本参数之一，反映了城市道路交通的整体规模和建设水平，同时也反映了包含各种交通出行方式在内的城市交通出行便利程度。给定道路总长度不变，若城市道路网密度越大，则意味着路间距越窄，这种情况下更适宜发展步行、自行车等出行方式。该指标在实际测算时可以用年末实有城市道路面积与建成区面积的比值替换：

$$D_{ur}=\frac{S_{ur}}{S_{bua}} \tag{1}$$

其中，城市道路网密度为D_{ur}；年末实有城市道路面积为S_{ur}；建成区面积为S_{bua}；后缀解释如下：城市道路（Urban Road）、建成区（Built up Area）。

该项指标能在一定程度上反映城市土地的利用状况，与城市道路的前期规划建设息息相关。通过对传统宽马路的设计进行修正，提高城市道路网密度，形成密集型街道网络，进一步形成道路微循环，除了能够有效缩减城市碳排放量之外，也能胜任大城市发展对城市路网结构的基本要求（谢辉，2007）。

②主次干道密度

主次干道密度指在城市的建成区域内，主干道与次干道的里程之和与城市道路总里程之比。该指标往往用来表示城市现有路网结构对绿色交通出行在可达性方面的支持程度，该指标与绿色交通出行的便捷性成正比：

$$D_{psr}=\frac{L_{psr}}{L_{ur}} \tag{2}$$

其中，主次干道密度为D_{psr}；主次干道之和为L_{psr}；城市道路总长度为L_{ur}；后缀解释如下：主次干道（Primary and Secondary Trunk Road）。

（2）公共交通基础设施

①公交线网密度

公交线网密度指在城市的建成区域内公交线网的总里程与城市建成区面积之比，通常可以用来表现公交线网及公交服务在该城市的覆盖程度，该指标与采用公交出行的便捷程度成正比（张子佳，2015）：

$$D_{bn}=\frac{L_{bn}}{S_{bua}} \tag{3}$$

其中，公交线网密度为D_{bn}；公交线网总长度为L_{bn}；建成区面积为S_{bua}；后缀解释如下：公交线网（Bus Network）。

②每万人拥有的公交车数量

每万人拥有的公交车数量是指在市区范围内，城市公交车总数与城市人口总数之比，表示每万人共同拥有的平均公交车辆标台数，在一定程度上反映了城市交通系统的构成情况以及公共交通的发展现状，一般可以用来判定“公交优先”政策的落实程度：

$$\bar{Q}_b = \frac{Q_b}{Q_p} \times 10000 \tag{4}$$

其中，每万人拥有的公交车数量为 $\bar{Q}_b$ ；城市公交车辆标台总数为 Q_b ；城市常住人口数量为 Q_p 。

③公共交通车站 500m 覆盖率

公共交通车站 500m 覆盖率是指在城市的建成区域内公共交通站点的服务面积与该市总占地面积之比。其中，公共交通站点的服务面积是以站点为圆心，半径为 500 米的圆的面积。公共交通车站 500m 覆盖率能够反映城市公交线网的结构特点，公交线网管理工作正是在此基础上展开的，同时它也为公交管理政策的制定与落实提供了一定的参考（张杰，2016）。

④地铁线网密度

与公交车一样，地铁也是绿色低碳出行方式的典型代表。截至 2017 年 1 月，中国已有 31 个城市开通地铁，地铁的发展对减少交通拥挤、降低环境污染程度、促进社会公平有非常重要的作用。地铁线网密度为运营地铁总长度与建成区面积的比值：

$$D_s = \frac{L_s}{S_{bua}} \tag{5}$$

其中，地铁线网密度为D_s；运营地铁总长度为L_s；建成区面积为S_{bua}。

（3）非机动车基础设施

①人行道面积率

人行道面积率是指在城市的建成区域内人行道的占地面积与城市建成区域面积之比，一般用该指标来表示城市步行交通结构在整个道路交通体系中的规模。人行道面积率与城市居民步行的便捷性成正比，通过衡量该指标的大小可以判断城市交通的发展是否注重人行道建设，同时也能体现城市交通发展以人为本、绿色发展的情况（孙权，2016）：

$$D_f = \frac{S_f}{S_{bua}} \tag{6}$$

其中，人行道面积率为 D_f；城市范围内人行道面积为 S_f；城市建成区总面积为 S_{bua}；后缀解释如下：人行道（Footpath）。

②非机动车道面积率

非机动车道面积率是指在城市建成区域内自行车专用道的道路里程占城市道路总里程的比重：

$$D_{nml} = \frac{L_{nml}}{L_{ur}} \tag{7}$$

其中，非机动车道面积率为 D_{nml}；非机动车道长度为 L_{nml}；城市道路总长度为 L_{ur}；后缀解释如下：非机动车道（Non-motorized Lane）。

一般而言，自行车出行方式是绿色出行方式之一，既不会消耗能源也不会造成环境污染，但不得不提的是，自行车出行在整个交通系统中可能产生负面影响，如在与机动车掺杂的混合交通状态下，自行车的存在可能会导致机动车行驶速度减慢以及频繁出现加减速现象，由此引发尾气排放量增加和交通事故率提高，因此，自行车交通方式是否属于绿色交通方式之一，要视其对机动车交通的影响程度而定（王炜等，2004）。

非机动车道面积率应当作为提升城市自行车出行条件的重要参考依据，反映城市对非机动车出行的鼓励程度，本报告也将其作为绿色交通的重要评价指标之一。

③过街设施及交通信号灯配置率

过街设施及交通信号灯配置率是指在整个城市区域内过街设施及信号灯的总数占路口数量的比重。该指标与城市交通的安全性密切相关，同时也是衡量城市交通人性化程度的依据之一（黄铃岚，2014）：

$$D_{fal} = \frac{Q_{fal}}{Q_{uti}} \tag{8}$$

其中，过街设施及交通信号灯配置率为 D_{fal}；城市过街设施及交通信号灯数量为 Q_{fal}；城市交通路口总量为 Q_{uti}；后缀解释如下：城市过街设施及交通信号灯（City Street Facilities and Traffic Lights）、城市交通路口（Urban Traffic Intersection）。

（4）停车基础设施

百辆汽车停车位数

百辆汽车停车位数是指城市市区范围内每 100 辆注册汽车（折算为当量小汽车）共同拥有的标准停车位数量（包括对社会车辆开放的停车场、路外社会停车场、占路停车场等公共建筑配件停车场的车位）。这是评判城市市政设施供需水平的重要指标，通过该指标来反映市内停车需求与车位供给的关系，从而为市区停车场的规划建设以及停车收费的浮动调整提供依据。其中小型车泊位的标准泊位换算系数为 1，大型车泊位的标准泊位换算系数为 2（王梅力，2016）：

$$\bar{Q}_{ps} = \frac{Q_{ps}}{Q_{ra}} \times 100 \tag{9}$$

其中，百辆汽车停车位数为$\bar{Q}_{ps}$；停车位标准数量为Q_{ps}；注册汽车数量为Q_{ra}；后缀解释如下：停车位（Parking Space）、注册汽车（Registered Automobile）。

（5）绿色车辆

①每万人拥有的新能源汽车数量

2017 年 12 月 6 日，交通运输部印发《关于全面深入推进绿色交通发展的意见》，其中把发展绿色交通作为各个行业践行绿色发展理念以及加强生态文明建设的重要战略举措。作为新的发展方向的新能源汽车产业，其普及化发展态势与当下节约能源、绿色交通的发展要求相适应，对减少空气污染、推动交通运输行业转型升级具有积极意义，已经成为战略性新兴产业。新时期，新能源汽车的推广和使用是我国绿色交通发展的主要推动力（刘光新，2017）：

$$\bar{Q}_{nev} = \frac{Q_{nev}}{Q_p} \times 10000 \tag{10}$$

其中，每万人拥有的新能源汽车数量为$\bar{Q}_{nev}$；新能源汽车数量为Q_{nev}；城市常住人口数量为Q_p；后缀解释如下：新能源汽车（New Energy Vehicles）。

②每万人拥有的民用汽车数量

与新能源汽车相反，个人机动车辆的使用，尤其是高污染车辆的使用会加剧城市污染，是城市污染的代表性指标。可持续的绿色交通应逐步减少民用汽车数量，并向新能源汽车过渡。政府应该率先行动，将油耗公交车、出租车逐步替换为新能源汽车：

$$\bar{Q}_{cr} = \frac{Q_{cr}}{Q_{p1}} \tag{11}$$

其中，每万人拥有的民用汽车数量为 $\bar{Q}_{cr}$；民用汽车数量为 Q_{cr}；城市户籍人口数量为 Q_{p1}；后缀解释如下：民用汽车（Civil Car）。

③每万人拥有的出租车数量

除步行、自行车、公交车、地铁、私家车等出行交通工具之外，出租车也是市民选择的主要出行交通工具。在公交、地铁不成网导致出行麻烦，或者私家车难以停车等情况下，市民会把出租车作为主要出行交通工具，出租车的数量可以从反面表示城市的绿色交通程度：

$$\bar{Q}_t = \frac{Q_t}{Q_p} \times 10000 \tag{12}$$

其中，每万人拥有的出租车数量为 $\bar{Q}_t$；出租车数量为 Q_t；城市常住人口数量为 Q_p；后缀解释如下：出租车（Taxi）。

2. 功能指数评价指标的确定

前文介绍了理想的交通设施评价指标体系，但在实际应用中，数据来源受到限制，很多数据我们无法获得。结合科学性、系统性、客观性和实际可操作性等原则，最终确定的功能指数指标如下：城市道路网密度、公交线网密度、每万人拥有的公交车数量、地铁线网密度、每万人拥有的民用汽车数量、每万人拥有的出租车数量。

（三）数据来源

测算功能指数需要的年末实有城市道路面积、公交车辆标准运营车数、出租车数量、建成区面积、年末实有城市道路面积和城市户籍人口数量全部通过 2017 年《中国城市统计年鉴》获得。公交营运线路总长度、地铁总长度和民用汽车数量无法全部通过 2017 年《中国城市统计年鉴》获得，取得方式有三个：首先通过各城市统计公报获得，其次通过百度获得往年数据然后推测，最后当以上两个皆不可取时通过公式获得。公交营运线路总长度主要从各城市统计年鉴获得，其中石家庄和南昌通过百度获得，福州、武汉、南宁、成都、昆明、拉萨、西宁、乌鲁木齐、厦门、大连和宁波的数据通过公式推测获得，公式即可获得数据城市的公交营运线路总长度 ÷ 可获得数据城市的公交车辆标准运营车数 × 相关城市的公交车辆标准运营车数。因数据可获得性的限制，地铁总长度的数据与其他数据的获取节点不同，地铁总长度的数据为截至 2017 年 12 月 10 日的数据，并且我们认为这对我们的要求不会产生太大影响，时间误差是可接受的。具体来说，北京、天津、石家庄、沈阳、长春、哈尔滨、上海、南京、杭州、南昌、郑州、武汉、长沙、广州、南宁、重庆、成都、昆明、西安、深圳、青岛、厦门、大连、宁波和苏州的地铁总长度的数据来源于“e 车轨道交通资讯”发布的地铁统计资料，其余城市通过城市统计公报和百度搜索获得。西宁和大连的民用汽车数量通过百度获得，其余城市的数据均来源于 2017 年《中国城市统计年鉴》。

二　经济指数

（一）城市绿色交通经济指数的内涵

城市绿色交通经济指数是指城市绿色交通项目为乘客以及整个城市的经

济社会系统所带来经济效益的程度。从个体层面来看，当乘客作为经济效益的受益群体时，城市绿色交通系统的经济效益主要体现在节约乘客出行时间成本、提高旅客乘车舒适度、提升交通安全性等方面；从社会层面来看，当受益群体为城市经济社会系统时，该效益除了反映节约能源投入和减少环境污染外，也表明绿色交通项目的建设运营对城市沿线土地的价值变动起到了促进作用。

（二）城市绿色交通经济指数指标的构建思路

1. 经济指数评价指标的选取

站在乘客的角度来看，与私人汽车相比，不同的城市绿色交通方式由于速度快、准时性好、舒适度高以及安全性良好等特性，为居民出行带来了包括时间成本的节约、舒适的出行体验和交通安全性提升等在内的经济效益。其中，城市轨道交通大运量的特点，不仅大大减轻了地面交通运力相对不足的压力，同时也极大缓解了城市交通的拥堵程度，进一步间接提高了地面交通运行速度以及交通安全系数。站在城市经济社会系统的角度来看，城市绿色交通自身低能源消耗的特性，使城市的能源投入减少，从而节约了大量的能源效益。此外，在绿色交通项目的建设运营过程中，投资环境优化、就业岗位增加以及土地的开发利用等都为沿线地区乃至整个城市的经济增长起到了促进作用。土地开发带来的促进效益主要表现在微观效益方面。土地开发的微观效益表现为轨道交通沿线用地价格和房价上升，促使用地的高密度开发和高强度利用，调整沿线土地的用地类型，形成高效益的用地结构。

根据《绿色交通示范城市考核评分标准（试行）》、《城市道路交通管理评价指标体系（2008 年版）》、《国家园林城市标准》、《建设项目经济评价方法与参数（第三版）》以及其他学者的研究成果，我们总结了其中有代表性的经济效益指标，并结合本报告对城市绿色交通经济指数的理解对指标予以进一步细化，选取了如下 8 个指标。

①城市道路交通基础设施投资

城市道路交通基础设施投资主要包含城市道路投资、公共交通投资和道路交通管理设施投资三类，具体表现为前三年市区范围内道路交通基础设施投资与前三年城市 GDP 之比。该指标既是保证城市交通供需平衡的基本前提，也是维持城市经济持续向好的重要依靠（见表1）。

表1 城市道路交通基础设施投资分级

单位：%

评价标准等级	一	二	三	四	五
P16	[3.0,4.0]	[2.5,3.0)	[2.0,2.5)	[1.5,2.0)	[0,1.5)
指数	[90,100]	[80,90)	[70,80)	[60,70)	[0,60)

注：此处引用《城市道路交通管理评价指标体系（2018年版）》，P16 为指标符号，表中第一行是该指标数值区间，第二行表示指数，后同。

②城市公共交通投资比重

城市公共交通投资比重具体表现为前三年市区范围内公共交通投资与前三年城市交通基础设施投资之比。该指标一般可用来判定公交优先政策的落实状况以及城市对发展绿色交通的支持力度（见表2）。

③节约乘客出行时间的效益

节约乘客出行时间的效益由两部分组成，一是通过绿色交通出行的乘客由于采用更快捷的交通方式所节省的乘车时间效益；二是由于轨道交通等大运量地下交通转移了部分客流量，地面交通的客流量压力减小，由此降低了地面交通拥挤程度，私家车、公共汽车等车速提高，节约了地面乘客的时间。但由于第二部分效益的计算有待商榷，地面交通的车速提升效果难以量化，故本报告在考虑节约乘客出行时间的效益时重点衡量第一部分的效益。

表2 城市公共交通投资比重分级

单位：%

评价标准等级	一	二	三	四	五
P8	[20,25)	[20,25)	[15,20)	[10,15)	[0,10)
指数	[90,100]	[80,90)	[70,80)	[60,70)	[0,60)

由于通过城市轨道交通出行的乘客并非全都在工作时间出行，故在对乘客时间价值进行量化时可近似地采用休闲出行时间价值来代替（休闲时间价值为工作时间价值的 25% ~75%，在此取该值为 0.5）。计算公式如下：

$$B_3 = 0.5 \times Q_g \times (1/v_a - 1/v_b) \times L \times W_t \quad (13)$$

其中，B_3为计算期内节约乘客出行时间的效益；Q_g为计算期内私人汽车乘客转移至绿色交通的客运量，单位为万人次/年；v_a为私人汽车的平均运行速度，单位为 km/h；v_b为城市绿色交通的平均运行速度，单位为km/h；L 为城市绿色交通的平均运距，单位为 km；W_t为计算年份的乘客人均单位工作时间价值，单位为元/人·h。

④提高劳动生产率的效益

由于汽车的自身空间限制，长时间驾驶或者乘坐汽车容易使乘客身体感到疲劳，随后的工作效率也不免会受到影响。标准化组织（ISO）曾对交通车辆舒适度与乘车时间有关的极限值标准展开研究，其提出舒适的出行方式可将劳动生产率提升 1.4% ~7%。国内学者也曾对此展开研究，发现每个乘客乘车后体力都会有所损耗，需要花费时间来进行体力恢复，且体力恢复的时间与乘车时间呈正相关关系。因此，提高劳动生产率的效益指由于减少乘车疲劳，乘客的劳动生产率提高的效益。采用的计算公式如下：

$$B_4 = Q_g \times \theta \times \rho \quad (14)$$

其中，B_4为计算期内减少乘客疲劳，提高劳动生产率的效益，单位为人/年；Q_g为计算期内私人汽车乘客转移至绿色交通的客运量，单位为万人次/年；θ 为工作客流系数；ρ 为劳动生产率提高的系数。

⑤减少交通事故损失的效益

减少交通事故损失的效益主要指在私家车事故频发的情况下，人民群众的生命财产安全受到一定威胁，由于公交车、轨道交通等绿色交通的事故率远低于前者，因此减少了事故带来的效益损失。一方面，城市绿色交通系统自身相对私家车而言具有更高的安全性；另一方面，城市轨道交通等大运量地下交通在对乘客分流的同时，也降低了地面交通的拥堵程度，间接降低了地面车辆发生交通事故的频率，减少了事故损失。计算公式如下：

$$B_5 = Q_g \times I \times \rho \tag{15}$$

其中，B_5为第 t 年减少交通事故损失的效益，单位为万元；Q_g为计算期内私家车乘客转移至绿色交通的客运量，单位为万人次/年；ρ 为单位旅客周转量的交通损失，单位为元/（人·公里）；I 为平均运距，单位为 km。

⑥土地节约效益

土地节约效益指主要表现在地下的城市轨道交通转移了地面交通的部分客运量，由此可以减少地面道路以及停车场等的土地面积而产生的效益。计算公式如下：

$$B_6 = N \times S_1 \times C + n \times S_2 \times P \tag{16}$$

其中，B_6为减少道路及停车场等土地节约效益，单位为万元；N 为增加的汽车数量，单位为辆；S_1为每辆车的占地面积，单位为 m^2；C 为单位面积道路的建设成本，单位为元；n 为新增停车位数量，单位为个；S_2为每个停车位的占地面积，单位为 m^2/个；P 为单位面积停车场的建设成本，单位为万元/m^2。

⑦节约能源的效益

节约能源的效益主要指由于城市绿色交通的运行替代其他城市交通方式带来能源消耗减少而产生的效益。从功能角度看，城市轨道交通和公交车等绿色交通具有运量大、运输效率相对较高等优点。从环保角度看，城市绿色交通的能源消耗量远低于私家车，且各方面污染程度较低，因此，绿色交通节约能源的效益是不容忽视的。从表 3 可以直观看出，私家车的单位能耗远高于城市轨道交通与公交车等绿色交通的相应数值。

表 3 为几种主要交通工具的单位能耗

交通工具	能耗[KJ/(人·km)]	比
轨道交通	209	1:3.2:11.86
公交车	670	
私家车	2479	

我们从城市绿色交通的客运周转量便可计算出绿色交通比私家车节约的能源效益。计算公式如下：

$$B_7 = (e_1 - e_2) \times L_t \times Q \tag{17}$$

其中，B_7为城市绿色交通节约能源的效益；e_1为私家车的单位能源消耗；e_2为城市绿色交通的单位能源消耗；L_t为在计算期第 t 年内绿色交通代替私家车的运营里程；Q 为计算期内城市绿色交通转移的客运量。

⑧带动沿线土地升值的效益

带动沿线土地升值的效益是指城市绿色交通沿线区域随着绿色交通的开通运行而产生的土地升值。随着绿色交通的开通运行，其沿线地区的交通可达性以及客运周转量将大幅提升，这将引起沿线区域的土地与房产的需求增加，最直接的影响体现在沿线地区的房价将上涨。国内外相关研究表明，城市轨道交通带动沿线地价升值的效果显著。从实证角度来看，华盛顿特区地铁、上海地铁和广州地铁的统计观测数据表明，城市轨道交通的开通对其沿线 2km 范围内的地价影响十分明显，该范围内的地价增幅远超附近区域，尤其是商业用地，增幅甚至为 100% ~300% 。由于绿色交通中轨道交通的开通对沿线土地升值的拉动作用最为突出，故本报告仅计算城市轨道交通带动沿线土地升值的效益。

目前国内外关于量化土地升值的效益的方法众多，且难易程度各不相同。鉴于可操作性原则，本报告将量化模型进行简化，根据国内外已有的研究经验，选取 2015 年底至 2016 年底各城市轨道交通沿线 2km 范围内外的房价为研究对象，通过计算 2km 范围内外房价变化幅度的差值来反映轨道交通对沿线房价的影响，即带动沿线土地升值的效益。计算公式如下：

$$B_8 = (P_2 - P_1)/P_1 \tag{18}$$

其中，B_8为沿线土地升值的效益，单位为%；P_2为城市轨道交通沿线2km范围内的房地产价格平均增值，单位为元/平方米；P_1为城市轨道交通沿线2km范围外的房地产价格平均增值，单位为元/平方米。

2. 经济指数评价指标的确定

在初选的评价指标的基础上，依据评价指标的选取原则，舍弃那些指标意义良好，但可操作性差，以及某些存在包含关系的评价指标，结合德尔菲法，最后确定城市绿色交通的经济指数评价指标。

由于难以全面获得目标城市、城市道路交通基础设施投资（X_1）、城市公共交通投资比重（X_2）及节约乘客出行时间的效益（X_3）三个指标的数据，故选用城市轨道交通与道路桥梁固定资产投资来代替；由于提高劳动生产率的效益（X_4）仅与绿色交通转移的客运量有关，为避免指标重复故排除该指标；减少交通事故损失的效益（X_5）与社会指数中的万车交通事故率存在一定包含关系，故排除该指标；由于计算各城市土地节约效益（X_6）的数据难以完全搜集，且计算方法与结论差异较大，故排除该指标。

因此，城市绿色交通经济指数的评价指标为城市轨道交通与道路桥梁固定资产投资、节约乘客出行时间的效益、节约能源的效益、带动沿线土地升值的效益。

（三）数据来源

本部分数据的选取范围为2016年全国38个目标城市的相关数据。由于能够与私家车形成替代效应的城市绿色交通工具主要是公交车和城市轨道交通工具，而各个城市的公交车的平均运行速度、每年转移的客运量与平均运距等相关数据统计残缺，城市绿色交通工具与小汽车相比的各方面经济效益难以完全量化，因此仅采用城市轨道交通的相关数据来进行计算。截至2016年末，中国大陆地区（不含港澳台）共30个城市开通运营城市轨道交通，因此存在部分城市数据缺失的现象。由于本报告的主要目的在于对各个城市的绿色交通发展状况进行比较排序，为了便于比较，故对2016年尚未开通轨道交通的城市进行数据估计和替换，根据城市规模邻近原则，通过计算未开通城轨的城市与已开通城市的GDP比例，将其他缺失数据按照此比例进行估算（下同）。

1. 城市轨道交通与道路桥梁固定资产投资

该指标的数据来自2016年《中国城市建设统计年鉴》，通过目标城市2016年市政公用设施建设固定资产投资中的轨道交通与道路桥梁固定资产投资加总得出。

2. 节约乘客出行时间的效益

该指标主要包含五部分数据。其中，2016年各城市的轨道交通客运量、平均运距以及平均运行速度的数据来自中国城市轨道交通协会发布的《城市轨道交通2016年度统计和分析报告》；私家车的平均运行速度和各城市计算期内的人均单位时间价值等数据来自《2016年度中国主要城市交通分析报告》，这是由高德地图主办，联合交通运输部科学研究院、清华大学－戴姆勒可持续交通研究中心、阿里云、北京清华同衡规划设计研究院、DT财经等权威数据机构发布的。

3. 节约能源的效益

该指标共包含四部分数据。其中计算期内轨道交通代替私家车的运营里程和城市轨道交通转移客运量的数据来自中国城市轨道交通协会发布的《城市轨道交通2016年度统计和分析报告》；私家车与城市轨道交通的单位能源消耗表来自日本冈田宏发表的《东京城市轨道交通系统的规划、建设和管理》一文。

4. 带动沿线土地升值的效益

该指标的计算需要求得2016年各城市地铁沿线2km范围内外各自的房地产增值幅度，因此以“安居客”网站的二手房房价统计信息为标准，通过选取每个城市有代表性的地铁线路和站点，以站点为圆心，以 2km 为半径，在圆内与圆外各选取部分小区计算该区域房价增幅的平均值，经过对各个站点与线路带动沿线土地升值的效益进行汇总处理，最终得出各个城市绿色交通带动沿线土地升值的效益。对于未开通轨道交通的城市按照上述方式进行数据估算。

三　社会指数

（一）城市绿色交通社会指数的内涵

城市绿色交通社会指数是衡量某一城市绿色交通发展在人文社会方面的表现，也即在城市绿色交通领域的人文内涵与特征。就社会公众角度而言，公民是城市交通的直接体验者，也是交通绿色发展的受益者，应满足公民基本出行需求，服务公民基本出行，保障公民出行安全，实现公民满意出行是绿色交通发展的重要方面；同时，社会公众是交通出行的主体，其出行行为、偏好等影响着城市交通的发展方向。就城市发展角度而言，既要注重效率，使交通与城市经济社会综合协调，也要兼顾公平，因而，本报告社会指数评价指标包括绿色出行、公众感知、安全性、城市发展适应性以及公平性五个方面。

（二）城市绿色交通社会指数指标的构建思路

1. 社会指数评价指标的选取

本报告认为城市绿色交通发展从公众角度出发，绿色出行、公众感知、安全性是主要衡量准则。绿色出行包括公共交通方式的实际选择行为与绿色交通的观念意识，以及出行过程中的拥堵情况，采用公共交通分担率、绿色出行倾向程度、拥堵延时度表示；公众感知则通过问卷调查方法获取居民出行满意度指标进行计算；安全性则参考已有研究，使用万车交通事故率、万车死亡率、高峰期交叉路口阻塞率表示。城市发展适应性采用交通与经济社会耦合发展协调度表示，公平性则通过城市人均公共交通路网密度与人均交通基础设施投资表示。

（1）绿色出行

①公共交通分担率

公共交通分担率指城市居民在日常出行中，选择包括公共电汽车、轨道交通等在内的公共交通的出行量占所有出行方式的总出行量的比重。其中总出行量不包括步行的出行量（见表4）。

表4　公共交通分担率分级

单位：%

评价标准等级	一	二	三	四	五
A类城市	≥50	[43,50)	[36,43)	[29,36)	[0,29)
B类城市	≥36	[29,36)	[21,29)	[12,21)	[0,14)
C类城市	≥21	[17,21)	[14,17)	[11,14)	[0,11)
D类城市	≥17	[14,17)	[11,14)	[9,11)	[0,9)
指数	[90,100]	[80,90)	[70,80)	[60,70)	[0,60)

资料来源：《城市道路交通管理评价指标体系（2012年版）》。

②拥堵延时度

拥堵延时度表示居民因交通拥堵延长的出行时间占比，属于负向指标，计算方法为拥堵旅行时间/自由流（交通畅通）旅行时间。

③绿色出行倾向程度

绿色出行倾向程度表示该城市居民绿色出行意识，在出行决策中是否会考虑对生态环境的影响，通过问卷调查获取数据。

（2）公众感知

公众感知指城市内公民对所在城市交通系统的认知，使用居民出行满意度指标表示，可采用问卷调查方法。

（3）安全性

①万车交通事故率

万车交通事故率指全市每万辆机动车每年发生的交通事故次数。它可以反映交通机动化程度达到某个水平后的交通安全管理水平。万车交通事故率分级如表5所示。

表5　万车交通事故率分级

单位：次/万车

评价标准等级	一	二	三	四	五
P59	[80,30]	[120,80)	[160,120)	[200,160)	[320,200)
指数	[90,100]	[80,90)	[70,80)	[60,70)	[0,60)

资料来源：《城市道路交通管理评价指标体系（2008年版）》。

②万车死亡率

万车死亡率分级如表6所示。

表6　万车死亡率分级

评价标准等级	一	二	三	四	五
P59	[5,2]	[8,5)	[12,8)	[16,12)	[30,16)
指数	[90,100]	[80,90)	[70,80)	[60,70)	[0,60]

资料来源：《城市道路交通管理评价指标体系（2008年版）》《城市道路交通管理评价指标体系（2012年版）》。

③高峰期交叉路口阻塞率

高峰期交叉路口阻塞率指城市建成区范围内，主干道上出现周期性严重阻塞的路口数量与主干道交叉口总数之比（如表7所示）。

表7　高峰期交叉路口阻塞率分级

评价标准等级	一	二	三	四	五
P27	[0,2]	(2,5]	(5,8]	(8,11]	>11
指数	[90,100]	[80,90)	[70,80)	[60,70)	[0,60)

资料来源：《城市道路交通管理评价指标体系（2012年版）》。

（4）城市发展适应性

交通与经济社会耦合发展协调度：

$$C_v = \frac{2S}{f(x) + g(y)} = 2\sqrt{1 - \frac{f(x)g(y)}{\{[f(x) + g(y)]/2\}^2}} \quad (19)$$

建立交通综合评价指数$f(x)$与经济综合评价指数$g(y)$，S为$f(x)$和$g(y)$的标准差，经济耦合公式为：

$$C = \left(\frac{f(x)g(y)}{\{[f(x) + g(y)/2]\}^2}\right)^k \quad (20)$$

C为耦合度，k为调节系数，$D = \sqrt{C\frac{f(x) + g(y)}{2}}$。其反映交通与经济社会耦合发展协调度，耦合发展协调度越大，城市交通与经济社会发展的耦合总体水平越高，关系越和谐。

（5）公平性

交通公平度

本报告选择城市人均公共交通路网密度与人均交通基础设施投资表示。

2. 社会指数评价指标的确定

在初选的社会指数评价指标的基础上，根据指标选取原则，舍弃部分存在包含关系或难以获取数据或难以计算的评价指标，确定城市交通绿色发展的社会指数。由于数据缺失，将绿色出行准则中公共交通分担率替换为公交客运量，并删去安全性当中的万车死亡率与高峰期交叉路口阻塞率指标，考虑到与前文经济指数的重复性，删去人均交通基础设施投资指标。

（三）数据来源

本报告选择全国38个城市为研究对象，采用2016年截面数据进行研究，多数城市公交客运量来自统计年鉴或交通运输局统计公报，其中，福州、广州、拉萨、西宁、深圳、青岛、大连、宁波、苏州、长春、济南、海口的该指标数据来自官方新闻报道等网页信息。拥堵延时度相关指标来自高德公司统计数据。绿色出行倾向程度与居民公共交通满意度均取自课题组《城市绿色交通出行满意度》问卷调查数据。

万车交通事故起数数据来自各城市交通运输局统计公报，其中，由于天津、太原、长春、杭州、福州、南昌、济南、长沙、昆明、乌鲁木齐、深圳、青岛、厦门、大连、宁波、苏州等城市数据缺失，因此利用相同规模人口城市的数据估计而得。

对城市发展而言，交通与经济社会发展协调度选择城市人口、GDP、交通基础设施投资（包含城市轨道交通与道路桥梁固定资产投资）与路网密度进行合成计算得到。公共交通路网密度与全市人口数据均来自统计年鉴。

四　生态指数

（一）城市绿色交通生态指数的内涵

城市绿色交通生态指数反映了城市交通发展在生态环境方面的表现情况，通过对城市交通发展过程中产生的环境效益进行综合评价获得。生态环境效益恰恰是评价城市交通是否符合可持续发展目标的重要参考指标。城市交通的发展是综合性的，要综合考虑经济性、社会性、公平性和环境可持续性。在大力发展城市交通过程中，尽最大努力保护好生态环境，避免走“先污染，后治理”的老路。本报告为了更科学、合理地评价城市交通的绿色发展情况，设计了一套综合的指标评价体系。

（二）城市绿色交通生态指数指标的构建思路

1. 生态指数评价指标的选取

绿色交通的定义有广义与狭义之分，狭义的绿色交通是指兼具环境友好、社会公平与经济便捷的综合交通运输系统，包含城市规划与发展、土地资源合理利用的内在要求。而广义的绿色交通指一种发展理念，即以人为本，可持续发展，交通与经济、社会、生态相协调的发展理念，狭义的绿色交通强调物质的客观性与实现“绿色”的目标性，而广义的绿色交通则强调意识的能动性与实现“绿色”的过程性。绿色交通的目标是建立一种减少交通拥挤、降低环境污染程度、促进社会公平而有利于城市环境保护的新型城市交通运输系统。

为客观评价一个城市的绿色交通发展水平，应动态监测与绿色交通发展目标的差距，深入剖析绿色交通发展过程中存在的问题。根据绿色交通的定义和目标，设计一套评价绿色交通环境效益的指标体系是至关重要的。而生态指标能够评价交通体系的生态性、环保性，是最能体现绿色交通的一项评价指标。

关于环境现象的数量特征并不单一，需要从多个角度进行描述，各类环境现象间的关联也是多种多样的。此外，交通对城市环境现象的影响也不是孤立存在的，而是与整个地区的政治、经济、城市建设、卫生等各方面构成一个有机整体。在这一整体中，这一现象往往是另一现象的结果，而另一现象往往又是这一现象的原因。由于一个环境指标只能从单一角度对整体环境现象进行评价，难以对环境现象的整体特征进行有效把握，因此必须把多个相互联系且各自独立的环境指标串联起来使用。生态指标体系正是由这些相互联系、相互独立的生态指标构成的整体。生态指标体系实际上是生态统计指标之间存在的一种联系，它的形成和具体内容是由客观环境现象所决定的。各个指标之间应该保持相应的对立性，而且各个指标也应该具有可比性。生态统计正是运用一套完整的、科学的统计指标体系来研究和反映生态现象的整体特征，从而揭示环境现象发展变化的规律性。而生态指标体系的设计应该符合目的性、科学性、度量性和可比性四大特征。

经过查找大量相关文献并且通过专家会谈、专家打分等方法，我们最终确定了绿色交通评价体系的生态效益指标，一共分为 11 小项，分别涉及空气污染、土地占用、水消耗、资源使用、能源强度、生物多样性、垃圾产生、全周期环境影响、绿色供应链管理、绿色管理与实践和环保社会责任。这些二级评价指标基本能够比较全面地反映绿色交通的内涵并且通过指标体系的确立可以更好地评价城市交通的发展水平。

从定量与定性的角度来分析，空气污染、土地占用、水消耗、资源使用、能源强度、生物多样性、垃圾产生、全周期环境影响、绿色供应链管理与绿色管理与实践均采用定量指标来衡量，环保社会责任则采用定性指标衡量。从指标与环境的相关关系分析，其中能源强度、生物多样性、绿色供应链管理、绿色管理与实践和环保社会责任与环境效益呈正相关关系；空气污染、土地占用、水消耗、资源使用、垃圾产生和全周期环境影响与环境效益呈负相关关系。

这些指标既相互独立，分别反映了绿色交通的不同侧面，又紧密地联系在一起，共同构成了绿色交通的评价体系。这些指标体系既反映了城市交通对自然产生的直接环境效益，比如，从空气、土地、水、生物、资源和能源等基本的自然禀赋考虑对整个产业供应链、社会等的综合宏观的影响，指标体系的设计相对较为全面。

①空气污染

空气污染用空气污染指数来衡量。由于对空气质量产生不良影响的污染物种类较多，通过将多种常规空气污染物的浓度进行简化合并，可以得到一个统一的概念性指数值，即空气污染指数。通过分级表征空气污染程度，能够直观反映城市短期内的空气质量情况和变化趋势。空气污染物有：烟尘、可吸入悬浮颗粒物（浮尘）、总悬浮颗粒物、挥发性有机化合物、二氧化硫、二氧化氮、一氧化碳等。

②土地占用

土地占用是指城市为了发展绿色交通而占用的土地面积，土地占用指数用人均道路面积衡量。

③水消耗

水消耗即用水消耗量，是单元用水过程中实际消耗的水量。

④资源使用

资源使用是指对自然界中一切能被人类利用的物质和能量的利用，包括对土地资源、矿产资源、水资源、海洋资源以及气候资源等的利用。

⑤能源强度

从宏观角度来看，能源强度是指国内一次能源使用总量占 GDP 的比重。

⑥生物多样性

生物多样性的丰富程度反映了自然界的多样化水平。不同学者对生物多样性进行了定义：生物多样性能够在多个层次上得到反映；生命形式的多样性正是生物多样性的本质。生物多样性就是生物与其生存环境共同组成的生态复合体以及与这个生态复合体相联系的生态过程的综合，包括动物、植物、微生物和它们所拥有的基因以及它们与其生存环境形成的复杂的生态系统。对于生物多样性这一指标，我们具体用生物种类来衡量，生物种类包括每种生物的数量、生物种类数量、年消失生物种类数量三项具体指标。

⑦垃圾产生

垃圾产生是指人类在生产、消费、生活和其他活动中产生的固态、半固态废弃物质。垃圾产生我们用垃圾产生量来衡量，垃圾产生量具体由可回收垃圾产生量、不可回收垃圾产生量、年垃圾治理成本三项具体指标来衡量。

⑧全周期环境影响

全周期环境影响用碳排放量来衡量，具体包括城市交通二氧化碳排放量、每单位收益碳排放量两项具体指标衡量。

⑨绿色供应链管理

绿色供应链管理也叫作环境意识下的供应链管理，它是一种更加倡导环境保护的供应链管理体系，注重供应链体系内各个环节可能对环境产生的不良影响，致力于实现经济与环境的共同发展。目前学术界还没有对绿色供应链管理的定义达成一致，但各家观点大同小异，总体上是指在原始供应链管理的各个环节融入环保意识，致力于实现全供应链的“无废无污”、“无任何不良成分”及“无任何副作用”。绿色供应链管理的量化指标用绿色供应链管理的绿色度表示。

⑩绿色管理与实践

绿色管理与实践指的是企业应该充分认识到环保的重要性，将环保意识融入企业经营管理的各个层级与各个环节之中，而不是以利益优先为原则进行经营管理，要充分承担起企业的环保社会责任。绿色管理与实践则由五项具体的指标来衡量，分别是绿色采购、绿色生产、绿色经营、绿色营销和绿色管理。绿色采购我们用采购成本、单位产品采购成本衡量；绿色生产由生产成本、生产率提升、单位产品生产成本、产品排放的污染气体量衡量；绿色经营用城市交通经营费用衡量；绿色营销用营销费用衡量；绿色管理用管理费用、员工的满意度衡量。

⑪环保社会责任

环保社会责任作为企业社会责任的重要组成部分，是随着企业社会责任的出现而逐渐受到关注的。环保社会责任由企业环保资金投入、企业年排污量来衡量。

2. 生态指数评价指标的确定

我们根据数据的可比性、代表性以及数据的可获得性，最终选取了能源消耗量、人均绿地面积、绿化覆盖率和 SO_2 排放量四项指标作为评价对象。

（三）数据来源

选择全国 38 个城市为研究对象，人均绿地面积、绿化覆盖率来源于 2016 年《中国城市建设统计年鉴》；能源消耗量从各地的统计年鉴、相关城市网站信息以及城市会议数据等收集而来。SO_2 排放量指标来源于国家环境监测总站 2016 年 12 月的关于各个城市的相关统计数据，数据来源途径真实可靠，数据较易获得。

拉萨市没有统计关于能源消耗量等相关数据，我们根据与拉萨市经济社会发展程度相近的城市迪庆藏族自治州的相关数据进行代替。其余数据均从各个统计年鉴、官网资料获得。

五　治理指数

（一）城市绿色交通治理指数的内涵

治理指数指政府对绿色交通的支持程度，包括政府在发展综合交通尤其是绿色交通方面进行的投资、出台的政策等。该指数反映了政府对绿色交通的重视和治理程度，以及居民对绿色交通的认知程度。

（二）城市绿色交通治理指数指标的构建思路

1. 治理指数评价指标的选取

政府绿色交通治理应当包含以下几个方面。

首先，努力构建全面完整的绿色交通规划政策体系。通过制定城市绿色交通中长期发展战略，明确发展目标，将任务层层分解，按照不同的层级、类别和方式形成一套标准化的绿色交通规划政策体系。

其次，完善现行的绿色交通标准体系。从基础设施建设、运输装备的绿色化发展、运输组织的绿色管理等方面完善绿色交通标准体系，同时也要对绿色交通的建设标准与评价体系进行统一。在国际方面，要积极参与绿色交通国际标准制定，唯有掌握标准才能拥有国际话语权，进一步提升国际影响力。

再次，加大绿色交通方面的研发投入，加快现有研究成果的商业化应用。要善于抓住现有机制与实际情况间的主要矛盾，不断更新对绿色交通科技创新成果的评价标准和相关转化机制，要给先进成熟技术的推广进度提速，充分发挥好互联网、云计算、大数据等先进信息技术在城市绿色交通领域的作用，大力推动“互联网 +”交通运输发展，促进城市交通绿色发展。

最后，完善的监管体制对绿色交通而言也必不可少。要敦促各级交通主管部门重视绿色交通管理队伍的培养，增加绿色交通管理人员配备，健全绿色交通管理体制机制。

根据《绿色交通示范城市考核评分标准（试行）》、《城市道路交通管理评价指标体系（2008 年版）》、《国家园林城市标准》、《建设项目经济评价方法与参数（第三版）》以及其他学者的研究成果，在对上述评价指标进行收集整理的基础上，对城市绿色交通发展治理指数进行细化，选取适当的评价指标，并对其进行评价。选取结果如下。

①城市道路交通基础设施投资

城市道路交通基础设施投资主要包含城市道路投资、公共交通投资和道路交通管理设施投资三类，具体表现为前三年市区范围内道路交通基础设施投资总额与前三年城市 GDP 之比。它是保证交通供给满足交通需求的基本条件，也是经济持续稳定发展的重要保证（见表 8）。

表 8　城市道路交通基础设施投资分级

单位：%

评价标准等级	一	二	三	四	五
P16	[3.0,4.0]	[2.5,3.0)	[2.0,2.5)	[1.5,2.0)	[0,1.5)
指数	[90,100]	[80,90)	[70,80)	[60,70)	[0,60)

②城市公共交通投资比重

城市公共交通投资比重具体表现为前三年市区范围内公共交通投资与前三年城市交通基础设施投资之比。该指标一般可用来判定公交优先政策的落实状况以及城市对发展绿色交通的支持力度（见表 9）。

表 9　城市公共交通投资比重分级

单位：%

评价标准等级	一	二	三	四	五
P8	[20,25)	[20,25)	[15,20)	[10,15)	[0,10)
指数	[90,100]	[80,90)	[70,80)	[60,70)	[0,60)

③绿色出行宣传程度

绿色出行宣传程度应从两方面考虑，一方面表示政府部门对绿色交通的宣传力度；另一方面也反映了城市居民对绿色交通理念的接收程度。对该指标进行标准化时，取上限值为“好”，下限值为“差”。

④道路交通规划体系

依据《城市道路交通管理评价体系》，该指标主要评价相关政府部门是否编制城市综合交通体系规划、公共交通规划、停车设施规划、步行和自行车交通系统规划、交通安全管理规划、城市交通年度报告，并评价其编制程度，对该指标进行定性分析。

⑤交通综合协调机制

依据《城市道路交通管理评价体系》，交通综合协调机制的评价内容主要反映在如下五个方面：建立较为完善的规划、建设、管理一体化的城市交通综合协调机制；重视交通管理工作的开展，将其提上党委、政府重要议事日程，且定期组织开展针对城市交通问题的会议报告活动；成立专门的常设机构来负责城市交通的综合协调工作，明确机构的任务责任，完善其工作制度；交通综合协调常设机构的负责人应该由政府主要或分管领导担任，机构成员的选拔不应局限于某一交通部门，应包含从规划、建设到市政、城管等各个部门的人员，形成一个全面的完整闭环；组织协调、跟踪落实与监督考核机制完善。对该指标进行定性分析。

⑥交通新技术保障

交通新技术保障指标反映了政府强化绿色交通科技研发，推动绿色交通科技成果转化与应用的程度。在该指标下，可以定性分析政府是否研究和发展新型交通模式、高效节能技术、信息系统及 ITS（智能交通系统）等。

2. 治理指数评价指标的确定

在初选的评价指标的基础上，依据评价指标的选取原则，舍弃那些指标意义良好，但与其他绿色交通指数存在包含关系的评价指标，结合德尔菲法，最后确定城市绿色交通治理指数的评价指标。

由于城市道路交通基础设施投资、城市公共交通投资比重这两个指标可以包含在绿色交通经济指数中，且难以全面获得目标城市的数据，故排除这两个指标，因此，城市绿色交通治理指数的评价指标包括绿色出行宣传程度、道路交通规划体系、交通综合协调机制、交通新技术保障。

（三）数据来源

1. 调查问卷

笔者面向全国 38 个城市的居民发放了《城市绿色交通出行满意度调查

问卷》，回收结果及数据有效可信。城市绿色交通治理指数的各项指标都可以通过发放问卷、收集数据从而进行分析和评价。

调查问卷中涉及治理指数部分的内容如下。

（1）您是否接触过所在城市有关绿色交通的宣传？

A. 接触过且影响大　　B. 接触过，受到一定的影响

C. 接触过，影响一般　　D. 接触过一点，印象不深刻

E. 完全没有

（2）您认为所在城市的政府是否制定了绿色交通的相关政策？

A. 是，制定了多项政策　　B. 是，有少数政策

C. 极少听说　　D. 完全没听说

（3）您认为所在城市交通政策对绿色交通的作用效果如何？

A. 非常好　　B. 比较好　　C. 一般

D. 比较差　　E. 非常差　　F. 不清楚

（4）您认为所在城市是否将新技术（互联网、大数据、移动支付等）应用于交通发展中？

A. 是，开发多项技术　　B. 是，有少数技术

C. 极少听说　　D. 完全没听说

（5）您对所在城市的交通治理情况评价如何？

A. 很满意　　B. 比较满意　　C. 一般

D. 不太满意　　E. 不满意

（6）您对所在城市新能源汽车政策的作用效果评价如何？

A. 很满意　　B. 比较满意　　C. 一般

D. 不太满意　　E. 不满意　　F. 不清楚

问题（1）、（2）的回收数据可以作为指标“绿色出行宣传程度”的评判数据来源，问题（3）、（5）可为指标“道路交通规划体系”及“交通综合协调机制”提供数据支持，问题（4）、（6）则可以作为指标“交通新技

术保障”的评价参考依据。

2. 各地相关政策

在发放调查问卷对政府的绿色交通治理进行民众意愿调查的同时，我们于相关网站以及38个目标城市的政府网站和交通部门相关网站中搜集了38个目标城市的“十三五”交通规划以及各类交通政策及绿色交通相关政策，通过对搜集到的政策的数量及质量进行评价，从而对治理指数相关指标进行定性评价，取上限值为“好”，下限值为“差”。

参考文献

〔日〕冈田宏：《东京城市轨道交通系统的规划、建设和管理》，《城市轨道交通研究》2003年第3期，第1~7页。

郭耀煌、刘家诚、刘常青：《格序理论》，上海科技出版社，2003。

郝光、牟奇峰、张殿业、郭耀煌：《基于格序偏好的模糊多目标决策方法》，《西南交通大学学报》2006年第4期，第517~521页。

黄铃岚：《山地城市绿色交通评价研究——以重庆为例》，重庆交通大学硕士学位论文，2014。

李志：《城市轨道交通的综合效益评价》，西南交通大学硕士学位论文，2006。

刘光新：《小城市绿色交通评价方法与指标体系研究》，《持续发展 理性规划2017中国城市规划年会论文集（06城市交通规划）》，2017，第67~575页。

陆明：《城市轨道交通系统综合效益研究》，北京交通大学博士学位论文，2012。

马超群、王玉萍、陈宽民：《城市轨道交通效益的产生与作用机理分析》，《铁道运输与经济》2006年第7期，第10~12页。

孙权：《基于灰色关联分析法的城市绿色交通评价研究——以南昌市为例》，南昌大学硕士学位论文，2016。

王梅力：《基于可持续发展理论的绿色交通综合评价研究——以重庆主城区为例》，重庆交通大学硕士学位论文，2016。

王炜、陈学武、陆建：《城市交通系统可持续发展理论体系研究》，北京科学出版社，2004。

王珍珍：《城市绿色交通评价指标及方法研究》，北京交通大学硕士学位论文，2012。

《我国开通地铁城市运营里程排名前30强名单（截至2017年12月10日）》，搜狐网，http：//www. sohu. com/a/210937481_ 729676，2017 年 12 月 16 日。

吴凤平、贾鹏、张丽娜：《基于格序理论的水资源配置方案综合评价》，《资源科学》2013 年第 11 期，第 2232 ~ 2238 页。

吴先聪、刘星：《基于格序理论的管理者绩效评价方法》，《系统工程理论与实践》2011 年第 2 期，第 239 ~ 246 页。

谢辉：《符合生态城市的城市客运交通结构研究》，长沙理工大学硕士学位论文，2007。

张杰：《中小城市绿色交通发展评价指标体系研究》，郑州大学硕士学位论文，2016。

张宇：《城市绿色交通的灰色模糊综合评价研究》，贵州财经大学硕士学位论文，2017。

张喆：《特大城市绿色交通的评价及对策研究——以天津市为例》，天津工业大学硕士学位论文，2017。

张子佳：《中小城市绿色交通发展水平评价方法研究》，华南理工大学硕士学位论文，2015。

B.5
城市交通绿色发展指数测度

李宜航　刘铁鹰*

摘　要： 本报告介绍了城市交通绿色发展指数的计算过程以及各个指数所包含指标的统计情况。利用层次分析法来计算各个指标的权重；选用可拓学分析法和模糊综合评价法分别对城市交通绿色发展指数进行计算；为提升结果的科学性与可靠性，故将两种方法的计算结果分别转化为百分制得分，通过加权平均从而得出综合评价结果。最后，对功能指数、经济指数、社会指数、生态指数和治理指数所包含的指标数据进行描述性统计分析，并对每个指标进行城市间类比分析，包括城市排名与区域间指标比较，以为下一步分析城市交通绿色发展状况提供依据。

关键词： 层次分析法　物元可拓学　模糊综合评价法

在计算城市交通绿色发展指数过程中，所涉及的数据除了从现有文献与资料中搜集之外，部分数据通过问卷调查的方式得到。本书面向全国 38 个城市共发放了 2664 份问卷，问卷的问题结构主要包括个人信息、绿色出行行为、绿色交通满意度以及绿色交通政策治理四个部分。其中，绿色出行行为主要调查居民在市内出行时选择何种交通方式以及所考虑的各项因素；绿

* 李宜航，北京交通大学经济管理学院硕士研究生，研究方向为城市经济学、技术经济学；刘铁鹰，博士，北京交通大学经济管理学院，副教授，研究方向为区域经济学、运输经济学。

色交通满意度包括居民对城市公共交通系统各个方面的满意度评判；绿色交通政策治理主要调查、评判居民对所在城市发布的绿色交通政策的接收情况。

一　绿色发展指数计算过程

通过《B.3 交通绿色发展指数评价方法》对 11 种方法的介绍与对比，根据本书研究需要，我们选择层次分析法、模糊综合评价法和可拓学分析法作为计算方法。首先利用层次分析法计算各个指标的相对权重，通过模糊综合评价法和可拓学分析法对城市交通绿色发展指数分别进行计算，随后将两种方法得出的计算结果进行结合，从而得出综合评价结果。

（一）评价指标权重的确定

1. 构造判断矩阵

对于判断矩阵的构造，我们采用 1～9 级标度法让专家对指标进行两两比较，得出判断矩阵。在对专家做出的判断矩阵进行计算之后，通过几何平均，得出最终结果。在此以第一位专家的判断矩阵为例进行计算。

首先，对功能指数、经济指数、社会指数、生态指数和治理指数这五大准则层指标进行权重确定，如表 1 所示。

表 1　准则层指标权重

指标	社会指数	生态指数	治理指数	经济指数	功能指数	*Wi*
社会指数	1	0.3333	1	1	0.3333	0.1102
生态指数	3	1	1	3	0.3333	0.2238
治理指数	1	1	1	1	0.3333	0.1389
经济指数	1	0.3333	1	1	0.3333	0.1102
功能指数	3	3	3	3	1	0.4168

注：一致性检验中 $\lambda_{max} = 5.1974$；$CR = 0.0441 < 0.1$，满足一致性要求。

其次，对五大指数所包含的指标分别进行权重确定，如表 2、表 3、表 4、表 5、表 6 所示。

表 2　功能指数指标权重

功能指数	C_1	C_2	C_3	C_4	C_5	C_6	W_i
C_1	1	1	1	0. 3333	3	1	0. 1507
C_2	1	1	1	1	3	3	0. 212
C_3	1	1	1	1	3	3	0. 212
C_4	3	1	1	1	3	3	0. 2601
C_5	0. 3333	0. 3333	0. 3333	0. 3333	1	0. 3333	0. 0595
C_6	1	0. 3333	0. 3333	0. 3333	3	1	0. 1057

注：一致性检验中 $\lambda_{max}=6.2733$；$CR=0.0434<0.1$，满足一致性要求。

表 3　经济指数指标权重

经济指数	C_7	C_8	C_9	C_{10}	W_i
C_7	1	1	1	3	0. 2697
C_8	1	1	5	5	0. 4745
C_9	1	0. 2	1	3	0. 1807
C_{10}	0. 3333	0. 2	0. 3333	1	0. 0751

注：一致性检验中 $\lambda_{max}=4.2640$；$CR=0.0989<0.1$，满足一致性要求。

表 4　社会指数指标权重

社会指数	C_{11}	C_{12}	C_{13}	C_{14}	C_{15}	C_{16}	C_{17}	W_i
C_{11}	1	0. 2	3	1	1	1	1	0. 1148
C_{12}	5	1	3	1	1	5	5	0. 2831
C_{13}	0. 3333	0. 3333	1	0. 2	0. 2	1	1	0. 0544
C_{14}	1	1	5	1	1	1	1	0. 1584
C_{15}	1	1	5	1	1	5	5	0. 2375
C_{16}	1	0. 2	1	1	0. 2	1	1	0. 0759
C_{17}	1	0. 2	1	1	0. 2	1	1	0. 0759

注：一致性检验中 $\lambda_{max}=7.6857$；$CR=0.0840<0.1$，满足一致性要求。

表 5　生态指数指标权重

生态指数	C_{18}	C_{19}	C_{20}	C_{21}	W_i
C_{18}	1	1	1	1	0. 25
C_{19}	1	1	1	1	0. 25
C_{20}	1	1	1	1	0. 25
C_{21}	1	1	1	1	0. 25

注：一致性检验中 $\lambda_{max}=4.0000$；$CR=0.0000<0.1$，满足一致性要求。

表 6　治理指数指标权重

治理指数	C_{22}	C_{23}	C_{24}	C_{25}	W_i
C_{22}	1	3	3	3	0.4874
C_{23}	0.3333	1	1	3	0.2085
C_{24}	0.3333	1	1	3	0.2085
C_{25}	0.3333	0.3333	0.3333	1	0.0956

注：一致性检验中 $\lambda_{max} = 4.1545$；$CR = 0.0579 < 0.1$，满足一致性要求。

同理可得其他专家判断矩阵的计算结果。

2. 层次排序

综合各位专家的判断矩阵，通过对各组计算结果进行几何平均，得到各层指标的各级权重，如表 7 所示。

表 7　各级指标权重

指标	一级权重(U_i)	子指标	二级权重(V_i)	目标权重(W_i)
功能指数	0.284	城市道路网密度 C_1	0.0900	0.025
		公交线网密度 C_2	0.2130	0.0592
		每万人拥有的公交车数量 C_3	0.2155	0.0599
		地铁线网密度 C_4	0.2771	0.077
		每万人拥有的民用汽车数量 C_5	0.0975	0.0271
		每万人拥有的出租车数量 C_6	0.1069	0.0297
经济指数	0.1622	城市轨道交通与道路桥梁固定资产投资 C_7	0.1641	0.0266
		节约乘客出行时间的效益 C_8	0.3942	0.0639
		节约能源的效益 C_9	0.2702	0.0438
		带动沿线土地升值的效益 C_{10}	0.1715	0.0278
社会指数	0.1622	公交客运量 C_{11}	0.1179	0.0191
		拥堵延时度 C_{12}	0.1901	0.0308
		绿色出行倾向程度 C_{13}	0.1025	0.0166
		居民公共交通满意度 C_{14}	0.1352	0.0219
		万车交通事故起数 C_{15}	0.2463	0.0399
		交通与经济社会发展协调度 C_{16}	0.1019	0.0165
		公共交通路网密度/全市人口 C_{17}	0.1062	0.0172

续表

指标	一级权重(U_i)	子指标	二级权重(V_i)	目标权重(W_i)
生态指数	0.2001	能源消耗量 C_{18}	0.2500	0.0513
		人均绿地面积 C_{19}	0.2500	0.0513
		绿化覆盖率 C_{20}	0.2500	0.0513
		SO_2 排放量 C_{21}	0.2500	0.0513
治理指数	0.1914	绿色出行宣传程度 C_{22}	0.3238	0.0624
		道路交通规划体系 C_{23}	0.2439	0.047
		交通综合协调机制 C_{24}	0.2439	0.047
		交通新技术保障 C_{25}	0.1884	0.0363

（二）可拓学分析

1. 确定经典域和节域

根据可拓学理论中对物元的定义，我们设城市交通绿色发展指数的评价指标有 m 个，在此基础上，将所有待评价指标分别划分为 n 个等级，将它们统一为以下定性、定量综合评价物元模型。每个指标等级划分的区间设置统称为“经典域”，如公式（1）所示：

$$R_{0j} = (N_{0j}, C_k, V_{0jk}) = \begin{bmatrix} N_{0j} & c_1 & v_{0j1} \\ & \cdots & \cdots \\ & c_m & v_{0jm} \end{bmatrix} = \begin{bmatrix} N_{0j} & c_1 & < a_{0j1}, b_{0j1} > \\ & \cdots & \cdots \\ & c_m & < a_{0jm}, b_{0jm} > \end{bmatrix} \quad (1)$$

其中，R_{0j}代表第 j 级城市交通绿色发展指数的物元；N_{0j}表示第 j 级城市交通绿色发展水平；V_{0jk}表示第 j 级发展水平城市的第 k 个评价指标归于不同等级的区间范围，即经典域。

综合评价各指标的允许取值范围（称为“节域”）形成的物元模型，如公式（2）所示：

$$R_p = (N_p, C_k, V_{pk}) = \begin{bmatrix} N_p & c_1 & v_{p1} \\ & \cdots & \cdots \\ & c_m & v_{pm} \end{bmatrix} = \begin{bmatrix} N_p & c_1 & < a_{p1}, b_{p1} > \\ & \cdots & \cdots \\ & c_m & < a_{pm}, b_{pm} > \end{bmatrix} \tag{2}$$

其中，R_p代表城市交通绿色发展的评价指标允许取值范围的物元；N_p表示城市交通可持续发展水平评价全体等级；V_{pk}表示N_p中指标C_k的允许取值范围，即节域。

在指标计算中，每万人拥有的民用汽车数量、每万人拥有的出租车数量、交通事故起数、拥堵延时度、能源消耗量、SO_2排放量为负向指标；其余指标均为正向指标。此类指标的性质在经典域和节域的数值上可以体现出来。对各指标经典域的划分和节域的确定，一方面以不同城市的经济社会发展情况和城市交通发展现状为基础，从实际出发进行确定；另一方面，通过参考《城市道路交通规划设计规范 GB50220 - 95》《城市道路交通管理评价指标体系》等文件对相关指标的规定，以及借鉴已有的研究成果，确定评价标准。本报告将待评价指标的发展水平划分为 5 个等级，从一级至五级依次代表从优秀到差的发展程度。在咨询专家意见的基础上，根据物元可拓评价模型的公式（1）和公式（2）确定评价指标的经典域与节域：

$$R_{0j} = \begin{bmatrix} N & N_{01} & N_{02} & N_{03} & N_{04} & N_{05} \\ D_1 & (29,35) & (23,29) & (17,23) & (11,17) & (5,11) \\ D_2 & (28,35) & (21,28) & (14,21) & (7,14) & (0,7) \\ D_3 & (24,30) & (18,24) & (12,18) & (6,12) & (0,6) \\ D_4 & (0.4,0.5) & (0.3,0.4) & (0.2,0.3) & (0.1,0.2) & (0,0.1) \\ D_5 & (0,0.24) & (0.24,0.48) & (0.48,0.72) & (0.72,0.96) & (0.96,1.2) \\ D_6 & (4,11) & (11,18) & (18,25) & (25,32) & (32,39) \\ D_7 & (680,850) & (510,680) & (340,510) & (170,340) & (0,170) \\ D_8 & (2000,8200) & (1000,2000) & (200,1000) & (50,200) & (0,50) \\ D_9 & (4.9E+16,5.5E+17) & (4.3E+15,4.9E+16) & (3.7E+14,4.3E+15) & (3.1E+12,3.7E+14) & (2.5E+10,3.1E+12) \\ D_{10} & (120\%,200\%) & (40\%,120\%) & (-40\%,40\%) & (-120\%,-40\%) & (-200\%,-120\%) \\ D_{11} & (32,40) & (24,32) & (16,24) & (8,16) & (0,8) \\ D_{12} & (14,16) & (16,18) & (18,20) & (20,22) & (22,24) \\ D_{13} & (62,68) & (56,62) & (50,56) & (44,50) & (38,44) \\ D_{14} & (67,74) & (60,67) & (53,60) & (46,53) & (39,46) \\ D_{15} & (0,10) & (10,20) & (20,30) & (30,40) & (40,50) \\ D_{16} & (80,100) & (60,80) & (40,60) & (20,40) & (0,20) \\ D_{17} & (10,26) & (6,10) & (4,6) & (2,4) & (0,2) \end{bmatrix}$$

$$R_{0j}=\left[\begin{array}{cccccc}
D_{18} & (150,360) & (360,570) & (570,780) & (780,990) & (990,1200) \\
D_{19} & (18,21) & (15,18) & (12,15) & (9,12) & (6,9) \\
D_{20} & (48,53) & (43,48) & (38,43) & (33,38) & (28,33) \\
D_{21} & (0,32) & (32,64) & (64,96) & (96,128) & (128,160) \\
D_{22} & (3.6,4) & (3.2,3.6) & (2.8,3.2) & (2.4,2.8) & (2,2.4) \\
D_{23} & (7.2,9) & (5.4,7.2) & (3.6,5.4) & (1.8,3.6) & (0,1.8) \\
D_{24} & (7.4,9) & (5.8,7.4) & (4.2,5.8) & (2.6,4.2) & (1,2.6) \\
D_{25} & (2.4,2.7) & (2.1,2.4) & (1.8,2.1) & (1.5,1.8) & (1.2,1.5)
\end{array}\right.$$

$$R_{p}=\left[\begin{array}{ccc}
N_{p} & C_{1} & (5,35) \\
 & C_{2} & (0,35) \\
 & C_{3} & (0,30) \\
 & C_{4} & (0,0.5) \\
 & C_{5} & (0,1.2) \\
 & C_{6} & (4,39) \\
 & C_{7} & (0,850) \\
 & C_{8} & (0,8200) \\
 & C_{9} & (2.50E+10,5.5E+17) \\
 & C_{10} & (-200\%,200\%) \\
 & C_{11} & (0,40) \\
 & C_{12} & (14,24) \\
 & C_{13} & (38,68) \\
 & C_{14} & (39,74) \\
 & C_{15} & (0,50) \\
 & C_{16} & (0,100) \\
 & C_{17} & (0,26) \\
 & C_{18} & (150,1200) \\
 & C_{19} & (6,21) \\
 & C_{20} & (28,53) \\
 & C_{21} & (0,160) \\
 & C_{22} & (2,4) \\
 & C_{23} & (0,9) \\
 & C_{24} & (1,9) \\
 & C_{25} & (1.2,2.7)
\end{array}\right.$$

2. 确定评价物元

把待评价单元所收集到的评价信息用物元 R_0 表示：

$$R_0 = (N_0, C, V) = \begin{bmatrix} N_0 & c_1 & v_1 \\ & \cdots & \cdots \\ & c_m & v_m \end{bmatrix} \tag{3}$$

其中，N_0表示待评城市交通绿色发展水平；v_m表示所收集到待评单元第m个指标的具体取值。

以北京市为例，由公式（3）建立评价物元如下：

$$R_0 = (N, C, V) = \begin{bmatrix} N_p & C_1 & 10.08 \\ & C_2 & 13.96 \\ & C_3 & 10.45 \\ & C_4 & 0.42 \\ & C_5 & 0.4 \\ & C_6 & 31.44 \\ & C_7 & 522.37 \\ & C_8 & 8052.91 \\ & C_9 & 4.5152E+17 \\ & C_{10} & 47.39\% \\ & C_{11} & 36.90 \\ & C_{12} & 20.61 \\ & C_{13} & 47.57 \\ & C_{14} & 50 \\ & C_{15} & 31.6 \\ & C_{16} & 62.72 \\ & C_{17} & 1.06 \\ & C_{18} & 1020.27 \\ & C_{19} & 16.01 \\ & C_{20} & 48.4 \\ & C_{21} & 11 \\ & C_{22} & 3 \\ & C_{23} & 2 \\ & C_{24} & 2 \\ & C_{25} & 1.77 \end{bmatrix}$$

3. 确定权重系数

本书通过层次分析法来确定指标的权重系数，具体过程见表1。

4. 确定各指标的关联函数值

在构建城市交通绿色发展指数的物元模型之后，便要根据模型对该城市的交通绿色发展状况进行综合评价，即计算待评物元与物元模型经典域的“接近度”。本报告选择可拓学理论中的初等关联函数法进行计算。

令：

$$\rho(V_k,V_{0jk}) = \left| v_k - \frac{1}{2}(a_{0jk} + b_{0jk}) \right| - \frac{1}{2}(b_{0jk} - a_{0jk}) \tag{4}$$

$$\rho(V_k,V_{pk}) = \left| v_k - \frac{1}{2}(a_{pk} + b_{pk}) \right| - \frac{1}{2}(b_{pk} - a_{pk}) \tag{5}$$
$$(j = 1,2,\cdots,n;k = 1,2,\cdots,m)$$

公式（4）、公式（5）分别代表 V_k 与区间 V_{0jk} 与 V_{pk} 的接近度，当 $\rho(V_k,V_{0jk})$ 大于等于0时，其不在区间 V_{0jk} 中，当 $\rho(V_k,V_{0jk})$ 小于等于0时，其在区间 V_{0jk} 中。

计算各指标 C_k 的关联函数如下。

当 $V_k \in [a_{jk},b_{jk}]$，则：

$$K_j(V_k) = \frac{-\rho(v_k,V_{0jk})}{|V_{jk}|} \tag{6}$$

当 $V_k \notin [a_{jk},b_{jk}]$，则：

$$K_j(V_k) = \begin{cases} \dfrac{\rho(V_k,V_{0jk})}{\rho(V_k,V_{pk}) - \rho(V_k,V_{0jk})}, \rho(V_k,V_{pk}) \neq \rho(V_k,V_{0jk}) \\ -\rho(V_k,V_{0jk}) - 1, \rho(V_k,V_{pk}) = \rho(V_k,V_{0jk}) \end{cases} \tag{7}$$
$$(j = 1,2,\cdots,n;k = 1,2,\cdots,m)$$

公式（6）中，K_j（V_k）表示待评物元的第 k 个评价指标 C_k 关于第 j 级城市交通绿色发展水平的关联度。

现以北京市为例，根据公式（4）、公式（5）、公式（6）、公式（7）展开计算。从确定评价物元中得知量值 $V_1 = 10.08$，根据经典域知 $V_1 \in$ [a_{51}，b_{51}]，则：

$$K_1(V_1) = \frac{\rho(V_1,V_{011})}{\rho(V_1,V_{\rho 1}) - \rho(V_1,V_{011})} = -0.7883$$

$$\text{其中}: \rho(V_1,V_{\rho 1}) = \left| 10.08 - \frac{1}{2}(35 + 5) \right| - \frac{1}{2}(35 - 5) = -5.08$$

$$\rho(V_1,V_{011}) = \left| 10.08 - \frac{1}{2}(35 + 29) \right| - \frac{1}{2}(35 - 29) = 18.92$$

$$K_2(V_1)=\frac{\rho(V_1,V_{021})}{\rho(V_1,V_{\rho 1})-\rho(V_1,V_{021})}=-0.7178$$

$$其中:\rho(V_1,V_{021})=\left|10.08-\frac{1}{2}(29+23)\right|-\frac{1}{2}(29-23)=12.92$$

$$K_3(V_1)=\frac{\rho(V_1,V_{031})}{\rho(V_1,V_{\rho 1})-\rho(V_1,V_{031})}=-0.5767$$

$$其中:\rho(V_1,V_{031})=\left|10.08-\frac{1}{2}(23+17)\right|-\frac{1}{2}(23-17)=6.92$$

$$K_4(V_1)=\frac{\rho(V_1,V_{041})}{\rho(V_1,V_{\rho 1})-\rho(V_1,V_{041})}=-0.1533$$

$$其中:\rho(V_1,V_{041})=\left|10.08-\frac{1}{2}(17+11)\right|-\frac{1}{2}(17-11)=0.92$$

$$K_5(V_1)=\frac{-\rho(V_1,V_{051})}{|V_{051}|}=0.1533$$

$$其中:\rho(V_1,V_{051})=\left|10.08-\frac{1}{2}(11+5)\right|-\frac{1}{2}(11-5)=-0.92$$

同理可得指标 C_2，C_3，C_4，…，C_{25}关于各等级的关联函数，其计算结果汇总如表 8 所示。

表 8　各指标关联函数汇总

关联函数	值	关联函数	值	关联函数	值	关联函数	值	关联函数	值
$K_1(V_1)$	-0.7883	$K_2(V_1)$	-0.7178	$K_3(V_1)$	-0.5767	$K_4(V_1)$	-0.1533	$K_5(V_1)$	0.1533
$K_1(V_2)$	-0.5014	$K_2(V_2)$	-0.3352	$K_3(V_2)$	-0.0029	$K_4(V_2)$	0.0057	$K_5(V_2)$	-0.3327
$K_1(V_3)$	-0.5646	$K_2(V_3)$	-0.4194	$K_3(V_3)$	-0.1292	$K_4(V_3)$	0.2583	$K_5(V_3)$	-0.2987
$K_1(V_4)$	0.2000	$K_2(V_4)$	-0.2000	$K_3(V_4)$	-0.6000	$K_4(V_4)$	-0.7333	$K_5(V_4)$	-0.8000
$K_1(V_5)$	-0.5833	$K_2(V_5)$	-0.4444	$K_3(V_5)$	-0.1667	$K_4(V_5)$	0.3333	$K_5(V_5)$	-0.2857
$K_1(V_6)$	-0.7300	$K_2(V_6)$	-0.6400	$K_3(V_6)$	-0.4600	$K_4(V_6)$	0.0800	$K_5(V_6)$	-0.0690
$K_1(V_7)$	-0.3248	$K_2(V_7)$	0.0728	$K_3(V_7)$	-0.0364	$K_4(V_7)$	-0.3576	$K_5(V_7)$	-0.5182
$K_1(V_8)$	0.0237	$K_2(V_8)$	-0.9763	$K_3(V_8)$	-0.9796	$K_4(V_8)$	-0.9816	$K_5(V_8)$	-0.9820
$K_1(V_9)$	0.1966	$K_2(V_9)$	-0.8034	$K_3(V_9)$	-0.8195	$K_4(V_9)$	-0.8208	$K_5(V_9)$	-0.8210
$K_1(V_{10})$	-0.3224	$K_2(V_{10})$	0.0009	$K_3(V_{10})$	-0.0462	$K_4(V_{10})$	-0.3641	$K_5(V_{10})$	-0.5231
$K_1(V_{11})$	0.3873	$K_2(V_{11})$	-0.6127	$K_3(V_{11})$	-0.8064	$K_4(V_{11})$	-0.8709	$K_5(V_{11})$	-0.9032
$K_1(V_{12})$	-0.5763	$K_2(V_{12})$	-0.4350	$K_3(V_{12})$	-0.1525	$K_4(V_{12})$	0.3050	$K_5(V_{12})$	-0.2908
$K_1(V_{13})$	-0.6015	$K_2(V_{13})$	-0.4686	$K_3(V_{13})$	-0.2029	$K_4(V_{13})$	0.4058	$K_5(V_{13})$	-0.2715
$K_1(V_{14})$	-0.6071	$K_2(V_{14})$	-0.4762	$K_3(V_{14})$	-0.2143	$K_4(V_{14})$	0.4286	$K_5(V_{14})$	-0.2667

续表

关联函数	值	关联函数	值	关联函数	值	关联函数	值	关联函数	值
$K_1(V_{15})$	-0.5400	$K_2(V_{15})$	-0.3867	$K_3(V_{15})$	-0.0800	$K_4(V_{15})$	0.1600	$K_5(V_{15})$	-0.3134
$K_1(V_{16})$	-0.3167	$K_2(V_{16})$	0.1359	$K_3(V_{16})$	-0.0680	$K_4(V_{16})$	-0.3786	$K_5(V_{16})$	-0.5340
$K_1(V_{17})$	-0.8945	$K_2(V_{17})$	-0.8241	$K_3(V_{17})$	-0.7362	$K_4(V_{17})$	-0.4723	$K_5(V_{17})$	0.4723
$K_1(V_{18})$	-0.7860	$K_2(V_{18})$	-0.7147	$K_3(V_{18})$	-0.5721	$K_4(V_{18})$	-0.1441	$K_5(V_{18})$	0.8559
$K_1(V_{19})$	-0.2851	$K_2(V_{19})$	0.3367	$K_3(V_{19})$	-0.1683	$K_4(V_{19})$	-0.4456	$K_5(V_{19})$	-0.5842
$K_1(V_{20})$	0.0800	$K_2(V_{20})$	-0.0800	$K_3(V_{20})$	-0.5400	$K_4(V_{20})$	-0.6933	$K_5(V_{20})$	-0.7700
$K_1(V_{21})$	0.3438	$K_2(V_{21})$	-0.6563	$K_3(V_{21})$	-0.8281	$K_4(V_{21})$	-0.8854	$K_5(V_{21})$	-0.9141
$K_1(V_{22})$	-0.3750	$K_2(V_{22})$	-0.1667	$K_3(V_{22})$	0.5000	$K_4(V_{22})$	-0.1667	$K_5(V_{22})$	-0.3750
$K_1(V_{23})$	-0.7222	$K_2(V_{23})$	-0.6296	$K_3(V_{23})$	-0.4444	$K_4(V_{23})$	0.1111	$K_5(V_{23})$	-0.0909
$K_1(V_{24})$	-0.8438	$K_2(V_{24})$	-0.7917	$K_3(V_{24})$	-0.6875	$K_4(V_{24})$	-0.3750	$K_5(V_{24})$	0.3750
$K_1(V_{25})$	-0.5250	$K_2(V_{25})$	-0.3667	$K_3(V_{25})$	-0.0500	$K_4(V_{25})$	0.1000	$K_5(V_{25})$	-0.3214

5. 确定关联度，进行综合评价

首先，计算城市交通绿色发展水平关于各个评价等级的关联度，即反映所有评价指标符合其对应的各个评价等级的程度：

$$K_i(p) = \sum_{i=1}^{m} w_i k_j(v_i) \tag{8}$$

若 $K_j = \max K_j(p) > 0$，则该城市交通绿色发展水平属于等级 j，反之，则不在所对应的等级之内。

其次，求解评价等级的特征值：

$$\overline{K_j(p)} = \frac{K_j(p) - \min\limits_j K_j(p)}{\max\limits_j K_j(p) - \min\limits_j K_j(p)} \tag{9}$$

$$J^* = \frac{\sum\limits_{j=1}^{m} j^* \overline{K_j(p)}}{\sum\limits_{j=1}^{m} \overline{K_j(p)}} \tag{10}$$

j^* 为关于评价等级的特征值，由此特征值我们可以得到城市交通绿色发展水平偏向某一级别的程度。

（1）根据公式（8）可以计算出北京市绿色交通的功能指数关于第一级的关联度为：

$$K_1(p) = \sum_{i=1}^{6} V_i K_1(V_i) = 0.0900 \times (-0.7883) + 0.2130 \times (-0.5014) + 0.2155 \times (-0.5646) + 0.2771 \times 0.2000 + 0.0975 \times (-0.5833) + 0.1069 \times (-0.7300) = -0.3789$$

类似地，求出 K_2（p）、K_3（p）、K_4（p）、K_5（p），计算结果如表 9 所示。

表 9　北京市绿色交通功能指数关联度

指标	$K_1(p)$	$K_2(p)$	$K_3(p)$	$K_4(p)$	$K_5(p)$
值	-0.3789	-0.3936	-0.3120	-0.1190	-0.3784

根据公式（9）和公式（10）可以求得功能指数关于评价级别的特征值：

$$j^*_{功能} = \frac{\sum_{j=1}^{m} j \times \overline{K_j(\mathrm{p})}}{\sum_{j=1}^{m} \overline{K_j(\mathrm{p})}} = \frac{1 \times 0.0533 + 2 \times 0 + 3 \times 0.2971 + 4 \times 1 + 5 \times 0.0554}{0.0533 + 0 + 0.2971 + 1 + 0.0554} = 3.7143$$

其中：

$$\overline{K_1(p)} = \frac{K_1(p) - \min_j K_j(p)}{\max_j K_j(p) - \min_j K_j(p)} = \frac{-0.3789 - (-0.3935)}{-0.1190 - (-0.3935)} = 0.0519$$

$$\overline{K_2(p)} = \frac{K_2(p) - \min_j K_j(p)}{\max_j K_j(p) - \min_j K_j(p)} = \frac{-0.3936 - (-0.3935)}{-0.1190 - (-0.3935)} = 0$$

$$\overline{K_3(p)} = \frac{K_3(p) - \min_j K_j(p)}{\max_j K_j(p) - \min_j K_j(p)} = \frac{-0.3120 - (-0.3935)}{-0.1190 - (-0.3935)} = 0.2969$$

$$\overline{K_4(p)} = \frac{K_4(p) - \min_j K_j(p)}{\max_j K_j(p) - \min_j K_j(p)} = \frac{-0.1190 - (-0.3935)}{-0.1190 - (-0.3935)} = 1$$

$$\overline{K_5(p)} = \frac{K_5(p) - \min_j K_j(p)}{\max_j K_j(p) - \min_j K_j(p)} = \frac{-0.3784 - (-0.3935)}{-0.1190 - (-0.3935)} = 0.0550$$

（2）根据上述步骤可以计算出北京市绿色交通的经济指数关于五个等级的关联度（如表10所示）。

表10　北京市绿色交通经济指数关联度

指标	$K_1(p)$	$K_2(p)$	$K_3(p)$	$K_4(p)$	$K_5(p)$
值	-0.0461	-0.5898	-0.6215	-0.7299	-0.7837

经济指数关于评价级别的特征值为：

$$j^*_{经济} = \frac{\sum_{j=1}^{m} j \times \overline{K_j(p)}}{\sum_{j=1}^{m} \overline{K_j(p)}} = 1.5923$$

其中：$\overline{K_1(p)} = 1$，$\overline{K_2(p)} = 0.2628$，$\overline{K_3(p)} = 0.2199$，$\overline{K_4(p)} = 0.0729$，$\overline{K_5(p)} = 0$。

（3）北京市绿色交通的社会指数关于五个等级的关联度如表11所示。

表11　北京市绿色交通社会指数关联度

指标	$K_1(p)$	$K_2(p)$	$K_3(p)$	$K_4(p)$	$K_5(p)$
值	-0.4679	-0.4363	-0.2786	0.0055	-0.3071

社会指数关于评价级别的特征值为：

$$j^*_{社会} = \frac{\sum_{j=1}^{m} j \times \overline{K_j(p)}}{\sum_{j=1}^{m} \overline{K_j(p)}} = 3.8927$$

其中：$\overline{K_1(p)} = 0$，$\overline{K_2(p)} = 0.0668$，$\overline{K_3(p)} = 0.3998$，$\overline{K_4(p)} = 1$，$\overline{K_5(p)} = 0.3396$。

（4）北京市绿色交通的生态指数关于五个等级的关联度如表12所示。

表12　北京市绿色交通生态指数关联度

指标	$K_1(p)$	$K_2(p)$	$K_3(p)$	$K_4(p)$	$K_5(p)$
值	-0.1618	-0.2786	-0.5271	-0.5421	-0.3531

生态指数关于评价级别的特征值为：

$$j^*_{社会} = \frac{\sum_{j=1}^{m} j \times \overline{K_j(p)}}{\sum_{j=1}^{m} \overline{K_j(p)}} = 2.2380$$

其中：$\overline{K_1(p)} = 1$，$\overline{K_2(p)} = 0.6930$，$\overline{K_3(p)} = 0.0394$，$\overline{K_4(p)} = 0$，$\overline{K_5(p)} = 0.4971$。

（5）北京市绿色交通的治理指数关于五个等级的关联度如表 13 所示。

表 13　北京市绿色交通治理指数关联度

指标	$K_1(p)$	$K_2(p)$	$K_3(p)$	$K_4(p)$	$K_5(p)$
值	-0.6023	-0.4697	-0.1236	-0.0995	-0.1127

治理指数关于评价级别的特征值为：

$$j^*_{治理} = \frac{\sum_{j=1}^{m} j \times \overline{K_j(p)}}{\sum_{j=1}^{m} \overline{K_j(p)}} = 3.8415$$

其中：$\overline{K_1(p)} = 0$，$\overline{K_2(p)} = 0.2637$，$\overline{K_3(p)} = 0.9521$，$\overline{K_4(p)} = 1$，$\overline{K_5(p)} = 0.9738$。

（6）北京市绿色交通的整体发展状况关于五个等级的关联度如表 14 所示。

表 14　北京市绿色交通发展状况关联度

指标	$K_1(p)$	$K_2(p)$	$K_3(p)$	$K_4(p)$	$K_5(p)$
值	-0.3078	-0.3694	-0.3522	-0.3020	-0.4542

关于评价级别的特征值为：

$$j^* = \frac{\sum_{j=1}^{m} j \times \overline{K_j(p)}}{\sum_{j=1}^{m} \overline{K_j(p)}} = 2.5358$$

其中：$\overline{K_1(p)} = 0$，$\overline{K_2(p)} = 0.2637$，$\overline{K_3(p)} = 0.9521$，$\overline{K_4(p)} = 1$，$\overline{K_5(p)} = 0.9738$。

根据上述计算过程，可分别得出其他城市的综合评价结果。

（三）模糊综合评价

1. 评判集及其标准

根据不同城市绿色交通的发展状况，将每个指标的发展水平从高到低划分为五个等级标准，形成评判集 $V=\{v1, v2, v3, v4, v5\}$，$v1$、$v2$、$v3$、$v4$、$v5$ 依次对应好、较好、一般、较差、差5个评判等级。

2. 计算指标的隶属度

（1）指标的无量纲化

在对城市交通绿色发展水平进行综合评价的过程中，由于各个指标的度量单位大多不同，因此就有必要将各指标进行无量纲化处理，只有这样，之后的计算才有实际意义。本报告构建的评价体系中包含部分负向指标，在此统一将负向指标正向化，随后选用直线型无量纲化方法中的临界值法来对各指标进行处理：

$$\overline{x_i}=\frac{x_i-\min x_i}{\max x_i-\min x_i}, i=1,2,\cdots,n \tag{11}$$

其中，$\overline{x_i}$ 是经过无量纲化处理后的指标数值，$\min x_i$ 表示第 i 个指标所能实现的最小值，$\max x_i$ 表示第 i 个指标所能达到的最大值。所有经过无量纲化处理的指标，其取值范围均为［0，1］。

（2）指标的隶属度函数

经过梳理已有研究成果和对专家进行咨询，在评判集量化方面，本报告采用1分制等级区间划分的方法，即区间（0.8，1）对应等级为“好”，区间（0.6，0.8）对应等级为“较好”，区间（0.4，0.6）对应等级为“一般”，区间（0.2，0.4）对应等级为“较差”，区间（0，0.2）对应等级为“差”。在此基础上，将各个等级的理想得分具体化，取各区间的中位数作为具体得分，如“好”的理想得分为0.9分。本报告选择梯形分布计算定量指标的隶属度，如公式（12）~公式（16）所示。

X 隶属于“好”等级的隶属函数为：

$$A(x)=\begin{cases}1, & \overline{x_i}\geqslant 0.9\\ \dfrac{\overline{x_i}-0.7}{0.2}, & 0.7\leqslant \overline{x_i}<0.9\\ 0, & \overline{x_i}<0.7\end{cases}\tag{12}$$

X 隶属于“较好”等级的隶属函数为：

$$A(x)=\begin{cases}0, & \overline{x_i}\geqslant 0.9\\ \dfrac{0.9-\overline{x_i}}{0.9-0.7}, & 0.7\leqslant \overline{x_i}<0.9\\ \dfrac{\overline{x_i}-0.5}{0.7-0.5}, & 0.5\leqslant \overline{x_i}<0.7\\ 0, & \overline{x_i}<0.5\end{cases}\tag{13}$$

X 隶属于“一般”等级的隶属函数为：

$$A(x)=\begin{cases}0, & \overline{x_i}\geqslant 0.7\\ \dfrac{0.7-\overline{x_i}}{0.7-0.5}, & 0.5\leqslant \overline{x_i}<0.7\\ \dfrac{\overline{x_i}-0.3}{0.5-0.3}, & 0.3\leqslant \overline{x_i}<0.5\\ 0, & \overline{x_i}<0.3\end{cases}\tag{14}$$

X 隶属于“较差”等级的隶属函数为：

$$A(x)=\begin{cases}0, & \overline{x_i}\geqslant 0.5\\ \dfrac{0.5-\overline{x_i}}{0.5-0.3}, & 0.3\leqslant \overline{x_i}<0.5\\ \dfrac{\overline{x_i}-0.1}{0.3-0.1}, & 0.1\leqslant \overline{x_i}<0.3\\ 0, & \overline{x_i}<0.1\end{cases}\tag{15}$$

X 隶属于“差”等级的隶属函数为：

$$A(x)=\begin{cases}0, & \overline{x_i}\geqslant 0.3\\ \dfrac{0.3-\overline{x_i}}{0.2}, & 0.1\leqslant \overline{x_i}<0.3\\ 1, & \overline{x_i}<0.1\end{cases}\tag{16}$$

将定量指标的无量纲化值代入各个评价等级的隶属度函数，计算出各个指标的隶属度。在此以北京市为例，将其各个指标的数值代入上述计算过程，可得如下五指标隶属度（见表 15）。

表 15　北京市五指标隶属度

评价指标	好	较好	一般	较差	差
C_1	0.0000	0.0000	0.0000	0.0911	0.9089
C_2	0.0000	0.0000	0.5094	0.4906	0.0000
C_3	0.0000	0.0000	0.0000	0.7612	0.2388
C_4	0.8750	0.1250	0.0000	0.0000	0.0000
C_5	0.0000	0.9043	0.0957	0.0000	0.0000
C_6	0.0000	0.0000	0.0000	0.1216	0.8784
C_7	0.1806	0.8194	0.0000	0.0000	0.0000
C_8	1.0000	0.0000	0.0000	0.0000	0.0000
C_9	1.0000	0.0000	0.0000	0.0000	0.0000
C_{10}	0.0000	0.4273	0.5727	0.0000	0.0000
C_{11}	1.0000	0.0000	0.0000	0.0000	0.0000
C_{12}	0.0000	0.0000	0.0000	0.3321	0.6679
C_{13}	0.0000	0.0000	0.0000	0.7809	0.2191
C_{14}	0.0000	0.0000	0.0328	0.9672	0.0000
C_{15}	0.0000	0.0000	0.1450	0.8550	0.0000
C_{16}	0.0000	0.8133	0.1867	0.0000	0.0000
C_{17}	0.0000	0.0000	0.0000	0.0000	1.0000
C_{18}	0.0000	0.0000	0.0000	0.0000	1.0000
C_{19}	0.0000	0.9255	0.0745	0.0000	0.0000
C_{20}	1.0000	0.0000	0.0000	0.0000	0.0000
C_{21}	1.0000	0.0000	0.0000	0.0000	0.0000
C_{22}	0.0924	0.2490	0.2851	0.3133	0.0602
C_{23}	0.0000	0.0000	0.0000	0.2143	0.7857
C_{24}	0.0000	0.0000	0.0000	0.0000	1.0000
C_{25}	0.0000	0.0201	0.1325	0.4458	0.4016

同理可以得出其他城市的指标隶属度。

3. 确定各指标的权重矩阵

本书通过层次分析法来确定指标的权重系数，具体过程见表 1。

4. 建立模糊判断矩阵，进行综合评价

综合表15可以得到五大指数的评判矩阵以及城市绿色交通整体发展状况的评判矩阵。现以北京市为例，计算过程如下。

（1）对功能指数的模糊综合评价

功能指数的评价矩阵为：

$$R_{功能} = \begin{bmatrix} 0 & 0 & 0 & 0.0911 & 0.9089 \\ 0 & 0 & 0.5094 & 0.4906 & 0 \\ 0 & 0 & 0 & 0.7612 & 0.2388 \\ 0.8750 & 0.1250 & 0 & 0 & 0 \\ 0 & 0.9043 & 0.0957 & 0 & 0 \\ 0 & 0 & 0 & 0.1216 & 0.8784 \end{bmatrix}$$

功能指数的权重向量为：

$$W_{功能} = [0.0900 \quad 0.2130 \quad 0.2155 \quad 0.2771 \quad 0.0975 \quad 0.1069]$$

故功能指数的模糊评价向量为：

$$B_{功能} = W_{功能} \cdot R_{功能} = [0.2407 \quad 0.1335 \quad 0.1103 \quad 0.2685 \quad 0.2469]$$

将上述评价所得的模糊评价向量赋以评语集的分值：

$$S_{功能} = B_{功能} \times V^T = 0.2407 \times 9 + 0.1335 \times 7 + 0.1103 \times 5 + 0.2685 \times 3 + 0.2469 \times 1 = 4.7047$$

（2）对经济指数的模糊综合评价

经济指数的模糊评价向量为：

$$B_{经济} = W_{经济} \cdot R_{经济} = [0.6569 \quad 0.2424 \quad 0.1007 \quad 0 \quad 0]$$

将上述评价所得的模糊评价向量赋以评语集的分值：

$$S_{经济} = B_{经济} \times V^T = 8.1121$$

（3）对社会指数的模糊综合评价

社会指数的模糊评价向量为：

$$B_{社会} = W_{社会} \cdot R_{社会} = [0.1145 \quad 0.0888 \quad 0.0566 \quad 0.5394 \quad 0.2006]$$

将上述评价所得的模糊评价向量赋以评语集的分值：

$$S_{社会} = B_{社会} \times V^T = 3.7542$$

（4）对生态指数的模糊综合评价

生态指数的模糊评价向量为：

$$B_{生态} = W_{生态} \cdot R_{生态} = [0.5000 \quad 0.2314 \quad 0.0186 \quad 0 \quad 0.2500]$$

将上述评价所得的模糊评价向量赋以评语集的分值：

$$S_{生态} = B_{生态} \times V^T = 6.4627$$

（5）对治理指数的模糊综合评价

治理指数的模糊评价向量为：

$$B_{治理} = W_{治理} \cdot R_{治理} = [0.0304 \quad 0.0859 \quad 0.1202 \quad 0.2422 \quad 0.5213]$$

将上述评价所得的模糊评价向量赋以评语集的分值：

$$S_{治理} = B_{治理} \times V^T = 2.7239$$

（6）对各城市绿色交通整体发展状况的模糊综合评价

城市绿色交通整体发展状况的模糊评价向量为：

$$B_{整体} = W_{整体} \cdot R_{整体} = [0.3073 \quad 0.1450 \quad 0.0847 \quad 0.2048 \quad 0.2581]$$

将上述评价所得的模糊评价向量赋以评语集的分值：

$$S_{整体} = B_{整体} \times V^T = 5.0768$$

根据上述计算过程，可分别得出其他城市的综合评价结果。

（四）综合得分

为了提升结果的科学性与可靠性，故将可拓学的计算结果与模糊综合评价的计算结果进行结合，从而得出综合评价结果。

首先将可拓学的分值结果与模糊综合评价的分值结果分别转化为百分制得分。由于采用可拓学计算的初始得分是“5 分”制，因此以“3 分”为基准对应百分制的“50 分”进行转化，同时将得分正向化，具体过程为：$S_{百分制} = 100 - S_{初始} \times 50/3$；通过模糊综合评价得出的初始分数为“9 分”制，直接采用计算分数占比的方法进行转化，具体过程为：$S_{百分制} = S_{初始}/9 \times 100$。然后将两种计算结果的权重都取 0.5，计算综合得分，可得表 16 的城市绿色交通发展综合排名。

表 16　城市绿色交通发展综合排名

单位：分

总排名	城市	得分	总排名	城市	得分
1	北京	57.07298	20	长春	42.24021
2	深圳	55.69765	21	长沙	42.00131
3	苏州	54.15864	22	重庆	41.69193
4	广州	53.82555	23	天津	41.57306
5	南京	52.87802	24	南昌	40.50668
6	武汉	52.04519	25	合肥	39.78969
7	上海	51.42727	26	沈阳	38.96301
8	成都	49.07157	27	南宁	38.58834
9	厦门	48.40944	28	贵阳	38.31822
10	昆明	48.13988	29	福州	38.2132
11	大连	47.63355	30	乌鲁木齐	37.85588
12	杭州	47.29795	31	海口	37.59201
13	宁波	45.46216	32	哈尔滨	37.58648
14	济南	43.66712	33	兰州	35.87065
15	青岛	42.84814	34	西宁	35.79048
16	郑州	42.68348	35	呼和浩特	35.77373
17	佛山	42.54301	36	太原	34.96393
18	石家庄	42.52358	37	拉萨	33.24249
19	西安	42.39608	38	银川	31.64448

二　绿色发展指数统计分析

（一）功能指数统计分析

1. 描述性分析

结合科学性、系统性、客观性和实际可操作性等原则，最终确定的交通设施实际评价体系包含：城市道路网密度、公交线网密度、每万人拥有的公交车数量、地铁线网密度、每万人拥有的民用汽车数量、每万人拥有的出租车数量。具体数据见表17。

表17　38个城市绿色交通设施比较

单位：km/km²，辆

序号	城市	城市道路网密度	公交线网密度	每万人拥有的公交车数量	地铁线网密度	每万人拥有的民用汽车数量	每万人拥有的出租车数量
1	北京	10.08	13.96	10.45	0.42	0.40	31.44
2	天津	16.34	20.05	8.13	0.19	0.26	20.45
3	石家庄	19.30	15.46	4.53	0.11	0.25	7.19
4	太原	14.42	8.82	6.15	0.00	0.34	20.11
5	呼和浩特	10.50	2.45	6.91	0.00	0.27	21.32
6	沈阳	13.18	9.20	6.57	0.12	0.22	21.52
7	长春	15.23	25.67	5.77	0.13	0.19	20.45
8	哈尔滨	12.57	12.60	7.70	0.05	0.15	18.91
9	上海	8.15	19.84	6.90	0.48	0.22	19.54
10	南京	19.40	12.78	11.13	0.46	0.33	17.29
11	杭州	13.70	27.40	9.55	0.23	0.36	13.30
12	合肥	15.93	12.59	6.25	0.13	0.20	11.96
13	福州	12.17	12.40	5.79	0.09	0.19	8.38
14	南昌	10.76	10.28	6.37	0.17	0.14	10.15
15	济南	23.06	12.13	7.57	0.00	0.28	12.38
16	郑州	11.22	9.42	6.41	0.21	0.33	11.22
17	武汉	17.94	17.89	8.34	0.41	0.29	16.15
18	长沙	15.07	14.47	9.41	0.22	0.33	10.23
19	广州	9.32	16.84	10.02	0.30	0.28	15.74

续表

序号	城市	城市道路网密度	公交线网密度	每万人拥有的公交车数量	地铁线网密度	每万人拥有的民用汽车数量	每万人拥有的出租车数量
20	南宁	16.12	13.07	4.71	0.18	0.22	9.70
21	海口	11.05	9.60	7.13	0.00	0.46	11.96
22	重庆	13.16	12.41	12.82	0.20	0.10	34.77
23	成都	15.58	19.77	6.78	0.29	0.28	9.67
24	贵阳	8.84	16.78	6.96	0.04	0.28	18.99
25	昆明	14.44	16.82	9.32	0.21	0.41	11.96
26	拉萨	22.39	13.68	9.67	0.00	0.37	30.89
27	西安	15.96	12.78	8.87	0.18	0.30	14.08
28	兰州	7.01	10.54	7.57	0.00	0.25	25.90
29	西宁	8.75	23.44	10.51	0.00	0.20	24.32
30	银川	14.85	3.85	8.30	0.00	0.39	24.49
31	乌鲁木齐	7.67	12.09	13.30	0.00	0.35	35.15
32	深圳	13.24	23.53	28.00	0.32	0.83	14.99
33	青岛	14.23	15.77	7.84	0.08	0.28	10.92
34	厦门	13.03	17.16	12.02	0.09	1.04	14.61
35	大连	11.96	15.49	9.15	0.39	0.39	19.64
36	宁波	12.28	17.93	6.49	0.23	0.30	5.88
37	苏州	32.98	28.37	5.01	0.26	0.48	5.31
38	佛山	25.04	31.09	9.10	0.06	0.57	5.38
最大值	—	32.98	31.09	28.00	0.48	1.04	35.15
最小值	—	7.01	2.45	4.53	0.00	0.10	5.31

现如今人们在日常生活的方方面面都面临决策，同时也意识到科学合理的评价对做出决策至关重要。随着评价对象的复杂性日益增加，人们逐渐发现单一指标很难完整反映评价对象的自身情况，只有采用多个维度的指标才能对其整体进行有效把握，由此产生了多指标综合评价方法。综合评价法也就是通过分解评价对象的自身特征，将其特征划分为多个方面并选用合适的指标分别进行反映，最后将所有指标携带的信息经过一定方式整合成一个概念性的综合指标，通过这个指标便可以直观地对评价对象做出判断。采用这种方法的优点在于能够对评价对象进行全面把握，评价结果更加科学有

效；缺点也是不言而喻的，由于不同指标间的量纲大多不同，故当各指标间的原始数值相差较大时，直接用原始指标值进行分析就会突出数值较高的指标在综合分析中的作用，数值水平较低指标的作用就被相对削弱，对评价结果的可靠性带来不良影响，因此，需要对原始指标数据进行标准化处理。

为了便于比较，使用 min-max 标准化（min-max Normalization）方法，并对该方法进行变形，将数据全部变成 0 ~ 100，公式如下：

$$\frac{X\text{-min}(x)}{\max(x)\text{-min}(x)} \times 100 \qquad (17)$$

每项指标的总分为 100 分，其中，城市道路网密度、公交线网密度、每万人拥有的公交车数量、地铁线网密度对应的分值越高，表示绿色交通程度越高，即得分与绿色程度成正比；每万人拥有的民用汽车数量和每万人拥有的出租车数量对应的分值越高，绿色程度越低，即得分与绿色程度成反比。转化后数据如表 18 所示。

表 18　38 个城市绿色交通设施指标比较（min-max 标准化处理后结果）

单位：分

序号	城市	城市道路网密度	公交线网密度	每万人拥有的公交车数量	地铁线网密度	每万人拥有的民用汽车数量	每万人拥有的出租车数量
1	北京	11.82	40.19	25.20	87.11	32.38	87.56
2	天津	35.91	61.48	15.34	38.85	17.54	50.73
3	石家庄	47.32	45.46	0.00	22.36	15.89	6.30
4	太原	28.53	22.27	6.92	0.00	26.19	49.58
5	呼和浩特	13.44	0.00	10.14	0.00	18.12	53.67
6	沈阳	23.75	23.59	8.68	24.51	13.51	54.34
7	长春	31.66	81.11	5.27	27.01	9.98	50.75
8	哈尔滨	21.41	35.46	13.51	11.05	5.83	45.58
9	上海	4.40	60.73	10.10	100.00	13.36	47.69
10	南京	47.69	36.09	28.14	95.20	25.18	40.14
11	杭州	25.74	87.12	21.40	48.31	27.67	26.78

续表

序号	城市	城市道路网密度	公交线网密度	每万人拥有的公交车数量	地铁线网密度	每万人拥有的民用汽车数量	每万人拥有的出租车数量
12	合肥	34.36	35.42	7.35	27.60	10.52	22.29
13	福州	19.85	34.75	5.39	19.52	10.05	10.30
14	南昌	14.45	27.37	7.86	35.06	4.73	16.24
15	济南	61.79	33.80	12.97	0.00	18.92	23.69
16	郑州	16.22	24.35	8.01	43.11	24.66	19.82
17	武汉	42.07	53.94	16.22	85.65	20.26	36.32
18	长沙	31.03	41.98	20.78	45.78	24.23	16.49
19	广州	8.87	50.26	23.41	61.31	19.28	34.96
20	南宁	35.08	37.11	0.78	38.21	13.29	14.72
21	海口	15.53	24.99	11.08	0.00	38.76	22.30
22	重庆	23.67	34.78	35.30	40.64	0.00	98.73
23	成都	32.98	60.51	9.57	60.24	19.22	14.60
24	贵阳	7.02	50.03	10.36	9.01	19.04	45.83
25	昆明	28.60	50.18	20.40	43.36	33.34	22.29
26	拉萨	59.22	39.22	21.89	0.00	28.56	85.72
27	西安	34.46	36.09	18.48	37.67	21.15	29.40
28	兰州	0.00	28.26	12.94	0.00	16.07	69.00
29	西宁	6.71	73.30	25.48	0.00	11.16	63.70
30	银川	30.19	4.91	16.07	0.00	30.78	64.29
31	乌鲁木齐	2.55	33.69	37.37	0.00	27.04	100.00
32	深圳	24.00	73.62	100.00	65.85	77.21	32.45
33	青岛	27.78	46.52	14.09	16.46	19.37	18.81
34	厦门	23.19	51.39	31.90	19.60	100.00	31.18
35	大连	19.04	45.55	19.68	81.73	30.64	48.01
36	宁波	20.30	54.06	8.37	48.28	21.85	1.91
37	苏州	100.00	90.52	2.05	54.71	40.97	0.00
38	佛山	69.43	100.00	19.48	11.67	50.17	0.24

为了更加直观地比较 38 个城市的绿色交通设施建设情况，将表 18 绘制成图 1。据此可以对各个城市进行分析。如北京市的地铁线网密度得分为 87.11 分，绿色程度比较高。

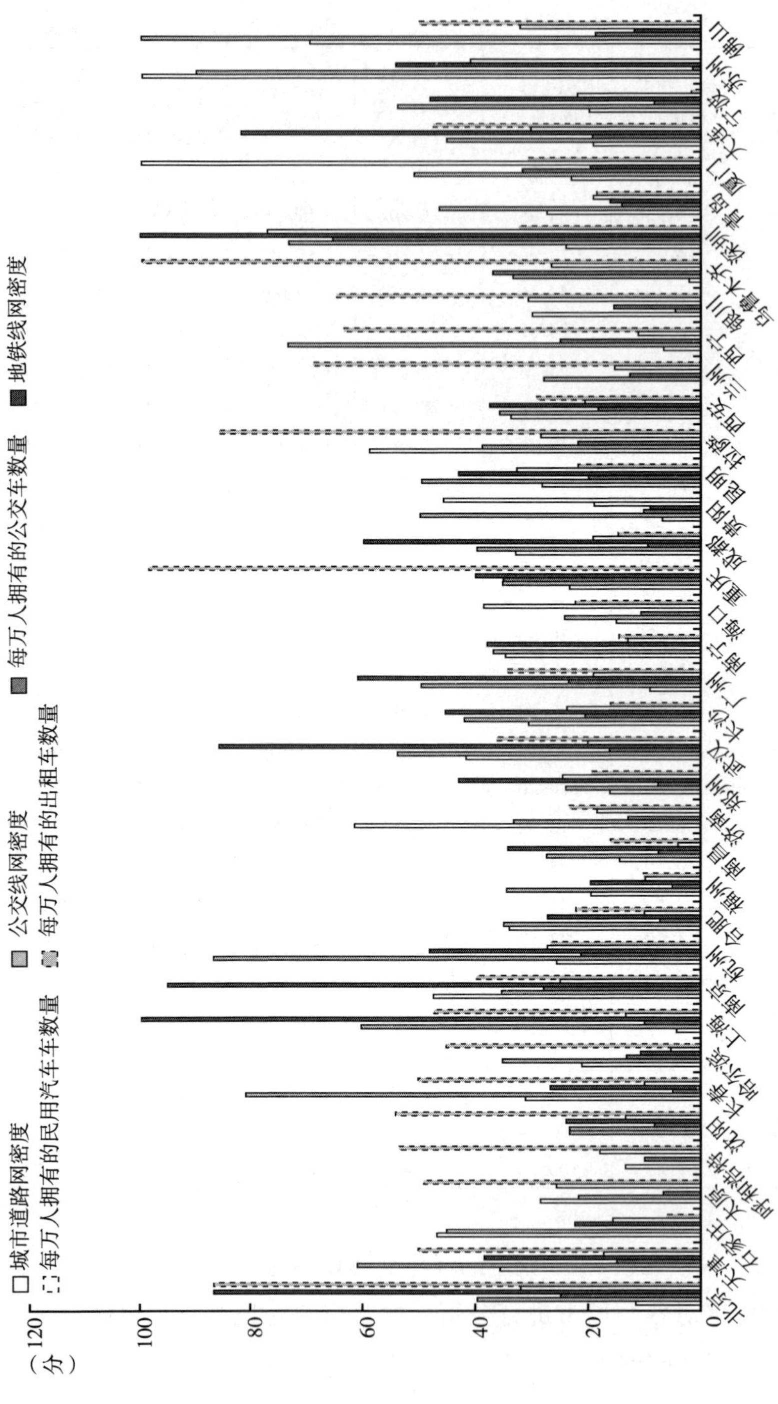

图1　38个城市绿色交通设施指标比较

2. 城市类比分析

（1）城市道路网密度分析

城市道路网密度是指在城市的建成区域内，道路网的总里程与建成区域面积之比。它是衡量城市道路网是否合理的基本参数之一，反映了城市道路交通的整体规模和建设水平，同时也在一定程度上反映了包含各种交通出行方式在内的城市交通出行便利程度。若给定道路总长度不变，城市道路网密度越大，则意味着路间距越窄，这种情况下更适宜发展步行、自行车等出行方式。该指标实际测算时可以用年末实有城市道路面积与建成区面积的比值替换：

$$D_{ur} = \frac{S_{ur}}{S_{bua}} \tag{18}$$

其中，城市道路网密度为 D_{ur}；年末实有城市道路面积为 S_{ur}；建成区面积为 S_{bua}；后缀解释如下：城市道路（Urban Road）、建成区（Built up Area）。

该项指标能在一定程度上反映城市土地的利用状况，与城市道路的前期规划建设息息相关。通过对传统宽马路的设计进行修正，提高城市道路的支路网密度，形成密集型街道网络，进一步形成道路微循环，除了能够有效缩减城市碳排放量之外，也能胜任大城市发展对城市路网结构的基本要求（谢辉，2007）。

①城市排名

表 19 为经计算后的 38 个代表城市的道路网密度数据及排名。苏州市的城市道路网密度最大，为 32.98km/km²；第二名为佛山，为 25.04km/km²；第三名为济南，为23.06km/km²；拉萨、南京、石家庄、武汉、天津、南宁、西安占据第四名至第十名，城市道路网密度分别为 22.39km/km²、19.40km/km²、19.30km/km²、17.94km/km²、16.34km/km²、16.12km/km²、15.96km/km²。广州、贵阳、西宁、上海、乌鲁木齐、兰州的城市道路网密度均不足 10km/km²，列后六名，具体密度为 9.32km/km²、8.84km/km²、8.75km/km²、8.15km/km²、7.67km/km²、7.01km/km²。

表 19　38 个城市的道路网密度数据及排名

单位：km/km^2

排名	城市	数据	排名	城市	数据
1	苏州	32.98	20	深圳	13.24
2	佛山	25.04	21	沈阳	13.18
3	济南	23.06	22	重庆	13.16
4	拉萨	22.39	23	厦门	13.03
5	南京	19.40	24	哈尔滨	12.57
6	石家庄	19.30	25	宁波	12.28
7	武汉	17.94	26	福州	12.17
8	天津	16.34	27	大连	11.96
9	南宁	16.12	28	郑州	11.22
10	西安	15.96	29	海口	11.05
11	合肥	15.93	30	南昌	10.76
12	成都	15.58	31	呼和浩特	10.50
13	长春	15.23	32	北京	10.08
14	长沙	15.07	33	广州	9.32
15	银川	14.85	34	贵阳	8.84
16	昆明	14.44	35	西宁	8.75
17	太原	14.42	36	上海	8.15
18	青岛	14.23	37	乌鲁木齐	7.67
19	杭州	13.70	38	兰州	7.01

②区域比较

表 20 为经计算后的城市道路网密度区域比较。从平均值来看，东部地区的城市道路网密度最高，接着是中部、东北、西部地区；中部地区的城市道路网密度中位数最大，接着是东部、西部、东北地区，但是无论从平均值还是中位数来看，四个地区间的差异并不大。从最大值的角度观察城市道路网密度，会发现地区之间有着非常大的差异，东部地区最大值为 32.98km/km^2，

西部地区最大值为 22. 39km/km^2，中部地区最大值为 17. 94km/km^2，东北地区最大值为 15. 23km/km^2；从最小值角度观察，所选城市中东北地区的最小值为 11. 96km/km^2，中部地区为 10. 76km/km^2，东部地区为 8. 15km/km^2，西部地区为 7. 01km/km^2；东部地区的数据离散程度最大，接着是西部、中部、东北地区，分别为 6. 43km/km^2、4. 62km/km^2、2. 77km/km^2、1. 42km/km^2。

表 20　城市道路网密度区域比较

单位：km/km^2

指标	东北地区	中部地区	西部地区	东部地区
平均值	13. 24	14. 22	12. 65	15. 85
中位数	12. 88	14. 74	13. 16	13. 70
最大值	15. 23	17. 94	22. 39	32. 98
最小值	11. 96	10. 76	7. 01	8. 15
标准差	1. 42	2. 77	4. 62	6. 43

（2）公交线网密度分析

公交线网密度指在城市的建成区域内，公交线网的总里程与城市建成区域面积之比，通常可以用来表示公交线网及公交服务在该城市的覆盖程度，该指标与公交出行的便利程度正相关（张子佳，2015）：

$$D_{bn} = \frac{L_{bn}}{S_{bua}} \tag{19}$$

其中，公交线网密度为 D_{bn}；公交线网总长度为 L_{bn}；建成区面积为 S_{bua}；后缀解释如下：公交线网（Bus Network）。

①城市排名

表 21 为经计算后的 38 个代表城市的公交线网密度及排名。佛山市的公交线网密度在 38 个城市中排名第一，具体数值为 31. 09km/km^2，表示每平方千米的城市土地当中有 31. 09 千米的公交运营线；苏州和杭州紧随其后，列第二名和第三名，具体数值为 28. 37km/km^2 和 27. 40km/km^2。银川和呼和浩特的公交线网密度较低，为 3. 85km/km^2 和 2. 45km/km^2。

表 21　38 个代表城市的公交线网密度及排名

单位：km/km²

排名	城市	数据	排名	城市	数据
1	佛山	31.09	20	北京	13.96
2	苏州	28.37	21	拉萨	13.68
3	杭州	27.40	22	南宁	13.07
4	长春	25.67	23	南京	12.78
5	深圳	23.53	24	西安	12.78
6	西宁	23.44	25	哈尔滨	12.60
7	天津	20.05	26	合肥	12.59
8	上海	19.84	27	重庆	12.41
9	成都	19.77	28	福州	12.40
10	宁波	17.93	29	济南	12.13
11	武汉	17.89	30	乌鲁木齐	12.09
12	厦门	17.16	31	兰州	10.54
13	广州	16.84	32	南昌	10.28
14	昆明	16.82	33	海口	9.60
15	贵阳	16.78	34	郑州	9.42
16	青岛	15.77	35	沈阳	9.20
17	大连	15.49	36	太原	8.82
18	石家庄	15.46	37	银川	3.85
19	长沙	14.47	38	呼和浩特	2.45

②区域比较

表22 为经计算后的公交线网密度区域比较。东部地区的平均公交线网密度最高，接着为东北、西部、中部地区，分别为 18.08km/km²、15.74km/km²、13.15km/km²、12.25km/km²；不仅如此，而且东部地区的公交线网密度中位数、最大值、最小值也均处于四地区首位，数值为 16.84km/km²、31.09km/km²、9.60km/km²。东部、东北、西部、中部地区的中位数分别为 16.84km/km²、14.05km/km²、12.78km/km²、11.44km/km²；东部、东北、西部、中部地区的最大值分别为 31.09km/km²、25.67km/km²、23.44km/km²、17.89km/km²；东部、东北、中部、西部地区的最小值分别为 9.60km/km²、9.20km/km²、8.82km/km²、2.45km/km²。其中东北地区的数据离散程度最大，为 7.10km/km²，接着为东部、西部，分别为 6.24km/km²、6.21km/km²，中部地区的数据离散程度最小，为 3.48km/km²。

表 22　公交线网密度区域比较

单位：km/km^2

指标	东北地区	中部地区	西部地区	东部地区
平均值	15.74	12.25	13.15	18.08
中位数	14.05	11.44	12.78	16.84
最大值	25.672	17.8944	23.443	31.091
最小值	9.202	8.823	2.454	9.601
标准差	7.101	3.484	6.213	6.242

（3）每万人拥有的公交车数量分析

每万人拥有的公交车数量是指在市区范围内，城市公交车总数与城市人口总量之比，表示每万人共同拥有的平均公交车辆标台数，在一定程度上反映了城市交通系统的构成以及公共交通的发展现状，一般可以用来判定“公交优先”政策的落实程度：

$$\bar{Q}_b = \frac{Q_b}{Q_p} \times 10000 \tag{20}$$

其中，每万人拥有的公交车数量为 $\bar{Q}_b$ ；城市公交车辆标台总数为 Q_b ；城市常住人口数量为 Q_p 。

①城市排名

表 23 为经计算后的 38 个代表城市的每万人拥有的公交车数量及排名。深圳市的“每万人拥有的公交车数量”在 38 个城市中排名第一，平均每万人拥有 28 辆公交车，远超第二名乌鲁木齐，是其 2.11 倍；38 个城市中有 8 个城市的“每万人拥有的公交车数量”超过 10 台，分别为深圳、乌鲁木齐、重庆、厦门、南京、西宁、北京、广州，具体数辆为 28.00 辆、13.30 辆、12.82 辆、12.02 辆、11.13 辆、10.51 辆、10.45 辆、10.02 辆；南宁和石家庄两市的“每万人拥有的公交车数量”不超过 5 辆，分别为 4.71 辆、4.53 辆。

表 23　38 个代表城市的每万人拥有的公交车数量及排名

单位：辆

排名	城市	数据	排名	城市	数据
1	深圳	28.00	20	哈尔滨	7.70
2	乌鲁木齐	13.30	21	济南	7.57
3	重庆	12.82	22	兰州	7.57
4	厦门	12.02	23	海口	7.13
5	南京	11.13	24	贵阳	6.96
6	西宁	10.51	25	呼和浩特	6.91
7	北京	10.45	26	上海	6.90
8	广州	10.02	27	成都	6.78
9	拉萨	9.67	28	沈阳	6.57
10	杭州	9.55	29	宁波	6.49
11	长沙	9.41	30	郑州	6.41
12	昆明	9.32	31	南昌	6.37
13	大连	9.15	32	合肥	6.25
14	佛山	9.10	33	太原	6.15
15	西安	8.87	34	福州	5.79
16	武汉	8.34	35	长春	5.77
17	银川	8.30	36	苏州	5.01
18	天津	8.13	37	南宁	4.71
19	青岛	7.84	38	石家庄	4.53

②区域比较

表24 为经计算后的每万人拥有的公交车数量区域比较。从表 24 中可以看出各地区平均值、中位数、最大值、最小值、标准差，除最大值差异非常大之外，其余指标的差异非常小。东部地区城市的每万人拥有的公交车数量最大值可达 28.00 辆，远超西部地区的 13.30 辆，以及中部地区的 9.41 辆和东北地区的 9.15 辆。同样，东部地区的标准差高达 5.37 辆，说明东部地区内部各城市的差异也非常大，而西部地区、中部地区、东北地区的差异则比较缓和。

表 24　每万人拥有的公交车数量区域比较

单位：辆

指标	东北地区	中部地区	西部地区	东部地区
平均值	7.30	7.16	9.18	9.08
中位数	7.13	6.39	8.87	7.84
最大值	9.15	9.41	13.30	28.00
最小值	5.77	6.15	6.78	4.53
标准差	1.47	1.37	2.27	5.37

（4）地铁线网密度分析

与公交车一样，地铁也是绿色低碳出行方式的典型代表。截至 2017 年 1 月，中国已有 31 个城市开通地铁，分别是北京、香港、天津、上海、台北、广州、长春、大连、武汉、深圳、高雄、南京、沈阳、成都、佛山、重庆、西安、苏州、昆明、杭州、哈尔滨、郑州、长沙、宁波、无锡、青岛、南昌、福州、东莞、南宁、合肥。地铁的发展对降低交通拥挤程度、减轻环境污染、促进社会公平有非常重要的作用。地铁线网密度为运营地铁总长度与建成区面积的比值：

$$D_s = \frac{L_s}{S_{bua}} \tag{21}$$

其中，地铁线网密度为 D_s ；运营地铁总长度为 L_s ；建成区面积为 S_{bua} 。

①城市排名

表 25 为经计算后的 38 个代表城市的地铁线网密度及排名。38 个城市中太原、呼和浩特、济南、海口、拉萨、兰州、西宁、银川、乌鲁木齐没有开通地铁。已开通地铁的城市中，上海市的地铁线网密度最大，为 0.48km/km^2；接着为南京、北京、武汉、大连、深圳、广州，地铁线网密度均超过 0.30km/km^2（包括 0.30km/km^2），具体密度为 0.46km/km^2、0.42km/km^2、0.41km/km^2、0.39km/km^2、0.32km/km^2、0.30km/km^2；成都、苏州、杭州、宁波、长沙、昆明、郑州、重庆的地铁线网密度均大于等于 0.20km/km^2，小于 0.30km/km^2，具体为 0.29km/km^2、0.26km/km^2、0.23km/km^2、0.23km/km^2、0.22km/km^2、0.21km/km^2、0.21km/km^2、0.20km/km^2；其余开通地铁的城市有天津、南宁、西安、南昌、合肥、长

春、沈阳、石家庄、厦门、福州、青岛、佛山、哈尔滨、贵阳，地铁线网密度分别为 0.19km/km²、0.18km/km²、0.18km/km²、0.17km/km²、0.13km/km²、0.13km/km²、0.12km/km²、0.11km/km²、0.09km/km²、0.09km/km²、0.08km/km²、0.06km/km²、0.05km/km²、0.04km/km²。

表 25　38 个代表城市的地铁线网密度及排名

单位：km/km²

排名	城市	数据	排名	城市	数据
1	上海	0.48	20	合肥	0.13
2	南京	0.46	21	长春	0.13
3	北京	0.42	22	沈阳	0.12
4	武汉	0.41	23	石家庄	0.11
5	大连	0.39	24	厦门	0.09
6	深圳	0.32	25	福州	0.09
7	广州	0.30	26	青岛	0.08
8	成都	0.29	27	佛山	0.06
9	苏州	0.26	28	哈尔滨	0.05
10	杭州	0.23	29	贵阳	0.04
11	宁波	0.23	30	太原	0.00
12	长沙	0.22	31	呼和浩特	0.00
13	昆明	0.21	32	济南	0.00
14	郑州	0.21	33	海口	0.00
15	重庆	0.20	34	拉萨	0.00
16	天津	0.19	35	兰州	0.00
17	南宁	0.18	36	西宁	0.00
18	西安	0.18	37	银川	0.00
19	南昌	0.17	38	乌鲁木齐	0.00

②区域比较

表 26 为经计算后的地铁线网密度区域比较。相对于其他指标，平均值指标最能反映各地区的差异状况，东部地区的地铁线网密度约为西部地区的 2.625 倍，东部、中部、东北、西部地区的地铁线网密度具体为 0.21km/km²、0.19km/km²、0.17km/km²、0.08km/km²。

表 26　地铁线网密度区域比较

单位：km/km^2

指标	东北地区	中部地区	西部地区	东部地区
平均值	0.17	0.19	0.08	0.21
中位数	0.12	0.19	0.00	0.19
最大值	0.39	0.41	0.29	0.48
最小值	0.05	0.00	0.00	0.00
标准差	0.15	0.13	0.11	0.15

（5）每万人拥有的民用汽车数量分析

与新能源汽车相反，个人机动车辆的使用，尤其是高污染车辆的使用会加剧城市污染，是城市污染的代表性指标。可持续的绿色交通应逐步减少民用汽车数量，并向新能源汽车过渡。政府应该率先行动，将耗油公交车、出租车逐步替换为新能源汽车：

$$\bar{Q}_{cr} = \frac{Q_{cr}}{Q_{p1}} \tag{22}$$

其中，每万人拥有的民用汽车数量为 $\bar{Q}_{cr}$；民用汽车数量为 Q_{cr}；城市户籍人口数量为 Q_{p1}；后缀解释如下：民用汽车（Civil Car）。

①城市排名

表 27 为经计算后的 38 个代表城市的每万人拥有的民用汽车数量及排名。厦门市每万人拥有 1.04 辆民用汽车，排名第一；深圳市每万人拥有 0.83 辆民用汽车，排名第二；佛山市每万人拥有 0.57 辆民用汽车，排名第三。苏州、海口、昆明和北京每万人拥有的民用汽车数量大于等于 0.40 辆，小于 0.50 辆；银川、大连、拉萨、杭州、乌鲁木齐、太原、南京、郑州、长沙、宁波、西安每万人拥有的民用汽车数量大于等于 0.30 辆，小于 0.40 辆；武汉、青岛、广州、成都、贵阳、济南、呼和浩特、天津、兰州、石家庄、沈阳、上海、南宁、西宁、合肥每万人拥有的民用汽车数量大于等于 0.20 辆，小于 0.30 辆；福州、长春、哈尔滨、南昌和重庆每万人拥有的民用汽车数量大于等于 0.10 辆，小于 0.20 辆。

表 27　38 个代表城市的每万人拥有的民用汽车数量及排名

单位：辆

排名	城市	数据	排名	城市	数据
1	厦门	1.04	20	青岛	0.28
2	深圳	0.83	21	广州	0.28
3	佛山	0.57	22	成都	0.28
4	苏州	0.48	23	贵阳	0.28
5	海口	0.46	24	济南	0.28
6	昆明	0.41	25	呼和浩特	0.27
7	北京	0.40	26	天津	0.26
8	银川	0.39	27	兰州	0.25
9	大连	0.39	28	石家庄	0.25
10	拉萨	0.37	29	沈阳	0.22
11	杭州	0.36	30	上海	0.22
12	乌鲁木齐	0.35	31	南宁	0.22
13	太原	0.34	32	西宁	0.20
14	南京	0.33	33	合肥	0.20
15	郑州	0.33	34	福州	0.19
16	长沙	0.33	35	长春	0.19
17	宁波	0.30	36	哈尔滨	0.15
18	西安	0.30	37	南昌	0.14
19	武汉	0.29	38	重庆	0.10

②区域比较

表 28 为经计算后的每万人拥有的民用汽车数量区域比较。从表 28 中可以看出各地区在平均值、中位数、最大值、最小值和标准差上的差异，该指标的差异和地区经济发展状况联系密切。

表 28　每万人拥有的民用汽车数量区域比较

单位：辆

指标	东北地区	中部地区	西部地区	东部地区
平均值	0.24	0.27	0.29	0.40
中位数	0.21	0.31	0.28	0.30
最大值	0.39	0.34	0.41	1.04
最小值	0.15	0.14	0.10	0.19
标准差	0.10	0.08	0.09	0.23

（6）每万人拥有的出租车数量分析

除步行、自行车、公交车、地铁、私家车等出行方式之外，出租车也是市民选择的主要出行方式。在公交、地铁不成网导致出行麻烦，或者私家车难以停车等情况下，市民会选择把出租车作为主要出行方式，出租车的数量可以从反面表示城市的绿色交通程度：

$$\bar{Q}_t = \frac{Q_t}{Q_p} \times 10000 \tag{23}$$

其中，每万人拥有的出租车数量为 $\bar{Q}_t$；出租车数量为 Q_t；城市常住人口数量为 Q_p；后缀解释如下：出租车（Taxi）。

①城市排名

表 29 为经计算后的 38 个代表城市的每万人拥有的出租车数量及排名。乌鲁木齐、重庆、北京和拉萨四市每万人拥有的出租车数量均超过 30 辆，具体为 35.15 辆、34.77 辆、31.44 辆、30.89 辆；兰州、银川、西宁、沈阳、呼和浩特、长春、天津、太原每万人拥有的出租车数量均超过 20 辆小于 30 辆，具体为 25.90 辆、24.49 辆、24.32 辆、21.52 辆、21.32 辆、20.45 辆、20.45 辆、20.11 辆；大连、上海、贵阳、哈尔滨、南京、武汉、广州、深圳、厦门、西安、杭州、济南、海口、合肥、昆明、郑州、青岛、长沙、南昌每万人拥有的出租车数量均超过 10 辆小于 20 辆，具体为 19.64 辆、19.54 辆、18.99 辆、18.91 辆、17.29 辆、16.15 辆、15.74 辆、14.99 辆、14.61 辆、14.08 辆、13.30 辆、12.38 辆、11.96 辆、11.96 辆、11.96 辆、11.22 辆、10.92 辆、10.23 辆、10.15 辆；南宁、成都、福州、石家庄、宁波、佛山和苏州 7 市每万人拥有的出租车数量均小于 10 辆，具体为 9.70 辆、9.67 辆、8.38 辆、7.19 辆、5.88 辆、5.38 辆、5.31 辆。

②区域比较

表 30 为经计算后的每万人拥有的出租车数量区域比较。由于公交车、地铁等公共交通发展缓慢，为了满足人民出行的需求，西部地区每万人拥有的出租车数量平均排名在各地区中列第一，为 22.87 辆，东北地区紧随其后，

表 29　38 个代表城市的每万人拥有的出租车数量及排名

单位：辆

排名	城市	数据	排名	城市	数据
1	乌鲁木齐	35. 15	20	深圳	14. 99
2	重庆	34. 77	21	厦门	14. 61
3	北京	31. 44	22	西安	14. 08
4	拉萨	30. 89	23	杭州	13. 30
5	兰州	25. 90	24	济南	12. 38
6	银川	24. 49	25	海口	11. 96
7	西宁	24. 32	26	合肥	11. 96
8	沈阳	21. 52	27	昆明	11. 96
9	呼和浩特	21. 32	28	郑州	11. 22
10	长春	20. 45	29	青岛	10. 92
11	天津	20. 45	30	长沙	10. 23
12	太原	20. 11	31	南昌	10. 15
13	大连	19. 64	32	南宁	9. 70
14	上海	19. 54	33	成都	9. 67
15	贵阳	18. 99	34	福州	8. 38
16	哈尔滨	18. 91	35	石家庄	7. 19
17	南京	17. 29	36	宁波	5. 88
18	武汉	16. 15	37	佛山	5. 38
19	广州	15. 74	38	苏州	5. 31

为 20. 13 辆，中部和东部地区列第三、四名，分别为 13. 30 辆和 13. 20 辆。各地区每万人拥有的出租车数量的中位数、最大值、最小值、标准差指标的排名状况和具体差异也可以从表 30 中直观看到。

表 30　每万人拥有的出租车数量区域比较

单位：辆

指标	东北地区	中部地区	西部地区	东部地区
平均值	20. 13	13. 30	22. 87	13. 20
中位数	20. 05	11. 59	24. 32	12. 38
最大值	21. 52	20. 11	35. 15	31. 44
最小值	18. 91	10. 15	9. 67	5. 31
标准差	1. 12	4. 00	8. 71	6. 66

（二）经济指数统计分析

1. 描述性分析

由表31可以看出，样本城市中对城市轨道交通与道路桥梁固定资产投资最多的为708.7940亿元，最少的仅有2.3184亿元。该项投资的中位数和平均值分别为176.87亿元和206.04亿元，由此可以看出，大部分城市的投资在平均值以下，投资较高的城市较少；样本城市中绿色交通节约乘客出行时间的效益最多达到了8052.905亿元，最少的为0.016亿元，差距很大。该效益的中位数和平均值分别为9.24亿元和456.73亿元，可以看出节约乘客出行时间的效益过高的城市并不多，标准差为1504.93亿元，也可以看出不同城市间的效益波动较大；节约能源的效益最多达到了4.51521E+17KJ，最少的为3.34643E+10KJ，中位数和平均值分别为5.79627E+14KJ和2.96954E+16KJ，标准差为9.56346E+16KJ，效益值波动较大；绿色交通带动沿线土地升值的效益十分明显，由于测算每个城市的房价变动时所选择的样本数量难以全面覆盖，故此处的测算结果仅代表大致的影响程度。样本城市中带动沿线土地升值的效益最高达到了177.98%，但也并不完全是正面影响，最低的为-137.04%，中位数和平均值分别为46.1%和49.47%，标准差为55.67%。

表31　经济指数各指标描述性统计

指标	最大值	最小值	中位数	平均值	标准差
城市轨道交通与道路桥梁固定资产投资（亿元）	708.7940	2.3184	176.87	206.04	163.56
节约乘客出行时间的效益（亿元）	8052.905	0.016	9.24	456.73	1504.93
节约能源的效益（KJ）	4.51521E+17	3.34643E+10	5.79627E+14	2.96954E+16	9.56346E+16
带动沿线土地升值的效益（%）	177.98	-137.04	46.1	49.47	55.67

2. 城市类比分析

(1) 城市轨道交通与道路桥梁固定资产投资指标

①城市排名

由表32中各城市的排名和具体数值可以看出，有14个城市的轨道交通与道路桥梁固定资产投资额在平均值以上，24个城市的投资额在平均值以下。投资额超过300亿元的依次为武汉、重庆、成都、北京、上海五个城市，武汉市的投资额达到了最高的708.7940亿元。投资额在100亿元以下的城市有济南、沈阳、呼和浩特、海口、哈尔滨、西宁、大连、拉萨、佛山、银川10个城市，其中较低的三个城市仅有10.9897亿元、3.9532亿元和2.3184亿元。

表32　城市轨道交通与道路桥梁固定资产投资城市排名

单位：亿元

排名	城市	数据	排名	城市	数据
1	武汉	708.7940	20	苏州	169.2455
2	重庆	610.3447	21	合肥	163.6153
3	成都	524.3739	22	贵阳	162.2549
4	北京	522.3689	23	福州	143.0257
5	上海	431.0860	24	乌鲁木齐	130.0433
6	南京	286.2235	25	长沙	117.3083
7	杭州	281.1430	26	南昌	113.5886
8	郑州	269.8107	27	石家庄	109.0628
9	南宁	260.9550	28	长春	100.2036
10	深圳	256.7818	29	济南	97.6673
11	太原	252.2721	30	沈阳	89.6634
12	广州	250.8917	31	呼和浩特	86.1209
13	天津	245.9973	32	海口	83.8559
14	青岛	211.5740	33	哈尔滨	67.0029
15	厦门	198.2526	34	西宁	64.2000
16	西安	193.0356	35	大连	42.8696
17	宁波	192.8948	36	拉萨	10.9897
18	兰州	191.1818	37	佛山	3.9532
19	昆明	184.4926	38	银川	2.3184

②区域比较

从表 33 可以看出，东北地区各城市的轨道交通与道路桥梁固定资产投资在平均值、中位数和最大值方面，与国内其他区域相比都有较大差距，依次为 74.93 亿元、78.33 亿元和 100.2036 亿元；投资额的最小值处于中等偏上的水平，达到了 42.8696 亿元；标准差仅为 25.47 亿元，远小于其他地区的标准差，表明东北地区各城市在该方面投资较为均衡，各城市间投资额相差不大。中部地区各城市投资额的平均值（为 270.90 亿元）、最大值（为 708.7940 亿元）和最小值（为 113.5886 亿元）均领先于其他地区；但同时中部地区投资额的标准差也是最大的，达到了 224.48 亿元，表明中部地区不同城市间的投资额差异最大，中位数为 207.94 亿元，略低于东部地区的中位数。东部地区的平均值和中位数在四大地区居第二位、第一位，分别为 220.29 亿元和 211.57 亿元；最大值、最小值和标准差均居第三位，依次为 522.3689 亿元、3.9532 亿元和 125.26 亿元。西部地区的平均值和中位数分别为 196.31 亿元和 162.25 亿元，在各区域间排名第三，最大值与标准差处于中等偏上水平，分别为 610.3447 亿元和 196.56 亿元，各城市的投资额差异较大，最小值仅为 2.3184 亿元，为各地区的最低值。

表 33　城市轨道交通与道路桥梁固定资产投资区域比较

单位：亿元

指标	平均值	中位数	最大值	最小值	标准差
东北地区	74.93	78.33	100.2036	42.8696	25.47
中部地区	270.90	207.94	708.7940	113.5886	224.48
东部地区	220.29	211.57	522.3689	3.9532	125.26
西部地区	196.31	162.25	610.3447	2.3184	196.56

（2）节约乘客出行时间的效益指标

①城市排名

由表 34 可以看出，仅有 5 个城市在节约乘客出行时间的效益方面在平均值以上，33 个城市均低于平均值。北京、上海、广州、深圳四个城市的节约乘客出行时间的效益在千亿元以上，遥遥领先于其他城市，其中，北京市的该项效益达到了 8052.905 亿元的最大值。与此相比，除去部分未开通地铁的城市，仍有 11 个城市的该项效益处于 10 亿元以下的水平。其中，合肥市与福州市由于 2016 年才开始部分线路的试运行，故效益值相对较小。

表 34　节约乘客出行时间的效益城市排名

单位：亿元

排名	城市	数据	排名	城市	数据
1	北京	8052.905	20	长春	6.976
2	上海	4622.055	21	佛山	5.571
3	广州	1995.577	22	石家庄	3.852
4	深圳	1009.741	23	南昌	3.258
5	南京	506.4951	24	哈尔滨	1.985
6	重庆	429.561	25	青岛	0.451
7	武汉	167.040	26	南宁	0.337
8	成都	123.751	27	贵阳	0.334
9	济南	104.699	28	厦门	0.250
10	天津	75.926	29	兰州	0.230
11	大连	65.873	30	呼和浩特	0.115
12	西安	43.324	31	太原	0.112
13	杭州	41.864	32	西宁	0.105
14	长沙	24.460	33	银川	0.071
15	沈阳	18.857	34	海口	0.057
16	宁波	13.641	35	拉萨	0.048
17	苏州	12.376	36	乌鲁木齐	0.046
18	郑州	12.198	37	合肥	0.029
19	昆明	11.511	38	福州	0.016

②区域比较

从表 35 可以看出，在节约乘客出行时间的效益方面，东北地区的平均值和最大值均低于其他三个地区，分别为 23. 42 亿元和 65. 873 亿元；中位数在四大地区处于第二位，达到了 12. 92 亿元；其最小值在各地区间处于领先水平，达到了 1. 985 亿元；标准差为 29. 17 亿元，与其他地区相比更小，表明东北地区各城市间的该项效益最为均衡。中部地区的平均值、中位数、最大值与最小值均处于中等偏下的水平，在四大地区间均处于第三位，分别为 34. 52 亿元、7. 73 亿元、167. 040 亿元和 0. 029 亿元；其标准差略高于东北地区但低于东部和西部地区，整体相对稳定。东部地区的平均值为 967. 40 亿元，最大值为 8052. 905 亿元，远超其他地区的同期水平；中位数为 13. 64 亿元，略高于其他三个地区；最小值仅有 0. 016 亿元，在四大地区间处于最低水平；标准差达到了 2173. 42 亿元，远远大于其他地区的标准差，表明该效益在东部地区各城市间差异很大。西部地区的平均值、最大值与最小值在各地区间均处于第二位，分别为 55. 37 亿元、429. 561 亿元和 0. 048 亿元；中位数在各地区间最低，仅有 0. 23 亿元；标准差高于东北地区和中部地区，远低于东部地区，达到了 129. 66 亿元。

表 35　节约乘客出行时间的效益指标区域比较

单位：亿元

指标	平均值	中位数	最大值	最小值	标准差
东北地区	23. 42	12. 92	65. 873	1. 985	29. 17
中部地区	34. 52	7. 73	167. 040	0. 029	65. 59
东部地区	967. 40	13. 64	8052. 905	0. 016	2173. 42
西部地区	55. 37	0. 23	429. 561	0. 048	129. 66

（3）节约能源的效益指标

①城市排名

由表 36 的数据可得，各城市节约能源的效益差距较大，仅有 4 个城市节约能源的效益在平均值以上，分别为北京市的4.51521E+17KJ、上海市的3.80934E+17KJ、广州市的1.34147E+17KJ和深圳市的5.48601 E+16KJ。其余34个城市的效益都在平均值以下。除了北上广深四个城市之外，南京、武汉、重庆和成都的效益也相对较高，接近平均值水平。除去部分未开通地铁的城市，青岛、南宁、福州、合肥在节约能源的效益方面表现欠佳，分别为1.56292E+13KJ、3.58954E+12KJ、2.94621 E+11KJ、3.34643E+10KJ。

表36　节约能源的效益城市排名

单位：KJ

排名	城市	数据	排名	城市	数据
1	北京	4.51521E+17	20	昆明	5.34498E+14
2	上海	3.80934E+17	21	南昌	3.36937E+14
3	广州	1.34147E+17	22	佛山	2.85047E+14
4	深圳	5.48601E+16	23	长春	1.79052E+14
5	南京	2.71087E+16	24	哈尔滨	1.5117E+14
6	武汉	2.25066E+16	25	青岛	1.56292E+13
7	重庆	2.17792E+16	26	南宁	3.58954E+12
8	成都	1.18889E+16	27	贵阳	3.58954E+12
9	天津	4.73359E+15	28	厦门	3.58954E+12
10	西安	4.39239E+15	29	太原	3.58954E+12
11	沈阳	2.74542E+15	30	呼和浩特	2.87163E+12
12	济南	2.6368E+15	31	乌鲁木齐	2.51268E+12
13	杭州	1.38371E+15	32	兰州	2.15372E+12
14	苏州	1.36272E+15	33	银川	1.43581E+12
15	大连	1.16183E+15	34	西宁	1.07686E+12
16	长沙	1.05477E+15	35	海口	1.07686E+12
17	石家庄	1.04683E+15	36	拉萨	3.58954E+11
18	宁波	1.00874E+15	37	福州	2.94621E+11
19	郑州	6.24757E+14	38	合肥	3.34643E+10

②区域比较

从表 37 可以看出，在节约能源的效益方面，东北地区的平均值和最大值均低于其他三个地区，分别为 1.05937E + 15KJ 和 2.74542E + 15KJ；中位数在各地区间排在第二位，达到了 6.70441E + 14KJ，最小值为 1.5117E + 14KJ，远高于其他地区；标准差仍是各地区间的最小值，表明东北地区各城市的该项效益差异较小。中部地区的平均值、最大值均排在四个地区的第二位，分别为 4.08779E + 15KJ 和 2.25066E + 16KJ，中位数为 4.80847E + 14KJ，排在第三位；最小值远低于其他三个地区，达到了 3.34643E + 10KJ；标准差相对较高，但低于东部地区的标准差，达到了 9.03222E + 15KJ。东部地区的平均值、中位数和最大值都远远超过其他地区，依次为 6.24149E + 16KJ、1.36272E + 15KJ 和 4.51521E + 17KJ；最小值方面略低于西部地区，为 2.94621E + 11KJ；标准差仍旧远大于其他地区，达到了 1.37961E + 17KJ。西部地区的平均值为3.50991E + 15KJ，最大值为 2.17792E + 16KJ，均排在四大地区的第三位；中位数远低于其他三个地区，为 2.87163E + 12KJ；最小值为 3.58954E + 11KJ，仅次于东北地区；标准差较其他地区而言相对较低，为 7.06927E + 15KJ。

表 37　节约能源的效益指标区域比较

单位：KJ

指标	平均值	中位数	最大值	最小值	标准差
东北地区	1.05937E + 15	6.70441E + 14	2.74542E + 15	1.5117E + 14	1.21834E + 15
中部地区	4.08779E + 15	4.80847E + 14	2.25066E + 16	3.34643E + 10	9.03222E + 15
东部地区	6.24149E + 16	1.36272E + 15	4.51521E + 17	2.94621E + 11	1.37961E + 17
西部地区	3.50991E + 15	2.87163E + 12	2.17792E + 16	3.58954E + 11	7.06927E + 15

（4）带动沿线土地升值的效益指标

①城市排名

由表 38 的数据可得，有 17 个城市的效益在平均值以上，21 个城市的效益在平均值以下；较高的 5 个城市依次为长沙、广州、南昌、沈阳、昆明，依次为177.98%、155.92%、155.32%、111.34%和109.91%，长沙市的效益领先全国；呈现负增长的城市分别为济南、大连和重庆，分别达到了-21.00%、-53.86%和-137.04%，重庆市的跌幅全国最高。

表38　带动沿线土地升值的效益城市排名

单位：%

排名	城市	数据	排名	城市	数据
1	长沙	177.98	20	兰州	46.00
2	广州	155.92	21	长春	45.65
3	南昌	155.32	22	郑州	43.07
4	沈阳	111.34	23	福州	41.88
5	昆明	109.91	24	成都	39.86
6	青岛	89.27	25	宁波	35.61
7	杭州	81.72	26	南京	31.77
8	石家庄	81.02	27	银川	30.00
9	贵阳	76.00	28	深圳	29.37
10	厦门	76.00	29	西宁	23.00
11	南宁	75.73	30	海口	23.00
12	太原	75.73	31	武汉	15.64
13	上海	70.99	32	西安	11.59
14	呼和浩特	61.00	33	天津	10.08
15	苏州	55.62	34	拉萨	8.00
16	乌鲁木齐	53.00	35	合肥	6.32
17	哈尔滨	50.69	36	济南	-21.00
18	北京	47.39	37	大连	-53.86
19	佛山	46.19	38	重庆	-137.04

②区域比较

从表39可以看出，在带动沿线土地升值的效益方面，东北地区的平均值、最大值和最小值均处于中等偏下水平，略高于西部地区，分别为38.46%、111.34%和-53.86%；中位数在四大地区间处于第二位，达到了 48.17%；标准差为 68.40%，与其他地区比较相对较高，仅低于中部地区，表明地区内城市的房价涨幅差异较大。中部地区的平均值、中位数、最大值与最小值均领先于其他三个地区的同期水平，分别为 79.01%、59.40%、177.98%和 6.32%；其标准差也高于其他地区，达到了 72.41%，表明中部地区各城市的房价变化幅度最大。东部地区的平均值为 54.74%，最大值为 155.92%，最小值为 -21.00%，这三个指标均排在各地区间的第二位；中位数为 47.39%，仅高于西部地区；标准差低于其他三个地区，为 39.19%，表明东部地区各城市房价变化的差异较小。西部地区的平均值、中位数、最大值、最小值均低于其他地区，依次为 29.21%、39.86%，109.91%和 -137.04%；标准差为 62.54%，略低于东北地区和中部地区，高于东部地区。

表 39　带动沿线土地升值的效益指标区域比较

单位：%

指标	平均值	中位数	最大值	最小值	标准差
东北地区	38.46	48.17	111.34	-53.86	68.40
中部地区	79.01	59.40	177.98	6.32	72.41
东部地区	54.74	47.39	155.92	-21.00	39.19
西部地区	29.21	39.86	109.91	-137.04	62.54

（三）社会指数统计分析

1. 描述性分析

表 40 为社会指数各指标的描述性统计，包括最大值、最小值、中位数、平均值、标准差与样本数量。其中，公交客运量平均值为 106381 万人次，受人口规模与出行习惯的影响，各城市差距较大。由问卷调查数据可得，绿色出行倾向程度平均值为 0.5105%，即城市居民在日常出行中对环境保护、污染排放方面的考虑较少。居民公共交通满意度平均值为 0.6159%，整体而言，各城市公共交通服务尚可，满意度有待进一步提升。拥堵延时度平均

值为1.9612，交通拥堵现象依旧困扰城市交通运行。万车交通事故起数平均值为1300.05起，各城市差值较大。交通与经济社会协调度平均值仅为0.2919，且最大值、最小值差距大，表明仍存在诸多城市交通未能与经济社会发展相协调的现象。公共交通路网密度/全市人口为相对指标，仅适用于城市之间横向比较，其平均值为0.0399。

表40　社会指数各指标的描述性统计

指标	最大值	最小值	中位数	平均值	标准差	样本数量
公交客运量（万人次）	369019	1991.33	86450	106381	78452	38
拥堵延时度	2.173	1.5	1.9705	1.9612	0.1328	38
绿色出行倾向程度（%）	0.6655	0.4103	0.5054	0.5105	0.0486	2556
居民公共交通满意度（%）	0.7375	0.395	0.6287	0.6159	0.0651	2556
万车交通事故起数（起）	4707	5	839.91	1300.05	1051.72	38
交通与经济社会发展协调度	0.9298	0.0328	0.2545	0.2919	0.1796	38
公共交通路网密度/全市人口	0.2533	0.0037	0.0205	0.0399	0.0538	38

2. 城市类比分析

（1）公交客运量指标

①城市排名

表41为2016年公交客运量指标城市排名，北京位列第一，公交客运量达369019万人次，接着为重庆市，达271461万人次，一线城市深圳、广州、上海位居其后，分别为264552万人次、248565万人次、239100万人次。位于西部地区的呼和浩特、西宁、银川、拉萨与东部地区的海口处于后五名，受人口限制，拉萨与海口公交客运量仅为8208万人次与1991.33万人次。

表 41　公交客运量指标城市排名

单位：万人次

排名	城市	数据	排名	城市	数据
1	北京	369019	20	乌鲁木齐	85900
2	重庆	271461	21	长春	78110
3	深圳	264552	22	兰州	73000
4	广州	248565	23	青岛	72500
5	上海	239100	24	合肥	67031
6	天津	173100	25	佛山	64084
7	武汉	147387.8	26	苏州	62415
8	西安	147089	27	宁波	62269
9	杭州	141441	28	贵阳	61994
10	成都	137850	29	石家庄	61072
11	哈尔滨	134330	30	南昌	58800
12	长沙	112719	31	福州	55845
13	沈阳	104971	32	南宁	43708.41
14	南京	94447	33	太原	43500
15	郑州	91039	34	呼和浩特	40366
16	厦门	90700	35	西宁	40011.3
17	济南	87600	36	银川	32000
18	昆明	87308	37	拉萨	8208
19	大连	87000	38	海口	1991.33

②区域比较

如表 42 所示，经比较东部、中部、西部及东北地区的公交客运量指标，东部地区的公交客运量最高，平均值为 125435.8082 万人次，接着为东北地区，西部、中部地区公交客运量相对较少，中部地区平均值为 86746.1333 万人次。相对而言，东部地区城市之间差距较大，东北与中部地区城市之间差距较小。

表 42　公交客运量指标区域比较

单位：万人次

指标	平均值	中位数	最大值	最小值	标准差
东北地区	101102.75	95985.5	134330	78110	21485.8536
中部地区	86746.1333	79035	147387.8	43500	35143.3520
东部地区	125435.8082	87600	369019	1991.33	96504.8929
西部地区	89562.4818	73000	271461	8208	70445.6551

（2）拥堵延时度

①城市排名

如表 43 所示，取自高德地图年度交通报告，济南拥堵延时情况最为严重，据计算，延时度达到 2.173，这与“高快一体”、“海绵城市建设”、新建地铁等城市大面积修路施工有关，这些利民项目可能在短期内会给出行带来不便，竣工后济南拥堵情况可能得到较大改善。哈尔滨、北京、重庆分别居第 2、第 3、第 4 位，延时度均超过 2，排名靠后的苏州、太原、宁波、银川、乌鲁木齐、拉萨的城市交通通畅程度相对较好，拥堵延时度为 1.5～1.7。其余城市集中于 1.7～2。

表 43　拥堵延时度城市排名

排名	城市	数据	排名	城市	数据
1	济南	2.173	13	合肥	1.854
2	哈尔滨	2.116	14	郑州	1.848
3	北京	2.061	15	长沙	1.843
4	重庆	2.022	16	西安	1.839
5	贵阳	1.911	17	海口	1.832
6	呼和浩特	1.892	18	沈阳	1.824
7	深圳	1.892	19	武汉	1.817
8	昆明	1.891	20	兰州	1.812
9	杭州	1.887	21	青岛	1.808
10	大连	1.88	22	佛山	1.806
11	广州	1.859	23	南宁	1.803
12	上海	1.858	24	西宁	1.8

续表

排名	城市	数据	排名	城市	数据
25	成都	1.791	32	厦门	1.718
26	长春	1.788	33	苏州	1.7
27	石家庄	1.78	34	太原	1.678
28	南京	1.771	35	宁波	1.642
29	南昌	1.763	36	银川	1.533
30	福州	1.742	37	乌鲁木齐	1.533
31	天津	1.739	38	拉萨	1.5

②区域比较

表44为我国四大地区拥堵延时度比较，东北地区平均值最大，达到1.96125，接着为东部地区，为1.8277；中部地区、西部地区经济活动频次相对较低，拥堵延时度相对较小，平均值分别为1.8005、1.7749。

表44 拥堵延时度区域比较

指标	平均值	中位数	最大值	最小值	标准差
东北地区	1.96125	1.9705	2.116	1.788	0.1328
中部地区	1.8005	1.83	1.854	1.678	0.0627
东部地区	1.8277	1.806	2.173	1.642	0.1256
西部地区	1.7749	1.812	2.022	1.5	0.1667

（3）绿色出行倾向程度

①城市排名

表45为绿色出行倾向程度城市排名，呼和浩特、拉萨、哈尔滨、佛山、武汉位居前五，其中，呼和浩特为0.6655%；排名靠后的五个城市为西安、厦门、大连、贵阳、西宁，西宁为0.4103%。排第11～20名的绿色出行倾向程度为0.5048%～0.5396%，排第21～33名的绿色出行倾向程度为0.4750%～0.5036%。

表 45　绿色出行倾向程度城市排名

单位：%

排名	城市	数据	排名	城市	数据
1	呼和浩特	0.6655	20	宁波	0.5048
2	拉萨	0.63125	21	南昌	0.5036
3	哈尔滨	0.5728	22	合肥	0.4894
4	佛山	0.5536	23	成都	0.4888
5	武汉	0.5520	24	海口	0.4875
6	济南	0.5515	25	青岛	0.4863
7	兰州	0.5496	26	天津	0.4856
8	重庆	0.5470	27	上海	0.4824
9	沈阳	0.5441	28	广州	0.4809
10	石家庄	0.5438	29	福州	0.4796
11	南京	0.5396	30	长沙	0.4781
12	太原	0.5311	31	杭州	0.4780
13	长春	0.5273	32	北京	0.4757
14	南宁	0.5269	33	乌鲁木齐	0.4750
15	银川	0.5156	34	西安	0.4658
16	昆明	0.5114	35	厦门	0.4614
17	深圳	0.5110	36	大连	0.4439
18	苏州	0.5083	37	贵阳	0.4321
19	郑州	0.5061	38	西宁	0.4103

②区域比较

比较我国四大经济区域，东北地区绿色出行倾向程度指标平均值最大，为0.5220%，接着为西部地区，其平均值为0.5175%；中部地区，为0.5100%；东部地区居民绿色出行意识最为淡薄，其平均值为0.5033%（见表46）。

表 46　绿色出行倾向程度区域比较

单位：%

指标	平均值	中位数	最大值	最小值	标准差
东北地区	0.5220	0.5357	0.5728	0.4439	0.0479
中部地区	0.5100	0.5048	0.5520	0.4781	0.0249
东部地区	0.5033	0.4875	0.5536	0.4614	0.0287
西部地区	0.5175	0.5114	0.6655	0.4103	0.0744

（4）居民公共交通满意度

①城市排名

表47为居民公共交通满意度指标城市排名，深圳市位于首位，满意度为0.7375%；排名第二的是海口市，为0.6835%；排名第三为西宁市，满意度为0.6825%。长沙与宁波分别为0.68%、0.6775%。整体而言，多数城市居民公共交通满意度大于0.6%，达到基本满意程度。青岛、银川、郑州、昆明、乌鲁木齐、济南、北京、兰州、呼和浩特均低于0.6%，以西部地区城市居多，呼和浩特市仅为0.395%，兰州为0.4475%，一线城市北京为0.5%，在全国范围内满意度水平较低。排第11~23名的居民公共交通满意度为0.6225%~0.655%，排第24~30名为0.585%~0.62%。

表47　居民公共交通满意度指标城市排名

单位：%

排名	城市	数值	排名	城市	数值
1	深圳	0.7375	20	合肥	0.6275
2	海口	0.6835	21	广州	0.6275
3	西宁	0.6825	22	太原	0.6225
4	长沙	0.68	23	佛山	0.6225
5	宁波	0.6775	24	南昌	0.62
6	重庆	0.675	25	天津	0.6125
7	厦门	0.6725	26	拉萨	0.6125
8	上海	0.66	27	沈阳	0.61
9	苏州	0.66	28	石家庄	0.605
10	南京	0.6575	29	哈尔滨	0.6
11	杭州	0.655	30	青岛	0.585
12	大连	0.65	31	银川	0.5625
13	南宁	0.6475	32	郑州	0.5575
14	成都	0.64	33	昆明	0.5575
15	武汉	0.6375	34	乌鲁木齐	0.55
16	长春	0.635	35	济南	0.545
17	西安	0.6325	36	北京	0.5
18	福州	0.63	37	兰州	0.4475
19	贵阳	0.63	38	呼和浩特	0.395

②区域比较

如表48所示，比较东北、中部、东部、西部地区居民公共交通满意度，第一，东部地区居民公共交通满意度平均值最高，为0.6340%，而由标准差反映的各城市差异程度相对较高；第二为中部地区，平均值为0.6242%，其各城市差异相对较小；第三为东北地区，平均值为0.6238%，标准差最小；西部地区各城市居民公共交通满意度最低，为0.5805%，且城市之间差距较大。

表48　居民公共交通满意度指标区域比较

单位：%

指标	平均值	中位数	最大值	最小值	标准差
东北地区	0.6238	0.6225	0.6500	0.6000	0.0198
中部地区	0.6242	0.6250	0.6800	0.5575	0.0360
东部地区	0.6340	0.6475	0.7375	0.5000	0.0536
西部地区	0.5805	0.6125	0.6825	0.3950	0.0868

（5）万车交通事故起数

①城市排名

表49为万车交通事故起数指标城市排名，重庆位居第一，为4707起，第二为北京，达到3160起，第三为哈尔滨，为3091起，超过3000起。

表49　万车交通事故起数指标城市排名

单位：起

排名	城市	数据	排名	城市	数据
1	重庆	4707	9	合肥	2066
2	北京	3160	10	佛山	2056
3	哈尔滨	3091	11	深圳	1978.9
4	西安	2943	12	成都	1851
5	石家庄	2676	13	武汉	1634
6	广州	2676	14	郑州	1157
7	天津	2420.4255	15	青岛	1038.8610
8	杭州	2082.9808	16	太原	1034.7718

续表

排名	城市	数据	排名	城市	数据
17	长春	988.9537	28	呼和浩特	674
18	沈阳	964	29	南昌	627.9155
19	银川	855	30	南宁	621
20	福州	824.8144	31	长沙	574.7553
21	苏州	814.009	32	乌鲁木齐	425.1034
22	南京	796	33	昆明	358.9027
23	上海	794	34	西宁	322
24	济南	759.9819	35	贵阳	257
25	大连	715.5596	36	厦门	18.5269
26	宁波	709.5566	37	海口	14
27	兰州	709	38	拉萨	5

②区域比较

比较各区域万车交通事故起数情况，如表 50 所示，东北地区平均值最大，为 1439.8783 起，接着为东部地区，达到 1378.8857 起，西部地区与中部地区数量相对较少，分别为 1191.5460 起与 1182.4071 起。就各区域差距而言，西部地区万车交通事故起数区域差距最大，中部地区各城市差距最小。

表 50　万车交通事故起数指标区域比较

单位：起

指标	平均值	中位数	最大值	最小值	标准差
东北地区	1439.8783	976.4768	3091	715.5596	959.2489
中部地区	1182.4071	1095.8859	2066	574.7553	529.7509
东部地区	1378.8857	824.8145	3160	14.0000	954.2136
西部地区	1191.5460	674	4707	5.0000	1374.8706

（6）交通与经济社会发展协调度

①城市排名

表 51 为交通与经济社会发展协调度指标城市排名，表明城市综合系统

中，交通系统与经济系统、社会系统发展的适应性情况。本报告中，重庆排名第一，为 0.9298%；接着为上海、北京，协调度分别为 0.6376%、0.6272%；然后为成都、武汉，交通与经济社会发展协调度分别为 0.5666%与 0.5484%。处于排名靠后位置的城市以西部地区为主，如兰州、乌鲁木齐、西宁、拉萨、银川等，其中，银川市最低，仅为 0.0328%。整体而言，各城市交通与经济社会发展协调度较低，仅有 5 个城市超过 0.5%。

表 51　交通与经济社会发展协调度指标城市排名

单位：%

排名	城市	数据	排名	城市	数据
1	重庆	0.9298	20	长沙	0.2482
2	上海	0.6376	21	合肥	0.2456
3	北京	0.6272	22	哈尔滨	0.2401
4	成都	0.5666	23	福州	0.2292
5	武汉	0.5484	24	昆明	0.2283
6	天津	0.4311	25	济南	0.2025
7	佛山	0.4098	26	沈阳	0.1992
8	广州	0.4074	27	大连	0.1965
9	杭州	0.3747	28	太原	0.1926
10	深圳	0.3537	29	贵阳	0.1854
11	苏州	0.3505	30	厦门	0.1780
12	南京	0.3170	31	南昌	0.1722
13	青岛	0.3105	32	兰州	0.1602
14	郑州	0.3081	33	乌鲁木齐	0.1315
15	石家庄	0.2779	34	西宁	0.1205
16	南宁	0.2751	35	呼和浩特	0.0833
17	西安	0.2740	36	海口	0.0802
18	宁波	0.2685	37	拉萨	0.0386
19	长春	0.2609	38	银川	0.0328

②区域比较

如表52所示，东部地区交通与经济社会发展协调度最大，平均值为0.3371%，而各城市差异较大；中部地区协调度较高，平均值为0.2859%；西部与东北地区交通与经济社会协调度较低，分别为0.2501%与0.2242%，而西部地区各城市差异最大，东北地区差异最小。

表52 交通与经济社会发展协调度指标区域比较

单位：%

指标	平均值	中位数	最大值	最小值	标准差
东北地区	0.2242	0.2196	0.2609	0.1965	0.0274
中部地区	0.2859	0.2469	0.5484	0.1722	0.1252
东部地区	0.3371	0.3170	0.6376	0.0802	0.1392
西部地区	0.2501	0.1602	0.9298	0.0328	0.2569

（7）公共交通路网密度/全市人口

①城市排名

根据对本报告38个城市的测算，可得公共交通路网密度/全市人口指标城市排名（如表53所示）。排名第一为拉萨，接着为佛山、西宁、厦门、深圳。位于后五位的分别为沈阳、郑州、北京、呼和浩特与重庆。

表53 公共交通路网密度/全市人口指标城市排名

排名	城市	数据	排名	城市	数据
1	拉萨	0.2533	9	贵阳	0.0418
2	佛山	0.2472	10	杭州	0.0374
3	西宁	0.1155	11	长春	0.0343
4	厦门	0.0781	12	兰州	0.0325
5	深圳	0.0619	13	宁波	0.0307
6	海口	0.0575	14	昆明	0.0304
7	乌鲁木齐	0.0451	15	大连	0.0267
8	苏州	0.0421	16	太原	0.0238

续表

排名	城市	数据	排名	城市	数据
17	武汉	0.0218	28	合肥	0.0173
18	长沙	0.0215	29	西安	0.0157
19	银川	0.0209	30	石家庄	0.0150
20	青岛	0.0200	31	成都	0.0143
21	南昌	0.0200	32	上海	0.0140
22	南京	0.0199	33	哈尔滨	0.0132
23	广州	0.0196	34	沈阳	0.0127
24	天津	0.0194	35	郑州	0.0116
25	济南	0.0192	36	北京	0.0106
26	福州	0.0182	37	呼和浩特	0.0102
27	南宁	0.0175	38	重庆	0.0037

②区域比较

比较公共交通路网密度/全市人口各区域差异，如表54所示，西部地区平均值最大，为0.0530，区域差异最大；接着为东部地区，为0.0428；然后为东北地区，为0.0217；中部地区最低，为0.0193，各城市差异最小。

表54　公共交通路网密度/全市人口指标区域比较

指标	平均值	中位数	最大值	最小值	标准差
东北地区	0.0217	0.0199	0.0343	0.0127	0.0092
中部地区	0.0193	0.0207	0.0238	0.0116	0.0040
东部地区	0.0428	0.0199	0.2472	0.0106	0.0544
西部地区	0.0530	0.0304	0.2533	0.0037	0.0696

（四）生态指数统计分析

1. 描述性分析

表55可以从整体上反映生态指标具体的量化情况，分别选取指标的最

大值、最小值、平均值、中位数以及标准差五个统计量来描述不同生态指标。

表 55　生态指数各指标描述性统计

指标	最大值	最小值	中位数	平均值	标准差
人均道路面积(平方米)	27.51	4.37	16.14	17.06	5.36
污水处理率(%)	97.36	74.05	92.08	90.00	6.05
能源消耗量(万吨标准煤)	1020.27	221.29	542.21	546.64	197.20
人均绿地面积(平方米)	19.77	7.83	13.17	13.59	2.88
绿化覆盖率(%)	48.40	31.12	39.85	39.00	3.62
生活垃圾处理率(%)	100.00	89.21	98.28	97.31	2.77
SO_2排放量(ug/m^3)	152.00	6.00	18.00	28.34	28.39

在人均道路面积上，最大值是27.51平方米，最大值所在城市是广东省的佛山市，佛山位于广东省中部，地处珠三角腹地，毗邻港澳，东接广州，南邻中山，是“广佛都市圈”“广佛肇经济圈”“珠江—西江经济带”的重要组成部分。佛山市高度重视城市的规划发展，多次修建断头路，拓宽完善道路，取得了良好的成绩。人均道路面积最小值为4.37平方米，所在城市是上海，上海地处长江入海口，是长江经济带的龙头城市，上海辖16个市辖区，由于上海人口众多，道路较为拥挤。人均道路面积平均值是17.06平方米，标准差是5.36平方米，人均道路面积各个城市间的差距不是很大。

在污水处理率上，最大值为97.36%，所在城市是合肥市。合肥不仅在污水处理率方面排在全国首位，其污水处理技术水平也位居国内领先行列，“SBR法污水处理工艺与设备及实时控制技术”曾在2009年荣获国家科技进步二等奖，值得一提的是，当时这个奖项的一等奖处于空缺状态。为了实现污水处理技术的自主创新，合肥市成立了污水处理产业技术创新战略联盟，它鼓励民间科技的研发和产业化应用，致力于早日结束中国污水处理“跟着国外跑”的历史。污水处理率最小值是74.05%，所在城市是青海省西宁市，由于西宁市经济发展水平相对滞后，污水处理技术相对落后，另外，西宁市水资源相对丰富，缺少污水处理的动力。污水处理率的平均值是90.00%，标准差为6.05%，从全国来看，污水处理效果比较乐观，整体水平比较高。

在能源消耗量上，最大值为1020.27万吨标准煤，所在城市是北京，北京人口众多，经济发展需要大量的能源作为后盾。最小值是兰州，兰州市风能资源十分丰富，可以借助风能发电照明等，节省了部分能源；另外，兰州市大型重工业比较少，这也导致兰州市的能源消耗量偏低。能源消耗量的平均值为546.64万吨标准煤，标准差为197.20万吨标准煤，可以看出在能源消耗量上，各个城市之间的差距相对较大。

在人均绿地面积上，最大值为19.77平方米，所在城市是呼和浩特，呼和浩特位于内蒙古自治区，地广人稀，呼和浩特草原面积非常广阔，这就导致呼和浩特的人均绿地面积最大。最小值为7.83平方米，所在城市是上海市，上海市人口密度较大，人口众多，虽然上海市不断加强城市绿化，但人均绿地面积水平还相对较低。人均绿地面积的平均值为13.59平方米，标准差是2.88平方米，随着人们生态环保意识的逐渐加强，人均绿地面积水平也在逐年提高。

在绿化覆盖率上，最大值是48.40%，所在城市是北京，北京作为中国首都，历来十分重视城市的绿化，加大资金的投入。最小值是31.12%，所在城市是银川，银川有沙漠地带，其较为特殊的自热气候条件导致绿化覆盖率较低。全国绿化覆盖率的平均值为39.00%，标准差为3.62%。全国总的绿化水平相对较好。

在生活垃圾处理率上，最大值是100.00%，意味着所有的生活垃圾全部都可以处理掉。最大值所在城市是上海、南京、杭州、南昌、济南和海口，这些城市是经济发展程度相对比较好的城市，比较重视环保。生活垃圾处理率最小值是89.21%，所在城市是哈尔滨，哈尔滨市在垃圾资源化综合利用方面表现相对不佳，目前处于运营状态的项目只有哈尔滨生活垃圾焚烧发电厂和双琦废弃资源综合利用示范厂，且处理能力十分有限，日处理垃圾 500 吨左右，约占全市垃圾产生总量的 15%，其余垃圾均填埋处理。从已有经验来看，填埋处理不仅需要耗费大量土地资源，同时被填埋的资源也未能得到充分利用，整体造成了较大浪费。经过调查发现，部分垃圾处理企业同时存在对现有垃圾接收量不足和垃圾处理费未能及时足额发放的问题，这两个问题成为企业提高垃圾无害化处理水平的主要障碍。生活垃圾处理率的平均水平是 97.31%，标准差是 2.77%，可以看出，全国垃圾处理率很高，这是与我国目前高度重视环境保护，要求经济高质量增长密不可分的。

在 SO_2 排放量上，最大值是 152.00 ug/m^3，最大值所在城市是太原市，太原市 SO_2 排放量大的原因可以归纳为三个方面。首先，对燃煤的依赖度过高，导致城市燃料结构失衡，再加上超重型工业结构布局对能源的大量消耗，不可避免地引发了双重结构性污染。其次，上风向集中了较多重点污染源，加速了污染物的扩散，且城市自身三面环山的地理因素限制，导致地形相对封闭，城市污染进一步加重。最后，没能尽早认识到环境保护的重要性并实施相应对策，SO_2 防治工作起步较晚。SO_2 排放量最小值为 6.00 ug/m^3，所在城市为福州和海南，据《中国新闻报》报道，对于二氧化硫的减排，福州市采取了一系列措施，一方面更多使用清洁能源，另一方面在二氧化硫排放集中的行业，如钢铁行业等全面进行烧结机、玻璃窑炉和燃煤锅炉烟气脱硫设施建设，取得了不小成效，因此福州空气中的二氧化硫含量大幅降低。全国 SO_2 排放量平均值为 28.34 ug/m^3，标准差为 28.39 ug/m^3，可以看出二氧化硫的控制在全国取得了一定的成效，但还需要进一步加强。

2. 城市类比分析

（1）能源消耗量

①城市排名

从表 56 中可以明显地看出能源消耗量较大的地区主要集中在经济较为发达的省份，能源消耗量与经济的发展程度呈现较为明显的正相关关系。

表 56　能源消耗量指标城市排名

单位：万吨标准煤

排名	城市	数据	排名	城市	数据
1	北京	1020.27	20	银川	542.21
2	石家庄	856.20	21	宁波	541.25
3	哈尔滨	823.86	22	沈阳	537.24
4	天津	807.93	23	成都	431.25
5	太原	749.88	24	乌鲁木齐	431.25
6	上海	749.68	25	长春	430.55
7	合肥	735.10	26	杭州	418.62
8	海口	689.65	27	深圳	403.24
9	南宁	684.48	28	贵阳	386.52
10	广州	679.31	29	青岛	386.52
11	长沙	674.15	30	苏州	362.21
12	武汉	668.98	31	大连	352.16
13	郑州	663.81	32	昆明	341.79
14	济南	658.64	33	厦门	341.79
15	南昌	653.48	34	拉萨	297.06
16	福州	648.31	35	佛山	286.34
17	呼和浩特	643.93	36	西安	252.33
18	南京	623.52	37	西宁	235.18
19	重庆	542.21	38	兰州	221.29

②区域比较

从表 57 可以看出，就平均值而言，中部地区的能源消耗量最大，为 690.90 万吨标准煤，接着是东部地区。最小的是西部地区。中部地区由于经济较为发达，而且重工业较多，又有不少煤矿，资源相对丰富，此地区的能源消耗量就因此较大。西部地区经济相对落后，地广人稀，工业也相对不发达，因此，能源消耗量相对较小。从标准差来看，东北地区和东部地区各个城市之间能源消耗差异较大，这多由城市之间发展不平衡所致。

表 57　能源消耗量指标区域比较

单位：万吨标准煤

指标	最大值	最小值	平均值	中位数	标准差
东北地区	823.86	352.16	535.95	483.90	206.38
中部地区	749.88	653.48	690.90	671.56	40.81
东部地区	1020.27	286.34	583.90	635.91	207.89
西部地区	643.93	221.29	389.38	364.16	147.15

（2）人均绿地面积

①城市排名

人均绿地面积同样是衡量一个城市交通环境效益的重要指标。人均绿地面积是反映城市居民生活环境和生活质量的重要指标。城市中每个居民平均占有公共绿地的面积包括向公众开放的市级、区级、居住区级公园、小游园、街道广场绿地，以及植物园、动物园、特种公园绿地等。人均绿地面积较大的地区出现在地广人稀的西部草原地区。随着我国对生态环境越来越重视，人均绿地面积也会呈现不断增加的态势。人均绿地面积指标城市排名见表58。

表58　人均绿地面积指标城市排名

单位：平方米

排名	城市	数据	排名	城市	数据
1	呼和浩特	19.77	10	北京	16.01
2	乌鲁木齐	18.30	11	大连	15.61
3	济南	17.91	12	贵阳	14.98
4	广州	17.87	13	南京	14.79
5	厦门	17.32	14	青岛	14.77
6	佛山	16.87	15	石家庄	14.31
7	重庆	16.86	16	南昌	14.16
8	苏州	16.45	17	合肥	14.02
9	宁波	16.03	18	兰州	13.94
19	长春	13.37	29	沈阳	11.33
20	杭州	13.17	30	昆明	11.33
21	福州	13.08	31	武汉	10.99
22	成都	12.47	32	银川	10.78
23	西安	12.30	33	西宁	10.78
24	深圳	12.22	34	天津	10.59
25	海口	12.02	35	长沙	10.57
26	哈尔滨	11.91	36	郑州	10.43
27	太原	11.86	37	拉萨	7.84
28	南宁	11.77	38	上海	7.83

②区域比较

从平均值来看，人均绿地面积最大的是东部地区，达14.37平方米，最小的是中部地区，为12.01平方米。从标准差来看，西部地区各个城市之间的人均绿地面积不是特别均衡，标准差最大，比较而言，中部地区各个城市之间的差距相对较小。《国务院关于加强城市建设的通知》中要求：到2010年，人均公共绿地面积在10平方米以上。从表59可以看出，东北、中部、东部以及西部地区的平均值均达到了要求，城市的交通环境会得到进一步改善。

表59　人均绿地面积指标区域比较

单位：平方米

指标	最大值	最小值	平均值	中位数	标准差
东北地区	15.61	11.33	13.05	12.64	1.91
中部地区	14.16	10.43	12.01	11.43	1.69
东部地区	17.91	7.83	14.37	14.78	2.75
西部地区	19.77	7.84	13.69	13.12	3.78

(3) 绿化覆盖率

①城市排名

绿化覆盖率是反映一个国家或地区生态环境保护状况的重要指标，也是中国环境保护模范城市和创建文明城市考核的重要指标。城市绿化覆盖率指城市各类型绿化垂直投影面积之和与城市总面积之比，是评价城市环境质量情况及居民生活福利水平高低的重要指标之一。表60展示了38个城市的绿化覆盖率。从全国来看，绿化覆盖率整体水平是不错的，绿化覆盖率的高低与城市政府的重视程度和当地的气候类型有关。

②区域比较

从平均值这一指标来看，绿化覆盖率较高的是中部地区和东部地区，东

表 60　绿化覆盖率指标城市排名

单位：%

排名	城市	数据	排名	城市	数据
1	北京	48.40	20	呼和浩特	39.85
2	南昌	43.63	21	郑州	39.33
3	福州	43.32	22	大连	39.18
4	南京	42.94	23	上海	38.60
5	广州	42.39	24	深圳	38.51
6	济南	42.26	25	青岛	38.04
7	合肥	41.71	26	昆明	37.84
8	佛山	41.44	27	南宁	37.62
9	杭州	41.02	28	武汉	37.60
10	苏州	40.88	29	天津	37.22
11	石家庄	40.80	30	贵阳	36.80
12	重庆	40.76	31	厦门	36.60
13	长沙	40.60	32	沈阳	36.35
14	太原	40.52	33	哈尔滨	35.35
15	乌鲁木齐	40.43	34	长春	34.97
16	宁波	40.31	35	拉萨	32.59
17	海口	40.30	36	兰州	31.50
18	西安	40.14	37	银川	31.12
19	成都	39.90	38	西宁	31.12

北地区和西部地区绿化覆盖率相对较低。从标准差来看，西部地区的标准差相对较大，说明西部地区各个城市之间的绿化覆盖率差异水平较大，东北、中部和东部地区标准差相对较小（见表 61）。各个地区的绿化覆盖率水平的高低是由多方面导致的，如城市规划的布局、社会经济发展程度、市政管理人员的重视程度等。

表 61 绿化覆盖率指标区域比较

单位：%

指标	最大值	最小值	平均值	中位数	标准差
东北地区	39.18	34.97	36.46	35.85	1.90
中部地区	43.63	37.60	40.57	40.56	2.05
东部地区	48.40	36.60	40.55	40.55	2.81
西部地区	40.76	31.12	36.22	37.32	4.18

（4）SO_2 排放量

①城市排名

SO_2是最常见、最简单的硫氧化物，大气主要污染物之一。就全国范围来看，SQ_2 的排放量相对较大，这与我国这些年大力发展经济、不重视环保有较大的关系。另外，与经济结构不合理，重工业企业较多而且大多是高污染企业，经济主要表现为粗放式增长有关。SO_2 排放量指标城市排名见表62。

表 62 SO_2 排放量指标城市排名

单位：ug/m^3

排名	城市	数据	排名	城市	数据
1	太原	152.00	12	天津	27.00
2	银川	102.00	13	西安	26.00
3	沈阳	72.00	14	西宁	24.00
4	石家庄	57.00	15	青岛	23.00
5	呼和浩特	54.00	16	苏州	21.00
6	哈尔滨	46.00	17	拉萨	19.00
7	长春	43.00	18	南昌	18.00
8	兰州	35.00	19	南京	18.00
9	郑州	32.00	20	合肥	16.00
10	大连	32.00	21	佛山	16.00
11	济南	30.00	22	重庆	16.00

续表

排名	城市	数据	排名	城市	数据
23	成都	16.00	31	杭州	13.00
24	上海	16.00	32	南宁	13.00
25	昆明	16.00	33	厦门	13.00
26	广州	14.00	34	北京	11.00
27	长沙	14.00	35	武汉	11.00
28	乌鲁木齐	14.00	36	深圳	7.00
29	宁波	14.00	37	福州	6.00
30	贵阳	14.00	38	海口	6.00

②区域比较

从平均值这一指标来看，东北地区和中部地区的 SO_2 排放量过高，均超过了 40 ug/m^3，接着是西部地区，而东部地区的 SO_2 排放量相对较小。从标准差来看，中部地区相对较大，接着是西部地区，东北地区和东部地区相对较小（见表 63）。SO_2 排放量大小与城市的经济发展水平相关，还与城市的经济结构、支柱产业的类型密不可分，也与处理污染排放物的科学技术手段有关，与城市的地形、地貌有很大关系。

表 63　SO_2 排放量指标区域比较

单位：ug/m^3

指标	最大值	最小值	平均值	中位数	标准差
东北地区	72.00	32.00	48.25	44.50	16.94
中部地区	152.00	11.00	40.50	17.00	55.11
东部地区	57.00	6.00	18.72	15.00	12.22
西部地区	102.00	14.00	32.00	21.50	27.53

（五）治理指数统计分析

本报告对全国主要的 38 个城市发放并回收问卷共 2664 份，回收结果对于我们的研究有很大的帮助。在此，对人口统计情况做简要说明：回收问卷中，男性受访者占比为49.4%，女性受访者占比为50.6%；文化程度为小学、初中、高中、大学生、研究生的占比分别为0.6757%、2.8153%、20.1952%、59.1216%、17.042%；政府机关工作人员占比为6.7192%，企业人员占比为43.356%，事业单位人员占比为17.155%，个体经商人员占比为5.143%，务工人员占比为4.842%，学生占比为17.68%，自由职业者占比为4.58%，离/退休人员占比为1.314%；就月均收入情况而言，受访者中月均收入为3000元以下占19.97%，月均收入为3001~5000元占18.018%，5001~7000元占17.643%，7001~9000元占17.417%，9001~11000元占13.438%，11001~13000元占5.743%，13001~15000元占3.378%，15001元以上占4.392%。

对于“您是否接触过所在城市有关绿色交通的宣传?”，答案主要集中在B选项（接触过，受到一定的影响）、C选项（接触过，影响一般）、D选项（接触过一点，印象不深刻）（A选项为接触过且影响大，E选项为完全没有），5个选项的选择数量分别为197份、484份、643份、1177份、163份，5个选项的选择占比分别为7%、18%、24%、44%、6%。根据选择数量及占比，可得图2、图3。

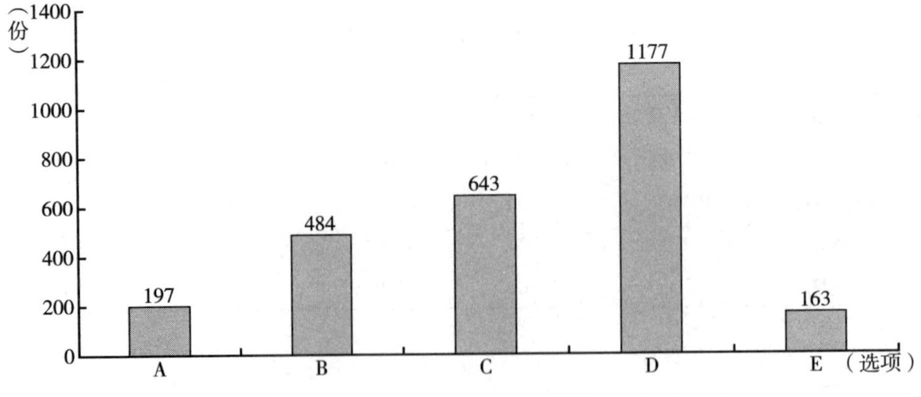

图2　“您是否接触过所在城市有关绿色交通的宣传?”问卷结果

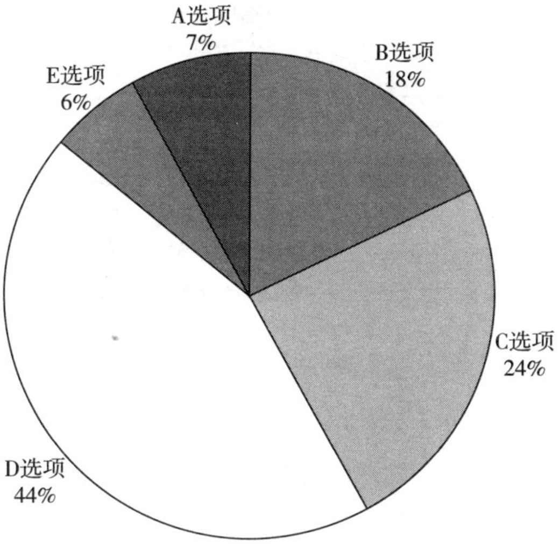

图3　“您是否接触过所在城市有关绿色交通的宣传?”问卷结果

对于“您认为所在城市的政府是否制定了绿色交通的相关政策?”这个问题，多数人选择了B选项（是，有少数政策）、C选项（极少听说）、D选项（完全没听说）（A选项为是，制定了多项政策），4个选项的选择数量分别为134份、598份、1281份、651份，4个选项的选择占比分别为5%、22%、48%、24%。根据选择数量及占比，可得图4、图5。

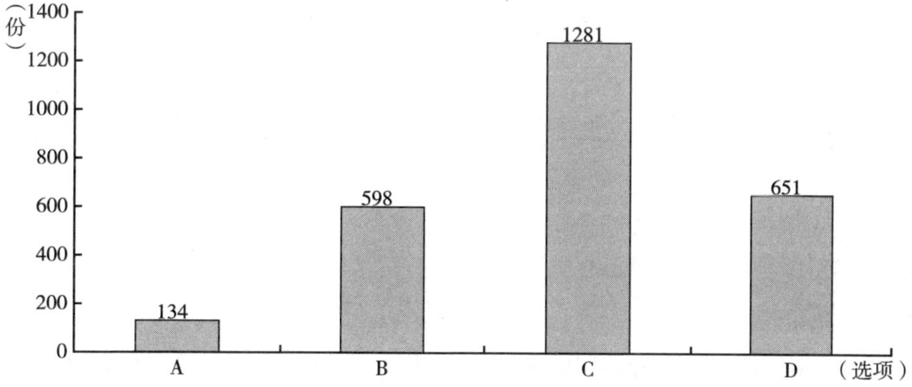

图4　“您认为所在城市的政府是否制定了绿色交通的相关政策?”问卷结果

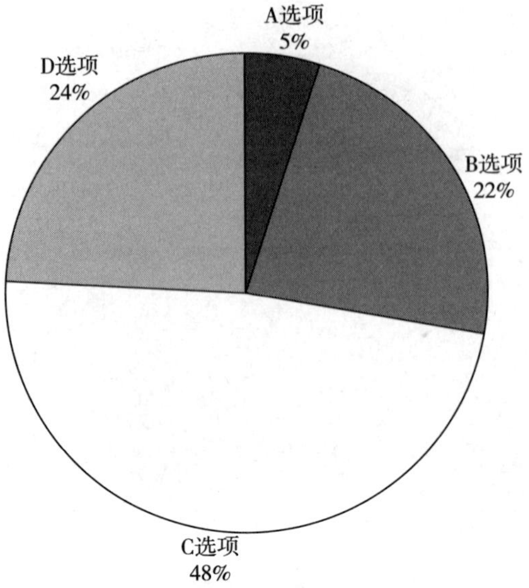

图 5 “您认为所在城市的政府是否制定了绿色交通的相关政策?”问卷结果

1. 描述性统计

治理指数各指标描述性统计见表 64。

表 64 治理指数各指标描述性统计

指标	最大值	最小值	中位数	平均值	标准差
绿色出行宣传程度	3. 56	2. 35	2. 8	2. 8	0. 28
道路交通规划体系	8	1	3	3. 26	1. 27
交通综合协调机制	8	2	3	3. 55	1. 27
交通新技术保障	2. 56	1. 59	1. 975	2	0. 23

2. 城市类比分析

(1) 绿色出行宣传程度

①城市排名

由表 65 可见，排名最高的城市为银川，数据为 3. 56，最低的城市是宁波，数据为 2. 35。

表 65　绿色出行宣传程度指标城市排名

排名	城市	数据	排名	城市	数据
1	银川	3.56	20	拉萨	2.8
2	青岛	3.39	21	济南	2.79
3	呼和浩特	3.2	22	南昌	2.72
4	兰州	3.18	23	南宁	2.69
5	厦门	3.16	24	上海	2.67
6	大连	3.12	25	长春	2.64
7	乌鲁木齐	3.08	26	沈阳	2.63
8	北京	3	27	贵阳	2.6
9	郑州	3	28	武汉	2.59
10	昆明	2.98	29	西安	2.59
11	石家庄	2.92	30	哈尔滨	2.58
12	合肥	2.91	31	福州	2.55
13	太原	2.88	32	苏州	2.55
14	佛山	2.86	33	成都	2.49
15	长沙	2.85	34	南京	2.48
16	广州	2.84	35	重庆	2.47
17	西宁	2.83	36	杭州	2.4
18	天津	2.82	37	深圳	2.38
19	海口	2.8	38	宁波	2.35

②区域比较

由表 66 可见，平均值最大的为西部地区，最大值最大的和最小值相对较小的为西部地区，说明西部地区某些城市的绿色出行宣传程度较高，但整个西部地区的宣传程度高低不一，差距较大。平均值最小的为东北地区，说明东北地区城市绿色出行宣传程度不高。

表 66　绿色出行宣传程度指标区域比较

指标	平均值	中位数	最大值	最小值	标准差
东北地区	2.7425	2.64	3.12	2.58	0.2191
中部地区	2.8250	2.87	3.00	2.59	0.1340
东部地区	2.7441	2.79	3.39	2.35	0.2744
西部地区	2.8891	2.83	3.56	2.47	0.3297

（2）道路交通规划体系

①城市排名

由表67可见，排名最高的城市为哈尔滨，数据为8，最低的城市是乌鲁木齐，数据为1。

表67 道路交通规划体系指标城市排名

排名	城市	数据	排名	城市	数据
1	哈尔滨	8	20	西宁	3
2	海口	6	21	天津	3
3	昆明	5	22	南宁	3
4	济南	5	23	长春	3
5	呼和浩特	4	24	贵阳	3
6	厦门	4	25	西安	3
7	郑州	4	26	成都	3
8	石家庄	4	27	南京	3
9	沈阳	4	28	深圳	3
10	武汉	4	29	北京	2
11	苏州	4	30	合肥	2
12	杭州	4	31	太原	2
13	宁波	4	32	佛山	2
14	银川	3	33	拉萨	2
15	青岛	3	34	南昌	2
16	兰州	3	35	上海	2
17	大连	3	36	福州	2
18	长沙	3	37	重庆	2
19	广州	3	38	乌鲁木齐	1

②区域比较

由表68可见，平均值、中位数、最大值、最小值最高的都是东北地区，说明东北地区某些城市道路交通规划体系较完善，同时东北地区数据标准差也最大，说明东北地区城市道路交通规划发展水平不均，差距较大。

表 68　道路交通规划体系指标区域比较

指标	平均值	中位数	最大值	最小值	标准差
东北地区	4.5	3.5	8	3	2.1
中部地区	2.8	2.5	4	2	0.9
东部地区	3.4	3.0	6	2	1.1
西部地区	2.9	3.0	5	1	1.0

另外，中部地区和西部地区平均值小，最大值、最小值相对都较小，标准差同样较小，说明中部地区和西部地区城市普遍对道路交通的规划差。

（3）交通综合协调机制

①城市排名

由表 69 可见，排名最高的城市为哈尔滨，数据为 8，最低的城市是乌鲁木齐，数据为 2。交通综合协调机制指标城市排名与道路交通规划体系指标城市排名差别不大。

表 69　交通综合协调机制指标城市排名

排名	城市	数据	排名	城市	数据
1	哈尔滨	8	16	南京	4
2	海口	6	17	银川	3
3	昆明	5	18	青岛	3
4	济南	5	19	兰州	3
5	厦门	5	20	长沙	3
6	郑州	5	21	广州	3
7	石家庄	5	22	西宁	3
8	武汉	5	23	天津	3
9	呼和浩特	4	24	南宁	3
10	沈阳	4	25	长春	3
11	苏州	4	26	贵阳	3
12	杭州	4	27	西安	3
13	宁波	4	28	深圳	3
14	大连	4	29	合肥	3
15	成都	4	30	南昌	3

续表

排名	城市	数据	排名	城市	数据
31	福州	3	35	拉萨	2
32	北京	2	36	上海	2
33	太原	2	37	重庆	2
34	佛山	2	38	乌鲁木齐	2

②区域比较

由表 70 可见，平均值、中位数、最大值、最小值最高的都是东北地区，说明东北地区某些城市交通综合协调机制较完备，同时东北地区数据标准差也最大，说明东北地区交通综合协调机制发展水平不均，差距较大。

表 70　交通综合协调机制指标区域比较

指标	平均值	中位数	最大值	最小值	标准差
东北地区	4.8	4	8	3	2.0
中部地区	3.5	3	5	2	1.1
东部地区	3.6	3	6	2	1.1
西部地区	3.1	3	5	2	0.9

另外，中部地区、东部地区和西部地区平均值、最大值和最小值相近或相同，标准差同样相近或相同，说明这三个地区城市交通综合协调机制的构建水平相当。

（4）交通新技术保障

①城市排名

由表 71 可见，排名最高的城市为银川，数据为 2.56，最低的城市是深圳，数据为 1.59。深圳在 38 个城市中排名最后比较意外，也反映深圳作为特大型城市在发展新型交通模式和技术，例如高效节能技术、信息系统及 ITS 方面的不足，并提出预警。

表 71　交通新技术保障指标城市排名

排名	城市	数据	排名	城市	数据
1	银川	2.56	9	太原	2.15
2	兰州	2.46	10	贵阳	2.11
3	大连	2.45	11	长春	2.08
4	乌鲁木齐	2.4	12	南宁	2.07
5	昆明	2.37	13	合肥	2.06
6	西宁	2.28	14	青岛	2.04
7	拉萨	2.25	15	福州	2.03
8	厦门	2.21	16	佛山	2
17	重庆	2	28	济南	1.86
18	沈阳	1.98	29	郑州	1.86
19	南昌	1.98	30	武汉	1.86
20	西安	1.97	31	南京	1.81
21	天津	1.95	32	广州	1.81
22	海口	1.93	33	成都	1.8
23	石家庄	1.92	34	北京	1.77
24	哈尔滨	1.88	35	呼和浩特	1.76
25	苏州	1.88	36	杭州	1.65
26	宁波	1.87	37	上海	1.61
27	长沙	1.87	38	深圳	1.59

②区域比较

由表 72 数据统计可知，四个地区的各项统计指标较为相似，表明四个地区的交通新模式、新技术发展水平相当，具有同样的上升空间。

表 72　交通新技术保障指标区域比较

指标	平均值	中位数	最大值	最小值	标准差
东北地区	2.10	2.03	2.45	1.88	0.22
中部地区	1.96	1.93	2.15	1.86	0.11
东部地区	1.88	1.88	2.21	1.59	0.16
西部地区	2.18	2.25	2.56	1.76	0.26

参考文献

谢辉：《符合生态城市的城市客运交通结构研究》，长沙理工大学硕士学位论文，2007。

张子佳：《中小城市绿色交通发展水平评价方法研究》，华南理工大学硕士学位论文，2015。

B.6
中国城市交通绿色发展指数排行榜

王梓利　林晓言*

摘　要： 本报告在城市交通绿色发展指数排行榜的基础上，将38个主要城市分为交通"绿色度"高、中、低三组，并进行特征分析，从经济基础、政府财政收支情况、政府管理效能、城区人口增长率与居民交通出行意识习惯五个方面对三类城市交通绿色发展状况进行成因分析。整体而言，城市的地区生产总值、政府财政收支平衡率、政府管理效能与居民交通出行意识习惯呈正相关关系，城区人口增长率与交通"绿色"程度呈"U"形关系。本报告还从典型城市交通发展状况入手，分析排前5名及后5名城市形成原因。

关键词： 城市交通　绿色发展　排行榜

从中国绿色交通发展现状来看，存在交通拥堵、能源消耗与环境污染严重、公共交通发展滞后、管理缺失、交通公平性不高等问题。基于绿色经济、城市规划、运输经济理论，本报告从功能、经济、社会、生态、治理五方面构建城市交通绿色发展指标体系，以物元可拓学与模糊综合评价法为核心，对全国38个主要城市进行指数测算，得出城市交通绿色发展指数排行榜（如表1所示）。

* 王梓利，北京交通大学经济管理学院博士研究生，研究方向为运输经济学、产业经济学；林晓言，博士，北京交通大学经济管理学院，教授，博士生导师，北京交通发展研究基地主任，首都高端智库北京综合交通发展研究院副院长，研究方向为运输经济学、技术经济学。

表1　城市交通绿色发展指数排行榜

单位：分

城市	得分	排名	城市	得分	排名
北京	57.07	1	长春	42.24	20
深圳	55.70	2	长沙	42.00	21
苏州	54.16	3	重庆	41.69	22
广州	53.83	4	天津	41.57	23
南京	52.88	5	南昌	40.51	24
武汉	52.05	6	合肥	39.79	25
上海	51.43	7	沈阳	38.96	26
成都	49.07	8	南宁	38.59	27
厦门	48.41	9	贵阳	38.32	28
昆明	48.14	10	福州	38.21	29
大连	47.63	11	乌鲁木齐	37.86	30
杭州	47.30	12	海口	37.59	31
宁波	45.46	13	哈尔滨	37.59	32
济南	43.67	14	兰州	35.87	33
青岛	42.85	15	西宁	35.79	34
郑州	42.68	16	呼和浩特	35.77	35
佛山	42.54	17	太原	34.96	36
石家庄	42.52	18	拉萨	33.24	37
西安	42.40	19	银川	31.64	38

一　城市交通绿色发展状况分类特征分析

（一）城市分类统计特征

由表2可知，北京市得分最高，为57.07分，银川市得分最低，为31.64分，平均分为43.21分，标准差为6.531分，表明在交通绿色发展方面，各城市提升空间较大，仅有少数城市位于中等水平以上，且各城市差异相对较大。

表 2　38 个城市交通绿色发展情况统计

单位：分，个

最高分	最低分	平均分	标准差	数量
57.07	31.64	43.21	6.531	38

根据全国 38 个主要城市排名与得分，本报告将其分为“绿色度”高、中、低三组，第一组为排名前 10 的城市，交通绿色发展程度较高；第二组为排名第 11～24 的城市，交通绿色发展程度为中等；第三组为排名第 25～38 的城市，交通绿色发展程度相对较低，有待进一步提升，如表 3、表 4、表 5 所示。

1. 高分组：排名前10的城市

排名前 10 的城市交通绿色发展情况统计见表 3。

表 3　排名前 10 的城市交通绿色发展情况统计

单位：分，个

最高分	最低分	平均分	标准差	数量
57.07	48.14	52.27	2.9	10

由本报告计算结果可知，在包含直辖市、省会城市及其他核心城市的 38 个城市中（如图 1 所示），交通绿色发展程度排名前三的城市分别为北京市、深圳市和苏州市，得分分别为 57.07 分、55.70 分、54.16 分；接着为广州市与南京市，分别位列第 4、第 5。位于中部地区的武汉市排名第 6，得分为 52.05 分；上海市排名第 7，得分为 51.43 分。上述 7 个城市的得分均超过 50 分，表明其城市交通绿色发展程度均达到中等以上水平。处于第 8～10 位的城市分别为成都、厦门、昆明，得分为 49.07 分、48.41 分、48.14 分，与居第 7 位的上海有一定差距（图 1 中可见明显阶梯式分布），其城市交通绿色发展已接近中等程度。

就排名前 10 的城市的整体情况而言，最高分为 57.07，最低分为 48.14 分，平均分为 52.27 分，标准差为 2.9 分。从区域来看，得分较高的排名前

10 的城市多位于东部地区，仅成都、昆明属于西部地区，武汉位于中部地区。整体经济发展水平较高，其中，北京、深圳、苏州、广州、武汉、上海、成都 2016 年 GDP 也排在全国前 10 位，南京市 GDP 排第 11 位，发达的经济为城市交通绿色发展提供了基础与保障。同时，昆明市 2016 年 GDP 排全国城市中的第 43 位，其交通绿色发展程度位居第 10，与政府治理能力、居民环保意识与绿色交通规划等方面息息相关。

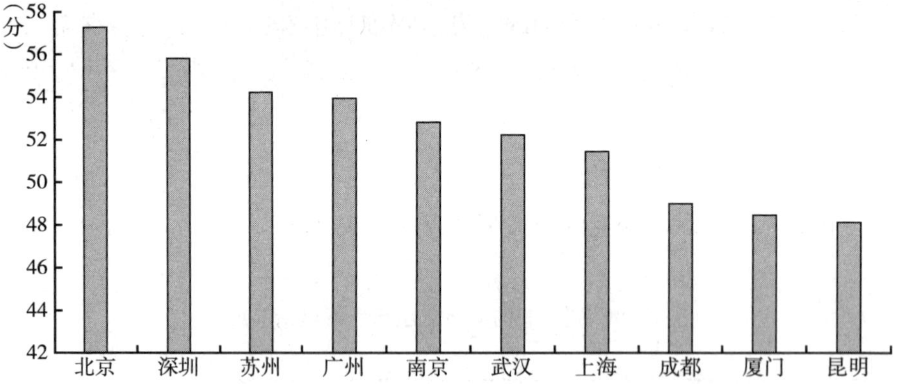

图 1　交通绿色发展程度排名前 10 的城市

2. 中分组：排名第11～24的城市

如图 2 所示，反映全国 38 个主要城市中交通绿色发展程度排名居中的城市的得分情况。图 2 中可见明显的变化趋势，呈扩张式“L”形，第 11～14 位的大连、杭州、宁波、济南得分相对较高，处于“L”形中的竖线部分；第 15～24 位的青岛、郑州、佛山等城市得分差距较小，处于“L”形中的横线部分。同时，第 11～14 位中，除大连与杭州得分相近（分别为 47.63 分、47.30 分）外，杭州、宁波、济南呈阶梯式下降，分数分别为 47.30 分、45.46 分、43.67 分。青岛紧随其后，为 42.85 分。郑州、佛山、石家庄、西安、长春、长沙六市得分均在 42 分及以上，差距较小。中等城市中后三位分别为重庆（得分为 41.69 分）、天津（得分为 41.57 分）、南昌（得分为 40.51 分）。

如表 4 所示，排第 11～24 位的城市，最高分为 47.63 分，最低分为

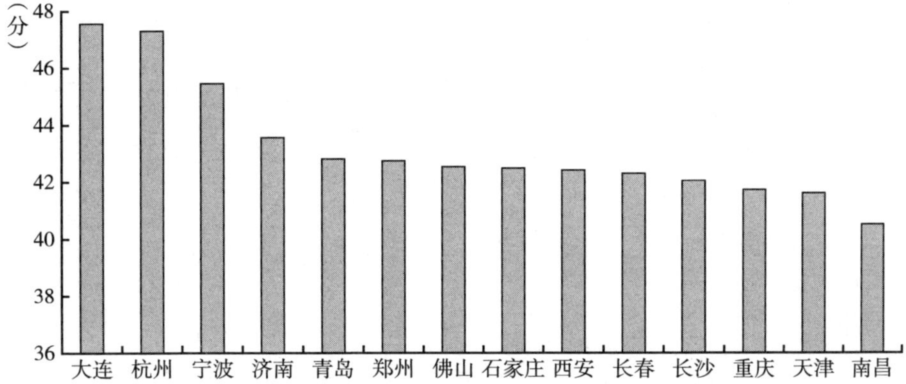

图 2　交通绿色发展程度排名第 11～24 的城市

40.51 分，平均分为 43.219 分，标准差为 2.039 分，各城市之间的差异相对较小。就区域分布而言，排名中等的城市半数位于东部地区，排名靠前的大连、杭州、宁波、济南、青岛均属于东部经济发达城市，佛山排名一般，整体排第 17 位，天津排名靠后。中部地区中郑州、长沙排名居中，南昌相对落后。西部地区仅有西安、重庆。从经济发展水平来看，2016 年大连、杭州、宁波、济南、青岛市 GDP 分别排全国城市的第 17、10、16、21、12 位，重庆 GDP 排第 6 位，长沙 GDP 排第 13 位，郑州则为第 18 位。这在一定程度上反映出经济基础的重要性，但由于城市交通绿色发展中经济作用有限，经济发展状况与交通发展状况并不完全一致。

表 4　排名第 11～24 的城市交通绿色发展情况统计

单位：分，个

最高分	最低分	平均分	标准差	数量
47.63	40.51	43.219	2.039	14

3. 低分组：排名第25～38的城市

如图 3 所示，反映全国 38 个主要城市中交通绿色发展程度排名靠后（第 25～38 位）的城市的得分情况。从图 3 中可见，最高值（合肥市）至最低值（银川市）之间呈现平稳下降趋势，第25～35位的合肥、沈阳、南宁、贵阳、福州、乌鲁木齐、海口、哈尔滨、兰州、西宁、呼和浩特得分均超过35分，其中，上述前8位城市之间差距相对较小，得分为37.59～39.79分，随后出现明显的小幅下降，该组第9位城市兰州得分为35.87分，西宁与呼和浩特紧随其后，而排名靠后的太原、拉萨、银川得分尚未达到35分，分别为34.96分、33.24分、31.64分。

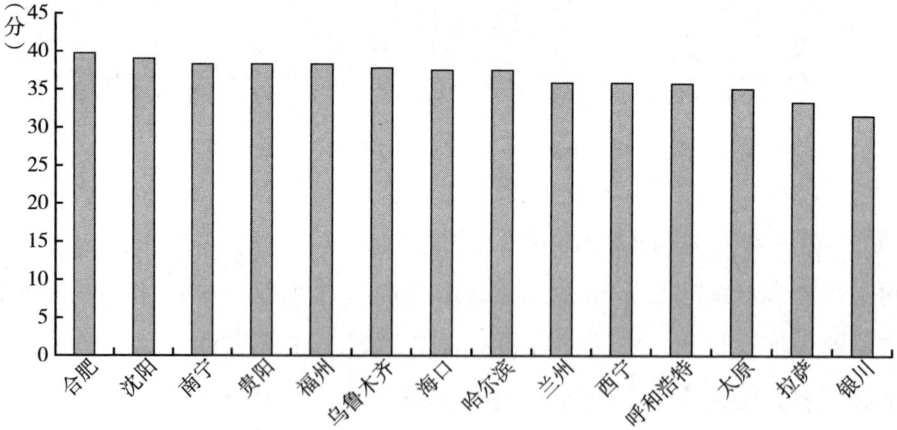

图3　交通绿色发展程度排名第25～38的城市

如表5所示，排第25～38位的城市，最高分为39.79分，最低分为31.64分，平均分为36.727分，标准差为2.219分，各城市之间差异相对不大，分值较低反映出该组整体城市交通绿色发展程度较弱。就区域分布角度而言，除东部地区的海口市、福州市，东北地区的沈阳市、哈尔滨市，中部地区的合肥市、太原市之外，该组城市基本位于西部地区。从经济发展水平来看，2016年哈尔滨市、合肥市、福州市GDP分别排全国城市第27、28、29位，贵阳、太原、乌鲁木齐则为第68、72、74位。除上述城市经济基础相对较好外，其余城市经济发展相对落后，为交通基础设施供给、交通需求的满足与城市绿色交通建设方面带来诸多不利影响。同时，西部地区城市自身环境基础薄弱，自然条件较差，环境治理成本较高，也为城市绿色交通的治理带来挑战。

表 5　排名第 25～38 的城市交通绿色发展情况统计

单位：分，个

最高分	最低分	平均分	标准差	数量
39. 79	31. 64	36. 727	2. 219	14

（二）分组城市特征分析

1. 经济基础

由各城市交通绿色发展指数排名可知，排名靠前的城市经济发展水平相对较高，经济基础较好。从系统论观点出发，经济、社会、环境构成相互关联的复杂系统，系统中各要素之间相互影响，相互关联。城市经济作用于交通系统，带来更多人口与出行需求，为经济结构转型，高新技术产业、“绿色”产业发展提供动力，对交通绿色发展发挥支撑性作用。广大人民群众对可持续发展的需求、交通“绿色化”需求催生绿色产业产值增长与绿色交通技术进步。同时，运行良好、通畅的绿色交通系统能够减少资源能源消耗、民众出行时间消耗，也为经济系统高效运转、经济进一步增长提供动力，因而，交通与经济两者相互作用，相辅相成。

如表 6 所示，对 3 个不同组别城市的 2016 年 GDP 情况进行对比发现，交通绿色发展水平与当地 GDP 呈正相关关系，绿色交通发展水平排前 10 位的城市的 GDP 平均值最高，为 11. 66791 万元/人，其中，最大值为深圳市，达到 16. 7411 万元/人，最小值为昆明市，达到 6. 4156 万元/人，其标准差最大，表明各城市之间经济发展水平差距大。第二组城市中，交通绿色发展水平居中，GDP 平均值居中，为 9. 41092143 万元/人，最大值为长沙，达到 12. 4286 万元/人，最小值为石家庄，达到 5. 5177 万元/人，标准差居中。GDP 最低的组别同为交通绿色发展水平最低组，其平均值为 6. 89232857 万元/人，最大值为呼和浩特市，为 10. 3235 万元/人，最小值为南宁市，为 5. 2723 万元/人，标准差最小，该组城市经济差距相对较小。

表 6　38 个城市 2016 年 GDP 情况统计

单位：万元/人，个

组别	平均值	最大值	最小值	标准差	数量
前 10 位城市	11.66791	16.7411	6.4156	2.98318570	10
第 11～24 位城市	9.41092143	12.4286	5.5177	2.24743534	14
第 25～38 位城市	6.89232857	10.3235	5.2723	1.27454951	14

2. 政府财政收支情况

政府财政收支情况对基础设施建设、政府公共服务职责的履行具有直接影响，由于智能化交通管理设施的建设、新能源汽车优惠政策的推广、公共交通系统的优化升级，政府部门在城市交通绿色发展过程中发挥主体性作用，财政收入高、能力强的地方政府在高质量城市交通建设上能够获得更大的支持力度。根据相关财政数据，京沪地区及江浙粤地区财政表现优良、收支平衡、收入平稳且风险控制较好，对上级转移支付的依赖性较弱，而西部偏远地区以及黑龙江、吉林等省份对上级财政依赖度较高，抗风险能力相对较弱。

表 7 为本报告 38 个城市 2016 年政府财政收支平衡率统计，反映出城市交通绿色发展水平与财政收支平衡率的正相关关系。交通绿色发展水平排前 10 位的城市，其财政收支平衡率在 3 个组别中最高，平均值为 0.861，最大值为苏州市（1.035），最小值为广州市（0.717），该组别中各城市之间差距相对较小。对于交通绿色发展水平处于第 11～24 位的城市，其政府财政收支平衡率为 0.799，最大值为杭州市（1.066），最小值为重庆市（0.548），在 3 组中居中。而绿色交通排名最后的 14 个城市，其财政收支平衡率最低，为 0.732，最大值为南宁市（1.382），最小值为拉萨市（0.361），反映该组城市政府财政状况相对较弱。

值得关注的是，第三组城市财政收支平衡率最大值均高于前两组城市，且标准差较大，表明该组各城市之间存在较大差异，财政收支状况并非城市交通绿色发展水平的唯一作用原因，政府治理能力、管理绩效在行政水平、各项政策的执行力中具有更为重要的作用。

表 7　38 个城市 2016 年政府财政收支平衡率统计

组别	平均值	最大值	最小值	标准差	数量(个)
前 10 位城市	0.861	1.035	0.717	0.100	10
第 11 ~24 位城市	0.799	1.066	0.548	0.127	14
第 25 ~38 位城市	0.732	1.382	0.361	0.273	14

注：财政收支平衡率取值由各城市 2016 年公共财政收入/公共财政支出得出。

3. 政府管理效能

城市交通绿色发展需要政府制定政策、有关部门合理进行交通规划、对公众行为予以有效引导，城市交通绿色发展水平与政府治理能力息息相关。但由于新中国成立初期实施计划经济体制到 1978 年改革开放后具有中国特色的社会主义市场经济体制逐步形成，政府在市场经济中仍具有强势地位，同时行政管理体制改革进程滞后于经济体制改革，产生了不可避免的矛盾与冲突，尽管近年来“简化政权”等政治体制改革措施力度加大，但过去政府公共服务理念的缺失给政府公信力造成消极影响，累积的一定的社会问题制约我国经济可持续发展。城市交通绿色发展是经济可持续发展的重要部分，也是广大人民群众的基本诉求，对我国政府、各级地方行政机关的经济社会治理能力提出了挑战。

目前已有关于各级政府绩效的测算，但公开数据较少，本报告引用“2016 年中国地方政府管理效能排行榜”中的数据，由于 4 个直辖市资料的缺失，本报告将其余 34 个城市政府的管理效能排名进行分类统计（如表 8 所示）。交通绿色发展水平排名靠前的组别，其政府管理效能排名靠前，如交通绿色发展水平前 10 位的城市的政府管理效能全国平均排名为第 19，效能最好的是深圳市，排全国首位，该组别最差的为武汉市，全国排第 61 位，其中，广州、苏州、南京、厦门市政府效能均进入全国前 10，依次排第 4、5、9、10 位，该组别整体政府管理效能相对处于优良水平。交通绿色发展水平处于第 11 ~24 位的城市的政府管理效能全国平均排第 60 位，其中，效能排名最高的为西安市，排全国第 15 位，效能排名最低的是石家庄市，为全国第177位，该组城市政府管理效能差异较大，整体水平与绿色交通发展水平前10名城市相比较弱。处于城市交通绿色发展水平第25~38位的城市政府管理效能全国平均排第86位，最靠前的为福州，排全国第27位，最靠后的为兰州，排全国第189位。通过对比交通绿色发展水平排名与各城市政府管理效能排名，基本能够看出两者之间呈正相关关系。在目前背景下，地方政府治理能力与水平是影响当地经济社会进程的重要因素，也是促进交通绿色发展的重要推动力，因而提升政府效能，制定有利于绿色交通实践的关键政策是发展绿色交通的必行之路。

表8　34个城市2016年政府管理效能排名情况统计

组别	平均值	最大值	最小值	标准差	数量(个)
前10位城市	19	61	1	22	8
第11~24位城市	60	177	15	58	12
第25~38位城市	86	189	27	47	14

4. 城区人口增长率

城市交通拥堵问题是伴随着城镇化进程中城市人口膨胀而产生的。城市交通的规划建设与城市人口的交通需求之间的匹配程度决定城市交通状况。城镇化进程速度快、城市人口增长率高将对城市交通基础设施改造升级、交通规划与管理水平提升带来挑战。

本报告统计2016年全国38个主要城市的城区人口增长情况（如表9所示），交通绿色发展水平居中的第11~24位城市，其2016年人口增长率最低，“绿色”水平最高的前10位城市，其人口增长率最高，“绿色”水平最低的第25~38位城市，其人口增长速度在3个组别中居中，“绿色”水平与人口增长速度整体表现为“U”形关系。第一组中人口平均增长率为8.906%，最高为深圳，达到21.300%，最低为上海，仅为0.490%，标准差为5.580%，为三组中最大；第二组平均值为7.981%，最高为石家庄，为11.880%，最低为大连，为2.910%，标准差为2.533%，为三组中最小；

第三组中城区人口增长率平均值为8.406%，最高为合肥，为14.440%，最低为沈阳，为1.310%，标准差为3.584%，在三组中居中。

表9 38个城市2016年城区人口增长率统计

单位：%，个

组别	平均值	最大值	最小值	标准差	数量
前10位城市	8.906	21.300	0.490	5.580	10
第11~24位城市	7.981	11.880	2.910	2.533	14
第25~38位城市	8.406	14.440	1.310	3.584	14

"U"形两端为交通"绿色"度最高与最低的组别。观察可知，排名前10的城市除北京、上海、广州、深圳这些一线城市之外，苏州、南京、武汉、成都均为长三角、长江中游地区与西部地区经济中心城市，聚集大量资金、人才优势，有利于实现更为科学合理的交通规划与建设，同时，鉴于上述城市的落户门槛，其居民受教育程度相对较高，环保意识与环境敏感性较高，有利于相关政策、知识的宣传教育，因此，尽管该组城市人口增长速度快，但仍能够实现人口增长与城市交通的协调发展。"绿色"度排名靠后的14个城市的城区人口增长率处于"U"形另一端，表明该组城市交通与人口增长的适应性较弱，交通建设与规划未能满足居民增长的出行需求，其交通绿色发展空间较大。位于"U"形底端的是"绿色"度排第11~24位的城市，人口增速在整体排名中相对较低，交通绿色发展处于中等水平。因而，应践行绿色发展理念，绿色交通系统的构建应当着眼于城镇化发展的宏观背景，全方位考虑人口、用地、城市布局等方面，使之与资源环境和谐发展。

5. 居民交通出行意识习惯

"十二五"规划明确指出，鼓励居民选择绿色出行方式、倡导绿色出行，绿色出行首次进入国家级规划；2013年的《循环经济发展战略及近期行动计划》和《大气污染防治行动计划》表明，倡导绿色出行、鼓励绿色出行；虽然绿色出行已得到一定程度的关注，但我国的现实情况是私家车出行仍为大多数居民的理想出行方式，出行方式选择和绿色出行在不同出行特性、出行偏好和出行者属性上存在显著差异，且在一、二、三、四线等不同经济等级城市间存在显著差异（杨冉冉，2016）。

研究认为，搭乘公共交通工具是一线城市居民的主要出行方式，私家车出行比例最高的是四线城市；调查表明，城市等级越高，在总出行群体中，以通勤为出行目的的居民比例越低，而出行距离、出行耗时和出行紧迫度均有所增加；其他生活出行、出行耗时较多的群体的绿色出行行为的实施率较高，因而，一线城市北京、上海、广州、深圳在公共交通出行主导的基础上，其绿色出行水平高于其他城市。

城市居民自身作为经济社会的主体，环保意识与日常习惯起重要作用，调查显示，越来越多的民众意识到个人行为将对环境保护产生一定程度的影响。环保贡献度、垃圾分类、自带购物袋购物等的调查均给出高度肯定回答；对于为环保组织捐款、做环保义工等问题，参与意愿也比较乐观，民众的环保意识普遍较强。本报告以上海交通大学《城市居民环保意识调查报告》中的“PM2.5 认识程度”数据表示居民环境保护意识，由于新疆、西藏等地缺乏数据，利用可获得的 34 个城市数据得出三组城市居民环保意识特征情况。

如表 10 所示，交通绿色发展水平排前 10 位的城市居民环保意识最强，意识最高的为北京市（2.220 分，为最小值），意识最低的为昆明市（2.710 分，为最大值）。在绿色交通发展水平排第 11 ~ 24 位的城市中，居民环保意识最高的为青岛市，得分为 2.370 分，最低的为重庆市，得分为 2.690 分，该组别平均值为 2.527 分。对于交通绿色发展水平靠后的 12 个城市而言，其居民环保意识相对较弱，平均值为 2.605 分，最高的为合肥（2.430 分），最低的为太原（2.770 分）。整体而言，交通绿色发展水平与居民环保意识呈正相关关系。政府及环保非营利组织应当大力宣传有关绿色出行与交通绿色发展的知识，有关部门制定相关政策奖励绿色出行，鼓励其选择低碳绿色的公共交通工具，推广绿色交通理念，增强居民的环保意识，调动交通出行主体的环保主观能动性，是促进城市绿色交通发展的重要一环。

表 10　34 个城市 2016 年环保意识得分统计

单位：分，个

组别	平均值	最大值	最小值	标准差	数量
前 10 位城市	2.479	2.710	2.220	0.121	9
第 11～24 位城市	2.527	2.690	2.370	0.084	13
第 25～38 位城市	2.605	2.770	2.430	0.089	12

注：数值越小，表示居民环保意识越强。

二　典型城市交通绿色发展状况原因分析

城市交通绿色发展是对交通设施设备的改善、城市居民出行环境的优化、适时合理交通政策的制定、科学有效的交通管理手段及其出行者环保意识的改变。首先，交通基础设施建设，如道路布局规划等，应当采取适度超前的原则，其规模、质量应当与城市需求相符合，并以绿色交通为理念，大力发展交通管理技术，通过创新技术手段，结合交通政策的制定与实施，达到绿色交通的目标。其次，城市居民是交通出行活动的直接参与者，也是相关交通政策的利益主体，其对交通出行方式的选择将对绿色交通起重要作用。上述各部分共同构成了交通系统。各要素的相互协调程度则决定了城市交通系统的绿色发展程度。

（一）前5位城市形成原因

结合模糊综合评价法及物元可拓学对国内 38 个城市进行综合评价，由得出的综合评价结果可知，排名靠前的 5 个城市分别为：北京、深圳、苏州、广州和南京。其绿色交通发展状况优于国内其他城市的主要原因可归纳为以下几点。

1. 资金投入多

北京、深圳、苏州、广州和南京都属于特级或一线发达城市，经济发展水平高，速度快，同时政府愿意并能够将大量资金投入绿色交通发展建设中，从而引导资金充裕—发展水平高的良性循环。

2. 道路设施规划与土地利用整合

城市的交通规划设计与周边的用地性质和开发强度相协调，使交通系统支撑城市功能和空间发展战略的实现。上述城市基本由 TOD 模式主导，以公共交通为核心进行城市规划建设，有效引导人口流动与城市区位，使公共交通与城市需求协调适应。

3. 道路交通设施规划与配置

（1）道路网络及设施规划

在绿色发展理念的基础上，构建城市交通网络设施，包括公交、轨道交通、私家车、自行车、停车设施及步行设施等。值得注意的是，交通方式内部及交通方式之间的换乘便捷性对出行体验十分重要。应设置多个交通枢纽站，注重不同交通方式的换乘与衔接。

公交及轨道网络。完善公交站点及线路网络，同时考虑城区及远郊交通需求的不同特征，满足不同群体的出行需要，设置便捷性、人性化的线路及时间，提升城市居民满意度。

机动车网络。近年来，我国机动车保有量不断攀升，对绿色交通发展提出了挑战，带来了交通拥堵、乱停乱放等问题。为合理控制机动车保有量，上海、北京、广州、深圳等实施私家车限购政策，在一定程度上使交通拥堵、排放污染等方面有所缓解，也促进了新能源汽车需求的增加。

步行道路。休闲、购物或换乘其他交通工具是城市居民以步行为出行方式的主要情景。排名靠前的上述城市有针对性地规划了相应的步行系统。在居民住宅区周边规划步行道路及休闲景观或娱乐设施；在商业街区周边打造购物步行街，并充分考虑各交通方式的换乘与衔接，在实践中将交通规划与土地利用规划相结合，体现绿色交通理念。

（2）交通工具

交通工具是交通系统的基础组成部分，其一是购置节能环保的设施设备以用于公共交通服务，如北京、深圳等城市多选用电力驱动、清洁能源或混合动力车辆，以减少尾气排放、噪声污染等；其二是采用灵活多样的运营方式，选用多节可铰接车体的公交车，在出行人数较多时，可将多节车组装，在出行需求水平较低时，则供应单辆车，促进公交运营效率提高。公共自行车对于交通方式的衔接也十分重要。我国近年来共享单车的发展热潮不断出现，也产生了一些问题，北京、深圳、广州等率先出台相应管理政策，满足了居民基本出行的需要，有效抑制了行业的盲目扩张，取得了较好的治理效果。

4. 交通管理策略

在城市交通管理方面，其一是信息管理与发布，加强对交通大数据平台的投入，科学进行流量预测，调整公共交通运行图，设置有关网站、微信公众号、广播电台等，及时发布相关信息，为出行者出行决策提供依据；其二是公交优先控制策略，在信号交叉口灵活采用公交停车线提前、公交专用相位、公交信号早启、公交信号延时等交通组织控制方法，减少公交运行延误。公交干线上采用以公交延误程度最小为目标的绿波控制策略，减少公交行程时间。

城市交通应当重点保障居民出行安全。排名靠前的主要城市对事故率较高的主要街区的信号等设置行人通行最短时间与过街标线最短间距，为出行者提供相对安全的出行环境。

5. 绿色交通政策

政府制定有效支持政策，有助于引导绿色交通系统的形成。在经济手段上，充分利用补贴、收费政策，实施低能耗交通补贴与拥堵收费政策等。为高排放车辆适当增加税费，停车场分时段收费，均取得了较好的效果。同时，在人流密集的主要街区设置公共自行车站点，以免费租用的形式鼓励低碳环保的出行方式，极大地提高了公共交通分担比例，缓解拥堵，改善交通环境。

同时，北京、广州、深圳的新能源优惠政策引导民众选用节能环保的交通工具，在城市交通中推广电动汽车和混合动力车，推行环保交通工具购置使用税收和补贴政策，以鼓励私人购买电动汽车等。

6. 绿色交通文化建设

交通出行是社会文化的体现，树立交通绿色发展文化理念也是构建绿色交通体系的核心内容之一。北京、广州、深圳等城市注重宣传绿色交通理念，倡导低碳出行，在电视、网络及交通媒体中播放宣传视频，普及有关知识，提高对环境与交通问题的认识水平，开展多样化活动，增加与拓宽传播手段与宣传范围，促进绿色出行意识深入，引导绿色出行。

（二）后5位城市形成原因

结合模糊综合评价法及物元可拓学对国内 38 个城市进行综合评价，由得出的综合评价结果可知，排名靠后的 5 个城市分别为：银川、拉萨、太原、呼和浩特和西宁，几乎全部为西部城市。其绿色交通发展水平滞后的主要原因可归纳为以下几点。

1. 经济落后，资金投入少

我国东部和中部地区人口稠密，居民收入水平较高。相反，西部地区人口密度小，居民收入水平较低，自身市场狭小，发展基础薄弱。自然环境复杂，公路基础差，地方财政有限。西部局部地区环境恶劣，人烟稀少，对于交通设施及配套管理的技术和高技术人才质量和数量要求提高，需要使交通线路优化配置与人口、自然资源分布相结合。

由于西部地区自然条件、区位劣势等因素的制约，西部经济发展落后，交通闭塞。政府在绿色交通发展方面投入的人力、物力水平都不高，从而导致绿色交通发展在物质层面匮乏，进而出现了较为明显的滞后。

2. 道路承载力与车辆的快速增长不相适应

近年来，随着西部城镇化进程的不断推进和人民生活水平的提高，各类车辆的拥有量逐年增长，截至 2016 年 12 月，呼和浩特机动车保有量达到了 987199 辆。车辆数量虽然快速增长，但公路的承载能力跟不上发展，造成交通拥堵等一系列问题。

3. 公共交通系统发展不完善

从总体上讲，西部交通运输的装备技术水平和服务化水平与发达地区有较大差距。当然这也受西部的经济发展水平和区域性地理环境因素制约，如在货运重载、客运高速、自动化管理、公路运输场站服务方面发展缓慢。

西部地区各城市公共交通系统发展普遍还存在公共交通基础设施欠缺、公交线网密度不够、站点覆盖率不高和公交公司运营困难等不完善的地方。公交基础设施方面，西部地区多数城市统一的公交停车场较少，新能源公交车的充电设施较少，不能较好地满足公交运行的需求。公交路线、站点设计尚有缺陷，部分路线设计不能满足老百姓的实际需求，转乘次数多；公交站点覆盖率低，许多城市城区内部分路段还没有公交站点。除此之外，目前西部地区部分城市的公交车运营处于严重亏损状态，这也是制约其公共交通发展的重要原因之一。

4. 居民交通环保意识薄弱

相关调查显示，居民的环保意识与居民的文化水平等因素具有相关性，居民的文化水平越高，环保意识越强。银川、拉萨、呼和浩特等地属经济欠发达地区，人口受教育程度普遍不高。以呼和浩特为例，第六次全国人口普查数据显示，全市常住人口中，文盲率为 4.21%，高于省平均水平（4.01%）。大专以上学历人才占比仅为 20.9%，每万人中研究生以上学历人数更少。西部地区城市居民的文化水平现状在一定程度上影响了居民的环保意识。银川、拉萨等地市民对绿色出行的了解多来自电视和网络等媒体，立法程序、舆论宣传欠缺，环保知识的宣传方式单一和缺少致使居民环保意识未能明显提升。

5. 交通管理技术水平低下

交通控制管理方式和交通安全设施的现代化对及时高效反馈信息至关重要。排名靠后的城市受经济实力限制，技术水平相对落后，存在设施不足、管理疏漏等问题。就停车设施而言，其未能利用信息化、智能化手段，应合理规划、控制流量，减少拥挤堵塞和行车事故等问题。要提高交通管理技术水平，建立严密的交通法规、管理规划及交通设施管理规范，以实现交通建设和管理的持续发展。

6. 交通管理条块分割

对于排名靠后的西部地区城市，其运输市场发展不完善，运输管理水平偏低，目前的交通运输体系处于多头管理、条块分割的状态。其绿色交通项目建设涉及交通、建设、规划、公安、财政、环保部门及公交公司、出租车公司等众多部门和组织，绿色交通的规划、建设、管理等也分属于不同系统，使绿色交通建设项目进展缓慢。同时，由于交通管理涉及面广，各级管理机构往往从不同角度做出指示和决定，缺乏完善的反馈系统。

7. 绿色交通设施后期管理不到位

目前西部地区大部分城市绿色交通的发展仍处于起步阶段，对于建成之后的绿色交通设施的管理尚缺乏经验。目前已建成的一些慢行系统的设施正面临后期管理的难题，比如部分自行车专用道，人为损坏、占用道路现象严重；再如对自行车租赁系统的一些尝试最后由于后期管理不到位、经费欠缺等因素以失败告终。

8. 人才缺失

中东部地区经济持续快速发展，对西部地区人力资源产生虹吸效应，人才的稀缺导致西部地区大部分城市在发展绿色交通的过程中缺乏新思路、新方法，从而循规蹈矩，缺乏创新，阻碍了绿色交通的发展。

参考文献

《城市居民环保意识调查报告》，上海交通大学，2017。

史玲：《我国绿色交通发展中的政府职能研究》，南京工业大学硕士学位论文，2013。

唐任伍、唐天伟、李林、刘文宇：《2016 年中国地方政府管理效能排行榜》，《管理观察》2017 年第 1 期，第 16 ~ 19 页。

王磊、钟杨:《中国城市居民环保态度、行为类别及影响因素研究——基于中国 34 个城市的调查》,《上海交通大学学报》（哲学社会科学版）2014 年第 6 期，第 63 ~ 73 页。

杨冉冉:《城市居民绿色出行行为的驱动机理与政策研究》，中国矿业大学博士学位论文，2016。

B.7

中国城市交通绿色发展指数分解研究

林晓言　张泽华*

摘　要： 本报告对城市交通绿色发展指数进行分解研究，针对全国38个主要城市，分别对功能指数、经济指数、社会指数、生态指数与治理指数进行测算，得出五大指数排名。其中，功能指数位列前3的是深圳、苏州、南京，经济指数位列前3的是北京、上海、广州，社会指数位列前3的是拉萨、上海、厦门，生态指数位列前3的是佛山、乌鲁木齐、苏州，治理指数位列前3的是哈尔滨、海口、昆明。

关键词： 城市交通　绿色发展　指数分解

一　功能指数

（一）功能指数统计结果综合分析

功能指数又被称为绿色交通设施指数，是城市道路网密度、公交线网密度、每万人拥有的公交车数量、地铁线网密度、每万人拥有的民用汽车数量以及每万人拥有的出租车数量六类指标的加权结果。经统计分析，所得38个城市的功能指数比较如表1所示。

* 林晓言，博士，北京交通大学经济管理学院，教授，博士生导师，北京交通发展研究基地主任，首都高端智库北京综合交通发展研究院副院长，研究方向为运输经济学、技术经济学；张泽华，北京交通大学经济管理学院硕士研究生，研究方向为运输经济学、技术经济学。

表 1　38 个城市的功能指数比较

排名	城市	功能指数	排名	城市	功能指数
1	深圳	67.58	21	合肥	39.15
2	苏州	66.68	22	石家庄	39.00
3	南京	59.66	23	厦门	38.57
4	武汉	58.94	24	青岛	38.24
5	上海	54.10	25	西宁	38.22
6	杭州	54.00	26	南昌	37.75
7	成都	51.95	27	济南	37.05
8	大连	51.53	28	福州	34.62
9	广州	49.42	29	沈阳	34.16
10	佛山	49.32	30	拉萨	33.88
11	昆明	46.50	31	贵阳	33.59
12	长沙	46.25	32	哈尔滨	33.09
13	宁波	45.84	33	海口	30.96
14	北京	45.19	34	乌鲁木齐	30.62
15	天津	45.09	35	太原	30.37
16	长春	43.48	36	兰州	28.95
17	西安	42.76	37	银川	27.64
18	南宁	40.98	38	呼和浩特	26.70
19	重庆	39.58	—	平均值	42.39
20	郑州	39.37	—	中位数	39.47

根据以上分析，38 个城市中有两个城市的功能指数超过 60，分别为深圳和苏州。其中，深圳市的功能指数排名第一，为 67.58，苏州市紧随其后，功能指数为 66.68。单纯看功能指数没有任何意义，因此取平均值和中位数进行相对分析。用平均值反映数据的平均大小，以代表数据的总体“平均水平”；中位数作为一条分界线，将数据分成前半部分和后半部分，因此用来代表一组数据的“中等水平”。

38 个城市的功能指数平均值为 42.39，超过平均值的城市共有 17 个，除深圳和苏州之外，其余 15 个城市分别为南京、武汉、上海、杭州、成都、大连、广州、佛山、昆明、长沙、宁波、北京、天津、长春和西安。低于平均值的城市共有 21 个，分别为南宁、重庆、郑州、合肥、石家庄、厦门、青岛、西宁、南昌、济南、福州、沈阳、拉萨、贵阳、哈尔滨、海口、乌鲁木齐、太原、兰州、银川、呼和浩特。其中，功能指数低于30的城市有三个，分别为兰州、银川、呼和浩特，具体数值分别为28.95、27.64、26.70。另外，38个城市的功能指数中位数39.47和平均值42.39相差不大，中位数之上的城市比平均值之上的城市多两个，为南宁（40.98）、重庆（39.58）。

对38个城市进行简单分析后发现，功能指数排名靠前的城市多为东部地区城市，如排名前六的城市为深圳、苏州、南京、武汉、上海、杭州，排名靠后的城市多为西部地区城市，如后三名的兰州、银川、呼和浩特。总体上，我们认为，东部地区的功能指数高于西部地区，即东部地区绿色交通设施建设完备程度优于西部地区。地区之间的比较更能反映绿色交通设施发展程度，因此有必要对东部、中部、西部以及东北地区的功能指数做详细比较。

（二）功能指数区域比较

将38个城市按照地区分类，分为东部、中部、西部、东北地区，并汇总四大地区各城市的功能指数以及四大地区的功能指数平均值（如表2所示）。

表2　东部、中部、西部、东北地区功能指数比较

排名	东部地区	功能指数	排名	东部地区	功能指数
1	深圳	67.58	14	青岛	38.24
2	苏州	66.68	15	济南	37.05
3	南京	59.66	16	福州	34.62
4	上海	54.10	17	海口	30.96
5	杭州	54.00	—	平均值	47.46
6	大连	51.53	排名	东北地区	功能指数
7	广州	49.42	1	长春	43.48
8	佛山	49.32	2	沈阳	34.16
9	宁波	45.84	3	哈尔滨	33.09
10	北京	45.19	—	平均值	36.91
11	天津	45.09	排名	中部地区	功能指数
12	石家庄	39.00	1	武汉	58.94
13	厦门	38.57	2	长沙	46.25

续表

排名	中部地区	功能指数
3	郑州	39.37
4	合肥	39.15
5	南昌	37.75
6	太原	30.37
—	平均值	41.97

排名	西部地区	功能指数
1	成都	51.95
2	昆明	46.50
3	西安	42.76
4	南宁	40.98
5	重庆	39.58
6	西宁	38.22
7	拉萨	33.88
8	贵阳	33.59
9	乌鲁木齐	30.62
10	兰州	28.95
11	银川	27.64
12	呼和浩特	26.70
—	平均值	36.78

据此，我们得知四大地区的功能指数平均值排名顺序为东部地区、中部地区、东北地区、西部地区，分别为47.46、41.97、36.91、36.78。很显然，功能指数排名和地区经济发展程度高度正相关。这主要是因为经济发展程度与绿色交通设施建设密切相关，经济发展程度高的地区有着比较高的城市道路网密度、公交线网密度、每万人拥有的公交车数量、地铁线网密度。

以下对四大地区功能指数进行详细分析。东部地区功能指数平均值为47.46，超过全国功能指数平均值（42.39），具体来说，17个城市中有11个城市的功能指数超过全国平均值，超出率为64.71%；中部地区功能指数平均值为41.97，接近全国功能指数平均值，中部地区的6个城市中超过全国功能指数平均值的城市有2个，分别为武汉和长沙，超出率为33.33%；东北地区的功能指数平均值为36.91，低于全国平均值，仅有长春的功能指数大于全国平均值，为43.48；西部地区的功能指数平均值仅为36.78，远低于全国平均值，西部地区的12个城市中仅有成都、昆明、西安的功能指数大于全国平均值，分别为51.95、46.50、42.76，超出率仅为25.00%。

（三）功能指数改进对策

针对各大城市功能指数偏低提出改进性对策，对38个城市的功能指数及绿色交通设施指标进行汇总比较（如表3所示）。

为直观反映某个城市的功能指数的分值高低主要受哪几个指标的影响，将平均值作为界线，运用公式（1）测算某个指标相对平均值的幅度变化：

$$f_{ij} = k\frac{X_{ij} - \overline{X_j}}{\overline{X_j}} \tag{1}$$

f_{ij}、X_{ij}、$\overline{X_j}$ 三个指标的含义如下。

f_{ij}：i 城市的第 j 个指标相对于38个城市平均值的幅度变化。

X_{ij}：i 城市的第 j 个指标的具体数值。

$\overline{X_j}$：38个城市 j 指标的平均值。

其中 $i=1, 2, 3, \cdots, 38$，$j=1, 2, 3, \cdots, 6$。$j=1, 2, 3, 4, 5, 6$，分别表示城市道路网密度、公交线网密度、每万人拥有的公交车数量、地铁线网密度、每万人拥有的民用汽车数量、每万人拥有的出租车数量六个指标。又因为城市道路网密度、公交线网密度、每万人拥有的公交车数量、地铁线网密度四个指标与功能指数成正比，每万人拥有的民用汽车数量、每万人拥有的出租车数量两个指标与功能指数成反比，所以当 $j=1, 2, 3, 4$ 时，$k=1$；当 $j=5, 6$ 时，$k=-1$。

1. 典型城市分析

根据以上分析，可以得出各城市功能指数的得分细节原因。本报告以深圳、苏州、南京、武汉、兰州、银川、呼和浩特为例进行分析。

深圳市的功能指数在38个城市中排名第一，公交线网密度、每万人拥有的公交车数量、地铁线网密度、每万人拥有的出租车数量四个指标的具体数值皆优于平均值，优于平均值的幅度分别为52.00%、224.83%、100.00%、10.51%。公交线网密度、每万人拥有的公交车数量、地铁线网密

表 3　38 个城市功能指数及绿色交通设施指标汇总比较

排名	城市	功能指数	城市道路网密度		公交线网密度		每万人拥有的公交车数量		地铁线网密度		每万人拥有的民用汽车数量		每万人拥有的出租车数量	
			数值（km/km^2）	幅度（%）	数值（km/km^2）	幅度（%）	数值（辆）	幅度（%）	数值（km/km^2）	幅度（%）	数值（辆）	幅度（%）	数值（辆）	幅度（%）
1	深圳	67.58	13.24	-7.99	23.53	52.00	28.00	224.83	0.32	100.00	0.83	-151.52	14.99	10.51
2	苏州	66.68	32.98	129.19	28.37	83.27	5.01	-41.88	0.26	62.50	0.48	-45.45	5.31	68.30
3	南京	59.66	19.40	34.82	12.78	-17.44	11.13	29.12	0.46	187.50	0.33	0.00	17.29	-3.22
4	武汉	58.94	17.94	24.67	17.89	15.57	8.34	-3.25	0.41	156.25	0.29	12.12	16.15	3.58
5	上海	54.10	8.15	-43.36	19.84	28.17	6.90	-19.95	0.48	200.00	0.22	33.33	19.54	-16.66
6	杭州	54.00	13.70	-4.79	27.40	77.00	9.55	10.79	0.23	43.75	0.36	-9.09	13.30	20.60
7	成都	51.95	15.58	8.27	19.77	27.71	6.78	-21.35	0.29	81.25	0.28	15.15	9.67	42.27
8	大连	51.53	11.96	-16.89	15.49	0.06	9.15	6.15	0.39	143.75	0.39	-18.18	19.64	-17.25
9	广州	49.42	9.32	-35.23	16.84	8.79	10.02	16.24	0.30	87.50	0.28	15.15	15.74	6.03
10	佛山	49.32	25.04	74.01	31.09	100.84	9.10	5.57	0.06	-62.50	0.57	-72.73	5.38	67.88
11	昆明	46.50	14.44	0.35	16.82	8.66	9.32	8.12	0.21	31.25	0.41	-24.24	11.96	28.60
12	长沙	46.25	15.07	4.73	14.47	-6.52	9.41	9.16	0.22	37.50	0.33	0.00	10.23	38.93
13	宁波	45.84	12.28	-14.66	17.93	15.83	6.49	-24.71	0.23	43.75	0.30	9.09	5.88	64.90
14	北京	45.19	10.08	-29.95	13.96	-9.82	10.45	21.23	0.42	162.50	0.40	-21.21	31.44	-87.70
15	天津	45.09	16.34	13.55	20.05	29.52	8.13	-5.68	0.19	18.75	0.26	21.21	20.45	-22.09
16	长春	43.48	15.23	5.84	25.67	65.83	5.77	-33.06	0.13	-18.75	0.19	42.42	20.45	-22.09
17	西安	42.76	15.96	10.91	12.78	-17.44	8.87	2.90	0.18	12.50	0.30	9.09	14.08	15.94
18	南宁	40.98	16.12	12.02	13.07	-15.57	4.71	-45.36	0.18	12.50	0.22	33.33	9.70	42.09
19	重庆	39.58	13.16	-8.55	12.41	-19.83	12.82	48.72	0.20	25.00	0.10	69.70	34.77	-107.58
20	郑州	39.37	11.22	-22.03	9.42	-39.15	6.41	-25.64	0.21	31.2	0.33	0.00	11.22	33.01

续表

排名	城市	功能指数	城市道路网密度		公交线网密度		每万人拥有的公交车数量		地铁线网密度		每万人拥有的民用汽车数量		每万人拥有的出租车数量	
			数值（km/km²）	幅度（%）	数值（km/km²）	幅度（%）	数值（辆）	幅度（%）	数值（km/km²）	幅度（%）	数值（辆）	幅度（%）	数值（辆）	幅度（%）
21	合肥	39.15	15.93	10.70	12.59	-18.67	6.25	-27.49	0.13	-18.75	0.20	39.39	11.96	28.60
22	石家庄	39.00	19.30	34.12	15.46	-0.13	4.53	-47.45	0.11	-31.25	0.25	24.24	7.19	57.07
23	厦门	38.57	13.03	-9.45	17.16	10.85	12.02	39.44	0.09	-43.75	1.04	-215.15	14.61	12.78
24	青岛	38.24	14.23	-1.11	15.77	1.87	7.84	-9.05	0.08	-50.00	0.28	15.15	10.92	34.81
25	西宁	38.22	8.75	-39.19	23.44	51.42	10.51	21.93	0.00	-100.00	0.20	39.39	24.32	-45.19
26	南昌	37.75	10.76	-25.23	10.28	-33.59	6.37	-26.10	0.17	6.25	0.14	57.58	10.15	39.40
27	济南	37.05	23.06	60.25	12.13	-21.64	7.57	-12.18	0.00	-100.00	0.28	15.15	12.38	26.09
28	福州	34.62	12.17	-15.43	12.40	-19.90	5.79	-32.83	0.09	-43.75	0.19	42.42	8.38	49.97
29	沈阳	34.16	13.18	-8.41	9.20	-40.57	6.57	-23.78	0.12	-25.00	0.22	33.33	21.52	-28.48
30	拉萨	33.88	22.39	55.59	13.68	-11.63	9.67	12.18	0.00	-100.00	0.37	-12.12	30.89	-84.42
31	贵阳	33.59	8.84	-38.57	16.78	8.40	6.96	-19.26	0.04	-75.00	0.28	15.15	18.99	-13.37
32	哈尔滨	33.09	12.57	-12.65	12.60	-18.60	7.70	-10.67	0.05	-68.75	0.15	54.55	18.91	-12.90
33	海口	30.96	11.05	-23.21	9.60	-37.98	7.13	-17.29	0.00	-100.00	0.46	-39.39	11.96	28.60
34	乌鲁木齐	30.62	7.67	-46.70	12.09	-21.90	13.30	54.29	0.00	-100.00	0.35	-6.06	35.15	-109.85
35	太原	30.37	14.42	0.21	8.82	-43.02	6.15	-28.65	0.00	-100.00	0.34	-3.03	20.11	-20.06
36	兰州	28.95	7.01	-51.29	10.54	-31.91	7.57	-12.18	0.00	-100.00	0.25	24.24	25.90	-54.63
37	银川	27.64	14.85	3.20	3.85	-75.13	8.30	-3.71	0.00	-100.00	0.39	-18.18	24.49	-46.21
38	呼和浩特	26.70	10.50	-27.03	2.45	-84.17	6.91	-19.84	0.00	-100.00	0.27	18.18	21.32	-27.28
—	平均值	42.39	14.39	0.00	15.48	0.00	8.62	0.00	0.16	0.00	0.33	0.00	16.75	0.00
—	最大值	67.58	32.98	129.19	31.09	1.01	28.00	2.25	0.48	2.00	1.04	0.70	35.15	0.68
—	最小值	26.70	7.01	-51.29	2.45	-0.84	4.53	-0.47	0.00	-1.00	0.10	-2.15	5.31	-1.10

度三个指标高出平均值的幅度为深圳市功能指数排名第一奠定了基础。美中不足的是，深圳市的城市道路网密度、每万人拥有的民用汽车数量相对平均值而言略低，变化幅度分别为 -7.99%、-151.52%。

对排名第二的苏州市进行详细分析。苏州市的城市道路网密度、公交线网密度、地铁线网密度、每万人拥有的出租车数量分别优于平均值129.19%、83.27%、62.50%、68.30%。但是每万人拥有的公交车数量和每万人拥有的民用汽车数量两个指标表现较差，变化幅度分别为 -41.88%、-45.45%。尤其是苏州市公交车的发展状况，在全国38个城市中几乎表现最差，排名倒数第三，仅强于石家庄的 -47.45%和南宁市的 -45.36%，因此，苏州市应该首先重点改善公交车发展状况，其次应控制民用汽车数量的增长。

相对深圳和苏州而言，排名第三、第四的南京和武汉并没有明显拉低城市绿色交通发展程度这一指标。南京市的城市道路网密度、公交线网密度、每万人拥有的公交车数量、地铁线网密度、每万人拥有的民用汽车数量、每万人拥有的出租车数量相对平均值而言，变化幅度分别为34.82%、-17.44%、29.12%、187.50%、0.00%、-3.22%；武汉市的城市道路网密度、公交线网密度、每万人拥有的公交车数量、地铁线网密度、每万人拥有的民用汽车数量、每万人拥有的出租车数量相对平均值而言，变化幅度分别为24.67%、15.57%、-3.25%、156.25%、12.12%、3.58%。整体而言，这两个城市的绿色交通基础设施发展较好，没有过差的指标，这两个城市要进一步改善城市绿色交通发展状况，重心应该放在负值指标和低分正值指标上。

呼和浩特在38个城市中功能指数排最后一位，除每万人拥有的民用汽车数量优于平均值18.18%之外，其余五个指标得分均很低，城市道路网密度、公交线网密度、每万人拥有的公交车数量、地铁线网密度、每万人拥有的出租车数量变化幅度分别为 -27.03%、-84.17%、-19.84%、-100.00%、-27.28%。排名倒数第二和倒数第三的银川和兰州表现程度跟呼和浩特相似，银川市除城市道路网密度略优于平均值3.20%外，其余均为负值；兰州市除每万人拥有的民用汽车数量优于平均值24.24%外，其余也均为负值。

对于城市道路网密度指标，38个城市中共有21个城市低于平均值，有11个城市的幅度低于-20%，分别为兰州、乌鲁木齐、上海、西宁、贵阳、广州、北京、呼和浩特、南昌、海口、郑州，具体数值为-51.29%、-46.70%、-43.36%、-39.19%、-38.57%、-35.23%、-29.95%、-27.03%、-25.23%、-23.21%、-22.03%。对于公交线网密度，共有21个城市低于平均值，有10个城市的幅度低于-20%，分别为呼和浩特、银川、太原、沈阳、郑州、海口、南昌、兰州、乌鲁木齐、济南，具体数值为-84.17%、-75.13%、-43.02%、-40.57%、-39.15%、-37.98%、-33.59%、-31.91%、-21.90%、-21.64%。从每万人拥有的公交车数量来看，共有12个城市的幅度低于-20%，分别为石家庄、南宁、苏州、长春、福州、太原、合肥、南昌、郑州、宁波、沈阳、成都，具体数值为-47.45%、-45.36%、-41.88%、-33.06%、-32.83%、-28.65%、-27.49%、-26.10%、-25.64%、-24.71%、-23.78%、-21.35%。

地铁的快速发展除提高城市的绿色交通发展程度之外，还带动了房地产、商铺、广告等产业的发展，甚至催生了新的城市格局，其投资潜力不可小觑，其所具有的社会效益和经济辐射效应是其他城市建设项目无法替代的。但地铁建设项目投资多、周期长、技术复杂，质量要求高。由于地铁是高造价、高成本运营的地下交通工具，投资建设和建成后的运营在世界范围内是一个难题。目前在世界范围内，除香港地铁之外，地铁是高亏损、高补贴的行业，地铁一般只能由政府用公共财政投资建设和维持运营，因此，各省份不能为单纯发展绿色交通而忽视地铁成本问题，对待地铁应“量力而行”。由于地铁的特殊性，国家明确规定，只有符合相关条件的城市才可以建设地铁，比如地方财政一般预算收入在100亿元以上；国内生产总值在1000亿元以上；城区人口在300万人以上；规划线路的客流规模在单向高峰小时3万人以上。对于目前不符合条件的城市，应该通过改善其他指标的形式提高城市绿色交通水平；对于符合条件的城市，应该结合“成本—效益”原则对建设地铁的必要性进行综合分析。

厦门、深圳、佛山、苏州、海口、昆明、北京七个城市的每万人拥有的民用汽车数量，变化幅度分别为 -215.15%、-151.52%、-72.73%、-45.45%、-39.39%、-24.24%、-21.21%。与同为高经济发展水平的北京市相比，厦门、深圳两个城市对民用汽车数量的限制程度更低，以至于两个城市每万人拥有的民用汽车数量偏离平均值 -215.15% 和 -151.52%，为进一步提高绿色交通发展水平，两市更应该将重心放在控制民用汽车数量方面。

从每万人拥有的出租车数量来看，全国共有 12 个城市的幅度低于 -20%，分别为乌鲁木齐、重庆、北京、拉萨、兰州、银川、西宁、沈阳、呼和浩特、天津、长春、太原，具体数值为 -109.85%、-107.58%、-87.70%、-84.42%、-54.63%、-46.21%、-45.19%、-28.48%、-27.28%、-22.09%、-22.09%、-20.06%。以上大部分城市有一个共同点，有着低于平均值的公交线网密度和每万人拥有的公交车数量。我们认为，无论是传统的出租车还是近几年兴起的网约车，都是市场的产物，在很大程度上，它是为了弥补公共交通功能不足产生的，在公共交通发展不佳的地方，该指标也表现较差，因此该指标不能成为提高城市绿色交通发展水平的重心指标。公共交通系统完善后，该指标会随之优化，若是硬性规划该指标，则可能造成市场需求无法正常满足的情况。

2. 功能指数发展对策

在现代城市中推行绿色交通理念的核心目的在于提高城市交通的环保生态水平，防止城市交通资源浪费与不当使用，减少有害物质在城市交通活动中的排放量，节约城市能源，防范交通拥堵现象对城市环境与可持续发展方面具有负面影响。通过在城市中推广绿色交通理念，进行各项交通设施的规划建设与管理，能够有效提高城市交通资源的综合利用效率，改善城市环境，提高城市交通设施利用水平与社会资源综合利用率，同时还可以节约能源，减少城市交通建设的各项资源投入与消耗，有效缓解城市交通供需矛盾，减少浪费，使城市的交通系统建设与城市发展的绿色生态原则结合，从而使城市环境的综合水平得到改善与提高。

对于现代城市而言，以绿色交通规划来指导城市的交通基础设施建设与管理工作，应主要把公平性与效率性原则作为核心方向，对各项城市交通设施进行管理，依据城市的绿色生态发展规划进行各项交通基础设施改造建设工作，从而使城市公共交通、道路管理、交通设施建设与管理服务与城市中的广大社会公众联系，构建健康和谐的城市交通网。城市交通管理工作与交通基础设施建设工作的统一规划应在城市绿色生态发展的整体目标指导下，使城市交通建设的生态环保水平达到系统化要求。具体到微观层面，包括在道路建设上合理设置绿化带与缓冲区域，根据学校、医院位置设置提示标识与减速带，为残疾人设计安全通行保护措施。针对河流、湿地等城市生态资源设计生物保护与环境保护交通改造方案等。

（1）慢行系统规划理念

①细密路网小街区

该设计理念主要针对城市居民的便捷交通出行需要，作为实施道路设计的指导思想开展各项设计工作，对于城市居民的出行而言，居住地点的位置与道路覆盖贯通能力的相互关系是保障交通出行需要可以得到有效满足的必要条件，因而根据居民的居住分布情况进行微观角度的路网设计，在有限的城市交通资源基础上，提高城市道路的综合利用率，采用科学的设计方案使居民出行的需求得到更为有效的满足，现代化城市交通设计理念要求对一些居民居住密集的地区进行与之配套的细密路网小街区设计，这样可以使路网规划满足居民的出行需求，从而提高路网交通的综合服务效能，解决交通资源闲置与浪费等问题。

②功能导向的独立慢行网络

这一交通设计理念主要针对的是人口密集的城市中心地带，由于居民日常在城市街道上出现的频率较高，因此车辆客观上不可能达到较高的通行速度，而为了更好地保障城市居民的交通安全，将有关街道设计成慢行街道，并将其分布在居民密集的城市区域当中可以使车辆通行速度得到控制，从而保障居民的出行安全，这样的道路网络就是功能导向的独立慢行网络。这一网络一方面要求车辆在行驶速度上可以控制在保障行人安全的范围内，另一方面也要防范由于车辆通行速度较慢而引发拥堵现象，因此应设计道路功能性设施，如单行道，进行全段禁停等交通功能规划以与慢行系统配套，才能使交通慢行系统的设计在空间上与居民出行安全需要及交通畅通管理需要相吻合，避免出现交通拥堵或交通管理秩序混乱问题。

城市交通慢行网络的建设要配套相关的通勤管理系统，通过通勤管理系统来有效检测与管理慢行网络中的交通通勤情况，使交通拥堵现象得到管理与控制，从而保障慢行系统的通勤功能，同时对系统中出现的事故与安全问题进行及时处理，避免交通秩序混乱。

在慢行网络的建设上还需要根据城市商业区与娱乐、居住等功能区域的分布进行灵活设计，使慢行交通网络更符合当地居民出行、购物、娱乐、从事商业活动的需要，一方面保障慢行网络具有更高的功能性，另一方面使网络设计更加合理，交通资源可以得到更为有效的利用。

③慢行系统与公共交通的有力衔接

在城市慢行网络的设计上，还要注意慢行交通网络与公交系统之间的科学衔接，由于慢行网络中机动车流量是被有意识限制的，因此其主要承载的是行人步行或骑行及非机动车出行的交通需要的满足，而此类交通需要往往具有与公共交通需要的衔接性，所以在慢行网络的设计上要注意将慢行交通网络与城市公交系统的站点设计进行协调，避免城市慢行网络与公交系统衔接出现问题，而导致居民出行方面的不便。通过二者的有效衔接，充分实施城市交通“步行、自行车＋公交”的绿色交通规划方案。

（2）人性化的设施及景观设计

对于城市绿色交通的设计而言，添加必要的交通设施人性化设计，是保障交通设计全面性、系统性与交通服务公平性的重要环节，通过在城市交通中科学安排人性化的交通配套设施，如儿童保护措施、残疾人无障碍过街设施、停车设施、过街地下通道、安全岛等，使城市交通的功能性得到提高，进而保障城市交通基础设施建设的系统化水平。近一段时间以来，共享单车在我国很多城市得到了大范围的普及与发展，这为城市交通提供了十分有效的资源补充，共享单车提供的城市交通需求可以使很多居民的步行出行与公交系统之间实现有效衔接，同时使一些短途出行需要可以直接通过共享单车得到满足。而且此类交通资源的建设不需要政府财政进行投资，可以充分节约城市交通建设资源，同时提高城市交通的综合效益，非常值得推广利用。不过在单车管理上要注意避免其过度集中在某些区域，以保障单车使用的便利性，其租赁点应尽量依据居民居住密集程度进行分布，并在公交系统站点位置设置单车停靠空间，以保障单车使用的便利性及发挥其对公交系统的服务补充支持作用。

在交通景观的设计方面，应将城市交通的一些人文景观或娱乐、休闲、绿化设施等进行结合并加以设计，使景观的美化作用得到更好的发挥，同时减少景观维护费用、降低景观维护难度，提高城市交通的综合效益。

二　经济指数

城市交通绿色发展的经济指数具体包含城市轨道交通与道路桥梁固定资产投资、节约乘客出行时间的效益、节约能源的效益、带动沿线土地升值的效益四个指标。

（一）经济指数计算结果综合分析

首先通过层次分析法得出四个指标的权重，然后采用模糊综合评价法和物元可拓法分别进行计算，最后将两种方法的计算结果加权汇总，可以得出38个城市的经济指数得分以及排名情况（如表4所示）。

由表4可以看出，北京以81.7986分的绝对优势遥遥领先于其他样本城市。上海、广州两个城市的经济指数得分也十分亮眼，分别以72.7162分和56.2745分列第二位与第三位。武汉与深圳紧随其后，均实现了40分以上

表 4　38 个城市交通绿色发展经济指数得分

单位：分

排名	城市	得分	排名	城市	得分
1	北京	81.7986	20	南宁	27.8661
2	上海	72.7162	21	太原	27.6885
3	广州	56.2745	22	青岛	27.2977
4	武汉	42.0810	23	济南	27.0897
5	深圳	41.8978	24	厦门	26.3729
6	成都	38.8777	25	贵阳	25.4279
7	重庆	37.9705	26	长春	25.2734
8	南京	37.6610	27	佛山	25.2108
9	杭州	32.3911	28	兰州	25.1373
10	天津	31.3728	29	哈尔滨	24.6117
11	郑州	30.0578	30	大连	24.1306
12	西安	29.4830	31	乌鲁木齐	23.8666
13	昆明	29.4102	32	福州	23.4523
14	沈阳	28.9618	33	呼和浩特	23.0245
15	苏州	28.8914	34	合肥	22.6935
16	长沙	28.7143	35	海口	21.2711
17	南昌	28.5955	36	西宁	20.9967
18	宁波	28.4905	37	银川	20.9740
19	石家庄	27.8719	38	拉萨	20.4246

的成绩。得分在 30 分以上的城市有 11 个，其余 27 个城市的该项得分均位于（20，30）。合肥、海口、西宁、银川、拉萨分别以 22.6935 分、21.2711 分、20.9967 分、20.9740 分、20.4246 分排在后五位。

由表 5 可以得出，38 个城市经济指数得分的平均值为 31.4823 分；中位数略低于平均值，为 27.8690 分；最大值和最小值分别为 81.7986 分和 20.4246 分；标准差为 13.0790 分。38 个城市中，得分在平均值水平以上的有 9 个城市，分别为北京、上海、广州、武汉、深圳、成都、重庆、南京、杭州；得分在平均值以下的城市有 29 个。同时可以发现，平均值水平以上的 9 个城市间得分差异相对较大，而平均值水平以下的 29 个城市间得分差异却相对较小。得分在中位数以上的城市有 19 个，增加的 10 个城市依次为天津、郑州、西安、昆明、沈阳、苏州、长沙、南昌、宁波、石家庄。

表 5　经济指数得分描述性统计

单位：分

指标	平均值	中位数	最大值	最小值	标准差
经济指数得分	31.4823	27.8690	81.7986	20.4246	13.0790

通过对经济指数所包含的4项指标进行分解比较不难发现，经济越是发达的城市，其各项效益指标往往也越高，从而带动经济指数增长。北京、上海、广州、深圳这四大一线城市以及杭州、南京、武汉、重庆、成都等部分较为发达的二线城市的雄厚的经济基础便为城市公共交通投资和轨道交通的发展布局提供了强有力的保证，尤其是轨道交通的发展，可以同时带动多个效益指标的增长，对经济指数的提升贡献很大。

（二）经济指数的区域比较

东部地区、中部地区、西部地区、东北地区经济指数得分见表6、表7、表8、表9。

表 6　东部地区经济指数得分

单位：分

排名	东部地区	得分	排名	东部地区	得分
1	北　京	81.7986	12	济　南	27.0897
2	上　海	72.7162	13	厦　门	26.3729
3	广　州	56.2745	14	佛　山	25.2108
4	深　圳	41.8978	15	大　连	24.1306
5	南　京	37.6610	16	福　州	23.4523
6	杭　州	32.3911	17	海　口	21.2711
7	天　津	31.3728	平均值		36.1289
8	苏　州	28.8914	中位数		28.4905
9	宁　波	28.4905	最大值		81.7986
10	石家庄	27.8719	最小值		21.2711
11	青　岛	27.2977	标准差		17.6437

表 7　中部地区经济指数得分

单位：分

排名	中部地区	得分
1	武汉	42.0810
2	郑州	30.0578
3	长沙	28.7143
4	南昌	28.5955
5	太原	27.6885
6	合肥	22.6935
平均值		29.9718
中位数		28.6549
最大值		42.0810
最小值		22.6935
标准差		6.4545

表 8　西部地区经济指数得分

单位：分

排名	西部地区	得分	排名	西部地区	得分
1	成都	38.8777	10	西宁	20.9967
2	重庆	37.9705	11	银川	20.9740
3	西安	29.4830	12	拉萨	20.4246
4	昆明	29.4102	平均值		26.9549
5	南宁	27.8661	中位数		25.2826
6	贵阳	25.4279	最大值		38.8777
7	兰州	25.1373	最小值		20.4246
8	乌鲁木齐	23.8666	标准差		6.1886
9	呼和浩特	23.0245	—		—

表 9　东北地区经济指数得分

单位：分

排名	东北地区	得分
1	沈　阳	28.9618
2	长　春	25.2734
3	哈尔滨	24.6117
平均值		26.2823
中位数		25.2734
最大值		28.9618
最小值		24.6117
标准差		2.3440

从以上四大地区的经济指数得分可以看出，东部地区的综合表现最为突出，而东北地区的综合水平相对最低，中部地区与西部地区保持中等水平且相差不大。

从平均值来看，首先，东部地区经济指数得分平均值为36.1289分，也是四大地区的平均值中唯一超过30分的地区；东部地区的得分平均值较高，主要原因在于东部地区囊括了大部分经济发展较好的城市，38个城市中经济指数得分排名前10的城市里包括北京、上海、广州、深圳、南京、杭州、天津在内的7个城市位于东部地区，它们雄厚的经济基础为城市公共交通投资以及轨道交通的不断完善提供了强有力的保障，从而带动东部地区整体水平增长。其次，中部地区为29.9718分。近些年来，中部地区的经济发展势头迅猛，随着《促进中部地区崛起“十三五”规划》的印发，中部地区在全国区域发展格局中具有举足轻重的战略地位。武汉和郑州作为全国范围内重要的交通枢纽，也开始不断完善城市公共交通体系，分别以42.0810分和30.0578分引领中部地区整体水平提高，合肥市由于轨道交通的建设运行刚刚起步，各方面发展仍待完善，因此对其经济指数得分影响较大，以22.6935分位于中部地区的末位。再次，西部地区的平均值为26.9549分。西部地区经济指数得分保持领先地位的是成都和重庆，分别达到了38.8777分和37.9705分，两者无论在公共交通投资还是轨道交通的发展程度方面都较为相近；西安、昆明、南宁发展平稳，经济指数得分保持在中等水平；然而由于西部地区包含的城市大多经济发展水平相对较低，大半城市还未修建城市轨道交通，因此在该方面得分较低，38个城市中排名后10位的城市，有5个位于西部地区，从而导致西部地区整体水平较低。最后，东北地区为26.2823分，与西部地区的平均值相差不大。沈阳、长春、哈尔滨的轨道交通建设虽然有所发展，但仍处于起步阶段，公共交通投资方面也处于较低水平，从而导致东北地区整体水平不高，发展水平有待提高。

从中位数来看，中部地区的中位数最高，达到了28.6549分，表示半数城市的经济指数得分均位于该分数之上；东部地区紧随其后，为28.4905分，与平均值反映的地区情况略有出入，主要原因在于东部地区覆盖城市较多，各城市发展不均衡程度较高，虽有北上广深带头领跑，但仍有超过半数城市经济指数得分位于 28. 4905 分及以下。西部地区和东北地区的中位数与平均值反映的情况基本一致，分别为 25. 2826 分和 25. 2734 分，相差不大但都处于较低水平。

从标准差来看，东部地区的标准差最大，达到了 17. 6437 分，表明东部地区城市间经济指数的得分差异最大，其中北京市得分为东部地区的最大值（81. 7986 分），最小值为海口市的 21. 2711 分。中部地区与西部地区的标准差大致相同，分别为 6. 4545 分和 6. 1886 分，这两大地区内城市间经济指数得分的差异程度处于中等水平。东北地区的标准差最小，仅为 2. 3440 分，原因在于沈阳、长春、哈尔滨在经济指数方面的发展程度相差无几，东北地区经济指数得分的最大值为沈阳的 28. 9618 分，最小值为哈尔滨的 24. 6117 分。

（三）经济指数的改进对策

1. 典型城市分析

在对各个城市的经济指数提出改进对策之前，首先要明确不同城市在经济指数发展方面的欠缺，只有明确发现问题，才能提出更有针对性的建议，因此，本报告对 38 个城市的经济指数及其包含的各项指标进行综合比较（如表 10 所示）。

为直观反映某个城市的经济指数分值高低受哪些指标的影响程度更大，将平均值作为界线，运用公式（2）测算某个指标相对平均值的幅度变化：

$$f_{ij} = k\frac{X_{ij} - \overline{X_j}}{\overline{X_j}} \tag{2}$$

其中，f_{ij}：i 城市的第 j 个指标相对于 38 个城市平均值的幅度变化。X_{ij}：i 城市的第 j 个指标的具体数值。

$\overline{X_j}$：38 个城市 j 指标的平均值。

$i = 1,2,3,\cdots,38$，$j = 1,2,3,4$。$j = 1,2,3,4$，分别代表城市轨道交通与道路桥梁固定资产投资、节约乘客出行时间的效益、节约能源的效益、带动沿线土地升值的效益。这四个指标都与经济指数成正比，因此这里将 k 取值为 1。

表10　38个城市经济指数各指标汇总比较

排名	城市	经济指数	城市轨道交通与道路桥梁固定资产投资		节约乘客出行时间的效益		节约能源的效益		带动沿线土地升值的效益	
			数值(亿元)	幅度(%)	数值(亿元)	幅度(%)	数值(KJ)	幅度(%)	数值(%)	幅度(%)
1	北京	81.80	522.37	154	8052.91	1663	4.52E+17	1421	47.39	-4
2	上海	72.72	431.09	109	4622.05	912	3.81E+17	1183	70.99	44
3	广州	56.27	250.89	22	1995.58	337	1.34E+17	352	155.92	215
4	武汉	42.08	708.79	244	167.04	-63	2.25E+16	-24	15.64	-68
5	深圳	41.90	256.78	25	1009.74	121	5.49E+16	85	29.37	-41
6	成都	38.88	524.37	155	123.75	-73	1.19E+16	-6	39.86	-19
7	重庆	37.97	610.34	196	429.56	-6	2.18E+16	-27	-137.04	-377
8	南京	37.66	286.22	39	506.50	11	2.71E+16	-9	31.77	-36
9	杭州	32.39	281.14	36	41.86	-91	1.38E+15	-95	81.72	65
10	天津	31.37	246.00	19	75.93	-83	4.73E+15	-84	10.08	-80
11	郑州	30.06	269.81	31	12.20	-97	6.25E+14	-98	43.07	-13
12	西安	29.48	193.04	-6	43.32	-91	4.39E+15	-85	11.59	-77
13	昆明	29.41	184.49	-10	11.51	-97	5.34E+14	-98	109.91	122
14	沈阳	28.96	89.66	-56	18.86	-96	2.75E+15	-91	111.34	125
15	苏州	28.89	169.25	-18	12.38	-97	1.36E+15	-95	55.62	12
16	长沙	28.71	117.31	-43	24.46	-95	1.05E+15	-96	177.98	260
17	南昌	28.60	113.59	-45	3.26	-99	3.37E+14	-99	155.32	214
18	宁波	28.49	192.89	-6	13.64	-97	1.01E+15	-97	35.61	-28
19	石家庄	27.87	109.06	-47	3.85	-99	1.05E+15	-96	81.02	64
20	南宁	27.87	260.96	27	0.34	-100	3.59E+12	-100	75.73	53

续表

排名	城市	经济指数	城市轨道交通与道路桥梁固定资产投资		节约乘客出行时间的效益		节约能源的效益		带动沿线土地升值的效益	
			数值(亿元)	幅度(%)	数值(亿元)	幅度(%)	数值(KJ)	幅度(%)	数值(%)	幅度(%)
21	太原	27. 69	252. 27	22	0. 11	-100	3. 59E+12	-100	75. 73	53
22	青岛	27. 30	211. 57	3	0. 45	-100	1. 56E+13	-100	89. 27	8
23	济南	27. 09	97. 67	-53	104. 70	-77	2. 64E+15	-91	-21. 00	-142
24	厦门	26. 37	198. 25	-4	0. 25	-100	3. 59E+12	-100	76. 00	54
25	贵阳	25. 43	162. 25	-21	0. 33	-100	3. 59E+12	-100	76. 00	54
26	长春	25. 27	100. 20	-51	6. 98	-98	1. 79E+14	-99	45. 65	-8
27	佛山	25. 21	3. 95	-98	5. 57	-99	2. 85E+14	-99	46. 19	-7
28	兰州	25. 14	191. 18	-7	0. 23	-100	2. 15E+12	-100	46. 00	-7
29	哈尔滨	24. 61	67. 00	-67	1. 99	-100	1. 51E+14	-99	50. 69	2
30	大连	24. 13	42. 87	-79	65. 87	-86	1. 16E+15	-96	-53. 86	-209
31	乌鲁木齐	23. 87	130. 04	-37	0. 05	-100	2. 51E+12	-100	53. 00	7
32	福州	23. 45	143. 03	-31	0. 02	-100	2. 95E+11	-100	41. 88	-15
33	呼和浩特	23. 02	86. 12	-58	0. 11	-100	2. 87E+12	-100	61. 00	23
34	合肥	22. 69	163. 62	-21	0. 03	-100	3. 35E+10	-100	6. 32	-87
35	海口	21. 27	83. 86	-59	0. 06	-100	1. 08E+12	-100	23. 00	-54
36	西宁	20. 99	64. 20	-69	0. 11	-100	1. 08E+12	-100	23. 00	-54
37	银川	20. 97	2. 32	-99	0. 07	-100	1. 44E+12	-100	30. 00	-39
38	拉萨	20. 42	10. 99	-95	0. 05	-100	3. 59E+11	-100	8. 00	-84
平均值			206. 04	0. 00	456. 73	0. 00	2. 97E+16	0. 00	49. 47	0. 00
最大值			708. 79	244	8052. 91	1663	4. 52E+17	1421	177. 98	260
最小值			2. 32	-99	0. 02	-100	3. 35E+10	-100	-137. 04	-377

通过表10的汇总比较不难得出各个城市交通绿色发展经济指数排名高低的原因，现就部分典型城市进行分析。

对于北京、上海、广州、深圳这四大一线城市而言，其经济指数得分之所以能占据前5位且与其他城市拉开较大差距，主要原因在于这些城市高度发达的轨道交通网络和巨大的人口优势，无论是轨道交通的密度和规模，还是转移客运量的数量，均大幅领先于其他城市。由于一线城市庞大的财政规模和对于优化城市交通的强烈需求，因此它们对城市轨道交通与道路桥梁固定资产的投资远高于平均水平；随着城市公共交通设施的逐步完善，虽然投资规模有所缩小，低于武汉、成都、重庆高出平均值的幅度，但仍领先于大部分城市，分别高于平均值154%、109%、22%和25%。在带动沿线土地升值的效益方面，尽管一线城市的房价基本在高位维持稳定，但房价的影响因素众多，因而波动程度也难以把控，整体来看，四大城市的轨道交通分别带动沿线土地升值的效益为47.39%、70.99%、155.92%、29.37%，与平均值相比的变化幅度分别为-4%、44%、215%、-41%。

对于武汉市而言，之所以能在经济指数得分方面跻身第4位，除了自身相对完善的轨道交通体系之外，离不开武汉市对于城市轨道交通与道路桥梁固定资产的巨额投资，高于平均水平244%，投资额居全国首位。在节约乘客出行时间的效益和节约能源的效益方面，尽管分别低于平均水平63%和24%，但这是由一线城市的这两项效益过高从而拉动平均值过度升高造成的，从38个城市的整体水平来看，武汉市的这两项效益依旧具有很强的竞争力。武汉市带动沿线土地升值的效益为15.64%，低于平均水平68%。

对于排后5位的城市而言，其中海口、西宁和银川的问题在于城市自身经济实力与大多一、二线城市有较大差距，对于城市公共交通难以进行大规模、持续化的有效投资，且由于种种原因不适宜建设城市轨道交通或者由于资金受限而难以起步，各项效益远低于平均水平；这些城市的轨道交通与道路桥梁固定资产投资均少于100亿元，分别低于平均水平59%、69%、99%。合肥市与这些城市相比，经济规模明显扩大，但由于其轨道交通建设起步较晚，且与同等经济规模的城市相比，其对城市交通的投资力度没有明显竞争力，同时在带动沿线土地升值的效益方面低于平均水平 87%，从而导致合肥市在经济指数方面得分偏低。

2. 经济指数发展对策

针对不同城市出现的各种问题，可以归结出如下对策。

（1）重视城市公共交通的发展，为落实发展目标提供切实有效的经济保障。目前多数城市纷纷喊出“公交优先”的口号，也意识到了发展城市公共交通的各项益处，但在落实方面受到诸多限制。资金问题是多数城市都会面临的难关。对于自身经济规模较大的城市而言，应该根据自身实际情况，进一步加大对城市公共交通的整体投资力度；对于自身经济规模较小的城市而言，应充分认识到发展城市公共交通对城市经济的带动作用，拓展多渠道的融资方式，完善城市公共交通建设与管理体制，逐步缩小与领先城市的差距。

（2）在城市轨道交通的建设规划上，针对人口分布情况选择交通需求密集地区进行交通建设，使城市交通的供需矛盾得到更好解决，降低城市交通的需求压力。对于一些城市的中心城区，其城市空间十分有限，道路交通的可拓展范围极小，而人口密集、人口分布所带来的交通需求无法满足的情况较为严重，因而应在此类区域做好城市轨道交通的建设工作，通过建设地铁、高架轨道交通设施等使城市交通的供应能力得到大幅度提升，从而有效提高城市交通的综合供应水平，同时使交通设施的建设在资源利用率上得到有效保障，避免由城市交通资源的投入与使用情况脱节带来的交通资源闲置与浪费。这一方面要求在轨道交通建设上事先做好城市人口分布情况的深入调查，另一方面做好轨道交通路线与配套设施的科学规划，使轨道交通在提供交通出行服务上更加科学合理，这符合城市人口的交通出行需求，从而提高交通资源的服务能力与综合利用效率。

（3）科学规划城市轨道交通的线网布局与建设工作的先后顺序。对于城市轨道交通的工程建设工作而言，其涉及多方面的城市基础配套设施的协调性建设工作，因而要注意工程建设对城市发展带来的影响与城市日常运营带来的影响，在线路设计上要进行统筹安排，在网络规划上应根据城市日常运营功能性需要进行合理的先后顺序安排与规划，避免某一环节的建设工作与城市运营或其他基础设施建设工作出现严重矛盾，从而造成工期搁置并对其他基础设施建设造成不良影响。在统筹规划指导下，科学安排建设步骤与先后顺序，从而保障轨道交通建设工程的科学性与合理性，支持城市整体和谐发展。

（4）合理利用城市轨道交通发展城市商业经济，开发配套服务设施与商业项目。由于城市轨道交通所拥有的巨大客流量本身就拥有庞大的消费能力与信息沟通传输能力，因此对于线路周边配套商业项目的开发与媒体宣传项目的建设都应依据轨道交通的建设方案进行合理设计，充分发挥城市轨道交通的综合利用价值，并使配套商业服务水平得以提高，使交通服务的系统化水平得到提高。这样也有利于推进沿线商业经济的发展，创造更多的就业岗位，提高城市经济发展水平。

（5）与城市的绿色生态发展规划相结合，在轨道交通建设上，应注重协调公交系统与城市步行系统、慢行系统，构建城市绿色出行交通结构。在尽量避免过多消耗能源与控制有害物质排放量基础上，通过将轨道交通系统与城市居民的绿色出行方式进行有效衔接，使城市的公共交通资源得到更为有效的利用，从而避免日益增长的城市交通需求紧张与城市交通供应能力不足之间的矛盾。应在不增加城市机动车绝对数量、交通能源消耗量、有害物质排放量基础上使城市居民的交通需求得到更好的满足，从而有效支持城市低碳型交通结构的构建。

三　社会指数

（一）社会指数统计结果综合分析

城市交通绿色发展社会指数，由公交客运量、万车交通事故起数、交通与经济社会发展协调度、绿色出行倾向程度、公共交通满意度、公共交通路网密度/全市人口与拥堵延时度构成，经计算，本报告中38个城市的社会指数数据以及排名如表11所示。

表11　38个城市社会指数得分比较

单位：分

排名	城市	得分	排名	城市	得分
1	拉萨	70.19	21	沈阳	53.72
2	上海	64.45	22	大连	52.16
3	厦门	63.54	23	天津	50.60
4	南宁	63.37	24	杭州	50.41
5	宁波	62.98	25	昆明	49.91
6	苏州	61.80	26	广州	49.90
7	南昌	61.48	27	贵阳	48.85
8	南京	60.44	28	青岛	48.29
9	深圳	60.39	29	重庆	47.06
10	佛山	60.01	30	郑州	46.67
11	乌鲁木齐	59.90	31	合肥	45.05
12	海口	58.98	32	石家庄	44.78
13	太原	58.60	33	西安	43.68
14	武汉	58.56	34	呼和浩特	42.47
15	长沙	58.39	35	哈尔滨	40.55
16	西宁	57.17	36	济南	39.70
17	长春	56.41	37	北京	38.42
18	福州	55.67	38	兰州	37.25
19	银川	54.98	—	平均值	53.46
20	成都	54.51	—	中位数	54.74

由表11可知，本报告涉及的38个城市中，拉萨市社会指数得分最高，为70.19分，接着为上海市与厦门市，得分分别为64.45分、63.54分，而得分较低的三个城市为济南、北京、兰州市，得分分别为39.70分、38.42分、37.25分。同时，共有10个城市得分超过60分，除前3位之外，包括位于东部地区的宁波、苏州、南京、深圳、佛山以及位于西部地区的南宁与中部地区的南昌，表明上述城市绿色交通的人文社会属性状况良好。其他得分高出平均值的城市排第11～21位，包括乌鲁木齐、海口、太原、武汉、

长沙，得分超过58分，城市之间差距较小；西宁、长春、福州，得分超过55分；银川、成都、沈阳，得分超过53分。排第22～24位的大连、天津、杭州，得分超过50分。排第25～38位的城市低于中等发展水平，其中，昆明、广州、贵阳、青岛、重庆、郑州、合肥，得分高于45分，石家庄、西安、呼和浩特、哈尔滨得分为40～45分。在38个城市中，平均值为53.46分，中位数为54.74分，表明绿色交通社会指数整体处于一般水平。

由于社会指数涉及的指标较为宽泛，覆盖城市交通中的拥堵、安全、满意度、居民出行行为、经济社会协调程度等各个方面，38个城市的排名并未表现出较强的区域属性，东部、中部、西部及东北地区在得分高、中、低三组中均有分布，是人文社会各个方面指标综合而成的结果，也表明各个城市在绿色交通的社会属性特征方面各有侧重。

（二）社会指数区域比较

将本报告的38个城市分为东部、中部、西部、东北地区，并进行数据的描述性统计，表12包括平均值、最高值、最低值、标准差与个数。

表12　东部、中部、西部、东北地区社会指数特征统计

单位：分，个

地区	平均值	最高值	最低值	标准差	个数
东部地区	54.27	64.45	38.42	8.28	17
中部地区	54.79	61.48	45.05	7.03	6
西部地区	52.45	70.19	37.25	9.43	12
东北地区	50.23	56.41	40.55	8.49	3

如表12所示，四大区域中中部地区社会指数平均值最高，为54.79分，接着为东部及西部地区，分别为54.27分与52.45分，东北地区社会指数平均值最低，为50.23分。比较最高值与最低值，西部地区的拉萨市社会指数最高，达到70.19分，其最低值也在四大区域中最低，兰州市得分仅为37.25分；极值中排第二位的为东部地区，最高值为上海市，达到64.45

分，最低值为北京市，为38.42分；东北地区的最高值在四个区域中最低，为长春市，为56.41分，中部地区最高值居中，为南昌市，为61.48分；同时，中部地区最低值在四大区域中最高，为合肥市，为45.05分，东北地区居中，哈尔滨为40.55分。观察各区域标准差，中部地区各城市差距最小，反之为西部地区，而东部地区与东北地区居中。

四大地区各城市的社会指数以及四大地区的社会指数平均值如表13所示。

表13　东部、中部、西部、东北地区社会指数比较

单位：分

排名	东部地区	社会指数
1	上海	64.45
2	厦门	63.54
3	宁波	62.98
4	苏州	61.80
5	南京	60.44
6	深圳	60.39
7	佛山	60.01
8	海口	58.98
9	福州	55.67
10	大连	52.16
11	天津	50.60
12	杭州	50.41
13	广州	49.90
14	青岛	48.29
15	石家庄	44.78
16	济南	39.70
17	北京	38.42
—	平均值	54.2656

排名	东北地区	社会指数
1	长春	56.41
2	沈阳	53.72
3	哈尔滨	40.55
—	平均值	50.2293

排名	中部地区	社会指数
1	南昌	61.48
2	太原	58.60
3	武汉	58.56
4	长沙	58.39
5	郑州	46.67
6	合肥	45.05
—	平均值	54.7929

排名	西部地区	社会指数
1	拉萨	70.19
2	南宁	63.37
3	乌鲁木齐	59.90
4	西宁	57.17
5	银川	54.98
6	成都	54.51
7	昆明	49.91
8	贵阳	48.85
9	重庆	47.06
10	西安	43.68
11	呼和浩特	42.47
12	兰州	37.25
—	平均值	52.4453

东部地区社会指数排前三位的城市为上海市、厦门市、宁波市，接着为苏州市、南京市，可见苏浙沪地区城市交通绿色发展在人文社会方面表现优良。与之相比，京津冀地区的北京、天津、石家庄以及山东省的青岛、济南市在东部地区排名靠后，反映其城市交通社会属性的提升空间较大。本报告中中部地区城市为中部六省省会城市，湖北、湖南两省的武汉、长沙居中，江西南昌、山西太原社会指数较高，河南郑州与安徽合肥社会指数在中部六省中较低。西部地区各城市中，位于我国西部边境的西藏拉萨、广西南宁、新疆乌鲁木齐排前3位，而位于我国西北部的甘肃兰州、内蒙古呼和浩特市社会指数排后2位，西部地区中经济基础较好的成都、重庆以及近年来经济增速较快的贵阳分别位列第6、第9与第8，通过观察可知，社会指数分值较低的城市位于西部地区的较多。东北地区的长春、沈阳社会指数均超过50分，哈尔滨社会指数较低，交通发展的人文社会属性水平有待进一步提升。

公式（3）反映社会指数的各个指标相对于平均值的变化幅度，以得到社会指数的总体排名：

$$f_{ij} = k\frac{X_{ij} - \overline{X_j}}{\overline{X_j}} \tag{3}$$

f_{ij} 、X_{ij} 、$\overline{X_j}$ 三个指标的含义如下。

f_{ij}:i 城市的第 j 个指标相对于38个城市平均值的幅度变化。X_{ij}:i 城市的第 j 个指标的具体数值。$\overline{X_j}$:38个城市 j 指标的平均值。

其中 $i = 1,2,3,\cdots,38$，$j = 1,2,3,\cdots,6,7$。$j = 1,2,3,4,5,6,7$，分别表示公交客运量、拥堵延时度、绿色出行倾向程度、公共交通满意度、万车交通事故起数、交通与经济社会发展协调度、公共交通路网密度/全市人口指标。其中，公交客运量、绿色出行倾向程度、公共交通满意度、交通与经济社会发展协调度、公共交通路网密度/全市人口对社会指数产生正向影响，拥堵延时度、万车交通事故起数两个指标对社会指数具有反向作用，所以当 $j = 1,3,4,6,7$ 时，$k = 1$；当 $j = 2,5$ 时，$k = -1$ 。计算结果如表14所示。

表 14　城市交通绿色发展社会指数各指标变化幅度

单位：%，分

排名	城市	得分	公交客运量	拥堵延时度	绿色出行倾向程度	公共交通路网密度/全市人口	万车交通事故起数	交通与经济社会发展协调度	公共交通满意度
1	拉萨	70.19	-92	17	24	535	100	-87	-1
2	上海	64.45	125	-2	-6	-65	39	118	7
3	厦门	63.54	-15	5	-10	96	99	-39	9
4	南宁	63.37	-59	1	3	-56	52	-6	5
5	宁波	62.98	-41	10	-1	-23	45	-8	10
6	苏州	61.80	-41	6	0	6	37	20	7
7	南昌	61.48	-45	3	-1	-50	52	-41	1
8	南京	60.44	-11	2	6	-50	39	9	7
9	深圳	60.39	149	-4	0	55	-52	21	20
10	佛山	60.01	-40	1	8	520	-58	40	1
11	乌鲁木齐	59.90	-19	16	-7	13	67	-55	-11
12	海口	58.98	-98	-1	-4	44	99	-73	11
13	太原	58.60	-59	8	4	-40	20	-34	1
14	武汉	58.56	39	0	8	-45	-26	88	4
15	长沙	58.39	6	-1	-6	-46	56	-15	10
16	西宁	57.17	-62	0	-20	190	75	-59	11
17	长春	56.41	-27	2	3	-14	24	-11	3
18	福州	55.67	-48	4	-6	-54	37	-21	2
19	银川	54.98	-70	16	1	-47	34	-89	-9
20	成都	54.51	30	1	-4	-64	-42	94	4
21	沈阳	53.72	-1	0	7	-68	26	-32	-1
22	大连	52.16	-18	-4	-13	-33	45	-33	6
23	天津	50.60	63	4	-5	-51	-86	48	-1
24	杭州	50.41	33	-4	-6	-6	-60	28	6
25	昆明	49.91	-18	-4	0	-24	72	-22	-9
26	广州	49.90	134	-2	-6	-51	-106	40	2
27	贵阳	48.85	-42	-5	-15	5	80	-37	2
28	青岛	48.29	-32	0	-5	-50	20	6	-5
29	重庆	47.06	155	-11	7	-91	-262	218	10
30	郑州	46.67	-14	-2	-1	-71	11	6	-9
31	合肥	45.05	-37	-2	-4	-57	-59	-16	2
32	石家庄	44.78	-43	2	7	-62	-106	-5	-2
33	西安	43.68	38	-1	-9	-61	-126	-6	3

续表

排名	城市	得分	公交客运量	拥堵延时度	绿色出行倾向程度	公共交通路网密度/全市人口	万车交通事故起数	交通与经济社会发展协调度	公共交通满意度
34	呼和浩特	42.47	-62	-4	30	-75	48	-71	-36
35	哈尔滨	40.55	26	-17	12	-67	-138	-18	-3
36	济南	39.70	-18	-20	8	-52	42	-31	-12
37	北京	38.42	247	-13	-7	-74	-143	115	-19
38	兰州	37.25	-31	0	8	-18	45	-45	-27

由表14可知，社会指数排在前10位的城市，拥堵延时度、绿色出行倾向程度、万车交通事故起数与公共交通满意度指标基本高于平均水平。排在第28～38位的城市，上述指标基本低于平均水平，公交客运量、公共交通路网密度/全市人口与万车交通事故起数指标各城市差异大，与平均水平的变化幅度大。居中排第11～27位的城市，拥堵延时度、万车交通事故起数与公共交通满意度指标大多正向变动，公共交通路网密度/全市人口、交通与经济社会发展协调度、绿色出行倾向程度多为负向变动。受专家打分影响，各指标权重不同，因而对社会指数计算结果的影响程度不同，万车交通事故起数、拥堵延时度、公共交通满意度指标权重较高，为提升城市交通绿色发展水平，保证出行安全、有效治理拥堵、加强公共交通管理与提升居民满意度是其实践的重要组成部分。

（三）社会指数改进对策

1. 典型城市对策

（1）排倒数5位的城市

兰州市社会指数排倒数第1位，公交客运量、交通与经济社会发展协调度、公共交通满意度分别低于平均水平31%、45%、27%，公共交通路网密度/全市人口低于平均水平的18%，拥堵延时度与平均水平持平，绿色出行倾向程度略高于平均水平，万车交通事故起数则高出45%，因而兰州市应积极规划发展公共交通，提升公共交通服务质量，加大对公共交通的投资，提升居民出行搭乘公共交通工具的满意度。同时，要注重交通投资与当地经济基础、人口资源相协调，提升资金利用效率，控制负债。

北京市社会指数排倒数第2位，拥堵延时度、公共交通路网密度/全市人口、万车交通事故起数、公共交通满意度分别低于平均水平的13%、74%、143%、19%，绿色出行倾向程度略低于平均水平，交通与经济社会发展协调度与公交客运量则高于平均水平115%、247%，因而北京市公共交通体系相对完善，且交通基础设施投资能够较好地适应城市经济基础、城市人口的需求，实现交通与经济社会耦合协调发展。但交通安全与拥堵问题仍然制约着北京城市交通，北京市人口数量庞大，因而计算所得公平度较低，同时公共交通满意度有待提升，因此，北京市应当着重治理交通拥堵问题，大力宣传交通安全知识，面向广大群众提升公交便捷性、准时性，完善公共交通服务体系，积极出台相关政策，宣传绿色交通信息。

济南市社会指数排倒数第3位，公交客运量、拥堵延时度、公共交通路网密度/全市人口、交通与经济社会发展协调度分别低于平均水平18%、20%、52%、31%，公共交通满意度低于平均水平12%，绿色出行倾向程度略高于平均水平，万车交通事故起数则高出42%，因而济南市应积极妥善处理人口、资源与交通的关系，使交通基础设施建设满足经济发展与人民生活的需要，提升公交服务质量，积极治理交通拥堵问题。

哈尔滨市社会指数排倒数第4位，拥堵延时度、公共交通路网密度/全市人口、万车交通事故起数、交通与经济社会发展协调度指标分别低于平均水平17%、67%、138%、18%，居民公共交通满意度稍低于平均水平，公共交通客运量、绿色出行倾向程度高于平均水平26%、12%，交通公平、交通安全是哈尔滨市交通绿色发展亟待解决的关键问题，交通拥堵及其与经济社会的协调适应情况不理想是其弱点所在，因此，一要以经济建设为中心，巩固经济基础与提升财政能力，促进交通基础设施投资，使交通基础设施满足人民出行需求；二要加大交通违规查处力度，宣传交通安全知识，增强居民安全意识。

呼和浩特市社会指数排倒数第5位，公交客运量、公共交通路网密度/全市人口、交通与经济社会发展协调度较38个城市平均值低62%、75%、71%，拥堵延时度低4%，绿色出行倾向程度、万车交通事故起数较平均水平高30%、48%，公共交通满意度较平均水平低36%。综合上述指标可知，呼和浩特市居民环保意识较强，具有一定的绿色出行意愿，但公共交通满意度较低，实际搭乘公共交通工具的人数偏少，因此，完善公共交通系统，在运营时间、线路设置、人员服务等方面加大投入，提升公交满意度并适应经济发展与人口资源对交通的需求。

（2）排前5位的城市

拉萨市社会指数排第1位，公交客运量、交通与经济社会发展协调度分别低于平均水平92%、87%，人口数量少、地理面积广阔是上述两个指标较低的主要原因，公共交通满意度略低于平均水平，拥堵延时度、绿色出行倾向程度、公共交通路网密度/全市人口与万车交通事故起数分别高于平均水平17%、24%、535%和100%。由上述数据可知，拉萨市在交通公平、通畅、安全、居民绿色出行等方面表现较好，西部地区资源环境较为脆弱，应当进一步使交通与经济、社会、环境相适应，使交通建设与投资及当地人口需求相适应。

上海市社会指数排第2位，公交客运量、万车交通事故起数和交通与经济社会发展协调度分别高于平均水平125%、39%与118%，公共交通满意度略高出平均水平7%，拥堵延时度、绿色出行倾向程度与公共交通路网密度/全市人口则低于平均水平2%、6%和65%。上海市经济基础处于全国前列，人口数量众多，交通基础设施能够满足其经济社会发展需求，同时，公共交通满意程度相对较高，应当优化公共交通服务体系，考虑弱势群体的交通需求，以提升交通公平度。

厦门市社会指数排第3位，公交客运量、绿色出行倾向程度与交通与经济社会发展协调度低于平均水平15%、10%、39%，拥堵延时度、公共交通路网密度/全市人口、万车交通事故起数与公共交通满意度则优于平均水平5%、96%、99%与9%。以上数据反映厦门市居民交通安全意识较强，绿色出行意识较弱，因此培育环保行为习惯、发展公共交通是政府有关部门发展绿色交通的重要任务。同时，应将城市规划、人口布局纳入交通规划中，以促进协调度提升。

南宁市社会指数排第4位，公交客运量、公共交通路网密度/全市人口、交通与经济社会发展协调度较平均水平分别低59%、56%与6%，拥堵延时度、绿色出行倾向程度、万车交通事故起数与公共交通满意度高于平均水平1%、3%、52%与5%。宁波市社会指数排第5位，公交客运量、公共交通路网密度/全市人口、交通与经济社会发展协调度较平均水平分别低41%、23%与8%，拥堵延时度、万车交通事故起数与公共交通满意度则高于平均水平10%、45%、10%，绿色出行倾向程度稍低于平均水平。由上述数据可知，南宁市与宁波市特征类似，从交通绿色发展的社会属性出发，应当完善交通服务体系，提高质量，促进交通基础设施投资效率提升，在城市大系统中实现交通与其他子系统协同发展。

2. 社会指数发展对策

第一要在城市交通基础设施建设基础上进行系统化的规划设计，制定统一的建设方案与发展策略。对于城市而言，交通基础设施的建设关系到城市格局规划与市容市貌、城市功能区的建设发展等各个方面问题，在城市交通建设上如果不考虑其带来的综合性、系统化影响，则容易导致交通建设的政策措施与城市发展的其他工作出现矛盾、冲突，交通基础设施的建设面临巨大困难与阻力，而只有采取系统化的思想将交通体系的建设工作与城市发展予以结合，从全局角度对交通基础设施的建设进行统筹规划，才能使交通基础设施的建设与城市发展相互协调，避免微观层面的交通建设工作与城市发展规划出现矛盾、冲突。

第二要确立城市交通建设方面的公交优先的根本思想。对于现代大中型城市而言，其城市面积是相对固定的，可拓展空间十分有限，城市道路交通的扩容性除非因地铁、高架轨道交通设施的修建才能得到大幅度提升，除此之外在有限的城市交通资源基础上进行扩容，其空间十分有限，而城市车辆的递增速度与交通需求的递增速度是与城市人口及城市经济直接挂钩而呈现较高增速的指标，在有限的交通资源基础上，要满足日益增长的交通需求就变得十分困难，因而应积极发展可以满足更多单位人口需求的公共交通系统，尽量减少城市新增机动车辆对城市交通的占有度，这样才可以避免急剧增加的交通需求与有限的交通供应之间的矛盾，所以要确立城市交通建设方面的公交优先的根本思想，将有限的交通建设资源用在刀刃上，避免产生城市交通拥堵问题不断恶化的局面。

第三要确立城市交通资源统筹配置的系统化管理机制。城市交通在供需方面的矛盾是所有城市都面临的必然问题，因而为了防止交通基础设施建设与交通问题解决上微观层面系统化不协调带来的资源浪费与系统化矛盾，就必须从城市全局出发，构建系统化的交通资源配置与交通基础设施管理的统筹机制（陆化普，2014）。以现代信息化手段，运用大数据、云计算等现代高科技进行城市交通系统的高效智能化管理与控制，通过实时测量与评估城市的交通流量，使交通资源的调配与公交客运工作的规划更加科学，从而使公交客运工作更好地开展，城市交通管理与资源配置效率得到更大水平的提高。

第四要面向社会宣传科学的城市交通文化，在市民中普及城市绿色交通意识。城市交通需求的扩大与需求波动是与城市人口直接相关的，因而对于城市交通需求的满足而言，如果城市人口具有主动维护城市交通持续的作用，在交通出行方面以科学性、系统化思想合理利用交通资源，主动避免交通资源浪费与闲置，就可以使城市交通需求得到更好的满足，在有限的城市交通资源基础上使交通基础设施得到更为有效的利用，从而避免交通资源的人为浪费，全面提升城市交通的综合利用率。因而在市民中普及交通知识的宣传工作，增强城市居民的交通出行文明意识，有效利用媒体的力量进行城市交通科学知识的多方面宣传与普及，可以使市民的交通意识得到增强，城市交通的需求波动情况被更好地规划与控制，从而减少交通拥堵带来的弊端与不足，提高城市交通资源的科学利用水平。

第五要有意识地面向城市弱势群体完善交通基础设施，提高交通服务的全面性与福利性。对于城市交通系统的建设而言，其应当是面向所有社会公众的，而不应完全从经济角度考虑，只满足主流群体的交通需求而忽视对一些弱势群体如残疾人、老人、孕妇、儿童的交通需求满足。只有构建面向全民所有层次的交通服务系统，才能保障交通系统建设的公平性与社会服务性。而目前我国很多城市的交通基础设施建设往往不重视对城市弱势群体交通需求的满足，在设施建设与功能设计方面缺乏对此类群体的针对性服务，从而导致严重的城市交通设施建设不公平现象。这是对弱势群体权益的漠视与侵害，是违反城市基础设施建设公平性原则的，因而要在今后的工作中注意此类问题，通过有意识地提高城市交通基础设施面向弱势群体服务的针对性，完善其服务功能，使城市弱势群体的利益得到维护，交通服务全面性得到体现和加强。

第六要构建对城市交通进行社会评价和反馈的信息沟通机制。一个城市的交通系统的建设水平与服务水平并不是单纯由城市职能部门来进行单方面评价就可以定性的，其需要城市居民通过实际的接触与使用而对其做出评价才能真实全面地反映出一个城市交通系统的综合水平，因而要对城市交通系统进行科学的建设与管理，就必须建立面向社会公众的城市交通系统评价反馈机制，通过公开收集、整理广大社会公众对城市交通系统的评价信息，以发现当前城市交通系统中存在的弊端与不足，从而避免城市交通建设工作中的疏漏与空白，从使用者角度来广泛收集、获取城市交通系统的反馈信息，为城市交通系统的建设工作提供依据，这样才可以使城市交通系统建设真正符合系统化、公平性、服务性原则的要求，充分保障城市交通系统的建设能够满足城市居民的交通出行需要与城市发展需要。

四　生态指数

（一）生态指数统计结果综合分析

城市交通绿色发展生态指数，由能源消耗量、人均绿地面积、绿化覆盖率、SO_2排放量构成。城市绿色交通生态指数可以较为全面地衡量一个城市绿色交通环境效益的各个方面的水平，这四个指标从不同侧面，反映了一个城市绿色交通生态效益的全貌。经计算，本报告 38 个城市的生态指数数据以及排名如表 15 所示。

表 15　38 个城市生态指数比较

单位：分

排名	城市	得分	排名	城市	得分
1	佛山	78.20	21	福州	65.07
2	乌鲁木齐	76.06	22	兰州	64.76
3	苏州	74.81	23	合肥	63.23
4	厦门	73.16	24	海口	58.67
5	广州	71.56	25	长春	58.25
6	重庆	71.44	26	西宁	57.42
7	大连	70.56	27	长沙	56.68
8	济南	70.14	28	南宁	55.67
9	西安	69.95	29	武汉	53.78
10	宁波	69.66	30	拉萨	53.68
11	青岛	68.78	31	郑州	52.61
12	杭州	68.66	32	石家庄	52.39
13	南京	68.38	33	上海	47.16
14	贵阳	68.32	34	沈阳	47.15
15	南昌	67.27	35	天津	45.30
16	北京	67.25	36	哈尔滨	43.54
17	成都	66.54	37	太原	37.58
18	呼和浩特	66.40	38	银川	36.37
19	深圳	65.37	—	平均值	61.67
20	昆明	65.17	—	中位数	65.27

由表 15 可知，本报告涉及的 38 个城市中，佛山市生态指数得分最高，为 78.20 分，接着为乌鲁木齐市与苏州市，得分分别为 76.06 分、74.81 分，而得分较低的三个城市为哈尔滨市、太原市和银川市，得分分别为 43.54 分、37.58 分、36.37 分。同时，共有 8 个城市得分超过 70 分，除前 3 位之外，其余为厦门市、广州市、重庆市、大连市和济南市，表明上述城市绿色交通的生态效益属性状况良好。其他得分高出平均值的城市排第 9 ~ 23 位，包括西安市、宁波市、青岛市、杭州市、南京市、贵阳市，均为 68 ~ 70 分，城市之间差距较小，生态效益较好；南昌市、北京市、成都市、呼和浩特市、深圳市、昆明市和福州市，得分均超过 65 分；兰州市、合肥市，得分也超过

平均值，得分在平均值附近，需要加大对环境保护的投入。排第24～38位的城市一共有15个，其中，海口市、长春市、西宁市、长沙市、南宁市、武汉市、拉萨市、郑州市和石家庄市的得分均超过50分，虽位于平均值以下，但还有较大的发展空间。位于后三位的是哈尔滨市、太原市和银川市，尤其是太原市和银川市，得分在40分以下，需要提高努力程度。在38个城市中，平均值为61.67分，中位数为65.27分，表明绿色交通生态指数整体处于较好水平。这与我国近些年重视环境保护，加大对环境保护的资金投入密不可分。

由上述分析可以看出，我国绿色交通在环境建设方面取得了较大的成绩，一些城市的管理部门十分重视绿色交通的发展，加大了资金的投入，使市民绿色出行有了较好的环境保障，是一个城市软实力的具体体现，交通健康、持续、绿色发展是一座城市可持续发展的根基和保障，是“以人为本”思想的具体实践。而绿色交通的生态效益正是让居民出行满意、舒适的重要体现。

（二）生态指数区域比较

将本报告的38个城市分为东部、中部、西部、东北地区，并进行数据的描述性统计，包括平均值、最高值、最低值、标准差与个数（见表16）。

表16　东部、中部、西部、东北地区生态指数特征统计

单位：分，个

地区	平均值	最高值	最低值	标准差	个数
东部地区	65.60	78.20	45.30	9.09	17
中部地区	55.19	67.27	37.58	9.41	6
西部地区	62.65	76.06	36.37	10.57	12
东北地区	49.65	58.25	43.54	6.26	3

如表16所示，四大区域中东部地区生态指数平均值最高，为65.60分，接着为西部及中部地区，分别为62.65分与55.19分，东北地区平均值最低，为49.65分。其中，极差最大的为东部地区，极差值达到32.9分。东部地区的最高值是佛山市的78.20分，最低值是天津市的45.30分。中部地

区的最高值是南昌市的67.27分，最低值是太原市的37.58分。西部地区的最高值是新疆乌鲁木齐市的76.06分，最低值是银川市的36.37分。东北地区的最高值是长春市的58.25分，最低值是哈尔滨市的43.54分。这四个地区的最高值最大的位于东部地区，最小的位于东北地区。这四个地区最低值中最大的位于东部地区，最小的位于西部地区。在标准差中，标准差最大的是西部地区，标准差最小的是东北地区，东部地区和中部地区的标准差居中，分别是9.09分和9.41分。

从上述分析中可以看出，生态指数的情况具有较为明显的地域属性。其中，东部地区的绿色交通生态效益明显优于其他地区，平均值最高，最大值最大地区和最小值最大地区均在东部地区，说明东部地区整体发展水平良好，这与东部地区的高度重视有关。发展较好的是西部地区，平均值排第二位，中部地区发展得一般，需要加大投入力度，发展最差的地区是东北地区，平均值最低，仅为49.65分。

汇总四大地区各城市的生态指数以及四大地区的生态指数平均值如表17所示。

表17　东部、中部、西部、东北地区生态指数比较

单位：分

排名	东部地区	生态指数	排名	东部地区	生态指数
1	佛山	78.20	13	福州	65.07
2	苏州	74.81	14	海口	58.67
3	厦门	73.16	15	石家庄	52.39
4	广州	71.56	16	上海	47.16
5	大连	70.56	17	天津	45.30
6	济南	70.14	—	平均值	65.60
7	宁波	69.66	排名	东北地区	生态指数
8	青岛	68.78	1	长春	58.25
9	杭州	68.66	2	沈阳	47.15
10	南京	68.38	3	哈尔滨	43.54
11	北京	67.25	—	平均值	49.65
12	深圳	65.37			

续表

排名	中部地区	生态指数
1	南昌	67.27
2	合肥	63.23
3	长沙	56.68
4	武汉	53.78
5	郑州	52.61
6	太原	37.58
—	平均值	55.19

排名	西部地区	生态指数
1	乌鲁木齐	76.06
2	重庆	71.44
3	西安	69.95
4	贵阳	68.32
5	成都	66.54
6	呼和浩特	66.40
7	昆明	65.17
8	兰州	64.76
9	西宁	57.42
10	南宁	55.67
11	拉萨	53.68
12	银川	36.37
—	平均值	62.65

从表17可以看出，东部地区排名前三的城市为佛山市、苏州市和厦门市，它们都位于东部的南方城市，经济较为发达，而且旅游业较为发达，自然环境相对较好，有着发展绿色交通的先天优势。而东部地区的后三名是河北省石家庄市、上海市和天津市，这些地区发展速度相对较快，城市拥挤现象时有发生，城市病问题较为突出，这些城市的绿色交通生态效益还有待提高。

中部地区发展较好的地区是南昌和合肥市，这些地区的管理者十分重视绿色交通的发展。发展较差的山西省太原市，太原市的生态情况不容乐观，污染较为严重，另外随着太原市经济发展，交通也出现了拥堵问题，能源消耗较大。

西部地区排名前三的是乌鲁木齐市、重庆市和西安市。乌鲁木齐市地广人稀，人均道路面积相对较大，道路较为通畅。另外，乌鲁木齐草原资源丰富，自然环境相对较好。重庆市和西安市城市绿化做得比较好，城市规划相对合理，城市景观布置良好。排后两位的是拉萨市和银川市。这两个地区的自然环境相对不利，尤其是甘肃省银川市由于长期干旱，交通环境处于相对不良的境地。

东北地区长春市生态指数相对较高，而沈阳市和哈尔滨市的生态指数相对较低。东北地区的整体生态水平较低，需要相关部门足够重视以促进绿色交通生态效益的提升。

公式（4）反映生态指数的各个指标相对平均值的变化幅度，进行了指数的总体排名：

$$f_{ij} = k\frac{X_{ij} - \overline{X_j}}{\overline{X_j}} \tag{4}$$

f_{ij}、X_{ij}、$\overline{X_j}$三个指标的含义如下。f_{ij}:i城市的第j个指标相对于38个城市平均值的变化幅度。X_{ij}:i城市的第j个指标的具体数值。$\overline{X_j}$:38个城市j指标的平均值。

其中$i = 1,2,3,\cdots,38$，$j = 1,2,3,\cdots,6,7$。$j = 1,2,3,4,5,6,7$，分别表示人均道路面积、污水处理率、能源消耗量、人均绿地面积、绿化覆盖率、生活垃圾处理率、SO_2排放量。其中，人均道路面积、污水处理率、人均绿地面积、绿化覆盖率和生活垃圾处理率对生态指数具有正向影响，能源消耗量和SO_2排放量两个指标对生态指数产生反向作用，所以当$j=1$，2，4，5，6时，$k=1$；当$j=3$，7时，$k=-1$。计算结果如表18所示。

表18　城市交通绿色发展生态指数各指标变化幅度

单位：%，分

排名	城市	得分	人均道路面积	污水处理率	能源消耗量	人均绿地面积	绿化覆盖率	生活垃圾处理率	SO_2排放量
1	佛山	78.20	0.61	-0.12	-0.48	0.24	0.06	-0.04	-0.44
2	乌鲁木齐	76.06	0.35	0.04	-0.21	0.35	0.04	0.01	-0.51
3	苏州	74.81	0.53	-0.11	-0.34	0.21	0.05	-0.03	-0.26
4	厦门	73.16	0.29	-0.07	-0.37	0.27	-0.06	-0.02	-0.54
5	广州	71.56	-0.24	0.04	0.24	0.31	0.09	0.02	-0.51
6	重庆	71.44	-0.28	0.08	-0.01	0.24	0.05	0.03	-0.44
7	大连	70.56	0.37	-0.08	-0.36	0.15	0.00	-0.04	0.13
8	济南	70.14	0.44	0.07	0.20	0.32	0.08	0.03	0.06
9	西安	69.95	-0.10	0.02	-0.54	-0.09	0.03	0.01	-0.08
10	宁波	69.66	0.45	-0.03	-0.01	0.18	0.03	0.00	-0.51

续表

排名	城市	得分	人均道路面积	污水处理率	能源消耗量	人均绿地面积	绿化覆盖率	生活垃圾处理率	SO_2排放量
11	青岛	68.78	0.22	-0.06	-0.29	0.09	-0.02	-0.01	-0.19
12	杭州	68.66	0.04	0.04	-0.23	-0.03	0.05	0.03	-0.54
13	南京	68.38	0.49	0.05	0.14	0.09	0.10	0.03	-0.36
14	贵阳	68.32	-0.29	0.05	-0.29	0.10	-0.06	-0.03	-0.51
15	南昌	67.27	0.02	0.00	0.20	0.04	0.12	0.03	-0.36
16	北京	67.25	-0.55	0.01	0.87	0.18	0.24	0.03	-0.61
17	成都	66.54	-0.20	0.00	-0.21	-0.08	0.02	0.02	-0.44
18	呼和浩特	66.40	0.37	0.05	0.18	0.45	0.02	0.02	0.91
19	深圳	65.37	0.08	-0.05	-0.26	-0.10	-0.01	-0.01	-0.75
20	昆明	65.17	-0.08	0.03	-0.37	-0.17	-0.03	-0.01	-0.44
21	福州	65.07	-0.16	0.01	0.19	-0.04	0.11	0.01	-0.79
22	兰州	64.76	-0.10	0.04	-0.60	0.03	-0.19	0.02	0.24
23	合肥	63.23	0.28	0.08	0.34	0.03	0.07	0.03	-0.44
24	海口	58.67	0.04	-0.14	0.26	-0.12	0.03	0.03	-0.79
25	长春	58.25	-0.12	0.02	-0.21	-0.02	-0.10	-0.03	0.52
26	西宁	57.42	-0.54	-0.18	-0.57	-0.21	-0.20	-0.02	-0.15
27	长沙	56.68	-0.14	0.05	0.23	-0.22	0.04	0.03	-0.51
28	南宁	55.67	0.00	0.02	0.25	-0.13	-0.04	0.02	-0.54
29	武汉	53.78	-0.05	0.06	0.22	-0.19	-0.04	0.00	-0.61
30	拉萨	53.68	-0.01	-0.04	-0.46	-0.42	-0.16	-0.06	-0.33
31	郑州	52.61	-0.24	0.07	0.21	-0.23	0.01	0.01	0.13
32	石家庄	52.39	0.11	0.06	0.57	0.05	0.05	0.01	1.01
33	上海	47.16	-0.74	0.05	0.37	-0.42	-0.01	0.03	-0.44
34	沈阳	47.15	-0.24	0.04	-0.02	-0.17	-0.07	-0.02	1.54
35	天津	45.30	-0.10	0.02	0.48	-0.22	-0.05	-0.03	-0.05
36	哈尔滨	43.54	-0.20	0.02	0.51	-0.12	-0.09	-0.08	0.62
37	太原	37.58	-0.13	0.00	0.37	-0.13	0.04	0.02	4.36
38	银川	36.37	-0.20	-0.14	-0.01	-0.21	-0.20	-0.01	2.60

由表18可以看出，每个城市在发展绿色交通方面各有优势，这些指标从各个方面反映了绿色交通的全貌。排名前十的城市，一般在人均道路面积、人均绿地面积、绿化覆盖率和生活垃圾处理率这些指标上较有优势，在能源消耗量和SO_2排放量上需要进一步提高。排名在中间的城

市，一般指标值各有侧重，每个指标有大有小，说明这些城市在发展绿色交通方面不太均衡，不是很协调，所以今后要进行全面综合发展。排名较为靠后的地区，各个指标值均有所欠缺，对绿色交通发展的重视程度还不够。

（三）生态指数原因分析

上述分析能够系统化地反映目标城市当前交通系统的环保情况，可以通过量化指标来综合性地分析城市交通的绿色生态水平。以城市经济稳健发展和民众出行条件能够得到满足为前提，充分考虑现阶段的时代特点来发展城市交通，要认清时代发展的大势，全面优化体制、调整结果、规范民众的出行等，促进城市交通向友好和谐、资源节约型的绿色健康的方向发展。充分参考全世界范围内的绿色交通发展模式，详细研究交通架构和绿色交通发展理念，也就是，以公共交通为主，在此前提下，注重慢行交通的发展，规范小汽车的使用，注重公交和慢行的发展理念并形成模式。绿色交通既鼓励低碳出行，又要重视环境保护，并且还体现出一种健康且轻松愉悦的生活理念，从重视车转变为重视人，以人为核心。

环境的好坏与政府相关机构的重视程度、制度和资金的保障水平以及相对应的发展理念密切相关，并且还与本地区的经济和科技发展状况以及本地区的自然环境有一定联系。仔细分析生态指数排在前三位的城市可以发现一些规律。佛山市政府非常关注绿色交通的发展，持续优化交通基础设施。形成全方位发展的新格局，针对大湾区展开全方位的交通基础设施建设，最近几年，佛山交通基础设施建设持续发力，区域交通设施实现了一体化发展。到2017年底，整个市区公路通车总路程达5409.3公里，公路密度达1.42公里/平方公里。此统计中，包含高速公路486.7公里，一张成熟的高速公路网基本铺就成功。轨道交通也发展迅速，大力建设地铁二号线、三号线等一批轨道项目。佛山西站投入运营。佛山市还大力促进交通运输高效发展，持续优化和改进交通运输供给侧结构，以发展公共交通为主要核心战略，确保市民出行方便快捷、高质高效。

乌鲁木齐市政府推广了一套绿色交通发展理念，为了使轨道交通网规划满足城市的发展需求，该市政府充分考虑到城市发展现状、城市形态、人口分布特点和用地布局等方面的状况，再结合城市建设的总体规划以及轨道线网布局等，全面研究和开发轨道交通，制定切实可行的轨道交通建设需要的涉及用地的全面开发模式和方案，从而为本市及本市交通的持续稳健发展提供保障。提高轨道交通周围住户居住及就业密度，确保轨道能够全面利用起来，促进交通形成分层结构，实现人车分流，使交通变得高效、通畅、全面循环。以轨道等公共交通作为重心加大对核心城区的交通保障力度，加快推进建设促进城市交通出行持续发展的供给基础设施，不断增加投资，持续强化交通供给能力。以集约化的公交形式为主体，强化配套建设，考虑出行效率的提高以及交通节能环保，优化交通资源配置和交通结构，保障各种交通方式持续稳定发展，不断调整交通和社会经济、环境、城市空间的复杂关系，搭建全方位和谐友好的交通系统，最大限度地发挥其作用，产生经济效益。

苏州市优化综合交通运输体系，结构节能初具成效。完善了港口、机场、铁路客货运站场等节点的集疏运体系。强化衔接和集疏运服务功能，实现公路基础设施与其他运输方式间的无缝衔接。强化绿色转型发展，节约集约利用水平显著提高。推广节能环保运输装备，能耗结构呈现清洁化、低碳化趋势。推广应用新能源和清洁能源公交车，推广集约、高效运输组织。积极推动江苏长运集团牵头组建的长途客运接驳联盟，运输组织、信息共享、管理考核、品牌形象的一体化运作提高了运输效率和实载率。提倡资源节约和循环利用。建设资源集约型航道，江浦路吴淞江大桥改造工程针对桥下净空不足且现役时间较短的桥梁，实施大桥整体顶升改造，在减少对航道通行影响的同时，节约桥梁的资源能源消耗；综合利用老旧护岸资源，苏南运河拆除 80 公里产生的块石用于沿线不良地基抛石挤淤、换填块石处理，针对仅护岸底标高不满足疏浚要求且护岸现状尚好的老护岸采用老护岸加固结构形式。苏州市还建设“智慧交通”提升服务效率。进行交通运输指挥中心建设，建立城市公交智能调度系统、出租车服务管理信息系统、旅游船艇监管系统、内河智能航道系统、公路不停车收费系统等。苏州市开展污染防治工作，环境质量逐步改善，具体措施包括加大机动车排气污染防治力度、提高港口粉尘防治率、加强船舶油污防治工作。

（四）生态指数改进对策

1. 典型城市对策

排在倒数第一位的是银川市，银川市除了在 SO_2 排放量上较有优势以外，在其他方面的发展情况均不容乐观，尤其是在人均道路面积、人均绿地面积和绿化覆盖率上缺口较大。所以，对银川市的建议如下：加快综合交通规划编制及审批工作。坚持规划先行、科学规划。

深入健全公共交通和停车场以及慢行机制规划等特别性的计划，全面关注每种交通方式和出行枢纽配置情况，科学合理地规划公交结构、线网铺就、站点布局、用地面积以及建设安排，实现交通资源的合理配制，不仅要保证城市内部交通便利、流畅通行，做好规划，还要重视实现内部与外部国道、省道和机场等系统互相连接起来，实现四通八达、海陆空全面相接，强化交通环境的美化建设。对于现存城市轨道交通和乘车站点，要针对沿线进行严格的土地管控，预留发展空间，防止被占用。

全面推进交通基础设施建设。扩大城市道路以及街巷面积，打通死角，健全路网系统，优化级配结构，促进交通流畅。大力改造、建设城市主干道以及快速通道，在人口和车行密度较高的市中心商业区建设密集街道和路口，利用下行上跨等模式，搭建天桥、立交桥和地下通道等过街通道，确保各种出行方式方便换乘，将地下空间资源合理利用起来，大力建设停车场，严格要求新建住宿区以及大规模的公共文化商业区应依照规定搭建成套的停车场，并且将配建标准相应提高。

排名倒数第二的是太原市。该市 SO_2 排放量和能源消耗量指标相对较好，但是在人均道路面积和人均绿地面积指标上还有明显的不足。故而，提出如下有针对性的建议。

其一是大力推进交通路网规划建设，以太原市城市布局规划为基础，充分考虑本市区地形地貌特点，搭建高速路和主干路的主要架构，再配套建设次干路和支路，建设新时代的城市道路体系，以满足现阶段机动车的交通需求；还要考虑对交通网中各种元素功能和体系的清晰界定，为了保障整个城市的利益，要尽可能地避免和减少对城市环境和交通的损害。保证城市的正常生产和民众的正常生活，促进形成一个科学合理化的新时代交通运输网，城市交通网中的各组成元素实现方便快捷、安全、经济的顺畅联系。

其二是对公共交通建设增加投入，控制小汽车对环境的污染。将公交出行作为发展城市交通的核心理念，转变模式，促进城市和交通彼此融合、共同发展。深入发展常规公交，提高公共交通的出行效率以及服务质量，重视公共客运交通对城市发展的重要性，将此提高到战略地位，与此同时，还要重视其社会公益性和市场运营特性，科学合理地把握好两者之间的关系。

排名倒数第三的是哈尔滨市。该市 SO_2 排放量和能源消耗量指标相对较好，但是在人均道路面积和人均绿地面积指标上还有些不足。故而，提出如下有针对性的建议。

其一是针对城市和道路建设制订合理的计划，健全交通基础设施，制订相关的城市总体发展计划，这直接影响到城市将来的发展方向，是城市发展的一个阶段性目标。首先重视的是道路建设宏观计划，将城市进出交通道路进行改造，缓解交通压力，全面落实道路加宽工程，分流缓解交通压力，使城市交通变得更加流畅，推进主街道优化建设和车流、人流密集路段全方位改造等。

其二是优化城市交通结构，鼓励绿色出行。城市公交是解决我国城市交通问题的主要方式，这要引起政府的足够重视并应付出持续不断的努力，多设置公交专用车道，将公交作为主要发展方向。当然，公交的准时准点率要得到保证，假如政府制定了多样化的旅客出行制度，提高公共交通服务质量，使旅客切实地感受到舒适和便利，那么私家车的出行方式终究会慢慢被公交出行方式所取代。哈尔滨市政府要把公交优先发展作为核心战略，全面推进公共交通建设，优化道路环境，落实“公交优先”战略。

排名倒数第四的是天津市，该市的能源消耗量指标相对较好，人均绿地面积还有明显的劣势。故而，提出如下有针对性的建议。该市将来交通发展的关键点之一是要加快实现交通运输与城市生态环境保护的融合发展，从而应对该市相对特异化的双城巨大的城市空间发展可能引发的环境污染风险。在双城之间新划定生态管控区的基础上，对应分配区间，优化交通发展模式，确保土地利用和交通协同发展。该市交通将来的第二大变化是出行文化和人们需求的复兴，绿色交通将成为核心发展理念，实现城市交通、绿化环境协同发展。

排名倒数第五的是沈阳市。该市的 SO_2 排放量相对较好，但是在人均道路面积和人均绿地面积指标上还有些不足。故而，提出如下有针对性的建议。

其一是充分考虑地貌环境来健全城市绿道网。该市区已经建成浑河、丁香湖和浑南景观轴等绿化道，对比一些标杆城市可能还存在很大差距。绿道网建设能很好地将城市公园、线性绿化开放场所和城市形象塑造串联起来。

其二是促进停车标准化，优化步行以及自行车出行空间。在为本市制订道路发展计划时，一定要预留足够的步行以及自行车空间。因为城市里的机动车越来越多，在这样的环境下，城市道路建设和使用慢慢促成了以车为核心的思维理念形成，有一部分慢行车道被占用。所以，预留足够的步行以及自行车空间是非常必要的。

2. 环境发展策略

（1）以绿色交通作为核心发展理念

在城市经济实现持续稳健发展和民众刚性出行需求得到满足的前提下，城市交通要充分考虑目前的时代大环境，认清将来发展的大趋势，全面优化体制、调整结果、规范民众的出行等，促进城市交通向友好和谐、资源节约的绿色健康方向发展。充分参考全世界范围内的绿色交通发展模式，详细研究交通架构和绿色交通发展理念，也就是指：以公共交通为主，在此前提下，注重慢行交通的发展，规范小汽车的使用，注重公交和慢行交通的发展理念，并形成模式。绿色交通既强调低碳出行，又重视环境保护，并且还体现出一种健康且轻松愉悦的生活理念，从重视车转变为重视人，以人为核心。

（2）搭建绿色交通发展系统

绿色交通的优势有公平、便利快捷、安全、高效、环保、低能耗等，提倡步行、自行车和公交方式，减少私人机动车的使用，鼓励应用清洁燃料和车辆等，是一种面向大众的出行方式，是成本低、绿色无污染、节省土地资源和空间的交通系统。绿色交通发展系统涉及交通结构、环境以及相应工具的绿色化。

（3）以绿色交通作为核心发展策略

全面落实绿色交通策略，一者要把握好绿色交通、城市发展、土地资源利用三者间的关系，二者要把握好绿色交通系统内出行者、车辆和道路三者间的关系。下文具体阐述四个关于绿色交通发展的策略。

交通土地联同策略。改变路网构建发展模式，转变为以绿色交通为核心理念的发展模式，全面搭建绿色交通系统，科学合理地开发城市用地，将土地的开发使用和交通建设紧密地关联起来，控制小汽车出行，减少出行距离，例如针对轨道交通站点周围的用地进行开发建设，不仅带来密集的客流量，同时也推进城市快速发展。

绿色出行能动策略。将提高公交服务质量、塑造标准化且人性化的慢行交通作为动力，将科学合理地规范小汽车使用作为推力。充分考虑自然环境，大力建设慢行交通示范点。优化慢行交通设施，营造适合人们出行的安全舒适的交通环境。将绿道作为基础，连通片区，打造标榜性精致廊道。

低碳环保标榜策略。倡导使用绿色交通工具和节能科技的标榜应用，实现交通工具和出行环境的绿色化，例如针对现有的机动车尾气排放加大管制力度，严格限制违规车辆上路，倡导购买新能源汽车，全面推行新能源公交车出行，强化绿色道路建设，构建绿化林道路空间等。

分区差别化引导策略。城市各区域在功能定位和用地开发建设以及出行特点上有着明显区别，故而在制订绿色交通建设计划时，城市各区域也被区别规划，例如市中心核心发展区，通常用地以商住为主，辅以通勤、商购和休闲娱乐等，绿色交通系统要重视健全集散体系，提供多种多样的交通服务，培育慢行和公交出行模式，与此同时，具体细化停车配建，严格管制小汽车需求。

五 治理指数

（一）治理指数统计结果综合分析

治理指数是指政府对绿色交通的支持程度，包括政府在发展综合交通尤其是绿色交通方面进行的投资、出台的政策等。该指数反映了政府对绿色交通的重视和治理程度，以及居民对绿色交通的认知程度。

治理指数又称政策指数，是绿色出行宣传程度、道路交通规划体系、交通综合协调机制以及交通新技术保障四类指标的加权结果。经统计分析，38个城市的治理指数数据以及排名如表19所示。

表19 38个城市治理指数比较

排名	城市	治理指数	排名	城市	治理指数
1	哈尔滨	65.35	21	南京	36.70
2	海口	57.02	22	成都	36.69
3	昆明	54.96	23	广州	36.65
4	厦门	52.97	24	南宁	36.54
5	银川	50.96	25	长春	36.11
6	济南	48.92	26	贵阳	35.93
7	郑州	48.33	27	合肥	35.89
8	石家庄	47.93	28	西安	35.43
9	大连	47.25	29	南昌	33.93
10	呼和浩特	45.60	30	拉萨	33.92
11	武汉	43.85	31	太原	33.91
12	青岛	43.58	32	北京	33.12
13	兰州	43.52	33	佛山	33.06
14	沈阳	41.62	34	福州	32.72
15	苏州	40.44	35	乌鲁木齐	32.40
16	西宁	39.25	36	深圳	31.76
17	宁波	38.56	37	重庆	30.02
18	杭州	37.70	38	上海	29.70
19	天津	37.34	—	平均值	40.44
20	长沙	37.14	—	中位数	37.24

根据以上分析，38 个城市中只有一个城市的治理指数超过 60，为哈尔滨，治理指数为 65. 35。除哈尔滨外，4 个城市的治理指数超过 50，分别为海口、昆明、厦门、银川，治理指数分别为 57. 02、54. 96、52. 97 和 50. 96。

只取治理指数的绝对数值进行观察和比较意义不大，应选取 38 个城市治理指数的平均值及中位数进行相对性比较和分析，用平均数反映数据的平均大小，以代表数据的总体“平均水平”；中位数作为一条分界线，将数值集合划分为相等的上下两部分，可以来代表一组数据的“中等水平”。

38 个城市的治理指数平均值为 40. 44，大于等于平均值的城市共有 15 个，除了排前五位的哈尔滨、海口、昆明、厦门和银川之外，其余城市分别为济南、郑州、石家庄、大连、呼和浩特、武汉、青岛、兰州、沈阳和苏州。

低于平均值的城市共有 23 个，分别为西宁、宁波、杭州、天津、长沙、南京、成都、广州、南宁、长春、贵阳、合肥、西安、南昌、拉萨、太原、北京、佛山、福州、乌鲁木齐、深圳、重庆和上海。高于平均值的城市数量占城市总量的一半不到，且选取的 38 个城市大多为我国省会级代表城市，再加上达到 60 的城市只有一个，说明我国大部分城市的治理指数处于较低水平。

38 个城市的治理指数中位数为 37. 24，和平均值 40. 44 相差不大，高于中位数的城市数量比高于平均值的城市多 4 个，其分别为西宁（39. 25）、宁波（38. 56）、杭州（37. 70）以及天津（37. 34）。中位数仅为 37. 24，也说明我国大多数城市绿色交通的治理指数普遍不高。

对 38 个城市进行简单分析，治理指数排名靠前的城市多为经济欠发达省份的省会城市，且多为旅游城市，如排名前 5 的哈尔滨、海口、昆明、厦门和银川，排名靠后的反而多是较发达的城市，例如重庆、上海、北京、深圳等，一线城市排名都比较靠后。总体上，我们认为经济稍落后省份中的旅游城市的治理指数略高于经济高度发达城市，即其绿色交通设施建设完备程度优于较发达城市。旅游城市绿色交通的发达应主要归功于其旅游城市的定位，为了吸引更多的游客，打造更便捷的旅游环境，交通的绿色和便捷性是必不可少的。

城市间的比较并不能完全反映地区间的情况。相较于城市之间的比较，区域之间的比较更能反映绿色交通设施的发展情况，因此有必要对东部、中部、西部以及东北地区的治理指数做详细区域比较。

（二）治理指数区域比较

将38个城市按照地区分类，可以分为东部、中部、西部、东北四个地区。汇总四大地区各城市的治理指数以及四大地区的治理指数平均值，如表20、表21、表22、表23所示。

表20　东部地区治理指数比较

排名	东部地区	治理指数	排名	东部地区	治理指数
1	海　口	57.02	10	天　津	37.34
2	厦　门	52.97	11	南　京	36.70
3	济　南	48.92	12	广　州	36.65
4	石家庄	47.93	13	北　京	33.12
5	大　连	47.25	14	佛　山	33.06
6	青　岛	43.58	15	福　州	32.72
7	苏　州	40.44	16	深　圳	31.76
8	宁　波	38.56	17	上　海	29.70
9	杭　州	37.70	—	平均值	40.32

表21　中部地区治理指数比较

排名	中部地区	治理指数	排名	中部地区	治理指数
1	郑　州	48.33	5	南　昌	33.93
2	武　汉	43.85	6	太　原	33.91
3	长　沙	37.14	—	平均值	38.84
4	合　肥	35.89			

表 22 西部地区治理指数比较

排名	西部地区	治理指数	排名	西部地区	治理指数
1	昆明	54.96	8	贵阳	35.93
2	银川	50.96	9	西安	35.43
3	呼和浩特	45.60	10	拉萨	33.92
4	兰州	43.52	11	乌鲁木齐	32.40
5	西宁	39.25	12	重庆	30.02
6	成都	36.69	—	平均值	39.60
7	南宁	36.54			

表 23 东北地区治理指数比较

排名	东北地区	治理指数	排名	东北地区	治理指数
1	哈尔滨	65.35	3	长　春	36.11
2	沈　阳	41.62	—	平均值	47.69

据此，我们得知四大地区的功能指数排名顺序为东北地区、东部地区、西部地区、中部地区，对应的治理指数平均值分别为 47.69、40.32、39.60、38.84。可以看出，东部及东北地区的治理指数高于中部和西部地区。而这主要也与地区的经济发展程度有关，东部和东北地区沿海，经济较为发达，有较为充足的资金进行绿色交通的投资和建设。

对四大地区治理指数进行详细分析。东部地区治理指数平均值为 40.32，与全国治理指数平均值 40.44 基本持平，具体来说，17 个城市中有 6 个城市的治理指数超过全国平均值，超出率为 35.29%；西部地区治理指数平均值为 39.60，低于全国治理指数平均值，西部地区的 12 个城市中仅有 3 个城市治理指数超过了全国治理指数平均值，分别是昆明、银川和呼和浩特，超出率仅为 25%；东北地区的治理指数平均值为 47.69，高于全国平均值，在东北地区的三个城市中哈尔滨和沈阳的治理指数都大于全国平均值，超出率为 66.67%；中部地区的治理指数平均值为 38.84，也低于全国平均值，中部地区的 6 座城市中郑州和武汉的治理指数大于全国平均值，分别为 48.33、43.85，超出率为 33.33%。

（三）治理指数的改进对策

1. 典型城市分析

在对各个城市的治理指数提出改进对策之前，首先要明确不同城市在治理指数发展方面的欠缺，只有明确发现问题所在，才能提出更有针对性的建议，因此，对38个城市的治理指数及其包含的各项指标进行综合比较（如表24所示）。

为直观反映出某个城市的治理指数分值高低受哪些指标的影响程度更大，将平均值作为界线，运用公式（5）测算某个指标相对平均值的变化幅度：

$$f_{ij} = k\frac{X_{ij} - \overline{X_j}}{\overline{X_j}} \tag{5}$$

其中，f_{ij}：i城市的第j个 指标相对于38个城市平均值的变化幅度。X_{ij}：i城市的第j个 指标的具体数值。$\overline{X_j}$：38个城市j指标的平均值。

$i = 1,2,3,\cdots,38$，$j = 1,2,3,4$。$j = 1,2,3,4$，分别表示绿色出行宣传程度、道路交通规划体系、交通综合协调机制、交通新技术保障。这四个指标都与治理指数成正比，因此这里将k取值为1。

表24　38个城市治理指数各指标汇总比较

排名	城市	治理指数	绿色出行宣传程度		道路交通规划体系		交通综合协调机制		交通新技术保障	
			数值	幅度（%）	数值	幅度（%）	数值	幅度（%）	数值	幅度（%）
1	哈尔滨	65.35	2.58	-8	8	145	8	125	1.88	-6
2	海口	57.02	2.8	0	6	84	6	69	1.93	-4
3	昆明	54.96	2.98	6	5	53	5	41	2.37	19
4	厦门	52.97	3.16	13	4	23	5	41	2.21	11
5	银川	50.96	3.56	27	3	-8	3	-15	2.56	28
6	济南	48.92	2.79	0	5	53	5	41	1.86	-7
7	郑州	48.33	3	7	4	23	5	41	1.86	-7

续表

排名	城市	治理指数	绿色出行宣传程度		道路交通规划体系		交通综合协调机制		交通新技术保障	
			数值	幅度（%）	数值	幅度（%）	数值	幅度（%）	数值	幅度（%）
8	石家庄	47.93	2.92	4	4	23	5	41	1.92	-4
9	大连	47.25	3.12	11	3	-8	4	13	2.45	23
10	呼和浩特	45.60	3.2	14	4	23	4	13	1.76	-12
11	武汉	43.85	2.59	-8	4	23	5	41	1.86	-7
12	青岛	43.58	3.39	21	3	-8	3	-15	2.04	2
13	兰州	43.52	3.18	14	3	-8	3	-15	2.46	23
14	沈阳	41.62	2.63	-6	4	23	4	13	1.98	-1
15	苏州	40.44	2.55	-9	4	23	4	13	1.88	-6
16	西宁	39.25	2.83	1	3	-8	3	-15	2.28	14
17	宁波	38.56	2.35	-16	4	23	4	13	1.87	-6
18	杭州	37.70	2.4	-14	4	23	4	13	1.65	-18
19	天津	37.34	2.82	1	3	-8	3	-15	1.95	-3
20	长沙	37.14	2.85	2	3	-8	3	-15	1.87	-6
21	南京	36.70	2.48	-11	3	-8	4	13	1.81	-10
22	成都	36.69	2.49	-11	3	-8	4	13	1.8	-10
23	广州	36.65	2.84	1	3	-8	3	-15	1.81	-10
24	南宁	36.53	2.69	-4	3	-8	3	-15	2.07	3
25	长春	36.11	2.64	-6	3	-8	3	-15	2.08	4
26	贵阳	35.93	2.6	-7	3	-8	3	-15	2.11	5
27	合肥	35.89	2.91	4	2	-39	3	-15	2.06	3
28	西安	35.43	2.59	-8	3	-8	3	-15	1.97	-2
29	南昌	33.93	2.72	-3	2	-39	3	-15	1.98	-1
30	拉萨	33.92	2.8	0	2	-39	2	-44	2.25	13
31	太原	33.91	2.88	3	2	-39	2	-44	2.15	8
32	北京	33.12	3	7	2	-39	2	-44	1.77	-12
33	佛山	33.06	2.86	2	2	-39	2	-44	2	0
34	福州	32.72	2.55	-9	2	-39	3	-15	2.03	1
35	乌鲁木齐	32.40	3.08	10	1	-69	2	-44	2.4	20
36	深圳	31.76	2.38	-15	3	-8	3	-15	1.59	-21
37	重庆	30.02	2.47	-12	2	-39	2	-44	2	0
38	上海	29.70	2.67	-5	2	-39	2	-44	1.61	-20
平均值			2.7987	0	3.26316	0	3.5526	0	2.0034	0
最大值			3.56	27	8	145	8	125	2.56	28
最小值			2.35	-16	1	-69	2	-44	1.59	-21

通过表 24 的汇总比较不难得出，各个城市交通绿色发展治理指数排名高低的原因，现就部分典型城市进行分析。

对于海口、昆明、厦门等城市而言，其治理指数得分之所以能占据前几位且与其他城市拉开较大差距，主要原因在于这些城市都是旅游城市，注重绿色发展，无论是在宣传还是在政策上，都有政府大力的支持和监督。

对于排后 5 位的城市而言，深圳、重庆、上海这类特级或一线城市占据了三席，令人意外。虽然这些城市经济发达，政府将大量资金投入绿色交通发展之中，但其对绿色交通的宣传和制定的政策少之又少，并且其道路交通规划体系也不够完善，交通综合协调机制也不被重视，从而导致其治理指数很小。

2. 治理指数发展对策

虽然“绿色交通”已经提出了很多年，但是大多数城市在这方面的发展相当缓慢。从城市近些年的交通规划可以看出，并不是这些城市没有实行发展绿色交通的政策，而是实行了政策却没有收到成效，或者说没有很好地实行这一政策。其根本原因可以分为如下三个方面。

（1）措施实行的方式过于单一，没有从多角度、多方面考虑

就拿我们发展公共交通来说，很多城市都是在公交车数量上下功夫，投入大量公交车，造成城市严重的交通拥挤，结果使人们更不愿意乘坐公交车。但是我们常常忽略了人们不坐公交车不是因为公交车不好，而是因为它们有私家车，买了车当然也不能一直放着不用。既然有些人一定要用私家车，那是不是可以在私家车上也采取点措施呢？私家车合用、私家车出租等方式就可以实现私家车的公共化，如果能够实现这种方式，那么就既满足他们使用私家车的愿望，也达到了发展公共交通的目的。

（2）政策过于宽泛，不够系统、全面，措施不完善

在发展城市“绿色交通”的问题上，专家学者们提出了很多想法，但是这些想法只是一个方向，对于具体如何实施并没有明确的指导，所以，在没有详细计划的情况下实行措施，尤其是在交通环节比较多时，难免会出现

漏洞，自然不会取得预期的效果。比如武汉市为推行自行车出行，在2010年建设自行车专用车道达到164公里，再加上政府每年投入公共自行车1.5万辆，这样自行车出行应该是一个不错的选择，但是，自行车依然没能赢得人们的青睐。原因之一就是配套设施不足，如路上隔离栏杆破损、标志标线不清、电力杆线迁移不到位、排水井井盖丢失等，这在一定程度上阻断了自行车出行的连续性和可靠性，影响了自行车安全顺畅出行。

（3）资金投入不足，造成很多政策无法落实

来自建设部门的资料显示，在2006年调查的117个城市中，66个城市在公交场站建设以及车辆、设施装备和配置更新方面得不到政府资金支持，占被调查城市的56.4%。投资结构不合理、资金不足已经成为阻碍城市公交发展的根本性问题。

针对不同城市出现的各种问题，可以归结出如下对策。

（1）大力发展公共交通，提高私家车的利用率

①优化公交系统

第一，调整线路、站点和时间。等车时间长、站点不足、准点率差几乎是城市公共交通的通病，据调查，市民对公共交通服务的不满意率高达70%。随着城市规划、城市建设的发展，原有的交通路线、站点已不能满足人们的需要，所以，为了充分发挥公交车的功能，就必须对公交线路、站点进行调整，形成一个遍布全城的交通网络。另外，对于一些早出晚归的人来说，无车可坐也是一个问题，因此，在时间上也需要进行适当的调整，而且可以按照时间来增减运行的公交车的数量，以达到供求平衡。

第二，改善公交环境。首先要搞好车站的环境，清洁卫生是主要的，另外还可以对车站进行装饰，可以放置一些画册、交通地图或者报纸；其次要改善车上的环境，主要把严禁超载、禁止抽烟的规则落实下去；最后要合理规划公共交通用道，可以采用立体式的设计保证公交顺畅通行。

第三，提高公交服务水平。随着人们生活水平的提高，对各种公共服务的要求也越来越高。公交从业人员的素质、职业技能和服务意识应该得到进

一步提高和增强，服务内容和方式仍需创新，因此，要严格执行对公交从业人员的考核制度，并提高对他们的素质要求。

②开发、投入新型交通工具

对于公共交通，我们听到最多的除了“等公交”就是“挤公交”了，传统的公共交通工具主要是公交车，但是由于道路的限制，投入过多的公交车势必会造成交通堵塞，因此，必须通过其他途径来发展公共交通。近些年来，很多城市也在致力于轨道交通建设，地铁、轻轨不仅解决了道路需求问题，而且在方便程度、舒适度等方面也明显优于公交车。

③降低私家车的出行率，提高私家车的利用率

有研究表明，30% ~40%的小汽车出行不是必需的，完全可以用绿色交通方式（公交、自行车、步行）代替。但是在中国，迄今为止私家车依旧是人们身份的标榜，对于一些有能力购买车的人来说，完全限制他们使用私家车也是不现实的，并且一个城市的道路上没有私家车对城市的发展也是不利的。在这种情况下，我们只能尽量减少私家车的出行。在这方面我们可以学习新加坡的“共用汽车”模式，通过私家车出租、共用私家车的形式来提高私家车的利用率。

（2）鼓励慢行交通

①改善自行车出行条件

当前城市自行车出行条件不仅受到自行车道的限制，另外的出行方式也面临诸多问题，例如很多公共场所不允许停放自行车，部分地区特别是中西部地区，自行车经常被盗，且完全控制不了，部分城市的道路状况很不乐观，到处坑陷、高低不平，严重阻碍自行车出行，因而，城市交通管理机构需要设立合理的停放点，慢慢解除其停放限制，以便于自行车出行；与此同时，要针对自行车盗窃行为加大打击力度，解决民众在自行车出行方面的顾虑，确保自行车出行安全。另外，在公共自行车租赁方面，可以应用一些新的模式和技术，比如伦敦的“短信租车”、哥本哈根的“Velib”自行车租赁服务，新技术的应用为自行车的出行创造了很好的条件。

②设计“以人为本”的步行和自行车环境

改善自行车和步行环境可以在很大程度上改善一个城市的形象，而且好的环境可以吸引更多的人去选择步行或者骑自行车，因此，发展慢行交通关键是要确保道路的安全性，优化道路环境，健全行人及非机动车的交通系统和安全预防设施。要清晰规划专用路和专用道，在机动车与非机动车交错线上划定减速路段，确保安全。与此同时，要全面优化路况和周边绿化环境，规划路边停车场，提高舒适度。尤其是在步行区，设计时要考虑老人和残疾人，可以设置一些休息亭、安装一些符号性的警示牌等。

③改善自行车的设计

虽然现在的自行车已经很方便，但是在某些方面还需要进一步改进，比如可以改进载物篮的设计，以便携带更多的物品。另外，考虑到天气问题，可以在自行车上安装一个遮风挡雨又可以防晒的装置，解除后顾之忧，人们才可以在任何时候都放心地骑着自行车出门。

（3）提升交通管理水平，加大监督力度

①推行集中管理

交通体系包含多个部门，要实现统一的全面管理，因而，要针对交通部门进行改革，加强行业化管理，将规划和管理、建设和监督、统计和评估等集中到一个大交通部门管理系统内，实现集中化管制，为城市交通建设和发展提供支持。

②搭建交通大环境监测评价系统

这是搭建绿色交通体系所必需的。要全面落实制定环境保护相关法规制度，完善监测、统计和评估系统等，全面建立健全各类交通环境保护管理机制，细化职责，提高环境保护管理的执行力。建成科学而标准化的环保统计、评估以及公报机制。要设立交通环境监测站，实现监测网络全面覆盖，随时传递交通环境数据。同时，建设统计信息平台，建立标准统一的统计数据库和网络传输系统，开发统计数据分析系统。一旦发现不符合标准、规范的交通工具、行为和建设项目，要及时处理。

（4）慎重选择策略，量力而行

对于发展绿色交通，虽然现在专家、学者们已经提出很多的方法，但是并非每一个方法都是通用的，不同的城市自身的条件不同，可发展的方式自然也有区别。因此在发展之前，每个城市就要根据自身的条件，明确自身的局限，选择合适的方式，再去进行一系列规划、建设，以免做无用功。另外，选择了方法以后，不要盲目地去规划、去行动，要考虑到实际的情况，进行适当的调整，比如在设计实施规模的大小、覆盖的范围等量的问题时，要考虑到资金的问题，因此，在实际的发展过程中，不仅要选择合适的方法，还要根据条件灵活变通。

（5）统筹规划，全面协调行动

建设绿色交通体系，需要处理好交通与社会、交通与城市、交通与环境、交通与行人、交通与能源等的关系，所以发展绿色交通不是一个部门就可以独自完成的，它需要各个方面相互协调、相互配合，因此，在发展之前，政府一定要统筹考虑交通系统内部和系统外部的各种因素，做好相关部门之间的协调工作，只有各个部门相互合作、步调一致，才有可能实现目标。

（6）增强人们的交通意识，提高素质

交通归根结底是为人民服务的，但同时人民也是交通的参与者。尽管政府可以制定各种制度、法规，可以建设各项交通设施，可以投入各种交通工具，但是，如果人们不遵守、不去支持、不去使用，那么再多再好的措施也是毫无意义的，再好的方案也只能是镜花水月。比如我们现在有道路斑马线，有人行道，也有交警，但是横穿马路、闯红灯的现象依然很常见，所以，发展绿色交通，除了一些工程性的措施之外，还要注意增强人们的绿色交通意识，改变传统观念，增强责任感，提高人们的素质，文明参与交通活动，让人们从思想上接受这一理念，进而才能在行动上有所体现。可以通过“无车日”“公共交通周”“文明交通”“安全教育”等活动，提高公众对绿色交通的认识水平，倡导低碳型交通消费模式和出行方式，形成绿色出行的风尚和文化氛围，自觉改变交通行为。

参考文献

陈方、吉选、戢晓峰、李杰梅：《城市交通中弱势群体的社会排斥及其对策》，《昆明理工大学学报》（社会科学版）2014 年第 1 期，第 24～29 页。

《对银川市综合交通规划和建设工作的几点思考》，《银川日报》2016 年 3 月 21 日第 004 版。

李伟：《步行和自行车交通规划与实践》，知识出版社，2009。

梁忠让：《新时期太原市综合交通规划的思考》，《居业》2018 年第 4 期，第 50～51 页。

刘澜、卢维科、尹俊淞：《城市交通拥挤对策新解》，《交通运输工程与信息学报》2014 年第 4 期，第 1～7 页。

陆化普：《城市交通拥堵机理分析与对策体系》，《综合运输》2014 年第 3 期，第 10～19 页。秦茜、袁振洲、田钧方：《绿色交通理念下的慢行系统规划方法研究》，《规划师》2012 年第 S2 期，第 5～10 页。

熊文、陈小鸿、胡显标：《城市慢行交通规划刍议》，《城市交通》2010 年第 1 期，第 44～52、80 页。

B.8
中国城市交通绿色发展区域比较

刘铁鹰　王梓利*

摘　要： 以区域为视角，在已有指数的基础上，本报告分别对东部、中部、西部及东北地区城市交通绿色发展状况进行分析，并提出区域提升建议。东部地区经济指数具有极大优势，中部地区生态指数和社会指数发展最为突出，西部地区生态指数相对偏高，东北地区社会指数及生态指数相对较好。东部地区应当构建一体化多元公共交通系统；发展慢行交通，实施限制政策；加大城市绿色交通的宣传力度，提高政策出台密度。中部地区的政府和公众都要转变观念，倡导绿色出行方式；落实公交优先战略，推进公交、自行车加步行城市交通模式；科学进行交通管理，引导个人交通向公共交通方式转变；加大绿色交通宣传力度，适时出台鼓励和优惠政策。西部地区则应当完善绿色交通运输法律法规及相关标准规范；丰富融资及经营方式，提升经济指数；大力培养人才，提升交通绿色发展能力；加强区域合作。东北地区则应从合理规划、制定政策、合理发展轨道交通、提升公众参与度等方面入手。

关键词： 城市交通　绿色发展　区域比较

---

* 刘铁鹰，博士，北京交通大学经济管理学院，副教授，研究方向为区域经济学、运输经济学；王梓利，北京交通大学经济管理学院博士研究生，研究方向为运输经济学、产业经济学。

一　东部地区

（一）东部地区城市绿色交通概况

通过将东部地区各城市的交通绿色发展指数得分进行排序，可以直观地看出东部地区的发展水平整体较高。各城市总指数得分平均值为 47.2249 分，标准差为 6.1058 分，表明东部地区各城市交通绿色发展程度差距较大。在东部地区 17 个城市中，北京市的得分居于首位，达到了 57.0730 分。得分最低的是海口市，仅有 37.5920 分（见表 1）。

表 1　东部地区各城市总指数得分排名

单位：分

排名	东部地区	总指数	排名	东部地区	总指数
1	北　京	57.0730	12	青　岛	42.8481
2	深　圳	55.6977	13	佛　山	42.5430
3	苏　州	54.1586	14	石家庄	42.5236
4	广　州	53.8255	15	天　津	41.5731
5	南　京	52.8780	16	福　州	38.2132
6	上　海	51.4273	17	海　口	37.5920
7	厦　门	48.4094	平均值		47.2249
8	大　连	47.6335	最大值		57.0730
9	杭　州	47.2979	最小值		37.5920
10	宁　波	45.4622	标准差		6.1058
11	济　南	43.6671	—		—

38 个城市中排前 5 位的城市全部在东部地区，从高到低依次是北京、深圳、苏州、广州、南京，得分分别为 57.0730 分、55.6977 分、54.1586 分、53.8255 分、52.8780 分。38 个城市中排前 10 位的城市有 7 个在东部地区，即增加了上海和厦门，得分分别为 51.4273 分和 48.4094 分。东部地区得分在 38 个城市平均值以上的城市有 11 个，除了上述 7 个城市外，还有大

连、杭州、宁波、济南，得分分别为 47.6335 分、47.2979 分、45.4622 分和 43.6671 分。东部地区的福州和海口两个城市在 38 个城市里排后 10 位，得分分别是 38.2132 分、37.5920 分。

（二）东部地区指数基本分析

从表 2 可以得出，东部地区的功能指数得分平均值为 47.4615 分，高于 38 个城市功能指数的平均值 42.3888 分；深圳市功能指数得分达到 67.5750 分，为东部地区功能指数的最大值；最小值是海口市的 30.9631 分；标准差为 10.6890 分。

表 2　东部地区各城市功能指数得分排名

单位：分

排名	东部地区	功能指数	排名	东部地区	功能指数
1	深　圳	67.5750	12	石家庄	39.0043
2	苏　州	66.6761	13	厦　门	38.5658
3	南　京	59.6617	14	青　岛	38.2398
4	上　海	54.1042	15	济　南	37.0475
5	杭　州	53.9979	16	福　州	34.6162
6	大　连	51.5297	17	海　口	30.9631
7	广　州	49.4243	平均值		47.4615
8	佛　山	49.3221	最大值		67.5750
9	宁　波	45.8425	最小值		30.9631
10	北　京	45.1871	标准差		10.6890
11	天　津	45.0882	—		—

38 个城市中排前 5 位的城市除武汉之外全部在东部地区，从高到低依次是深圳、苏州、南京、上海，得分分别为 67.5750 分、66.6761 分、59.6617 分、54.1042 分。38 个城市中排前 10 位的城市有 8 个位于东部地区，除上述 4 个城市外增加了杭州、大连、广州与佛山，得分分别为 53.9979 分、51.5297 分、49.4243 分、49.3221 分。东部地区功能指数得分在 38 个城市平均值以上的城市有 11 个，除了上述 8 个城市外，还有宁波、

北京、天津，得分分别为45.8425分、45.1871分和45.0882分。东部地区仅有海口市在38个城市里排在后10位之列，得分为30.9631分。

从表3可以得出，东部地区的经济指数得分平均值为36.1289分，高于38个城市经济指数的平均值31.4823分；北京的经济指数得分达到81.7986分，远远超过其他城市，为东部地区经济指数的最大值；最小值是海口市的21.2711分；标准差为17.6437分。

表3　东部地区各城市经济指数得分排名

单位：分

排名	东部地区	经济指数	排名	东部地区	经济指数
1	北　京	81.7986	12	济　南	27.0897
2	上　海	72.7162	13	厦　门	26.3729
3	广　州	56.2745	14	佛　山	25.2108
4	深　圳	41.8978	15	大　连	24.1306
5	南　京	37.6610	16	福　州	23.4523
6	杭　州	32.3911	17	海　口	21.2711
7	天　津	31.3728	平均值		36.1289
8	苏　州	28.8914	最大值		81.7986
9	宁　波	28.4905	最小值		21.2711
10	石家庄	27.8719	标准差		17.6437
11	青　岛	27.2977	—		—

38个城市中排前5位的城市除武汉之外全部属于东部地区，从高到低依次是北京、上海、广州、深圳，得分分别为81.7986分、72.7162分、56.2745分、41.8978分。38个城市中排前10位的城市有7个位于东部地区，除上述4个城市外，增加了南京、杭州、天津，得分分别为37.6610分、32.3911分、31.3728分。东部地区经济指数得分在38个城市平均值以上的城市仅有6个，分别是北京、上海、广州、深圳、南京、杭州。东部地区在38个城市里排后10位的城市有大连、福州、海口，得分分别为24.1306分、23.4523分、21.2711分。

从表4可以得出，东部地区的社会指数得分平均值为54.2656分，略高于38个城市社会指数的平均值53.4554分；上海市社会指数得分达到64.4504分，为东部地区社会指数的最大值；最小值是北京市的38.4174分；标准差为8.2767分。

表4 东部地区各城市社会指数得分排名

单位：分

排名	东部地区	社会指数	排名	东部地区	社会指数
1	上海	64.4504	12	杭州	50.4080
2	厦门	63.5378	13	广州	49.8982
3	宁波	62.9812	14	青岛	48.2936
4	苏州	61.8024	15	石家庄	44.7808
5	南京	60.4361	16	济南	39.6995
6	深圳	60.3882	17	北京	38.4174
7	佛山	60.0120	平均值		54.2656
8	海口	58.9784	最大值		64.4504
9	福州	55.6745	最小值		38.4174
10	大连	52.1569	标准差		8.2767
11	天津	50.6003	—		—

东部地区在38个城市的社会指数中排前5位的城市有3个，从高到低依次是上海、厦门、宁波，得分分别为64.4504分、63.5378分、62.9812分。38个城市中排前10位的城市有7个位于东部地区，除上述3个城市外增加了苏州、南京、深圳与佛山，得分分别为61.8024分、60.4361分、60.3882分、60.0120分。东部地区社会指数得分在38个城市平均值以上的城市有9个，除了上述7个城市外，还有海口与福州，得分分别为58.9784分、55.6745分。东部地区有3个城市排在38个城市的后10位，从高到低依次是石家庄、济南、北京，得分分别为44.7808分、39.6995分、38.4174分。

从表5可以得出，东部地区的生态指数平均值为65.5950分，高于38个城市生态指数的平均值61.7631分；佛山市生态指数得分达到78.2018分，为东部地区生态指数的最大值；最小值是天津市的45.2989分；标准差为9.3653分。

表5　东部地区各城市生态指数得分排名

单位：分

排名	东部地区	生态指数	排名	东部地区	生态指数
1	佛　山	78.2018	12	深　圳	65.3662
2	苏　州	74.8113	13	福　州	65.0747
3	厦　门	73.1555	14	海　口	58.6661
4	广　州	71.5641	15	石家庄	52.3853
5	大　连	70.5612	16	上　海	47.1554
6	济　南	70.1390	17	天　津	45.2989
7	宁　波	69.6626	平均值		65.5950
8	青　岛	68.7805	最大值		78.2018
9	杭　州	68.6556	最小值		45.2989
10	南　京	68.3828	标准差		9.3653
11	北　京	67.2541	—		—

在38个城市中生态指数排前5位的城市除乌鲁木齐之外全部位于东部地区，从高到低依次是佛山、苏州、厦门和广州，得分分别为78.2018分、74.8113分、73.1555分、71.5641分。38个城市中排前10位的城市有7个位于东部地区，除上述4个城市外增加了大连、济南、宁波，得分分别为70.5612分、70.1390分、69.6626分。东部地区生态指数得分在38个城市平均值以上的城市有13个，除了上述7个城市外，还有青岛、杭州、南京、北京、深圳、福州，得分分别为68.7805分、68.6556分、68.3828分、67.2541分、65.3662分、65.0747分。东部地区有3个城市排在38个城市的后10位，依次为石家庄、上海、天津，得分为52.3853分、47.1554分、45.2989分。

从表6可以得出，东部地区的治理指数得分平均值为40.3199分，略低于38个城市治理指数的平均值40.4422分；海口市治理指数得分达到57.0190分，为东部地区治理指数得分的最大值；最小值是上海市的29.6972分；标准差为7.9974分。

表6 东部地区各城市治理指数得分排名

单位：分

排名	东部地区	治理指数	排名	东部地区	治理指数
1	海　口	57.0190	12	广　州	36.6526
2	厦　门	52.9746	13	北　京	33.1208
3	济　南	48.9197	14	佛　山	33.0601
4	石家庄	47.9343	15	福　州	32.7238
5	大　连	47.2516	16	深　圳	31.7601
6	青　岛	43.5780	17	上　海	29.6972
7	苏　州	40.4446	平均值		40.3199
8	宁　波	38.5622	最大值		57.0190
9	杭　州	37.6988	最小值		29.6972
10	天　津	37.3381	标准差		7.9974
11	南　京	36.7035	—		—

38个城市中排前5位的城市仅有海口和厦门两个城市位于东部地区，得分分别为57.0190分、52.9746分。38个城市中排前10位的城市有5个位于东部地区，除上述两个城市外增加了济南、石家庄和大连，得分分别为48.9197分、47.9343分、47.2516分。东部地区治理指数得分在38个城市平均值以上的城市仅有7个，除了上述5个城市外，还有青岛和苏州，得分分别为43.5780分和40.4446分。东部地区有5个城市均处在38个城市的后10位，从高到低依次是北京、佛山、福州、深圳、上海，得分为33.1208分、33.0601分、32.7238分、31.7601分、29.6972分。

（三）东部地区指数特点

为直观看出东部地区哪些指数得分更突出，即相对于全部城市而言，东部地区的这些指数得分更高，故将38个城市的五大指数平均值分别作为不同指数的界线，运用公式（1）测算东部地区某个指数相对于总体平均值的变化幅度：

$$f_t = \frac{X_t - \overline{X_t}}{\overline{X_t}} \tag{1}$$

其中，f_t：东部地区第 t 个指数相对于38个城市平均值的变化幅度。X_t：东部地区的第 t 个指数对应的平均值。$\overline{X_t}$：38个城市中 t 指数的平均值。

$t=1$，2，3，4，5，分别对应功能指数、经济指数、社会指数、生态指数和治理指数。

通过表7可以得出，东部地区经济指数发展最为突出，高出38个城市经济指数的平均值14.76%；接着是功能指数，高出对应的38个城市的平均值11.97%；然后是生态指数，高出生态指数的平均值6.20%。上述三个指数在东部地区的平均值都高于其他地区的对应平均值，发展较为完备。东部地区的社会指数平均值虽高于38个城市平均值1.52%，但落后于中部地区的对应平均值，高于西部和东北地区。最后是治理指数，低于38个城市平总均值0.30%，落后于东北地区，高于中部和西部地区。

表7　东部地区各指数得分幅度变化

单位：分，%

功能指数		经济指数		社会指数		生态指数		治理指数	
东部地区平均值	幅度	东部地区平均值	幅度	东部地区平均值	幅度	东部地区平均值	幅度	东部地区平均值	幅度
47.4615	11.97	36.1289	14.76	54.2656	1.52	65.595	6.20	40.3199	-0.30

（四）东部地区提升的建议

1. 构建一体化多元公共交通系统

尽管东部地区城市轨道交通整体发展水平较高，近年来运营里程也不断增加，且大多已经建立了完整的长期路网规划，但目前仍有部分城市的轨道交通路网建设处于起步阶段，应加快轨道交通网络的布局建设，不断拓宽网络范围，提升轨道交通的可达性。同时，也要注重轨道交通与其他公共交通转换的便捷性，应在轨道交通站点周围合理设置公交车站和自行车停放点等换乘区域，形成一体化的城市公共交通链条，实现无缝换乘，这样才能通过轨道交通的优势来进一步带动其他公共交通的长远发展。扩大公交专用车道建设规模，提升公共交通的服务质量也至关重要。

2. 发展慢行交通，实施限制政策

随着共享单车的兴起，城市内采用自行车出行的群体也越来越多，这正是发展慢行交通的一个良好契机。慢行交通主要由步行出行和自行车出行构成，作为绿色交通的重要构成部分之一，应重视慢行交通的发展，如设立步行专用道、自行车专用道以及自行车停放专用区域等。慢行交通作为轨道交通和公共汽车等交通方式的补充手段，在很大程度上提升了公共交通的可达性，要充分发挥不同公共交通的优势，形成慢行交通与其他公共交通的完整闭环，提升公共交通吸引力。

3. 加大城市绿色交通的宣传力度，提高政策出台密度

东部地区的五大指数唯有治理指数落后于总体平均水平，且北上广深四大一线城市的治理指数得分均处于东部区域的偏下水准，说明东部地区在治理指数方面仍有很大的提升空间。一方面，交通部门应加强城市绿色交通发展的宣传教育工作，培养城市居民的绿色出行意识以及对绿色交通重要性予以充分认识，以市场来带动城市交通的绿色发展而不是单一依靠政府的力量；另一方面，东部地区应加大关于道路交通规划体系和交通综合协调机制的政策出台力度，使城市交通绿色发展更加系统化、规范化、长远化。

二　中部地区

（一）中部地区城市绿色交通概况

通过将中部地区各城市的交通绿色发展指数得分进行排序（如表 8 所示），可以直观地看出中部地区的绿色交通发展水平整体较高。各城市总指

数得分平均值为41.998分，标准差为5.621分，表明中部地区各城市绿色交通发展水平较低，绿色交通发展程度差距较大。在中部地区6个城市中，武汉市的得分居于首位，达到了52.05分。得分最低的是太原市，仅有34.96分，得分差距较大。

表8　中部地区各城市总指数得分排名

单位：分

排名	中部地区	总指数	排名	中部地区	总指数
1	武汉	52.05	6	太原	34.96
2	郑州	42.68	平均值		41.998
3	长沙	42.00	最大值		52.05
4	南昌	40.51	最小值		34.96
5	合肥	39.79	标准差		5.621

中部地区6个城市的整体得分分别为：武汉市52.05分、郑州市42.68分、长沙市42.00分、南昌市40.51分、合肥市39.79分以及太原市34.96分，在38个城市中的排名分别为第6、第16、第21、第24、第25和第36，大部分排在中偏后的位置。

（二）中部地区指数基本分析

从表9可以得出，中部地区的功能指数得分平均值为41.9733分，低于38个城市功能指数的平均值42.3888分；武汉市功能指数得分达到58.94分，为中部地区功能指数的最大值；最小值是太原市的30.37分；标准差为9.7312分。

表9　中部地区各城市功能指数得分排名

单位：分

排名	中部地区	功能指数	排名	中部地区	功能指数
1	武汉	58.94	6	太原	30.37
2	长沙	46.25	平均值		41.9733
3	郑州	39.37	最大值		58.94
4	合肥	39.15	最小值		30.37
5	南昌	37.75	标准差		9.7312

在38个城市中，中部地区只有武汉市进入前5位，在38个城市中排名第4，除武汉之外，进入前20位的城市中位于中部地区的有两个，分别为长沙和郑州，得分分别为46.25分和39.37分。剩下的三个城市分别为合肥、南昌和太原，得分分别为39.15分、37.75分、30.37分，排名分别为第21、第26、第35。中部地区功能指数得分在38个城市平均值以上的城市有两个，为武汉和长沙。中部地区仅有太原市在38个城市里排在后10位之列。

从表10可以得出，中部地区的经济指数得分平均值为29.9718分，非常低，且低于38个城市经济指数的平均值31.4823分；武汉市功能指数得分达到42.08分，为中部地区经济指数的最大值；最小值是合肥市的22.69分；标准差为6.4545分。

表10　中部地区各城市经济指数得分排名

单位：分

排名	中部地区	经济指数	排名	中部地区	经济指数
1	武汉	42.08	6	合肥	22.69
2	郑州	30.06	平均值		29.9718
3	长沙	28.71	最大值		42.08
4	南昌	28.60	最小值		22.69
5	太原	27.69	标准差		6.4545

在38个城市中，中部地区只有武汉市进入了前5位，在38个城市中排第4位，除武汉之外，进入前20位的城市中位于中部地区的有三个，分别为郑州、长沙和南昌，得分分别为30.06分、28.71分和28.60分，排名分别为第11、第16和第17。剩下的两个城市分别为太原和合肥，得分分别为27.69分和22.69分，排名分别为第21和第34。中部地区经济指数得分达到38个城市平均值以上的城市只有武汉市。中部地区仅有合肥市在38个城市里排在后10位之列。

从表11可以得出，中部地区的社会指数得分平均值为54.7929分，略高于38个城市社会指数的平均值53.4554分；南昌市社会指数得分为61.48分，为中部地区社会指数的最大值；最小值是合肥市的44.05分；标准差为7.0325分。

表 11　中部地区各城市社会指数得分排名

单位：分

排名	中部地区	社会指数	排名	中部地区	社会指数
1	南昌	61.48	6	合肥	45.05
2	太原	58.60	平均值		54.7929
3	武汉	58.56	最大值		42.08
4	长沙	58.39	最小值		22.69
5	郑州	46.67	标准差		7.0325

在 38 个城市中，中部地区只有南昌市进入前 10 位，在 38 个城市中排名第 7，除南昌之外，进入前 20 位的城市中位于中部地区的有三个，分别为太原市、武汉市和长沙市，得分分别为 58.60 分、58.56 分和 58.39 分，排名分别为第 13、第 14 和第 15。剩下的两个城市分别为郑州市和合肥市，得分分别为 46.67 分和 45.05 分，排名分别为第 30 和第 31。中部地区社会指数得分在 38 个城市平均值以上的城市有 4 个，分别为南昌市、太原市、武汉市和长沙市。中部地区的合肥市和郑州市在 38 个城市里排在后 10 位之列。

从表 12 可以得出，中部地区的生态指数得分平均值为 55.1912 分，远低于 38 个城市生态指数的平均值 61.7631 分；南昌市生态指数得分为 67.27 分，为中部地区生态指数的最大值；最小值是太原市的 37.58 分；标准差为 10.3110 分。

表 12　中部地区各城市生态指数得分排名

单位：分

排名	中部地区	社会指数	排名	中部地区	社会指数
1	南昌	67.27	6	太原	37.58
2	合肥	63.23	平均值		55.1912
3	长沙	56.68	最大值		67.27
4	武汉	53.78	最小值		37.58
5	郑州	52.61	标准差		10.3110

在38个城市中，中部地区没有城市进入前10位。进入前20位的城市中位于中部地区的只有南昌市，得分为67.27分，排第15名。其余城市全部位列20位之后，分别为合肥市、长沙市、武汉市、郑州市和太原市，得分分别为63.23分、56.68分、53.78分、52.61分和37.58分，排名分别为第23、第27、第29、第31和第37。中部地区生态指数得分在38个城市平均值以上的城市有3个，分别为南昌市、合肥市和长沙市。中部地区有3个城市在38个城市里排在后10位之列，分别为武汉市、郑州市和太原市。

从表13可以得出，中部地区的治理指数得分平均值为38.8427分，略低于38个城市治理指数的平均值40.4422分；郑州市治理指数得分为48.33分，为中部地区治理指数的最大值；最小值是太原市的33.91分；标准差为5.9188分。

表13　中部地区各城市治理指数得分排名

单位：分

排名	中部地区	治理指数	排名	中部地区	治理指数
1	郑州	48.33	6	太原	33.91
2	武汉	43.85	平均值		38.8427
3	长沙	37.14	最大值		48.33
4	合肥	35.89	最小值		33.91
5	南昌	33.93	标准差		5.9188

在38个城市中，中部地区只有郑州市进入前10位，在38个城市中排第7位，除郑州之外，进入前20位的城市中位于中部地区的有两个，分别为武汉市和长沙市，得分分别为43.85分和37.14分，排名分别为第11和第20。其余三个城市分别合肥市、南昌市和太原市，得分分别为35.89分、33.93分和33.91分，排名分别为第27、第29和第31。中部地区治理指数得分在38个城市平均值以上的城市有2个，分别为武汉市和郑州市。中部地区的南昌市和太原市在38个城市里排在后10位之列。

（三）中部地区指数特点

中部地区生态指数和社会指数发展最为突出，经济指数相对落后。

为直观看出中部地区哪些指数得分更为突出，即相对于全部城市而言，中部地区的这些指数得分更高，故将38个城市的五大指数平均值分别作为不同指数的界线，运用公式（2）测算中部地区某个指数相对于总体平均值的变化幅度：

$$f_t = \frac{X_t - \overline{X_t}}{\overline{X_t}} \tag{2}$$

其中，f_t：中部地区第 t 个指数相对于38个城市平均值的变化幅度。X_t：中部地区的第 t 个指数对应的平均值。$\overline{X_t}$：38个城市中 t 指数的平均值。

$t=1$，2，3，4，5，分别对应功能指数、经济指数、社会指数、生态指数和治理指数。

通过表14可以得出，中部地区生态指数和社会指数发展最为突出，分别高出38个城市生态指数和社会指数平均值31%和30%；接着是功能指数，与38个城市功能指数平均值基本持平。上述三个指数在中部地区的平均值都高于其他地区的对应平均值，发展较为完备。而中部地区的治理指数和经济指数都低于38个城市治理指数和经济指数的平均值，幅度分别为8%和29%，说明其发展较差。

表14　中部地区各指数得分幅度变化

单位：分，%

功能指数		经济指数		社会指数		生态指数		治理指数	
中部地区平均值	幅度	中部地区平均值	幅度	中部地区平均值	幅度	中部地区平均值	幅度	中部地区平均值	幅度
41.9732	0	29.9718	-29	54.7929	30	55.1912	31	38.8427	-8

（四）中部地区提升的建议

由统计数据可知，中部地区各指数的发展水平都不算高，有些甚至可以说是发展落后，究其主要原因可归纳为以下几点。

中部地区经济发展落后，交通闭塞。政府在绿色交通发展方面投入的人力、物力、资金都不大，从而导致绿色交通的发展在物质层面匮乏，进而出现了较为明显的滞后。中部地区城市化水平低，城市数量少、规模小。城市功能单一，城市之间联系松散。中部地区大部分城市无法带动区域交通更好发展。中部地区各城市公共交通系统发展普遍还存在公共交通基础设施欠缺、公交线网密度不够、站点覆盖率不高和公交公司运营困难等不完善的地方。目前中部地区城市绿色交通的发展仍处于起步阶段，对于建成之后的绿色交通设施的管理问题尚缺乏经验。人才的稀缺导致中部地区城市在发展绿色交通功能的过程中缺乏新思路、新方法，从而循规蹈矩，缺乏创新，减缓了绿色交通的发展。

1. 政府和公众都要转变观念，倡导绿色出行方式

由于我国绿色交通发展相对较晚，从国外发展经验来看，国外政府部门已经不再过于关注交通投资是否能对城市经济产生促进作用，而是逐渐将政策目标转移到环境保护、综合交通系统的构建、交通行业的服务质量提高等更高层次的发展要求上。绿色交通鼓励城市居民在日常出行时尽量选择公共交通与慢行交通，但这需要绿色交通以一定的发展基础为前提，因此政府部门应该注重绿色交通的发展，建设慢行交通系统，提升服务水平，培养居民绿色出行的习惯。中部地区城市可以在城市交通建设思路上充分理解绿色交通发展的内涵，借鉴其他地区绿色交通发展的成熟经验，最大限度做到以人为本，保护环境。

2. 落实公交优先战略，推进公交、自行车加步行城市交通模式

首先，绿色交通更加注重慢行交通与公共交通的发展，一般要求先对步行道路网络、自行车交通网络和公交线路网络进行规划建设，把私人机动车道路交通网络的规划建设放到最后。而我国各城市交通的发展顺序与重点往往与此相反，机动车道发展迅速而慢行交通网络常常被忽略，应改变这种现状，避免本末倒置。

其次，城市绿色交通的核心理念在于构建公共交通主导的城市综合交通体系，可持续交通和低碳交通的理念也大都与此类似，因此，发展中部地区城市交通要落实公交优先战略。公共交通是中长距离出行的大众化交通工

具，也是私人汽车的主要替代品，公共交通只有在出行成本、舒适度、可达性方面不断完善，才能吸引乘客更多地采取绿色出行方式。

最后，中长距离的大众化运输由公交车与轨道交通负责，对应的短距离出行则由自行车和步行的方式来完成。自行车与步行出行的交通模式被统称为慢行交通，慢行交通系统也是绿色交通体系的组成部分之一，发展慢行交通有助于打造可持续的高质量城市交通环境，因此应该在发展公共交通的同时建造自行车道与人行专用道，将这些道路与住宅小区、公园、广场等区域相连接，营造生态型慢行交通环境。

3. 进行科学交通管理，引导个人交通向公共交通方式转变

目前中部地区各城市纷纷对交通拥堵等问题采取了许多措施，但这些措施大多以解决机动车出行问题为重点，如拓宽机动车道、修建高架桥等。这些做法在一定程度上释放了城市的交通压力，但对城市交通的可持续发展帮助不大。发展绿色交通，一方面要善于利用价格的市场调控功能，综合考虑公共交通企业的经营成本和城市居民对出行成本的承受能力，制定优惠的公交票价政策，提升现有公共交通资源的利用率；另一方面，采取新的机动车停车收费制度，进行级差收费管理，鼓励私人机动车在城市周边的公交站和轨道交通站点周边“换乘”公共交通系统，减轻城市中心道路交通压力，合理引导个人交通出行向公共交通出行方式转变。另外还要优化公交线网布局，增加公交车辆，加密公交班次，调优公交线路安排，真正体现公共交通的便捷性。同时，增开夜间公交线路，延长夜班公交运营时间，满足居民夜间乘车需求。

4. 加大绿色交通宣传力度，适时出台鼓励和优惠政策

利用广播、电视、网络等媒体，加大宣传力度，多角度、全方位宣传步行、自行车（含电动自行车）、公交等绿色交通方式在交通成本、强身健体、绿色环保等方面的优势，强调全体市民在交通出行方面的社会公平性，使绿色交通成为全体人民的追求目标和共同行动，并成为一种风尚。

建议各市政府出台措施保证公交优先发展，提高私家车在市中心的使用

成本，降低公交和出租车票价，提高公共交通舒适度和方便度，同时，加快中部地区城市快速公交（BRT）的发展速度，出台自行车免费租赁等优惠政策。

三　西部地区

（一）西部地区城市绿色交通概况

将西部地区城市交通绿色发展指数得分进行排名，并进行数据的描述性计算，可得表15与表16。经计算，西部地区整体分值较低，平均值仅为39.0320分，反映西部地区交通绿色发展水平整体较低，西部地区指数标准差为5.4225分，各城市指数差距相对较小。

在西部地区的12个城市中，最高分为成都市的49.0716分，最低分为银川市的31.6445分。除成都外，得分在40分以上的包括昆明、西安、重庆市，昆明的指数得分为48.1399分，西安与重庆则为42.3961分、41.6919分。西部地区中排在38个城市中第4～10名的南宁、贵阳、乌鲁木齐、兰州、西宁、呼和浩特指数得分均超过35分，仅有拉萨与银川得分较低，分别为33.2425分与31.6445分。初步观察可知，地区生产总值较高的成都、昆明、西安排名靠前，经济发展较差的拉萨、兰州、西宁、银川等排名靠后。

表15　西部地区城市交通绿色发展指数

单位：分

排名	分数	城市	排名	分数	城市
1	49.0716	成都	7	37.8559	乌鲁木齐
2	48.1399	昆明	8	35.8707	兰州
3	42.3961	西安	9	35.7905	西宁
4	41.6919	重庆	10	35.7737	呼和浩特
5	38.5883	南宁	11	33.2425	拉萨
6	38.3182	贵阳	12	31.6445	银川

表 16　西部地区城市交通绿色发展指数描述性特征

单位：分，个

平均值	最高值	最低值	标准差	个数
39.0320	49.0716	31.6445	5.4225	12.00

（二）西部地区指数基本分析

由表 17 数据可知，在城市交通绿色发展涉及的五个方面中，西部地区生态指数最优，平均值为 62.6493 分，接着为社会指数，平均值为 52.4453 分，经济指数及功能指数平均值较低，分别为 26.9549 分与 36.7802 分，治理指数得分居中，为 39.6026 分，表明西部地区交通基础设施建设及其经济效应较弱，交通生态环境负面影响较小，人文社会属性较优。同时，根据最高值、最低值及标准差可知，西部地区各城市生态指数及社会指数差异大，功能指数、治理指数、经济指数各城市发展状况差距相对较小。整体而言，西部地区交通绿色发展状况较弱，尤其是在功能设施、经济效益开发与相关政策制定及实施方面，具有较大的提升空间。

表 17　西部地区城市交通绿色发展指数分解描述性特征

单位：分

指标	功能指数	经济指数	社会指数	生态指数	治理指数
平均值	36.7802	26.9549	52.4453	62.6493	39.6026
最高值	51.9518	38.8777	70.1911	76.0576	54.9569
最低值	26.6972	20.4246	37.2489	36.3710	30.0214
标准差	7.9257	6.1886	9.4316	10.5722	7.6337

西部地区各城市交通绿色发展指数分解按总指数由高至低排名可得表 18。从单一指数来看，功能指数成都市得分最高，为 51.9518 分，接着为昆明市，得分为 46.4965 分，第三、四名分别为西安市、南宁市，得分为 42.7644 分、40.9772 分，其余城市功能指数均在 40 分以下，而呼和浩特市功能指数最低，为 26.6972 分，银川、兰州分列倒数第二、第三名，得分为

27.6436分、28.9463分，其余城市得分为30～40分。观察经济指数可知，成都市排第一名，第二名为重庆市，得分为37.9705分，仅有上述两城市得分超过30分，第三名与第四名分别为西安市与昆明市，得分均超过29分，但与成都、重庆市仍存在较大差距，排最后三位的城市为拉萨、银川、西宁市，这与其经济基础较为薄弱相关，交通及其土地开发产生的经济效益较弱。在社会指数中，得分最高的为拉萨市，接着为南宁市，得分超过60分，第三、四名为乌鲁木齐、西宁市，得分分别为59.8958分、57.1747分，其余得分位于50分以上的城市包括成都、银川，以上城市社会指数处于中等以上水平，同时，昆明、贵阳得分接近50分。生态指数整体得分较高，最高值乌鲁木齐市超过70分，其城市交通的环境状况优良，除乌鲁木齐、重庆外，超过60分的城市包括西安、贵阳、成都、昆明、呼和浩特、兰州，南宁、拉萨与银川得分相对较低。西部地区城市治理指数中，昆明市得分最高，为54.9569分，接着为银川，得分为50.9615分，得分位于40～50分的城市为兰州与呼和浩特，其余城市得分均在40分以下，可见西部地区在绿色交通政策制定、引导与宣传方面具有较大的提升空间。

表18　西部地区城市交通绿色发展指数分解比较

单位：分

排名	城市	功能指数	经济指数	社会指数	生态指数	治理指数
1	成都	51.9518	38.8777	54.5125	66.5403	36.6942
2	昆明	46.4965	29.4102	49.9070	65.1666	54.9569
3	西安	42.7644	29.4830	43.6835	69.9505	35.4293
4	重庆	39.5780	37.9705	47.0624	71.4435	30.0214
5	南宁	40.9772	27.8661	63.3747	55.6739	36.5392
6	贵阳	33.5916	25.4279	48.8470	68.3172	35.9273
7	乌鲁木齐	30.6187	23.8666	59.8958	76.0576	32.3997
8	兰州	28.9463	25.1373	37.2489	64.7622	43.5250
9	西宁	38.2201	20.9967	57.1747	57.4209	39.2545
10	呼和浩特	26.6972	23.0245	42.4693	66.4032	45.6019
11	拉萨	33.8771	20.4246	70.1911	53.6847	33.9208
12	银川	27.6436	20.9740	54.9771	36.3710	50.9615

经计算，成都、昆明、西安城市交通绿色发展指数得分位居前三，以下对发展状况较好的典型城市进行分析。

1. 成都市

排名第一的成都市分解指数中，功能指数、经济指数在 12 个城市中均排名第一，社会指数、生态指数、治理指数排名第六。

成都致力于构建“轨道交通 + 公交 + 慢行”绿色交通圈，取得了一定成效。为了实现城市各种交通方式协调发展的总体目标，成都市先后编制了轨道线网规划修编、快速公交规划与城市慢行系统规划，从顶层设计层面明确了发展方向。在城市轨道交通建设上，计划将市域国铁公交化，市域铁路、多制式轨道交通和城市轨道交通这 4 个部分结合起来，致力于实现全市范围内轨道交通网络总里程达到 2450 公里。到 2017 年 7 月为止，成都市轨道交通处于开通运营状态的有 129km，在建工程有 438km，并在加快新项目的报批工作。根据目前的发展进度来看，成都市轨道交通的总运营里程将在 2022 年超过 600km。

2. 昆明市

昆明市交通绿色发展指数排名第二，功能指数在西部地区中排名第二，治理指数排名第一，经济指数排名第四，社会指数及生态指数排名不具优势，反映出昆明市在交通设施经济效益及政策落实方面具有优势。

从全国范围看，云南省新能源汽车政策独树一帜，2018 年 6 月，《云南省新能源汽车产业发展及推广应用三年行动计划（2018—2020 年）》发布，推动新能源汽车应用发展的有关具体政策如下：重点开展公交车的电动化工作，要求城市公交每年都要进行一定更新，新增公交车中新能源公交车的比重要高于 60%，争取到 2020 年，新能源公交车总数占全市公交车的比例不低于 30%。不仅针对公交车，在出租车、市政以及物流等行业也要积极推动新能源汽车的应用，要求这些特定行业每年新增新能源汽车的数量不得低于新增总车辆数的 50%。同时，为了提高新能源汽车在大众中的普及程度，政府推出了新能源汽车的减税政策和不限行限购的政策，并且设立了专门的“绿色通道”来进行新能源汽车的上牌、年检等工作，从各个方面提升新能源汽车购买和使用的便捷性。

3. 西安市

西安市交通绿色发展指数排名第三，功能指数、经济指数排名第三，生态指数排名第二，社会指数与治理指数在 12 个城市中排名居中。

首先，西安城市道路以城市快速路和公共交通为重点，布局了高标准的“三环六纵四横”骨架型快速路以及广覆盖的加密型快速路，打通外围高速与城市的交通瓶颈，实现城区与高速公路之间的快速连接，并构筑组团间的快速连接通道，形成支撑内外、连通三级枢纽的快速路体系。

其次，以适应慢行交通、自行车交通和旅游交通为要求，在主次干道布局完善步行和自行车道系统，完善相关配套设施，使步行和自行车出行取得优先路权。

最后，科学构建停车系统，实施差别化、阶梯化的停车供给、收费和管理政策；加大停车设施建设力度，实现社会停车资源共享使用；大力发展停车换乘（P + R 换乘停车场）设施等。

公共交通网按照三个层次网络的布局，针对长距离、中距离、短距离三种出行的特点，配合三级枢纽体系，形成层次化的公共交通系统，以适应不同的出行需求，提高公共交通系统的效率。第一层次，强化轨道交通骨架作用，以轨道交通来加强三级枢纽间的快速衔接，解决长距离大运量的快速出行，形成市域快轨系统；新增普通地铁线路连通西安城区、西咸新区和咸阳城区，形成以咸阳机场、西安北站和阿房宫站为中心节点的轨道交通网络新格局。第二层次，在组团之间因地制宜地采取现代有轨电车、快速公交（BRT）等多种方式，形成基于路权优先的地面公交骨干线网，解决相邻组团间的中距离出行问题。第三层次，在组团内部采用普通公交、高架轻轨以及公共自行车等多种方式布局内循环公交系统，满足组团内部短距离绿色出行的需求。

（三）西部地区指数特点

据指数测算及分解数据可知，西部地区城市交通绿色发展存在以下特征。

指数数值整体偏低，功能指数、经济指数、治理指数均为薄弱项。由西部地区的描述性特征分析可知，与东部、中部及东北地区相比，西部地区得分偏低，五大分解指数中仅有两项平均得分超过 50 分，两项平均得分未达到 40 分，一项平均得分未达到 30 分，在全国范围内，西部地区交通绿色发展有较大的提升空间。

生态指数数值相对偏高。分解指数中，生态指数为西部地区分值较高的模块，该区域资源环境脆弱，政府与居民环境保护意识较强，在交通基础设施建设中，环境成本评估及相应保护措施、手段、技术成熟，项目进行时较多地考虑其对生态环境的影响，以尽可能减少西部地区交通发展过程中对环境的负面作用。

总指数北低南高。地理空间分布上，南部城市成都、昆明、重庆、南宁、贵阳等指数数值相对较高，北部城市如乌鲁木齐、兰州、西宁、呼和浩特等则相对较低，反映出我国西南部地区城市交通绿色发展水平优于西北部地区的特征。

分解指数呈现功能指数、经济指数北低南高，治理指数东北方向及昆明较高，社会指数、生态指数交错分布的空间格局。由表 18 可知，位于南部的重庆、贵阳、昆明、南宁等城市功能指数及经济指数得分高于位于北部的呼和浩特、兰州、乌鲁木齐、银川等城市；同时，昆明与东北方向的兰州、呼和浩特治理指数数值较高。

（四）西部地区提升的建议

1. 完善绿色交通运输法律法规及相关标准规范

首先，国家和各省份要出台与节能环保以及节约资源相关的法律政策，在此基础上，不同城市根据自身的发展需要，从实际出发出台节能减排的法规以及与之相配套的其他规范，利用法律法规的强制规范作用来保障交通节能减排工作的加速开展，将绿色交通的理念运用于交通运输基础设施建设的每个环节当中，使地方城市交通绿色发展能够规范化运行。其次，要进一步完善绿色交通运输标准。通过明确城市交通绿色发展的总体目标与具体发展任务，据此制定相应的绿色交通标准体系，在企业内部逐渐将这些标准细化，在随后的经济运行过程中根据这些标准来识别并消除节能减排工作的主要障碍。将交通项目中施工机械等装备的燃料消耗量、碳排放量和主要污染物排放量的分级限制与准入标准具体化；在城市交通基础设施建设技术规范中增加绿色交通的理念与要求。

2. 增加融资及经营方式，提升经济指数

交通基础设施投资需求较大，西部地区经济基础较弱，财政能力有限，应当积极开发多元化融资方式，吸引社会资本投入交通建设运营中去。轨道交通网每公里需亿元的资金投入，经营收入难以偿还贷款和利息，对于建设运营地铁的成都、西安、重庆来说，应学习香港地铁公司的发展经验，创新性地开发“轨道交通 + 物业”的经营模式，即通过建设轨道交通枢纽并开放周边街区、地下空间经营权，发展商贸服务业，增加资金回收渠道来弥补建设期的巨额投入。环城铁路是发展城市轨道交通、城市货运的一种高效率形式，规划和建设重庆环城铁路应尽可能地靠近或穿越城市工业发展较为迅速的地区，为更多的工矿基地和经济中心服务，促进交通结构优化。

3. 大力培养人才，提升交通绿色发展能力

东部地区较强的经济基础、诸多的就业机会，吸引大量人才集聚于东部及中部地区一线、二线城市中，西部地区人才流失相对严重，交通技术人才匮乏。西部地区可通过对绿色交通相关专业（如交通工程、公路环保工程和综合运输等）的人才进行重点培养，打造一批具备较高科学素养和创新能力的高级专业人才。人才输入不局限于高校对学生的培养，还可以采取更加多元化的培养方式，如根据各城市的重大交通项目成立相应的研修班，通过对从业人员进行再培训来提升已有人才的技术水平；选派重要和关键岗位上的专业技术人才参加国内外学术交流活动及进行业务进修等；充分利用高校资源，通过与高校联合培养，组织交通企业有关中高级专业技术人才参加校企联合培训；利用网络课堂等现代远程教育手段组织人才在线培训、学习等。

4. 加强区域合作，建立长效机制以发展绿色交通

西部地区应当积极与中部、东部地区合作，邀请绿色交通领域专家走访考察、建言献策，通过举办研讨会、学术交流会、学术讲座等交流学习各地区绿色交通发展经验，扩大各类活动的影响力，使政府、居民、学者均参与到发展绿色交通的理论讨论与实践学习中去。同时，应当建立长效合作机制，将其涉及省级政府、市级政府，乃至县区政府等各级政府以进行定点交流考察，完善定期汇报、时时监督制度，将城市交通的绿色发展纳入重要政府工作议程中去。

四　东北地区

（一）东北地区城市绿色交通概况

将东北地区城市交通绿色发展指数得分进行排名，并进行数据的描述性计算，可得表 19 与表 20。经计算，东北地区整体分值较低，平均值仅为 39.60 分，表明东北地区交通绿色发展整体水平较低。

在东北地区中，排名第一的是长春市，得分为 42.24 分；排名最后的是哈尔滨市，得分是 37.59 分。排名第二的是沈阳市。由此可以看出，长春市的绿色交通发展水平较好，长春市重视绿色交通的发展，对交通领域的投入较大。发展较差的城市是哈尔滨市，哈尔滨市在绿色交通发展中经济效益相对较差。

表 19　东北地区城市交通绿色发展指数

单位：分

排名	分数	城市
1	42.24	长　春
2	38.96	沈　阳
3	37.59	哈尔滨

表 20　东北地区城市交通绿色发展指数描述性特征

单位：分，个

平均值	最高值	最低值	标准差	个数
39.60	42.24	37.59	2.39	3

从表 20 可以看出，东北地区的最高值为 42.24 分，最低值为 37.59 分，放眼全国 38 个城市，东北地区发展整体水平较为落后，最高值、最低值的水平均低于其他地区。东北地区的标准差为 2.39 分，说明东北地区绿色交通发展水平较为均衡，但是总体处于低水平状态。

（二）东北地区指数基本分析

由表 21 数据可知，在城市交通绿色发展涉及的五个指数中，东北地区社会指数最优，平均值为 50.23 分，接着为生态指数，平均值为 49.65 分，经济指数及功能指数较低，平均值分别为 26.28 分和 36.91 分，治理指数得分居中，为 47.69 分，表明东北地区交通基础设施建设及其经济效应较弱，交通生态环境负面影响较小，人文社会属性较优。同时，根据最高值、最低值及标准差可知，东北地区各城市治理指数及社会指数差异大，功能指数、生态指数、经济指数各城市发展状况差距相对较小。整体而言，东北地区交通绿色发展状况较弱，尤其是在功能设施、经济效益开发与相关政策制定及实施方面，具有较大的提升空间。

表 21　东北地区城市交通绿色发展指数分解描述性特征

单位：分

指标	功能指数	经济指数	社会指数	生态指数	治理指数
平均值	36.91	26.28	50.23	49.65	47.69
最高值	43.48	28.96	56.41	58.25	65.35
最低值	33.09	24.61	40.55	43.54	36.11
标准差	5.71	2.34	8.49	7.67	15.54

表22综合反映了东北地区城市绿色交通发展情况，进行了指数的分解。总指数分为功能指数、经济指数、社会指数、生态指数和治理指数。从表22中可以非常明显地看出各个城市在发展城市绿色交通方面的优势和劣势，可以进行综合比较，找出差距，以找出今后发展的方向。沈阳市的功能指数在东北地区三个城市中排第二位，为34.16分；经济指数是最高的，为28.96分，说明沈阳市绿色交通的经济效益较好；在社会指数中，排第二位，为53.72分，社会效益较好；在生态指数中，也同样排第二位，是47.15分，沈阳市绿色交通环境效益发展较好；在治理指数方面，排第二位，是41.62分。长春市的功能指数、社会指数和生态指数在三个城市中均排第一，分别是43.48分、56.41分和58.25分，说明长春市绿色交通在功能发展、社会环境效益上有较大的优势；在经济指数中排第二位，是25.27分；在治理指数中排最后，为36.11分，说明长春市应该在政策上予以大力支持。哈尔滨市在功能指数、经济指数、社会指数和生态指数中均处于落后的水平，分别是33.09分、24.61分、40.55分和43.54分，说明哈尔滨市应该重视城市绿色交通的发展，提高绿色交通的经济、社会环境效益；而在治理指数中，得分是最高的，是65.35分，说明哈尔滨市已经充分认识到了发展城市绿色交通中的不足，制定了较多的发展城市绿色交通的相关政策。以下对东北地区城市交通绿色发展状况进行具体分析。

表22　东北地区城市交通绿色发展指数分解比较

单位：分

排名	城市	功能指数	经济指数	社会指数	生态指数	治理指数
1	沈　阳	34.16	28.96	53.72	47.15	41.62
2	长　春	43.48	25.27	56.41	58.25	36.11
3	哈尔滨	33.09	24.61	40.55	43.54	65.35

1. 沈阳市

沈阳市在经济效益方面发展较好，功能、生态、治理方面有待提高。沈阳是东北地区的中心城市，小汽车处于高速增长期，但还未达到峰值，城市用地布局和交通规划还存在优化余地。沈阳于2011年编制了《沈阳市综合交通规划》，该规划是沈阳交通发展的统筹性文件，近些年来沈阳市的交通项目建设均是在此文件的引导下实施的，共开展了包括主干路、快速路、立交桥、跨河桥梁、公共停车场、综合交通枢纽、立体过街设施等在内的400多项城市交通项目，在一定程度上缓解了市区的交通拥堵压力。但是，这些年来沈阳市交通建设的主要受益方仍是以私人汽车为主的机动车，仍属于清偿历史旧账的范畴，未能将绿色交通的发展理念融入城市建设规划里。面对机动车数量与日俱增和能源日益短缺的矛盾，以及人民群众对改善环境污染的迫切需求，沈阳市的交通发展模式转型就显得尤为必要，应从大规模建设逐渐向精细化建设与管理转变。

2. 长春市

长春市在“十二五”期间开展了一系列规模较大的城市交通建设项目，比较有代表性的项目包括核心区“两横三纵”快速路、长春站综合交通换乘中心等。其中，“两横三纵”快速路的通车也成为长春市交通发展水平进入立体交通时代的标志。尽管长春市已经在交通基础设施建设方面投入了大量资源，城市交通建设也取得了明显进步，但机动化交通出行的高速增长使交通发展形势仍旧不容乐观。

目前，长春市多模式的公共交通系统已初步建立，公共汽车与快速轨道交通建设都取得了明显进步。截止到2016年11月，快速轨道交通3号线和4号线已经在长春市建成通车，两条线路总里程为47.6km，日均客运总量为20.2万人次。长春市目前正在建设系统、完善的一体化公共交通体系，大力推进骨架型公交设施建设，以支撑城市空间结构发展。骨架型公交系统建设只有与城市空间结构紧密结合，实施TOD发展模式，才能充分实现公共交通对城市空间有序拓展的推动作用。

3. 哈尔滨市

近年来，哈尔滨经济发展迅速，随之而来的交通污染、交通拥堵、交通事故等问题日益突出。哈尔滨市目前面临的交通状况主要包括交通容量供给不足而需求不断增加，且居民出行所选择的公共交通方式较为单一，地铁1号线和地面公交承担了绝大部分的客运量，使乘客过于集中。为了解决现阶段所面临的各种问题，哈尔滨开始重视地铁、轻轨以及普通铁路的衔接性问题，通过将这些交通方式串联起来形成一个动态的城市交通网络。地铁和轻轨作为大运量公共交通工具，在转移城市内部交通压力方面的作用突出，故应该以此作为城市公共交通系统的主干部分。但是，一条或两条独立的轨道交通对整个城市而言作用十分有限，轨道交通的自身属性决定了它必须依靠网络化的布局才能充分发挥运输潜力，有效缓解城市交通压力。

目前，哈尔滨地铁总体规划为“九线一环”，将来的交通规划既要着眼于当下，又要放眼于未来。从城市发展的规律来看，城市范围会不断扩大，从而衍生出卫星城等，因此哈尔滨要确定其中心城区、郊区、远郊开发区以及卫星城的界限，城区与周边的连接方式不止依赖于地面公交，还要构建与这些区域相连接的铁路客运系统，并将铁路与城市公共交通进行有效衔接。有效构建方便、快捷、多层次、一体化的公共交通系统，形成多种交通方式紧密结合、换乘协调、高效快捷、安全舒适的绿色交通网络体系，实现哈尔滨市交通的绿色环保、低碳生态及可持续发展。

（三）东北地区指数特点

根据指数测算及分解数据可知，东北地区城市交通绿色发展具有以下特征。

指数数值整体偏低，功能指数、经济指数均为薄弱项，在发展绿色交通过程中经济问题突出。由东北地区描述性特征分析可知，与东部、中部及西部地区相比，东北地区得分偏低，五大分解指数中仅有一项平均得分超过50分，两项平均得分未达到40分，在全国范围内，东北地区交通绿色发展有较大的提升空间。

东北地区的社会指数、生态指数和治理指数是其优势项，说明在发展绿色交通时，东北地区较为重视交通与城市和环境的协调发展，在近些年，政府等管理部门十分重视绿色交通的发展，制定了大量的政策法规支持城市绿色交通的发展。

在东北地区发展过程中，总体来看，长春市比沈阳市和哈尔滨市的绿色交通发展情况要好，哈尔滨的各项指标均比较落后，但近几年哈尔滨市重视城市绿色交通的发展，在未来的几年中，哈尔滨的情况会有所改善。

沈阳市积极推进智能交通系统，通过高科技手段助力城市绿色交通的发展。目前城市交通不单单以硬件发展程度来评价其整体水平，越来越注重交通运行的效率与公平性，而智能交通系统的出现刚好能满足这方面的需求。对比来看，沈阳市当前的智能交通系统仅处于起步阶段，与成熟的智能交通系统差距较大，主要表现为交通信号的系统化率相对不高；道路交通信息采集范围较窄；公交车、出租车的相关数据仍有很大价值，有待挖掘、利用；不同业务部门的信息未实现共享，且应用领域有限等。智能交通系统由起步走向成熟阶段需要经历漫长的发展过程，一个合理明确的发展规划必不可少，应该在规划的基础上优先发展那些最为核心的或者最能提升交通运输效率的部分，如交通管理和控制系统、路况显示系统等。

长春市为了争取“公交都市”示范城市的荣誉称号，针对城市公交系统进行了全方位的改进，旨在优化城市公共交通系统的服务，并使其成为带动公交系统分担率上升的重要动力之一。长春市政府管理人员十分重视绿色交通的发展，制定了长期的发展规划。从“十三五”公交发展规划的发展目标来看，长春市首先将对公交机制体制进行改革，只有体制性问题得到有效解决，后期工作才能顺利展开。其次，将继续更新公交线网结构，增加对公交场站与交通枢纽的投资，营造居民绿色出行的交通环境与社会环境。最后，将把握快速路系统建设的机会来发展公交专用车道，并根据当前不同路段的堵塞情况对其进行重新规划。相信在不久的将来，长春市的绿色交通会有比较大的进步。

哈尔滨市发展绿色交通也有十分丰富的经验，目前正在进行有轨和无轨电车的恢复使用以及长期发展工作。有轨和无轨电车真正做到了零排放和无污染，是比普通公共交通更加绿色的交通工具，正是由于这些特点恰好符合城市交通绿色发展的需求，因此有轨和无轨电车才开始重新被重视并投入使用。另外，哈尔滨市也通过对公共交通换乘枢纽进行精心设计来增加公交车对大众出行的吸引力。由于城市公共交通运行效率的提升不单依赖公共交通网络的覆盖范围与交通工具，网络内各节点的衔接工作对整体运行效率同样影响巨大，因此保持换乘枢纽的合理便捷就显得尤为重要。应通过分析不同时段的客流规模与需求特征来推出多样化的换乘组合方式，构建合理的交通策略规划方案，提升不同交通方式间的换乘效率，进而提升整个公共交通网络的运行速度。最后，哈尔滨开始关注步行交通系统的构建。从当前情况来看，哈尔滨市在慢行交通发展方面仍有所欠缺，具体表现为对步行交通规划不足、居民步行出行的需求未被全面考虑、步行道路空间被机动车道挤压严重等。为了解决这些突出问题，哈尔滨市开始构建系统化的步行环境，如设置专用的步行道，在交叉口设置过街天桥等，合理进行植被绿化，打造优美的步行环境以真正吸引市民选择步行出行。

（四）东北地区提升的建议

1. 合理规划城市综合交通系统

规划城市综合交通系统主要涉及交通设施建设规划与交通政策规划两方面。其中交通设施建设规划的重点在于对路网结构、交通枢纽等进行规划布局，决定了城市交通基础设施的未来发展走向；交通政策规划主要包括土地开发政策、推广新能源汽车、改变不合理的交通结构，以及引导市民绿色出行等。从全国范围来看，目前东北地区经济水平相对落后，且存在人均道路面积不足、绿地覆盖率较低等问题，因此东北地区进行城市综合交通规划首先应考虑本地财政的承受能力，在此基础上深入分析发展规划的合理性与可持续性。

2. 制定城市绿色交通的发展政策

由于政府部门在城市交通系统中扮演多种角色，政府在对政策进行完善的过程中难以清楚地了解是否符合公众利益与偏好，因此政府部门在制定交通政策时首先应明确目标，政策的执行结果应该以满足大多数公众的利益为前提，而不是谋求经济利益的最大化。针对复杂庞大的城市交通网络，首先应积极推动城市公共交通的更新与发展，提升公共交通在城市交通中的竞争力，同时培养民众绿色出行的交通意识，从两方面来激发公共交通客运需求。对于特大型以上城市而言，应把公共交通的发展重点放在轨道交通上，它不仅具备大运量转移客流的能力，而且对地面交通几乎没有影响，能够大幅度解决城市道路拥堵问题。应将构建城市绿色交通发展体系作为城市交通发展政策的主要任务，不仅要提出发展目标，同时也要为目标提供落实的保障政策。在绿色交通发展相对滞后的东北地区，更应该发挥政府的主导作用，加大力度发展城市绿色交通，制定有利于发展城市绿色交通的政策与法规。

3. 合理发展轨道交通

城市轨道交通以其大运量、无污染、高效率等种种优势，成为大城市公共交通系统的重点发展方向。东北地区轨道交通发展相对滞后，导致道路拥堵，交通运行效率下降，公众满意度低等问题。应当适当合理发展轨道交通。

4. 提升绿色交通的公众参与度

城市绿色交通的发展理念不仅需要被政府重视并积极推动其发展，还需要民众培养绿色出行的意识并亲身践行。从城市居民个人角度来讲，每个人均有选择各种交通方式出行的权利，但如果都采用私人汽车出行，则将与绿色交通的发展目标严重背离，无论是交通拥堵还是城市环境污染情况都会进一步加剧，因此，需要对交通行为进行一定程度的管制，合理有序的交通行为是城市交通绿色发展的重要推动力。对于东北地区而言，政府部门应加强绿色交通理念的宣传推广，将城市交通绿色发展与公众的个人利益和社会利益挂钩，使公众转变陈旧的交通出行观念，提升自身素养，充分调动人民的积极性，使人民参与到绿色交通的治理中去。

参考文献

何佳远：《兰州市绿色交通城市构建策略研究》，兰州大学硕士学位论文，2018。

何开伦、付帅、王冬菊：《重庆市绿色交通发展研究》，《重庆工学院学报》（社会科学版）2008 年第 3 期，第 50 ~ 53 页。

B.9

中国城市交通绿色发展满意度排行榜

林晓言　崔卓然*

摘　要：　本报告建立城市交通满意度评价体系，包括便捷性、人性化与整体感知三个维度，通过问卷调查法获取数据，将物元可拓学与模糊综合评价法相结合进行计算，得到交通绿色发展满意度排行榜，并进行相关分析。便捷性满意度排前3名的城市是大连、深圳、宁波，人性化满意度排前3名的城市是深圳、杭州、南京，整体感知满意度排前3名的城市是深圳、宁波、南京，整体而言，深圳、海口、宁波综合满意度在38个城市中较优。

关键词：　城市交通　满意度　排行榜

一　满意度计算过程

（一）可拓学

1. 确定经典域和节域

由于满意度的相关指标数据均由问卷结果所得，因此各衡量指标的经典

* 林晓言，博士，北京交通大学经济管理学院，教授，博士生导师，北京交通发展研究基地主任，首都高端智库北京综合交通发展研究院副院长，研究方向为运输经济学、技术经济学；崔卓然，北京交通大学经济管理学院硕士研究生，研究方向为运输经济学、技术经济学。

域和节域的确定主要以问卷结果为依据，同时以专家研究结果综合形成评价标准，将评价指标的水平分为五个等级：一级（优秀）、二级（良好）、三级（一般）、四级（较差）、五级（差）。在咨询专家意见的基础上，根据物元可拓评价模型的公式确定评价指标的经典域 R_{0j} 与节域 R_P，如下式所示：

$$R_{0j} = \begin{bmatrix} N & N_1 & N_2 & N_3 & N_4 & N_5 \\ C_1 & (2,2.2) & (2.2,2.4) & (2.4,2.6) & (2.6,2.8) & (2.8,3) \\ C_2 & (1.2,1.6) & (1.6,2) & (2,2.4) & (2.4,2.8) & (2.8,3.2) \\ C_3 & (1.7,2) & (2,2.3) & (2.3,2.6) & (2.6,2.9) & (2.9,3.2) \\ C_4 & (1.8,2) & (2,2.2) & (2.2,2.4) & (2.4,2.6) & (2.6,2.8) \\ C_5 & (1.7,2) & (2,2.3) & (2.3,2.6) & (2.6,2.9) & (2.9,3.2) \\ C_6 & (2.2,2.5) & (2.5,2.8) & (2.8,3.1) & (3.1,3.4) & (3.4,3.7) \\ C_7 & (1.9,2.06) & (2.06,2.22) & (2.22,2.38) & (2.38,2.54) & (2.54,2.7) \\ C_8 & (2,2.37) & (2.37,2.75) & (2.75,3.12) & (3.12,3.50) & (3.50,3.87) \\ C_9 & (2,2.26) & (2.26,2.52) & (2.52,2.78) & (2.78,3.04) & (3.04,3.3) \\ C_{10} & (1.8,2.03) & (2.03,2.26) & (2.26,2.49) & (2.49,2.72) & (2.72,2.96) \\ C_{11} & (1.6,2.02) & (2.02,2.45) & (2.45,2.87) & (2.87,3.30) & (3.30,3.72) \\ C_{12} & (1.85,2.19) & (2.19,2.54) & (2.54,2.88) & (2.88,3.23) & (3.23,3.57) \\ C_{13} & (2,2.57) & (2.57,3.14) & (3.14,3.71) & (3.71,4.28) & (4.28,4.85) \end{bmatrix}$$

$$R_p = \begin{bmatrix} Np & C_1 & (2,3) \\ & C_2 & (1.2,3.2) \\ & C_3 & (1.7,3.2) \\ & C_4 & (1.8,2.8) \\ & C_5 & (1.7,3.2) \\ & C_6 & (2.2,3.7) \\ & C_7 & (1.9,2.7) \\ & C_8 & (2,3.87) \\ & C_9 & (2,3.3) \\ & C_{10} & (1.8,2.96) \\ & C_{11} & (1.6,3.72) \\ & C_{12} & (1.85,3.57) \\ & C_{13} & (2,4.85) \end{bmatrix}$$

2. 确定评价物元

以北京市为例，建立评价物元如下：

$$R_0 = (N,C,V) = \begin{bmatrix} Np & C_1 & 2.5622 \\ & C_2 & 1.5020 \\ & C_3 & 2.3735 \\ & C_4 & 2.7390 \\ & C_5 & 2.4859 \\ & C_6 & 2.9036 \\ & C_7 & 2.4016 \\ & C_8 & 3.1084 \\ & C_9 & 2.6386 \\ & C_{10} & 2.8474 \\ & C_{11} & 2.4096 \\ & C_{12} & 2.8956 \\ & C_{13} & 3.4498 \end{bmatrix}$$

3. 确定权重系数

满意度包含的各指标权重均按照平均权重计算。

4. 确定各指标的关联函数值

利用距的定义，本报告选择可拓理论中的初等关联函数法，计算城市绿色交通发展水平各评价指标关于评价等级的关联函数值。现以北京市为例，展开计算。计算过程如下。

从确定评价物元中得知量值 $V_1 = 2.5622$，根据经典域可知 $V_1 \in [a_{31}, b_{31}]$，则：

$$K_1(V_1) = \frac{\rho(V_1, V_{011})}{\rho(V_1, V_{\rho 1}) - \rho(V_1, V_{011})} = -0.4528$$

$$\text{其中}: \rho(V_1, V_{\rho 1}) = \left|2.5622 - \frac{1}{2}(3+2)\right| - \frac{1}{2}(3-2) = -0.4378$$

$$\rho(V_1, V_{011}) = \left|2.5622 - \frac{1}{2}(2.2+2)\right| - \frac{1}{2}(2.2-2) = 0.3622$$

$$K_2(V_1) = \frac{\rho(V_1, V_{021})}{\rho(V_1, V_{\rho 1}) - \rho(V_1, V_{021})} = -0.2704$$

其中：$\rho(V_1,V_{021}) = \left|2.5622-\frac{1}{2}(2.4+2.2)\right|-\frac{1}{2}(2.4-2.2) = 0.1622$

$$K_3(V_1) = \frac{-\rho(V_1,V_{031})}{|V_{031}|} = 0.1888$$

其中：$\rho(V_1,V_{031}) = \left|2.5622-\frac{1}{2}(2.6+2.4)\right|-\frac{1}{2}(2.6-2.4) = -0.0378$

$$K_4(V_1) = \frac{\rho(V_1,V_{041})}{\rho(V_1,V_{\rho 1})-\rho(V_1,V_{041})} = -0.0794$$

其中：$\rho(V_1,V_{041}) = \left|2.5622-\frac{1}{2}(2.8+2.6)\right|-\frac{1}{2}(2.8-2.6) = 0.0378$

$$K_5(V_1) = \frac{\rho(V_1,V_{051})}{\rho(V_1,V_{\rho 1})-\rho(V_1,V_{051})} = -0.3520$$

其中：$\rho(V_1,V_{051}) = \left|2.5622-\frac{1}{2}(3+2.8)\right|-\frac{1}{2}(3-2.8) = 0.2378$

同理可得指标 C_2、C_3、C_4，…，C_{13}关于各评价等级的关联函数，其计算结果汇总如表 1 所示。

表 1　关联函数及其数值

关联函数	值	关联函数	值	关联函数	值
$K_1(V_1)$	-0.45281	$K_2(V_1)$	-0.27041	$K_3(V_1)$	0.188755
$K_1(V_2)$	0.24498	$K_2(V_2)$	-0.24498	$K_3(V_2)$	-0.62249
$K_1(V_3)$	-0.35673	$K_2(V_3)$	-0.09839	$K_3(V_3)$	0.24498
$K_1(V_4)$	-0.92369	$K_2(V_4)$	-0.89826	$K_3(V_4)$	-0.84739
$K_1(V_5)$	-0.40495	$K_2(V_5)$	-0.2066	$K_3(V_5)$	0.380187
$K_1(V_6)$	-0.36453	$K_2(V_6)$	-0.12836	$K_3(V_6)$	0.345382
$K_1(V_7)$	-0.53376	$K_2(V_7)$	-0.37835	$K_3(V_7)$	-0.06752
$K_1(V_8)$	-0.49103	$K_2(V_8)$	-0.32138	$K_3(V_8)$	0.035874
$K_1(V_9)$	-0.37163	$K_2(V_9)$	-0.15457	$K_3(V_9)$	0.447484
$K_1(V_{10})$	-0.88235	$K_2(V_{10})$	-0.84313	$K_3(V_{10})$	-0.7647
$K_1(V_{11})$	-0.32231	$K_2(V_{11})$	0.093034	$K_3(V_{11})$	-0.04652
$K_1(V_{12})$	-0.50889	$K_2(V_{12})$	-0.34519	$K_3(V_{12})$	-0.01778
$K_1(V_{13})$	-0.38588	$K_2(V_{13})$	-0.18117	$K_3(V_{13})$	0.456493

关联函数	值	关联函数	值
$K_4(V_1)$	-0.07939	$K_5(V_1)$	-0.35196
$K_4(V_2)$	-0.74833	$K_5(V_2)$	-0.81124
$K_4(V_3)$	-0.25167	$K_5(V_3)$	-0.43876

续表

关联函数	值	关联函数	值
$K_4(V_4)$	-0.69478	$K_5(V_4)$	0.305221
$K_4(V_5)$	-0.13773	$K_5(V_5)$	-0.36703
$K_4(V_6)$	-0.21821	$K_5(V_6)$	-0.41365
$K_4(V_7)$	0.13504	$K_5(V_7)$	-0.31684
$K_4(V_8)$	-0.01732	$K_5(V_8)$	-0.33723
$K_4(V_9)$	-0.18417	$K_5(V_9)$	-0.38813
$K_4(V_{10})$	-0.5294	$K_5(V_{10})$	0.470603
$K_4(V_{11})$	-0.36434	$K_5(V_{11})$	-0.52326
$K_4(V_{12})$	0.035562	$K_5(V_{12})$	-0.32929
$K_4(V_{13})$	-0.15671	$K_5(V_{13})$	-0.37222

5. 确定关联度，进行综合评价

（1）计算出乘客对北京市绿色交通便捷性方面的满意度关于第一级的关联度：

$$K_1(p) = \sum_{i=1}^{4} V_i K_1(V_i) = 0.25 \times (-0.4528) + 0.25 \times 0.2450 + 0.25 \times (-0.3567) + 0.25 \times (-0.9237) = -0.3721$$

类似地，求出 $K_2(p)$、$K_3(p)$、$K_4(p)$、$K_5(p)$，计算结果如表 2 所示。

表 2　便捷性满意度关联度

指标	$K_1(p)$	$K_2(p)$	$K_3(p)$	$K_4(p)$	$K_5(p)$
值	-0.3721	-0.3780	-0.2590	-0.4435	-0.3242

从而可以求得便捷性方面的满意度关于评价级别的特征值：

$$j^*_{便捷性} = \frac{\sum_{j=1}^{m} j \times \overline{K_j(p)}}{\sum_{j=1}^{m} \overline{K_j(p)}} = \frac{1 \times 0.3874 + 2 \times 0.3552 + 3 \times 1 + 4 \times 0 + 5 \times 0.6469}{0.3874 + 0.3552 + 1 + 0 + 0.6469} = 3.0685$$

其中：

$$\overline{K_1(p)} = \frac{K_1(p) - \min\limits_j K_j(p)}{\max\limits_j K_j(p) - \min\limits_j K_j(p)} = \frac{-0.3721 - (-0.4435)}{-0.2590 - (-0.4435)} = 0.3870$$

同理可得：$\overline{K_2(p)} = 0.3552$，$\overline{K_3(p)} = 1$，$\overline{K_4(p)} = 0$，$\overline{K_5(p)} = 0.6469$。

（2）根据上述步骤，可以计算出乘客对北京市绿色交通人性化方面的满意度。关于五个等级的关联度如表3所示。

表3　人性化满意度关联度

指标	$K_1(p)$	$K_2(p)$	$K_3(p)$	$K_4(p)$	$K_5(p)$
值	-0.4344	-0.2378	0.2193	-0.0736	-0.3658

人性化方面的满意度关于评价级别的特征值为：

$$j^*_{人性化} = \frac{\sum\limits_{j=1}^{m} j \times \overline{K_j(p)}}{\sum\limits_{j=1}^{m} \overline{K_j(p)}} = 3.2354$$

其中：$\overline{K_1(p)} = 0$，$\overline{K_2(p)} = 0.3008$，$\overline{K_3(p)} = 1$，$\overline{K_4(p)} = 0.5519$，$\overline{K_5(p)} = 0.1049$。

（3）乘客对北京市绿色交通整体感知方面的满意度关于五个等级的关联度如表4所示。

表4　整体感知满意度关联度

指标	$K_1(p)$	$K_2(p)$	$K_3(p)$	$K_4(p)$	$K_5(p)$
值	-0.4937	-0.2921	0.0185	-0.2027	-0.2466

整体感知方面的满意度关于评价级别的特征值为：

$$j^*_{整体感知} = \frac{\sum\limits_{j=1}^{m} j \times \overline{K_j(p)}}{\sum\limits_{j=1}^{m} \overline{K_j(p)}} = 3.4661$$

其中：$\overline{K_1(p)} = 0$，$\overline{K_2(p)} = 0.3937$，$\overline{K_3(p)} = 1$，$\overline{K_4(p)} = 0.5681$，$\overline{K_5(p)} = 0.4825$。

（4）乘客对北京市绿色交通的总体满意度关于五个等级的关联度如表5所示。

表5　总体满意度关联度

指标	$K_1(p)$	$K_2(p)$	$K_3(p)$	$K_4(p)$	$K_5(p)$
值	-0.4426	-0.3060	-0.0206	-0.2470	-0.2980

总体满意度关于评价级别的特征值为：

$$j_{总}^{*}=\frac{\sum_{j=1}^{m} j \times \overline{K_j(p)}}{\sum_{j=1}^{m} \overline{K_j(p)}}=3.3874$$

其中：$\overline{K_1(p)}=0$，$\overline{K_2(p)}=0.3237$，$\overline{K_3(p)}=1$，$\overline{K_4(p)}=0.4634$，$\overline{K_5(p)}=0.3426$。

根据上述计算过程，可分别得出其他城市的满意度综合评价结果。

（二）模糊综合评价

1. 评判集及其标准

根据各城市居民对所在城市绿色交通的满意程度，将各指标的评价标准分为好、较好、一般、较差、差五个等级，即评判集 $V=\{v_1, v_2, v_3, v_4, v_5\}$，其中 v_1，v_2，v_3，v_4，v_5 分别表示由好至差的各个等级。

2. 计算指标的隶属度

（1）指标的无量纲化

综合评价过程中，异量纲的指标由于单位和量级不同，对其直接相加没有任何实际意义，因此需要通过无量纲化过程把指标实际值转化为指标评价值。本报告所建立的定量指标既有正向指标也有负向指标，通过将负向指标正向化，然后采用直线型无量纲化方法中的临界值法来确定指标评价值：

$$\overline{x_i}=\frac{x_i-\min x_i}{\max x_i-\min x_i}, i=1,2,\cdots,n$$

其中，$\overline{x_i}$表示无量纲化处理后的数据，$\min x_i$ 是第 i 项指标所对应的最小值，$\max x_i$ 是第 i 项指标所对应的最大值。经过无量纲化处理后的各指标区间为［0，1］。

（2）指标的隶属度函数

由于该部分指标均采用问卷的形式获得数据，不像定量指标那样具有较强的客观性，评价时容易受评价人员的知识、经验、判断能力和对评价标准把握程度的影响，故本报告采用问卷评语集频率分析的方法确定指标的隶属度。根据评估等级标准，每个问卷填写人分别给每个指标打分，通过对所回收问卷的评语集进行频率统计分析，计算定性指标隶属度。在统计时用 r_{ij}表示第 i 个指标对第 j 等级的隶属度，则 $r_{ij}=N_j/N$，其中 N_j 表示选择 j 评语等级的人数，N 为问卷受众的总人数。以北京市为例，各指标的隶属度如表 6 所示。

表 6　指标隶属度

评价指标	好	较好	一般	较差	差
C_1	0.0643	0.0843	0.3092	0.4337	0.1084
C_2	0.0000	0.0000	0.0402	0.4217	0.5382
C_3	0.0321	0.0643	0.2450	0.5622	0.0964
C_4	0.0763	0.1566	0.2490	0.4659	0.0522
C_5	0.0321	0.0522	0.3253	0.5502	0.0402
C_6	0.0442	0.1727	0.4819	0.2450	0.0562
C_7	0.0161	0.0803	0.2490	0.5984	0.0562
C_8	0.1165	0.2410	0.2932	0.3333	0.0161
C_9	0.0562	0.0964	0.3133	0.4980	0.0361
C_{10}	0.0884	0.1044	0.3414	0.4177	0.0321
C_{11}	0.0643	0.0643	0.1928	0.5743	0.1044
C_{12}	0.0522	0.1245	0.3052	0.4016	0.0562
C_{13}	0.0359	0.1231	0.4256	0.3795	0.0359

同理可以得出其他城市的指标隶属度。

3. 确定各指标的权重矩阵

满意度包含的各指标权重均按照平均权重计算。

4. 建立模糊判断矩阵，进行综合评价

综合指标隶属度表，可以得到乘客对城市绿色交通的便捷性、人性化和整体感知三个方面的评判矩阵以及满意度的总体评判矩阵。现以北京市为例，展开计算。计算过程如下。

(1) 对便捷性的模糊综合评价

便捷性的模糊评价向量为：

$$B_{便捷性} = W_{便捷性} \cdot R_{便捷性} = [0.0432 \quad 0.0763 \quad 0.2108 \quad 0.4709 \quad 0.1988]$$

将上述评价所得的模糊评价向量赋以评语集的分值：

$$S_{便捷性} = B_{便捷性} \times V^T = 0.0432 \times 9 + 0.0763 \times 7 + 0.2108 \times 5 + 0.4709 \times 3 + 0.1988 \times 1 = 3.5884$$

(2) 对人性化的模糊综合评价

人性化的模糊评价向量为：

$$B_{人性化} = W_{人性化} \cdot R_{人性化} = [0.0308 \quad 0.1017 \quad 0.3521 \quad 0.4645 \quad 0.0509]$$

将上述评价所得的模糊评价向量赋以评语集的分值：

$$S_{人性化} = B_{人性化} \times V^T = 4.1941$$

(3) 对整体感知的模糊综合评价

整体感知的模糊评价向量为：

$$B_{整体感知} = W_{整体感知} \cdot R_{整体感知} = [0.0689 \quad 0.1256 \quad 0.3119 \quad 0.4341 \quad 0.0468]$$

将上述评价所得的模糊评价向量赋以评语集的分值：

$$S_{整体感知} = B_{整体感知} \times V^T = 4.4078$$

(4) 对绿色交通发展状况的总体满意度进行模糊综合评价

总体满意度的模糊评价向量为：

$$B_{总} = W_{总} \cdot R_{总} = [0.0522 \quad 0.1049 \quad 0.2901 \quad 0.4524 \quad 0.0945]$$

将上述评价所得的模糊评价向量赋以评语集的分值：

$$S_{总} = B_{总} \times V^T = 4.1064$$

根据上述计算过程，可分别得出其他城市的综合评价结果。

（三）综合得分

将可拓学的计算结果与模糊综合评价的计算结果进行结合，从而得出综合评价结果。

首先将可拓学的分值结果与模糊综合评价的分值结果分别转化为百分制得分。由于采用可拓学计算的初始得分采用“5 分”制，因此以“3 分”为基准对应百分制的“50 分”进行转化，同时将得分正向化，具体过程为：$S_{百分制} = 100 - S_{初始} \times 50/3$。通过模糊综合评价得出的初始分数采用“9 分”制，直接采用计算分数占比的方法进行转化，具体过程为：$S_{百分制} = S_{初始}/9 \times 100$。

然后将上述两种计算结果的权重分别取 0.6、0.4，计算综合得分，可得满意度总排名（如表 7 所示）。

表 7　满意度总排名

单位：分

总排名	城市	得分	总排名	城市	得分
1	深圳	58.0505	20	长春	52.9890
2	海口	57.8595	21	南宁	52.4982
3	宁波	56.4994	22	南昌	52.4747
4	南京	56.3579	23	广州	52.2301
5	大连	56.2848	24	郑州	52.1699
6	杭州	55.7167	25	天津	52.1108
7	苏州	55.6636	26	合肥	52.1090
8	西宁	55.4391	27	太原	51.9193
9	上海	55.4163	28	石家庄	51.7957
10	拉萨	55.2534	29	西安	51.4545
11	重庆	55.2106	30	福州	51.2487
12	成都	55.2075	31	呼和浩特	46.5333
13	武汉	54.3430	32	昆明	45.6095
14	厦门	54.1516	33	乌鲁木齐	45.5721
15	佛山	53.5948	34	青岛	44.9724
16	哈尔滨	53.4692	35	济南	44.0309
17	贵阳	53.3821	36	北京	42.5402
18	长沙	53.2906	37	银川	40.1793
19	沈阳	53.1454	38	兰州	39.6952

二　居民满意度整体情况分析

（一）满意度评分

根据前文可知，为评价市民对所在城市的绿色交通满意度，采用问卷调查法收集相关数据。将绿色交通整体满意度评价细分为便捷性满意度、人性化满意度、整体感知满意度三部分。应求出便捷性满意度、人性化满意度、整体感知满意度以及整体满意度的评价结果。为使结果更容易直观反映问题，所以将最高分设置为100分，依次转化：

$$\tilde{x}_{iX} = \frac{x_i}{\max(x_1, x_2, x_3, \cdots, x_{38})} \times 100 \tag{1}$$

其中，x_i 表示第 i 个城市的 X 满意度评价；$\tilde{x}_{iX}$ 表示第 i 个城市转化后的 X 满意度评价；$i=1$，2，3，…，38；$X=1$ 表示便捷性满意度，$X=2$ 表示人性化满意度，$X=3$ 表示整体感知满意度，$X=4$ 表示整体满意度。

将满意度转化为百分制之后，我们对各个分数段打分。满意度数值落在区间（90，100]，我们认为市民很满意；满意度数值落在区间（80，90]，我们认为市民没有满意或者没有不满意，即处于中立状态；满意度数值落在区间（0，80]，我们认为市民不满意。

（二）便捷性满意度评价

在调查问卷中，设置如下四个问题反映市民的便捷性满意度。①您认为所在城市目前公共交通对节约出行时间的作用如何？②您所在城市的交通拥堵情况如何？③您对所在城市交通基础设施的评价如何？④您对所在城市公共交通换乘的方便程度是否满意？

经调查问卷、数据测算之后，我们得到38个城市的便捷性满意度评分（如表8所示）。研究发现，大连市的便捷性满意度最高，以大连市为最优标准并量化评分为100分，测算其他城市的百分制满意度数值。38个城市中有13个城市的市民对城市交通便捷性呈满意状态，分别是大连、深圳、宁波、西宁、上海、海口、南京、拉萨、苏州、武汉、杭州、重庆、厦门，占比为34%；有16个城市的市民对城市交通便捷性呈没有满意、没有不满意的中性状态，分别是成都、长春、佛山、沈阳、贵阳、福州、南昌、广州、合肥、长沙、太原、天津、郑州、石家庄、南宁、哈尔滨，占比为42%；有9个城市的市民对城市交通便捷性呈不满意的状态，分别是西安、乌鲁木齐、呼和浩特、济南、青岛、昆明、北京、银川、兰州，占比为24%。

整体来看，便捷性满意度和该地区的经济发展程度相关性不大。例如，北上广深四个一线城市中，深圳、上海的便捷性较高，分别为98.51分、95.66分，市民呈现满意状态；接着是广州，为85.73分，呈现中性状态；北京的便捷性满意度百分制数值为65.56分，市民呈现不满意状态。西宁以96.51分的满意度得分位居第四，呈现满意状态；银川、兰州两个西部偏远城市的人民对当地的交通便捷性呈现不满意状态。

表8　38个城市的便捷性满意度评分

单位：分

排名	城市	具体值	百分制数值
1	大连	57.07	100.00
2	深圳	56.22	98.51
3	宁波	55.13	96.60
4	西宁	55.08	96.51
5	上海	54.59	95.66
6	海口	54.44	95.40
7	南京	54.31	95.16
8	拉萨	53.95	94.53
9	苏州	53.84	94.33
10	武汉	52.94	92.77
11	杭州	52.80	92.52
12	重庆	51.89	90.92
13	厦门	51.79	90.75
14	成都	51.27	89.83
15	长春	50.50	88.48
16	佛山	50.40	88.32

续表

排名	城市	具体值	百分制数值
17	沈阳	50.11	87.80
18	贵阳	49.98	87.58
19	福州	49.40	86.56
20	南昌	49.36	86.48
21	广州	48.92	85.73
22	合肥	48.21	84.48
23	长沙	47.91	83.95
24	太原	47.81	83.78
25	天津	47.40	83.06
26	郑州	47.22	82.74
27	石家庄	47.15	82.62
28	南宁	47.05	82.43
29	哈尔滨	46.84	82.08
30	西安	44.93	78.72
31	乌鲁木齐	44.07	77.23
32	呼和浩特	41.77	73.19
33	济南	40.77	71.44
34	青岛	39.91	69.93
35	昆明	38.61	67.65
36	北京	37.42	65.56
37	银川	37.38	65.51
38	兰州	35.29	61.83
—	平均值	48.52	85.02
—	中位数	49.38	86.52

（三）人性化满意度评价

通过调查问卷中的如下三个问题反映市民的人性化满意度。①您对所在城市交通行业人员的服务是否满意？②您对所在城市公共交通的出行费用评价如何？③您认为所在城市的交通营运时间表设置是否合理？

表 9 为最终所得的 38 个城市的人性化满意度评分。深圳、杭州、南京、成都、厦门、宁波、重庆、郑州 8 个城市的市民对交通的人性化呈现满意状

态，占比为21%；上海、苏州、西宁、广州、拉萨、武汉、贵阳、哈尔滨、长春、沈阳、石家庄、佛山、南宁、昆明、太原、长沙、南昌17个城市的市民对交通的人性化建设既没有满意，也没有不满意，占比为45%；青岛、呼和浩特、大连、合肥、天津、西安、北京、乌鲁木齐、济南、福州、银川、兰州、海口13个城市被认为绿色交通的人性化建设不满意，占比为34%。

对于人性化满意度的评价，海口得分最低，仅为66.65分，是唯一一个低于70分的城市。

表9　38个城市的人性化满意度评分

单位：分

排名	城市	具体值	百分制数值
1	深圳	58.64	100.00
2	杭州	57.42	97.91
3	南京	56.12	95.71
4	成都	54.80	93.46
5	厦门	54.43	92.81
6	宁波	53.57	91.35
7	重庆	53.49	91.22
8	郑州	52.95	90.30
9	上海	52.30	89.19
10	苏州	52.09	88.83
11	西宁	52.08	88.81
12	广州	51.62	88.02
13	拉萨	51.53	87.87
14	武汉	51.49	87.81
15	贵阳	51.37	87.60
16	哈尔滨	51.33	87.53
17	长春	51.00	86.98
18	沈阳	49.73	84.80
19	石家庄	49.61	84.60
20	佛山	49.00	83.55
21	南宁	48.96	83.50
22	昆明	48.68	83.02
23	太原	48.57	82.82

续表

排名	城市	具体值	百分制数值
24	长沙	47.49	80.99
25	南昌	47.04	80.22
26	青岛	46.84	79.88
27	呼和浩特	46.83	79.85
28	大连	46.60	79.47
29	合肥	46.10	78.62
30	天津	45.70	77.93
31	西安	45.11	76.93
32	北京	44.87	76.52
33	乌鲁木齐	44.41	75.73
34	济南	44.36	75.64
35	福州	42.27	72.09
36	银川	42.18	71.93
37	兰州	41.46	70.70
38	海口	39.09	66.65
—	平均值	49.24	83.97
—	中位数	49.30	84.07

（四）整体感知满意度评价

在调查问卷中，通过设置如下六个问题反映市民的整体感知满意度。①您对所在城市交通状况的整体评价如何？②您对所在城市公共交通状况的整体评价如何？③您对所在城市公交车出行的整体评价如何（舒适、安全、环保等）？④您对所在城市地铁/轻轨出行的整体评价如何（舒适、安全、环保等）？⑤您对所在城市公共自行车出行的整体评价如何（舒适、安全、环保等）？⑥您对所在城市新能源汽车出行的整体评价如何（舒适、安全、环保等）？

表10为38个城市的整体感知满意度评分。深圳、宁波、南京、西宁、成都、重庆、拉萨、苏州、佛山、上海、杭州、长沙、海口、哈尔滨、贵阳、武汉、太原、沈阳、西安、天津、石家庄、厦门、南宁、合肥、长春、大连、福州、郑州、广州、南昌、昆明、呼和浩特32个城市的整体感知满

意度呈现满意状态，占比为84%；青岛、乌鲁木齐、济南、北京4个城市的整体感知满意度呈现中性状态，占比为11%；兰州和银川两个城市的整体感知满意度呈现不满意状态，占比为5%。

表10　38个城市的整体感知满意度评分

单位：分

排名	城市	具体值	百分制数值
1	深圳	54.96	100.00
2	宁波	54.28	98.77
3	南京	54.10	98.44
4	西宁	53.98	98.22
5	成都	53.94	98.16
6	重庆	53.81	97.92
7	拉萨	53.79	97.88
8	苏州	53.77	97.84
9	佛山	53.58	97.50
10	上海	53.47	97.30
11	杭州	53.47	97.29
12	长沙	53.35	97.07
13	海口	53.32	97.03
14	哈尔滨	53.23	96.85
15	贵阳	53.23	96.85
16	武汉	53.14	96.70
17	太原	53.07	96.58
18	沈阳	53.00	96.44
19	西安	52.87	96.21
20	天津	52.60	95.71
21	石家庄	52.32	95.21
22	厦门	52.31	95.18
23	南宁	52.30	95.18
24	合肥	52.21	95.01
25	长春	52.21	95.01
26	大连	52.11	94.83
27	福州	52.04	94.70
28	郑州	51.88	94.41

续表

排名	城市	具体值	百分制数值
29	广州	51.85	94.34
30	南昌	51.74	94.15
31	昆明	50.00	90.99
32	呼和浩特	49.64	90.32
33	青岛	48.78	88.76
34	乌鲁木齐	47.19	85.86
35	济南	46.23	84.13
36	北京	45.60	82.98
37	兰州	42.96	78.17
38	银川	42.39	77.14
—	平均值	51.70	94.08
—	中位数	52.74	95.96

（五）整体满意度评价

将便捷性满意度、人性化满意度、整体感知满意度三部分综合，可得绿色交通整体满意度（如表 11 所示）。深圳、海口、宁波、南京、大连、杭州、苏州、西宁、上海、拉萨、重庆、成都、武汉、厦门、佛山、哈尔滨、贵阳、长沙、沈阳、长春、南宁、南昌 22 个城市的整体满意度呈现满意状态，占比为 58%；广州、郑州、天津、合肥、太原、石家庄、西安、福州、呼和浩特 9 个城市呈现中性状态，占比为 24%；昆明、乌鲁木齐、青岛、济南、北京、银川、兰州 7 个城市呈现不满意状态，占比为 18%，38 个城市的整体满意度如图 1 所示。

表 11　38 个城市的整体满意度评分

排名	城市	具体值	百分制数值
1	深圳	58.05	100.00
2	海口	57.86	99.67
3	宁波	56.50	97.33
4	南京	56.36	97.09
5	大连	56.28	96.96

续表

排名	城市	具体值	百分制数值
6	杭州	55.72	95.98
7	苏州	55.66	95.89
8	西宁	55.44	95.50
9	上海	55.42	95.46
10	拉萨	55.25	95.18
11	重庆	55.21	95.11
12	成都	55.21	95.10
13	武汉	54.34	93.61
14	厦门	54.15	93.28
15	佛山	53.59	92.33
16	哈尔滨	53.47	92.11
17	贵阳	53.38	91.96
18	长沙	53.29	91.80
19	沈阳	53.15	91.55
20	长春	52.99	91.28
21	南宁	52.50	90.44
22	南昌	52.47	90.40
23	广州	52.23	89.97
24	郑州	52.17	89.87
25	天津	52.11	89.77
26	合肥	52.11	89.77
27	太原	51.92	89.44
28	石家庄	51.80	89.23
29	西安	51.45	88.64
30	福州	51.25	88.28
31	呼和浩特	46.53	80.16
32	昆明	45.61	78.57
33	乌鲁木齐	45.57	78.50
34	青岛	44.97	77.47
35	济南	44.03	75.85
36	北京	42.54	73.28
37	银川	40.18	69.21
38	兰州	39.70	68.38
—	平均值	51.85	89.33
—	中位数	53.07	91.42

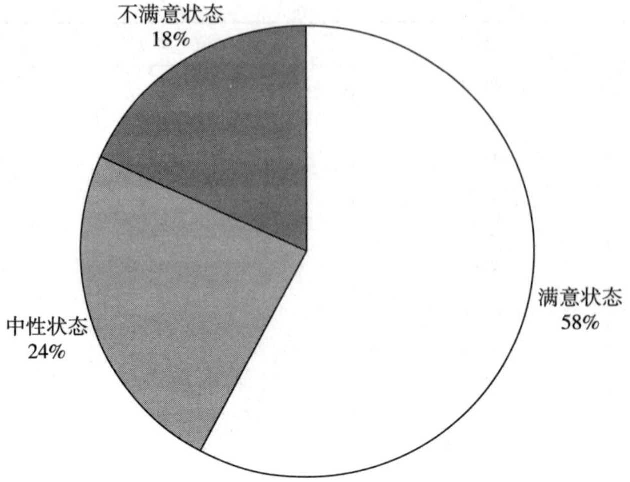

图1　38个城市的整体满意度

用各城市的省会城市满意度代表该省的满意度，计算满意度比例：

$$Y_i = \frac{\tilde{X}_i - 75}{25}; IF(Y < 0), Y = 0 \tag{2}$$

其中，$\tilde{X}_i$ 表示第 i 个城市转化后的整体满意度评价；Y_i 表示第 i 个城市的整体绿色程度。对 Y_i 进行解释：若 $Y_i \in [0,20\%)$，表示很不满意；若 $Y_i \in [20\%,40\%)$，表示不满意；若 $Y_i \in [40\%,60\%)$，表示一般；若 $Y_i \in [60\%,80\%)$，表示较为满意；若 $Y_i \in [80\%,100\%]$，表示很满意。

三　满意度典型城市分析

（一）前3名城市

1. 深圳市

满意度排名第一的是深圳市，地处珠江三角洲东岸，是我国改革开放的前沿和第一个经济特区。经过多年的发展，深圳已成为一座现代化国际都市，经济总量跻身全球城市30强。2015年，深圳在中国社会科学院发布的城市综合竞争力榜单上居首位。

深圳市面对经济社会全面转型以及港深莞惠都市圈发展要求，为适应城市空间结构与人口结构改变引致的交通需求变化，提出以建设“枢纽城市”和“公交都市”为核心的思路，优化调整深圳城市交通发展战略，制定近期重大行动规划和协同实施计划，应对新时期交通发展建设要求。

深圳市通过深港共建、轨道整合和品质提升战略，大力发展城市绿色交通，提供优质交通服务，使深圳市的交通满意度排全国第 1 位。

2. 海口市

为了适应国际旅游岛建设要求，海南省制定了《海南省交通运输业节能减排中长期发展规划》。至 2016 年，海口市基本建成了“绿色、自由、智能、慢行”的低碳交通体系，大大提高了居民出行的便利性，居民出行的满意度得到了极大的提升。海口市发展绿色交通主要采取如下措施。

（1）推进水运行业低碳发展，促进港口绿色建设

海口市实施以港口带动城市快速发展政策，进一步建立了专业化、高效的港口体系。根据以人为本、节约资源、保护生态环境、现代物流和数字化发展的新要求，海口水路运输业在港口、船闸管理、水路工程建设等方面采取了积极有效的措施，并做出了巨大努力。通过生产、经营和项目建设的全过程建设“低碳港口”、低碳水道。

（2）完善综合交通运输体系，推进一体化运输服务

海口市对枢纽站进行重新合理科学布局，不断改善岛内外交通方式之间的衔接，提高综合交通系统的运行效率，新建四个综合客运枢纽——新海港综合客运枢纽、海口火车站综合客运枢纽、海口客运枢纽、海口美兰机场综合客运枢纽，并对其进行科学改造。客运枢纽内的换乘设施可以大大缩短候车时间，提高出行效率，加强客运枢纽与主要旅游景点之间的快速衔接。通过建设交通枢纽和客运站，实现海口市交通的无缝衔接，降低能耗，减少污染物排放，极大地促进居民绿色出行。

（3）调整城市交通结构，优先发展公共交通

海口市努力优化布局公共交通网络，大力推进公共交通基础设施建设，

启动轨道交通建设，并启动 BRT 公交快速系统建设，打造大容量公交，把快速公交作为骨干，以常规公交为主体，把出租车作为现代公交一体化系统的补充，进一步倡导“公交出行”的绿色低碳出行模式，引导人们选择公共交通、自行车、步行等低碳环保方式出行，促进和谐、高质量的公共交通系统不断发展，减少碳排放。加大对公共交通的逐年投入力度，扩大绿色可持续交通的发展规模。

（4）发挥科技支撑作用，推进智慧交通系统建设

海口市稳步加大交通科技投入，实现港口智能化、数字化管理，加快建设道路客运、水路运输、铁路、航空一体化客运网络售票系统，并努力构建以高速公路为骨干的智能道路及车辆的现代客货运输信息系统。

海口市政府高度重视交通绿色、低碳发展，不断增加科技投入，完善交通基础设施，以方便市民出行，使海口市的绿色交通满意度排全国第 2。

3. 宁波市

满意度排名第三的是宁波市，宁波市交通运输行业深入进行生态文明建设的重大战略部署，在全力实施“六大工程”、构建“六大体系”、加快“六个转变”、打造“六好交通”的同时，不断提升发展理念，把绿色交通深刻融入和全面贯穿交通运输发展的各方面和全过程，在交通结构调整、绿色港口和公路建设、节能环保运输装备推广、运输组织优化、智慧交通建设、管理体系完善等方面取得了显著成效，行业可持续发展水平明显提升，成功入选交通运输部建设低碳交通运输体系试点城市、公交都市和创建绿色交通城市，为推动行业转型升级、实现全市节能减排目标、推进“美丽宁波”建设做出了积极贡献。

宁波市发展绿色交通的思路是以“绿色交通”为使命，以“节约资源、提高能效、控制排放、保护环境”为目标，以“建设综合绿色交通，打造智慧美丽港城”为主题，完善综合交通运输体系，努力打造、推广绿色交通基础设施，使用节能环保设施，构建与现代化国际港口城市发展要求相适应的绿色交通运输体系，为建设“发展优质、生态优良、环境优美、人与自然和谐相处”的“美丽宁波”提供保障，为把宁波建设成为更具国际影

响力的“一圈三中心”提供支持。

根据总体思路，宁波市绿色交通体系建设的特色是“综合、绿色、智慧、港城”。

综合——综合交通是行业发展的龙头。以“基础性、先导性、服务性”为导向，满足“大规模运输、大规模经营、大规模服务”的要求，实现各种运输方式的全面发展、协调发展。为了构建一体化的运输网络，无缝连接运输枢纽，促进多式联运发展，优化运输总体结构，充分发挥综合运输的比较优势。

绿色——绿色交通是行业发展的主脉。它来源于生态文明、资源节约、环境友好、循环经济、节能减排、低碳经济的高层次发展理念。按照“统筹、创新、优先”的原则，进一步集约利用资源，控制污染排放，保护生态环境，引导文明出行。要努力建设低碳、环保的绿色交通体系。

智慧——智慧交通是产业创新和发展的关键。要坚定不移地实施创新驱动发展战略，通过构建“宁波智能交通”的“五大体系”，充分发挥其在促进发展、转变模式、调整结构等方面的主导作用，实现“双赢”——效率提升、交通运输绿色发展。

港城——全面推进“港城互动、以港兴市、以城促港”，推动宁波舟山港由国际大港向国际强港转变。以建设现代化国际港口城市为统领，以加快港口转型升级为主线，使绿色低碳特色港口成为全国发展绿色交通的标杆。

（二）后3名城市

1. 兰州市

兰州是黄河流域的一个带形城市。这种特殊的地理条件制约着城市道路的建设和布局，形成了东西向的主干道，其集中了城市的大部分交通设施，而南北向的分支很多。受独特的地理位置的影响，兰州市形成了路网少、布局不合理的交通格局，因此，随着城市的进一步发展，交通量的增加与道路基础设施建设的矛盾逐渐显现。尽管人们从交通系统内外寻求解决方案，但交通问题依然严重。

目前，兰州市绿色交通还存在以下有待解决的问题。

一是机动车增长迅速，道路通行能力不足。近年来，兰州市人均道路面积迅速增加，但仍远远落后于城市交通量的增长速度。与近年来城市道路面积增长率3% ~6% 相比，机动车平均增长率高达15% 。私家车使用强度高，行驶频率和行驶距离短，增加了道路交通负荷。城市道路的供需矛盾是交通拥堵的主要原因。同时，兰州市道路和人行道的占用问题一直没有得到有效解决，新的道路区域往往很快被各种厂商、市场和停车场占据，使原本就严重短缺的道路面积更加紧张。

二是公共交通市场管理不规范。公交线路不科学，公交换班间隔时间过长，公交平台不足，客流高峰频率不高，公交夜间运行时间短，造成等候公交困难。此外，在同一条线路上通过的公交车数量过多，导致公交车之间的停车位被严重抢占，而在另一条线路上通过的车辆较少，导致严重的超载和混乱，一些车辆设备和技术较差。虽然兰州市提出了“公交优先”的概念，但是公共交通系统并不完善，公共交通的地位还没有得到充分体现，公共交通在城市道路空间和时间上存在矛盾。虽然公交车辆和线路的长度有所增加，但公交车辆的速度有所降低。随着城市公交拥堵的加剧，公交运营效率逐渐下降，公共交通在城市交通总量中的作用难以有效发挥。

三是泊位的短缺和车辆的混乱。由于历史原因，兰州市在停车场的规划和建设方面有极大的欠缺。公共停车场和停车位数量严重不足。越来越多的机动车无处停放，只能迫使它们在道路上“巡逻”。这也在一定程度上加剧了道路拥挤。

四是交通事故和道路建设增加了交通压力。兰州的交通事故频繁发生，只要发生事故，无论事故大小都会造成严重的交通拥挤。此外，兰州的公路几乎每个月都有“拉链”式的频繁的开闭，总之，用钢板围绕的“阵地”遍布全街，大小车辆只能看到它，只能一个接一个地绕行，而且只要道路被挖，此地就只能被封。

2. 银川市

银川市作为宁夏回族自治区的首府和人口唯一超过百万人的城市，公交发展起步较早，近年来发展速度比较快。银川市发展绿色交通存在的主要问题如下。

一是城市公交缺乏规范化管理。目前，全市没有统一的城市公交管理政策法规，各县（区）也无规范有效的管理办法，城市公交的发展存在随意性和不确定性。公交优先的发展战略，没有以法规条文予以明确，各级政府对城市公交的地位、作用及其意义的认识还有待进一步提高，城市公交的发展存在诸多困难。公共交通立法滞后，制约了城市公交的发展，如场站用地、线网建设等缺少法规的支撑；公交财政扶持、补贴和补偿机制尚未建立，公共交通定价机制和各类社会公益性义务补贴机制不完善，一方面要求企业多上高档次的车、开线路、“延时加密”，另一方面企业的经营状况又很少有人关注；享受乘坐公交优惠政策的人群越来越庞大，城市公交承担的社会“福利义务”越来越重，增加了企业的政策性亏损。

二是管理体制“不顺”。长期以来，银川市一些城市公交和班线客运分属两个部门管理，建设部门负责公交，交通部门管理班线客运，由此造成了公交与班线客运之间衔接不合理、规划有冲突。经过改革后虽由交通部门一家管理，但构建综合运输网、实现各种运输方式间无缝衔接的工作仍然任重而道远。

三是黑车非法营运冲击客运公交业。在一些小城市，三轮摩托车、二轮摩托车非法经营现象屡屡发生，这些黑车擅自从事客运工作，不缴税费，更无行为规范可言，与公交车争抢客源，侵害合法经营者的利益，也给交通安全带来重大隐患。近年来，交通运管部门虽加大了打击力度，查处并处罚了一批黑车，但由于黑车具有隐蔽性、流动性、反弹性等特点，黑车现象成为客运市场管理中的顽症。

3. 北京市

最近几年，北京市在城市交通建设和管理方面做出各种努力和不断尝试，城市交通供给和机动化总体水平显著提高。然而，与首都北京日益增长的交通需求相比，仍然存在相当大的差距。交通问题是一个复杂的城市问题，尤其是像北京这样的大城市。

首先，北京道路交通拥挤，导致出行效率下降以及更严重的拥堵，并如此恶性循环。城市道路交通拥堵现象较多，如拥堵面积扩大、车速降低、行驶时间长、行驶效率降低；支路系统不完善、主干路交通集中度过大，导致主干路阻塞，一旦出现事故很容易造成大规模交通瘫痪。

其次，公共交通服务水平有限，人们出行的问题还有赖私家车解决。公交换乘问题突出。地面公交与轨道交通、城市内与城市外之间的交通距离过长，导致换乘困难。

再次，北京的停车问题突出，地面被占用。基本停车位存在较大差距，停车秩序比较混乱，占用停车位现象严重，尤其是人行道占用现象极其盛行。

另外，人、自行车和公共交通环境没有得到明显改善。在过去十年中，城市交通发展的最大受益者是汽车（包括出租车）使用者，其仅占城市居民出行总数的20%左右。另外80%的居民徒步出行。机动车和公共交通方式的交通条件没有显著改善，但有些已经下降，而且出行的弱势群体的出行情况更差。在过去的道路规划和建设中，机动车被赋予了过多的通行权，行人和自行车的交通空间被挤压，安全感下降。部分城市道路扩建工程往往只拓宽机动车道，而行人和自行车车道往往成为压缩对象；公交车站考虑不周全，不“以人为本”。在公路改造和交通组织管理的过程中，出现了取消非机动车道、禁止非机动车辆的现象。随着交通量的增加，混合道路的交通秩序变得越来越混乱。由于缺乏隔离设施，大量机动车占用非机动车道，非机动车日益受到机动车的威胁。行人交通问题比较严重，如人行道被任意占用，无障碍设施和盲道不规范、不系统。行人过街需要长距离旁路，行人过街设施缺乏对弱交通的考虑，使行人交通受限，不能保障出行安全，交通出行困难。

最后，北京的交通秩序混乱，行人和自行车忽视交通信号，违章行为严重。机动车辆和非机动车辆串联运行，公共交通秩序亟待改善。

B.10
中国城市交通绿色发展实现路径与对策

梁潇艺　李宜航　刘铁鹰*

摘　要： 本报告介绍了城市交通绿色发展的实现路径与对策。在经济方面，要积极发挥绿色交通对城市发展的作用，提升快捷性与可达性，采取有效的措施与制度保障绿色交通的持久竞争力。在社会方面，要提升公共交通服务质量、水平，加强交通规划设计，加强宣传教育，树立绿色出行理念。在生态方面，要建设生态城市，打造以人为本的健康绿色交通环境。在发展对策方面，应当大力发展绿色交通出行方式，建立绿色交通系统；通过车辆购置税、停车管理等经济手段调整出行需求；完善交通规划与土地规划等。

关键词： 城市交通　绿色发展　实现路径　发展对策

一　城市交通绿色发展的实现路径

（一）经济方面

1. 积极利用城市绿色交通对城市交通与经济发展的巨大作用

（1）利用发展城市绿色交通（尤其是城市轨道交通）的契机来激发城市经济活力

总体来看，以公益性为主的城市公共交通仍是城市绿色交通系统的主要

---

* 梁潇艺，北京交通大学经济管理学院硕士研究生，研究方向为运输经济学、产业经济学；李宜航，北京交通大学经济管理学院硕士研究生，研究方向为城市经济学、技术经济学；刘铁鹰，博士，北京交通大学经济管理学院，副教授，研究方向为区域经济学、运输经济学。

构成部分，不仅具有经济效益，更重要的是其社会效益也较高，整体具备较大的正外部性。其中，城市轨道交通的建设运营，除了能够完美实现其交通属性的功能外（即高效地转移大量城市客流），它还具有带动资源流通的附加功能，能对其沿线地区的人财物等资源进行整合，给沿线周边的不动产和商业活动产生新的动力，对城市区域经济的发展产生显著性影响。从经济发展方向的角度来看，无论是商圈扩大还是新区开发，城市绿色交通的发展路径对于城市经济资源也起到了一定导向作用。

城市交通系统不仅支撑城市空间形态格局，同时也是城市基础设施的重要组成部分。对城市交通发展思路的转变，对交通与城市间的协调发展也提出了新的要求。在城市与周边区域的连接方面，应该在主要交通廊道的基础上构建网络化、多中心的集约型城市空间布局，以城际轨道交通来重点承担都市圈的连接活动，提升交通枢纽城市的区域连接度。在市内交通方面，不仅要继续完善交通基础建设与相关政策，从城市长期发展的角度来看，还应该优化城乡布局，注重产城融合，着力打造市区范围的半小时通勤圈和 15 分钟社区生活圈。进一步发挥轨道交通网络对城市发展的支撑作用，重视交通发展的人性化与公平性，提高公共交通出行的便捷性与舒适度。

（2）选择合适区域发展轨道交通，缓解交通压力，降低项目风险

城市轨道交通的建设需要投入大量资金，且投资回收期较长，整体项目风险较大。为了保证项目各方面的综合效益最大化，必须有较为充足的客流量来支撑轨道交通的运行。一般而言，城市轨道交通线路覆盖区域越繁华，或者转移客流越多，则其综合效益越高。当前中国正在城市化建设的道路上高歌猛进，在我国的主要城市中，一、二线城市在近几年从周边省份吸纳了大量人口，从而使自身的人口数量和聚集度不断增加和提升，尤其是城市中心区域往往人口密度较大，其现有与潜在客流量也相应较大。在城市轨道交通路线的规划选址过程中，由于以上区域综合效益往往较高，在这些地区建设城市轨道交通系统既是合理的又是切实可行的。

但在进行轨道交通投资的过程中，受各个城市的经济发展水平、城区人口数量和居民消费水平等因素的影响，如果盲目地进行投资建设，则在后续的经营过程中政府的相关投资便很有可能得不到预估收益，而轨道交通系统往往投资数额巨大，如果负债过多并超出政府财政承受水平，则会对城市的可持续发展造成一定损害。

2. 努力提升城市绿色交通的快捷性和可达性

（1）重视城市绿色交通发展，加大资金投入

推行城市绿色交通需要政府在物质方面予以大力支持。在当前的公共交通补贴措施中，虽然政府已经制定了各种有关绿色交通的补贴政策，但在实际操作的过程中补贴发放不及时、补贴用途不合理等情况依旧屡见不鲜。应参考国外的发展经验，如欧美国家早已意识到发展城市公共交通对城市交通可持续发展的重要性。也正因如此，相关的补贴也在不断增加。以英国为例，2000～2010 年，英国为包括公交、轻轨等交通工具在内的公共交通系统共补贴了 1800 亿英镑，并在英国成功获得 2012 年奥运会举办权后，再次为维修基础设施而设立了总价值为 23.75 亿英镑的基建基金。而自 1995 年开始，美国共在公共交通系统方面投入了超过 500 亿美元的资金。在资金使用方面，欧美国家的先进经验也值得我们学习。其通过科学规范的立法来对政府的资助行为进行监督和保护。当前中国的绿色公共交通体系仍处于萌芽阶段，同时各地区发展情况也存在较大的差异，因此现阶段为使资金得到有效供应，应推动绿色交通发展。

（2）落实公交优先战略，加强交通系统之间以及内部的衔接整合

交通方面的“低碳”“绿色”“可持续”等理念的共同特点都是主张构建公共交通主导的城市综合交通系统，因此完善城市公共交通系统无疑是发展城市交通的关键。当前我国城市居民在市内出行时，步行依旧是重要的出行方式之一，部分城市步行的交通分担比例甚至超过 50%。然而，一些城市依然没有意识到步行交通系统的重要性，在进行城市规划的过程中往往忽略了专项步行系统，导致当前中国大部分城市的步行道设置相对不够合理，且在使用过程中人性化水平较低，同时步行道也易被其他车辆挤占。作为公

共交通系统重要的组成部分，方便快捷而又成本低廉的步行、自行车出行系统能够与公交车和轨道交通等形成有效补充，提升居民公共交通出行的可达性与便捷性。在公共交通规划合理的城市里，居民可以通过公交车、地铁等大运量公共交通工具来实现远距离出行，而诸如短途出行或“最后一公里”等交通问题则可以通过步行、自行车结合的方式来解决，从而打造无缝衔接的公共交通系统，并进一步节约乘客的出行时间，提升城市的运行效率。

3. 采取有效措施与制度来保持绿色交通的持久竞争力

（1）采取有效措施提高城市绿色交通的竞争力

发展城市公共交通已经成为人们的共识，但当前采用公共交通方式出行的乘客数量往往低于预期值。究其原因在于影响人们选择出行方式的因素是多方面的，任何一项因素都将影响到乘客的最终出行选择。而公共交通系统又是由多个环节构成的，不同交通运营者的服务效率、公共交通的路线规划、出行票价等都会产生不同程度的影响，其中每一个环节出现问题都会影响到公共交通的整体服务质量，进而影响乘客采用公共交通出行的体验与感受，因此公共交通系统的规划要求我们必须对各个环节进行缜密分析，制定出最能使乘客满意的方案。

（2）完善绿色交通的制度保障

必须全面审查在城市规划、交通规划、城市交通和城市管理中的各种规范条文和管理规定，修正和完善这些规范条文和管理规定中涉及绿色交通的内容，使城市规划和建设有利于以绿色交通为导向的发展模式。在建设项目的交通影响分析中，应该将绿色交通使用的比例作为一个强制性的标准。政府部门或公共建筑的建设应该在鼓励绿色交通出行方面起到示范作用。交通运输部已经推出多项举措来推进绿色交通发展，如《关于全面深入推进绿色交通发展的意见》（简称《意见》），明确提出了绿色交通发展的一系列目标。《意见》要求，各部门各单位要着力实施交通运输结构优化工程、组织创新工程、绿色出行工程、资源集约工程、装备升级工程、污染防治工程、生态保护工程“七大工程”，加快构建绿色发展制度标准体系、科技创新体系和监督管理体系“三大体系”，实现绿色交通由被动适应向先行引领、由试点带动向全面推进、由政府推动向全民共治的转变，推动形成绿色发展方式和生活方式，为建设美丽中国、增进民生福祉提供坚实支撑和有力保障。各个城市也应根据国家的政策方针来制定更符合本地区经济社会条件的方案，保障城市绿色交通的良好运行。

（二）社会方面

1. 提升公共交通服务质量、水平

服务质量、水平是公众进行出行方式决策的重要依据，便捷完善、服务质量高的城市公共交通体系将有效引导公众对公共交通的出行选择。在运营方面，应当全方位考虑出行者的出行需求，制定并实施“公交优先”策略，在中心商务区等人流密集区域设置公交专用通道，尽可能减少行车时间受到交通拥堵的影响，提升准点率；根据出行需求的波峰波谷安排公交运行图，在出行高峰期增开车次，合理高效配置各类资源；打造一体化交通枢纽，实现公交、地铁、步行、机动车等无缝换乘，提高出行的便捷性；合理制定公共交通系统的价格，保障公民基本出行权利；加强人员培训，制定服务标准与规范，增强与提升工作人员服务意识与水平，给予乘客良好的出行体验。制定政策，引导、规范共享单车的发展，将其作为公共交通体系以及绿色交通系统的重要补充。

2. 加强交通规划设计

应当从规划设计方面促进交通绿色发展，要因地制宜，完善城市绿色道路网，要建立城市线性绿色开放空间，设定城市慢行空间，提升慢行出行比例，要形成多层次、网络化的绿道系统。规划充足的停车设施，改善步行与自行车出行空间，在规划中设置自行车专用道，并对占用情况进行相应的处罚。同时，在交通规划中，要优化公共交通换乘系统，减少各交通方式的衔接时间，增强交通换乘的便捷性，集约高效利用土地资源，对交通站点进行合理布局。从规划、建设角度，完善公交体系，推进城乡公交一体化、城郊交通一体化，完善城乡、城郊公共交通线路规划，促进城乡、城郊居民出行便捷化。

3. 加强宣传教育，树立绿色出行理念

完善宣传与合作机制，推广绿色交通观念，是对隐形环境规制工具的使用。其一，加强宣传，培育民众绿色交通意识，更广泛地普及环境保护知识，增强民众的社会责任感。在宣传过程中，注重方式、方法，采用多样化形式，如拍摄电影、电视剧，开展现场参与型活动并进行直播等，将绿色交通理念融入公民的意识中。其二，交通领域的工作人员与相关政策制定者要加强学习，通过培训交流，邀请国际专家，召开多方研讨会议等，增强管理者、从业者的绿色交通意识，推动绿色交通政策制定与管理目标的实现。总之，利用媒体信息技术引导舆论发展方向，宣传绿色交通发展理念，传播相关法律知识，推广更环保的行业标准，改革公共交通具有重要意义。

（三）生态方面

1. 建立生态城市

城市交通的发展需要关注城市生态问题。生态城是一个健康的生态城市。生态城的概念在 1980 年前后开始出现。Onishi 等（2010）提出，任何追溯生态城概念起源的人都会提到 19 世纪后期英国学者 Ebenezer 提出的“花园城市”的概念。霍华德指出，生态城的目标不仅是保持环境清洁，还要应对气候变化，保护生物多样性和资源。生态城没有精确的定义，而且随着时间的推移而变化。生态城中的城市规划者和建设者需要做以下工作。

（1）努力规划“绿色”城市

“绿色”城市规划需要满足“绿色交通”概念的交通需求的系统规划。首先，城市居住区应有休闲、娱乐、购物等配套设施，保证交通畅通，居民区附近主要以步行和自行车出行；其次，不同居住区之间的交通设计方案应以大容量、快速运输为基础。

（2）提倡绿色交通工具出行

由于旅行者需求具有多样性，如果各种交通工具相互补充并发挥各自的优势，那么人们可以更方便地旅行。在选择城市交通方式时，应当考虑到：

由于土地面积有限，我们应尽量减少单位客流量；由于资源有限，我们应优先考虑使用可再生能源来降低能耗。我们应该减少尾气造成的环境污染。对于人口稠密的城市，我们应该开发安全、高效和大容量的车辆，因此，特别重要的是，应优先发展公共交通，特别是轨道交通，以满足城市人口的交通需求。同时，充分发挥自行车的辅助作用，加强行人系统规划，控制私家车的使用也是非常重要的。

（3）通过道路绿化改善交通环境

道路绿化的主要功能是减少环境污染，为人们创造健康的生活环境，绿色交通环境可以改善人们的旅游环境。道路绿化应考虑到经济、美丽和合理的问题。作为城市的“慢动作”，散步在短距离旅行中仍具有不可替代的优势，因此，如何营造高质量的“慢”环境应成为城市绿色交通环境建设的重要出发点。具体而言，除了在道路两侧种植绿色植物之外，还可以通过增加行人灯的方式改进道路交叉口的设计和通过增加人行横道设施来改善绿色交通环境。

（4）增强有关绿色交通的意识

绿色交通和环境保护需要达成共识。广大人民的参与和支持是绿色交通发展的必由之路，是发展绿色交通的基础。公众参与可以增进政府与公民之间的相互了解和信任，加强政治团结和社会融合。通过建立参与机制，我们进一步鼓励人们使用绿色交通来改变出行行为。如果缺乏公众的理解和参与，那么绿色交通的发展将失去群众基础，绿色交通不能稳步发展，因此，有关部门要加强宣传教育和社会普及，增强群众意识，积极参与绿色交通建设。

2. 打造以人为本的健康绿色交通环境

自城市发展以来，人们从未放弃过追求更好的生活环境。在 21 世纪，城市交通环境建设不应该处于解决城市交通功能问题的低水平上，而应该将高质量的人居环境建设纳入可持续发展的范畴。舒适安全的交通环境应该让人们可以自由地旅行而不受干扰，使人们可以轻松到达城市的各个角落，应允许各种独立交通相互补充，改善交通服务，使每个人都有主动的选择交通方式的权利，应关注整个交通空间的质量，使日常旅行非常愉快。

在行人交通被机动车挤占的背景下，通过“交通分流”界定行人专用区的方法已不能满足行人交通的实际需要。实际上，行人交通和机动车交通不能完全分开，应当在城市的各个空间提供充足的步行空间，鼓励非机动车方式的出行。要为那些必须走路的人创造最好的环境。通过创造道路空间，我们可以创造交通环境的“新人性”和“新生态”。

（1）打造“环境友好”的城市交通空间

城市道路是城市公共交通空间的重要组成部分。基于将城市居民的日常活动空间当作一个移动的景观的启发，自20世纪80年代以来，“道路空间共享”已成为西部城市交通发展的新理念。人们正在努力寻找兼具人性化与便捷性的交通规划与管理方式，打造可持续发展的环境友好空间，同时考虑机动车及行人的需求，使流量管理符合出行需求与道路承载能力。

合理的城市规划应该认识到并设想行人和车辆在道路空间中的共存情况，而不是孤立它们。我们应该做的是尽可能营造舒适安全的行人环境，以方便行人活动。这是“步行友好”城市道路空间的基本内涵。

（2）打造友好的公共交通道路空间

街道空间在人们沟通交流、营造更宜居的空间环境方面发挥重要功能。随着交通出行由非机动车向机动车的转变，噪声、废气和人流充斥在人们无法避免的恶劣环境中。机动车数量不断增加的趋势正在逐渐恶化。为了改变道路空间的“不平衡利用”，许多国家进行了一系列的研究和实践，特别是在欧洲，如英国、德国、荷兰和斯堪的纳维亚半岛国家进行了大量的研究和实践，各国的意见开始趋同，正如丹麦交通部部长所指出的那样：社区不会也不应该屈服于汽车的需求。

近年来，由于严重忽视了人类的需求和道路空间活动，国外提出了“公共交通友好街道”的概念，密切关注道路空间的所有行动和活动，同时认真划分道路空间，注重满足行人的需求，营造生动的街道生活景观，确保公共交通对道路空间的需求，同时考虑到公共交通和其他车辆交通的道路空间要求。

（3）打造城市景观的“新人文”和“新生态”

新人文主义把人类情感作为行动的基本起点，尊重和关心人，满足人们的各种需求。城市道路景观设计应受到传统景观规划和设计思路的启发，结合现代生活的特点，取代没有地方特色的道路，重视历史文化传统，营造生活环境。让人民有强烈的归属感。让“以人为本”的理念不仅停留在口号上，还要融入道路景观设计的每一个细节，强调宜人的景观和对人类社会生活的支持。

人性化的道路景观设计应从道路景观要素出发，充分体现对生态要素的关注和对城市生态平衡的追求。一个城市的历史、文化、建筑、社区和社区物质形式应该被视为一种生命形式、一个生命系统，根据其“生命”历史和生存状态来维持、发展并更新它，以便更好地融入道路景观，创造一个人性化的绿色道路景观。

二　城市交通绿色发展的对策

（一）大力发展绿色交通出行方式，建立绿色交通系统

1. 建立高质量的公交系统

第一，提高公交运行的时效性。乘客对于公交车的时间节点、间隔班次等具有一定的要求。在为公交车设置站点时，应充分考虑时间问题，以节省时间为一个重要目标，提升公共交通的便捷性。为了满足乘客的时效性需求，公共交通道路优先权应得到充分保障，减少公交车的行驶阻碍，设置专用车道等，使公交系统“一路畅通”。第二，促进公共交通智能化与信息化发展。利用先进的信息技术构建城市交通综合服务系统，将公共交通信息通过多渠道予以及时发布，以便于居民进行出行选择。

2. 普及新能源汽车，鼓励清洁能源汽车的推广及使用

首先，加强对新能源汽车的政策支持，在税收减免、财政补贴与出行限制等方面予以优惠及补偿，鼓励并引导居民选择新能源汽车出行。其次，增强供给多样性，为消费者提供多样化车型选择。从技术研发入手，发展革新电池生产技术，开发新型电池材料，从而减少新能源汽车使用电池的成本，

增加规模化投入，通过规模经济降低电池生产成本。

3. 发展共享出行及互联网出行等新型出行方式

加强监管，推进绿色共享单车等共享出行方式和交通工具的发展。以社区为主体，加强志愿者服务，推动市民自觉规范停车，引导市民养成良好用车习惯，做到文明骑车、规范停放，还可以利用电视台、电台、报纸等媒体进行共享单车的宣传，增加人们对共享单车的认识，激发人们使用共享单车的积极性与热情，在使用过程中，做到珍惜、爱护单车，远离暴力使用单车与占道停放。同时，以政府为监督主体，公开押金托管机构。召开单车公司集体会议，设立资金专用账户，并由单车公司以外的人员进行管理与监督，用最快速度退还用户押金，做到单车押金透明化管理，定期公开押金信息，让单车用户随查随看随时监督。邀请相关政府部门进行监督，避免出现贪污受贿、私自挪用押金等违法乱纪行为。邀请单车用户填写网络调查问卷，询问用户认为的合理的押金数额，并进行科学化的验证，确定既能保障共享单车运营，又能满足用户对需求的合理的押金数额。

推动“互联网+”出行发展。其一，要建立政府、行业、企业、研究机构等主体的合作发展机制。充分发挥政府的监管引导作用，提高企业的创新效率与活力，发挥研究机构的科研、咨询优势，鼓励资源整合，推动新产品、新服务发展。其二，在实现政府有效监管的基础上鼓励“互联网+出行”新业态。鼓励创新和规范发展并行，不断加大对新业态发展的政策支持力度。其三，要在充分保证网络安全的同时推进数据共享。通过对大数据的共享分析，深入挖掘用户需求，为开发新型产品、增强用户体验提供有力支撑。

（二）通过经济手段调整出行需求

1. 提高车辆购置税

从目前我国交通实践情况来看，借鉴国外绿色交通经验，采用车牌配额、拥车证等未能产生良好的控制成效，因而提升车辆购置税可以在一定程度上降低对机动车的购置需求，减少环境污染与能源消耗。同时对污染排放不同的车辆予以区分，进一步增加资源消耗大、排放量大的车辆的税费，鼓励发展新能源汽车。

2. 强化停车管理

加强停车管理，大幅度增加停车费，收取较高的停车费是较多成熟汽车社会的普遍做法。严厉打击乱停车、大幅度提高停车费，特别是大幅度提高城市中心区域的停车费会减少出行者对小汽车的过分依赖，从而逐渐缓解交通拥堵，解决乱停车惩罚力度小导致车主不够重视且因停车成本小而可以轻易逃避的问题。在保证驾车权利的基础上，对过度泛滥的汽车使用进行限制，通过经济杠杆来降低小汽车的使用频率。

（三）完善交通规划与土地规划

1. 整合交通规划与土地规划之间的关系

城市土地综合规划与城市交通规划息息相关，城市交通出行需求受到土地功能结构的影响，土地利用规划中的产业结构、职住关系创造了交通出行需求，同时，随着城市交通网络的建设与完善，交通干线沿线更易形成人口、产业集聚，改变城市土地分区状况，因而，应当合理统筹交通规划与土地规划，推动交通引导城市发展，促进两者协调并进。在制定规划时，应充分考虑未来交通的发展需求，为城市扩张与人口增长提供可持续空间，避免未来城市发展受到交通、土地规划不足的限制，充分“预留”交通通行能力。

2. 优化城市道路网络的规划设计

城市交通网络规划相对滞后、路网结构不协调等现实问题仍存在于部分城市中，政府有关部门应当积极组织专家研究咨询，促进城市道路网络优化，交通设施合理布局。其一是完善路网建设，使网络密度满足交通流量需求；其二是合理配置各等级道路，注重完善次干道与支线建设，增强各级道路的衔接功能，提升交通出行效率；其三是促进交通道路与周边环境相协调，实现其与城市其他基础设施、周边景观融合，优化公交道路，发展慢行交通，综合考虑出行需求、土地利用与绿色发展目标。

参考文献

Onishi A., Cao X., Ito T. et al., "Evaluating the Potential for Urban Heat-island Mitigation by Greening Parking Lots," *Urban Forestry & Urban Greening*, 2010, 9 (4): 323 - 332.

专　题　篇

Special Topics

B.11
北京未来的交通：建设可持续的城市交通体系

潘浩然*

摘　要： 本报告在分析北京现实交通问题的成因及机理的基础上，探讨可持续交通理论、北京市可持续发展战略与政策问题，预测并构建北京市未来理想的可持续交通情景，依据后推法研究达到理想境界的发展战略。

关键词： 可持续发展　城市交通　交通评价

* 潘浩然，博士，北京师范大学经济与资源管理研究院教授，博士研究生导师，研究方向为能源环境与经济、计量经济学。

一　导言

首都北京是我国政治、经济和文化的中心，是我国第二大城市，一直代表着中国社会经济发展的最高水平。今天，北京已经发展成为一座现代化的国际大都市，汇集全国和世界各地各行各业的人员，每天发生着高度密集和频繁的各项活动，消耗大量资源、能源以及人类产品和服务，创造出巨大的社会财富。至2011年底，全年实现地区生产总值16000.4亿元，人均地区生产总值达到80394元（按年平均汇率折合12447美元），跻身世界中上等收入城市行列。

北京建立了全国最为完善的交通运输系统，拥有各种交通运输方式，2011年全年旅客周转量为1527亿人公里，年末全市机动车拥有量达到500万辆。然而，这种大规模的交通发展未能使城市居民获得良好的出行体验，一系列问题接踵而至。

基于这一背景，本报告拟从可持续发展的角度全面系统地考量北京市目前的交通发展状况，探索北京市未来可持续交通的理想模式，研究其实现路径和相应的政策措施。本报告的目标是，基于可持续交通发展理论，评价北京市城市交通可持续发展状况，为北京市制定交通发展战略、规划和政策，实现可持续交通发展目标提供科学依据。

具体地，本报告由五个部分组成。除第一部分导言外，第二部分综述北京市交通发展的成就与问题，分析北京现实交通问题的成因及机理。第三部分探讨可持续交通理论，以及北京市可持续发展战略与政策问题。第四部分专门研究北京市未来建设可持续的城市交通体系问题，在分析北京当前城市交通可持续性问题的基础上，预测并构建北京市未来理想的可持续交通情景，并依据后推法研究达到理想境界的发展战略和政策。第五部分为结论与建议。

二　北京市交通发展的问题与成因

（一）北京市交通发展的成就与问题

2011年末北京市公路里程为21319公里，其中高速公路里程为912公里，城市道路里程为6380公里。该年末全市公共电汽车客运总量为49.9亿人次，轨道交通客运总量为21.8亿人次，其中铁路、公路、民航分别占7.1%、19.8%和73.1%。2011年全年货物周转量为588亿吨公里，铁路、公路、民航、管道分别占52.9%、17.6%、8.1%和21.4%。北京市城市交通目前主要存在以下几方面的问题和影响。

（1）首要问题是交通拥堵。北京市目前交通拥堵主要发生在城区内以及城区与郊区的交接线路，供需矛盾突出，道路拥挤不堪，堵车现象频繁发生，交通拥堵达到令人无法忍受的程度。节假日和上下班高峰期严重超负荷。这种紧绷的或者说苦苦支撑的交通运输模式不可能不产生交通问题，进而出现一系列经济、社会和环境问题，带来全社会范围内的负效应，使北京市社会经济发展大打折扣。

（2）交通拥堵增加了出行时间，降低了交通便捷性和可达性，严重影响到社会生产和人们生活，造成巨大的经济损失和社会损失。据统计，由于交通拥堵，平时北京市城区内平均车速为26公里/小时，高峰期只能达到18.5公里/小时。假设未发生交通拥堵情形，城区内平均车速能达到40～60公里/小时，则两者间相差的这段时间具有两个重要的意义：一是工作时间增加，二是个人休闲时间减少。

（3）交通拥堵增加了出行困难，降低了出行满意度和生活幸福感，激化了社会不公平现象，引发各类社会矛盾，不符合以人为本的原则。每天，北京城区的大街小巷行驶着几百万辆各种机动车辆，其中有2.4万辆公交车，解决了1889.8万人的出行需求①。部分地铁线路拥堵严重，北京地铁1号线平均每日运送旅客数量超过了正常负荷的30%。同时，相比国际水平，北京地铁规定的每平方米站立人数为9人，欧洲则多为4人，美国则将每平方米超过3.3人定为“乘客难以容忍”的级别。

（4）机动车辆暴增和交通违章导致交通事故频繁发生，威胁到人们的出行安全，造成的直接和间接损失难以估量。随着机动车辆的不断增加，北

① 数据来自《北京统计年鉴2011》。

京市的交通事故发生率也不断上升，其中80%是由机动车辆引起的。大量机动车在路面上行驶，不仅增加了自身的交通隐患，也造成了非机动车行驶难，对人力出行造成很大威胁。北京市目前对于交通运行和机动车辆的管理也存在较多漏洞，导致交通违章严重，北京1/3的拥堵是由违章造成的。2010年底交通事故发生数突破4000起，造成4703人受伤，974人死亡，直接经济损失达到2341.6万元，平均每万辆机动车死亡人数达到2.0人，可见机动车数量过多给人们的出行安全造成威胁，控制北京市机动车辆的增长速度刻不容缓。

（5）北京城市交通产生能源资源消耗，噪声、尾气等污染严重，北京城区通常容纳近300万辆车停放，相当于占用至少40平方公里的地面面积，而且由于停车设施有限，大量自行车道、步行道路被占用，除此之外，燃油耗费量巨大，使北京市大气污染日趋严重。2011年北京市机动车辆消费燃油量为1100万吨，机动车对环境的污染正逐渐成为北京市区的主要污染源，尤其是PM10与PM2.5，机动车排放占比较高。特别地，在北京的机动车辆中国产车占较大比重，约为30%，而国产车一般设计和工艺水平低，材料造价低廉，因而能耗效率明显低于外国车，而排放量却远远高于外国车。比如国产车的能耗效率比日本车低100%，一氧化碳和碳氢化合物排放量比美国车高10~20倍。

（6）大量的机动车辆存在以及主要为其建设的各种交通基础设施破坏了城市景观，改变了城市文化，限制了人们自由活动的空间，侵蚀了人们健康出行的权利。现在北京的街道和空地“车满为患”，北京交通基础设施建设投入很大，道路里程、宽度和质量不断增加和提高，但从实际效果来看，没有明显改善公共交通和人力出行环境。交通造成了公共资源分配的严重不均衡和不平等。

（二）北京现实交通问题成因及机理

拥堵是北京市当前最突出的交通问题，产生这个问题的原因显而易见，即车多、人多、路不够用。目前，社会各界对于这个问题十分关注，新闻记者、交通管理者、城市规划者、经济发展决策部门、环保部门，以及科研部门等都做了大量分析和研究，得出许多有价值的结论和建议。但总的来看，这些分析和研究基本都是就交通论交通，或者是停留在现象表层的分析，或者局限于研究交通系统的微观调控，缺乏从宏观综合的角度来认识交通问题，审视其产生的内外部因素，从而从本源上根治复杂的交通顽疾。

交通问题既是经济问题，同时也是社会问题和环境问题。交通活动也必须遵循经济运行规律，体现社会关系和行为规范，服从自然规律。交通系统与经济、社会和自然系统间存在相互影响的关系，因而需要从大系统、多系统的观点出发综合分析交通问题产生的原因和机理。本报告试图从交通与经济、社会和自然间的关系角度分析北京市交通问题特别是交通拥堵问题产生的深层次原因。

按照经济学的观点，交通是国民经济中众多产品或服务的一种，交通拥堵是交通这种产品或服务的供需关系极不平衡的一种反映，而这种不平衡主要源于交通需求方面的过快增长。最近几年，除2008年奥运期间，北京市的交通供给基本没有大的增长，而同期交通需求却迅猛增长，导致城市交通体系超负荷运转，引发交通拥堵以及其他一系列交通问题。一方面，从影响交通供需关系的内部因素来看，供给永远赶不上需求似乎是交通产品或服务交易的一条铁律。交通需求是一种派生需求，一旦交通供给条件得到改善，就会有更多的需求产生，从而再次给交通供给带来压力。另一方面，北京市近年来人口规模持续扩大，人民生活水平不断提高，也成为交通需求过快增长的外部因素。

从经济学的角度来看，北京市交通拥堵的根本原因在于过度的交通需求。怎样的交通需求算是合理，或者不足，或者过度，没有统一的标准可循，要依据交通环境而定。交通环境的含义可以分为狭义和广义两种。狭义的交通环境一般就交通系统内部而言，指交通供给条件和交通需求模式以及二者间的均衡关系。广义的交通环境则不仅包含狭义的交通环境，还包括交通系统的外部环境，如经济、社会和自然环境。譬如，对于一个人或者一个家庭来说，拥有一辆私人小汽车是经济和生活水平提高到一定程度后的一项基本生活需求，无可非议。但是，在城市里每个人或每个家庭都不是过着独居的生活，人们集居在城市内，这时对于这个整体来说，如果其所拥有的全部小汽车的数量超出了城市环境和空间所能承受的范围，则整体中每个成员都拥有一辆小汽车这种交通需求就变成一种不合理的需求。社会必须想办法把过度的需求控制在交通环境允许的范围之内。

过度的交通需求不仅表现为交通需求总量的过度，还表现为交通需求结构的不合理。交通需求结构包括人们对不同交通运输方式的需求，对不同地域和不同时间段的交通需求，对不同质量和成本的交通产品和服务的需求，对不同出行目的和结果的交通需求等。这些不同层次的交通需求结构一般很难全部达到理想状态，但如果其非理想状态的程度过高，就会造成交通需求结构出现不合理现象，引发过度或不足的交通需求。

影响交通需求结构的因素十分复杂，城市的交通需求结构与城市的经济发展水平、收入水平、消费模式、出行成本、交通补贴、产业结构、产业布局、交通供给条件、城市化进程、城市规划、国际化程度、人口结构、生活方式、文化特征、能源市场、房地产市场、土地空间、社会经济和自然地理位置、市容市貌、环境保护等息息相关，从交通规划入手，调整出行结构，结合城市发展规划，引导产业布局与职住关系。其中，出行成本是关键，利用经济杠杆这只“看不见的手”发挥市场的自发调节作用，通过经济利益使每个人自觉自愿地改变其交通行为，理论上可以有效地将交通需求结构向合理状态引导。

尽管过度交通需求被认为是引起北京市目前交通问题的主因，但交通供给能力不足也对交通恶化起到推波助澜的作用。北京市目前基本以地面交通为主，城区面积为1386平方公里，道路面积为93.95万平方公里，后者占前者的比重为6.78%①。而东京、纽约、巴黎、伦敦等国际大都市已经建立起空中、地上、地下相结合的立体化城市交通体系，道

① 数据来自《北京统计年鉴2011》。

路面积占城区面积的比重都在15%以上（沈海州等，2009），相比来看，北京还具有进一步扩展道路的潜力和需要，发展立体化城市交通体系是一个方向。特别是未来北京市城市规模将持续扩大，人口会越来越多，只有加大城市交通基础设施建设力度才能不使交通成为北京发展的瓶颈。

北京城市交通供给的不足更多地表现为供给结构不合理。交通供给结构不像需求结构那样复杂，一般包括交通基础设施的结构，各种交通运输工具的数量和质量结构，各种交通运输方式的关系、比例和地位，交通运营服务的时间、方式和频率，以及交通管控模式等。

除供需矛盾外，管理体制上的落后也是北京市当前交通恶化问题的一个重要原因。无论多好的交通政策或措施，都需要相应的制度来保障其有效执行和监控，否则政策的结果就会大打折扣甚或流于形式。

建立健全的管理体制和有效的执行机制，首先需要管理者从知识、理念和思想上对交通管理有清楚的认识，要敢于摒弃传统落后的管理模式，积极学习先进管理方法和经验；要树立交通以人为本、为人服务的理念，重视交通的人性化表现；要统一交通不仅适应并促进经济增长，还要推动社会进步和保护资源环境的思想。时至今日，北京市交通管理落后和混乱的状况依然比比皆是，严重阻碍了城市交通的顺利运行。譬如，交通拥挤占地现象严重，饭店和零售商贩大量占用路面，将公共路面视为己有，黑车占据路口交通要道等客、拉客，妨碍车辆和行人的交通出行，却很少见管理部门进行规范。北京的信号灯制度一直沿用传统的右转不受信号限制的做法，看似提高了交通效率，实则侵害了行人的利益，给按照信号直行过马路的行人带来安全威胁。

城市街道、空间和环境是典型的公共资源，现在似乎是只要买了小汽车就可以无偿使用、占用或者损害这些资源。传统观点认为，消费者购买小汽车时已经支付了生产者成本和利润，并且在以后的持有时间也缴纳了税金，因而拥有小汽车是消费者以自己所得进行的平等互换，无可非议。然而，这种计算方法存在一个缺陷，即小汽车的拥有成本不仅包括生产成本、商家利润和政府税收，而且还包括对于公共资源的使用或占用费用，以及给公共资源带来的损失成本，即所谓的外部成本。目前的税收体系没有将这部分外部成本充分考虑进来，实现外部成本内部化，而且税收收入的分配和使用也未能很好地体现公平的原则。譬如，北京市区特别是中心区域很多地段还没有征收持有费、停车费、拥堵费、排放费、噪声费等与公共资源有关的费用，或者说即使这些费用已经征收但远没有达到预期效果。

其次，北京市在交通政策法规的贯彻执行和监管方面做得不够，对于交通违章违规和违法现象惩罚力度太小，没有起到警示和震慑作用。目前，北京市的交通在一定程度上处于无序状态，超速、酒驾、醉驾、闯红灯、玩手机、逆行、抢道、威吓驾驶、宰客、抢座、性骚扰、谩骂、打斗等各种违章、违规、违法行为和不道德、不文明现象比比皆是，屡禁不止。将这些现象出现的原因简单归结为人们道德素质下降，不讲文明，显然难以令人信服。其根本原因：一是某些政策和制度设置不合理，二是合理的政策和制度没有得到很好的贯彻执行。

三　可持续交通与北京市进程

（一）可持续交通的理念、理论与实践

关于可持续交通的理解、解释和定义多种多样，但基本都从可持续发展的定义出发，将可持续交通视为可持续发展在交通部门的应用，因此，有人将可持续交通直接定义为既满足当代人的移动需求，又不对后代人满足这种需求的能力构成危害的交通体系。这种定义仅着眼于交通本身的可持续性，没有考虑到交通对经济社会产生的影响。广义上来说，可持续交通应该是有利于可持续发展的交通，交通对于可持续发展的影响表现为交通设施和交通活动对于可持续发展的影响。

目前，欧盟的定义在一定程度上得到较为广泛的认可。其认为，一个可持续的交通运输系统应该：①能够以安全、有利于人类和生态系统

健康并且有助于代内和代际公平的方式满足个体、企业和社会的基本可达和发展需求；②是可承受得起的，能够确保公正和高效操作，提供多种可选择的交通运输方式，并且可以为竞争性经济体以及区域经济发展提供支持；③将废物排放限制在地球所能承受的范围之内，可再生资源的使用量应该低于它们的产生量，不可再生资源的使用量应该低于它们的可再生替代资源的产生量，并且最小化其对土地的影响和产生的噪声。

可持续交通的含义还可以从可持续发展三大支柱的角度来诠释。Hall（2006）在总结各种定义的基础上尝试归纳出可持续交通的一个相对完整的定义，认为一个可持续交通系统应基于可持续交通的定义引申出可持续交通发展中需要遵循的基本原则。Hall（2006）按照经济、社会和环境三大支柱的体系框架归纳出可持续交通在执行中的三项原则，具体如下。

（1）在经济方面，确保交通服务是能够发挥作用的，是高效的，以有效利用自然和金融资源，负面的社会和环境成本被内部化（如污染者支付的原则）；支持有助于提高生产率和促进发展的贸易和商务活动。

（2）在社会方面，提高安全性、人类健康水平、社会福祉/生活质量；提倡平等/公平分配，提高可达性和可选择性、环境公正水平，履行个体和集体的责任，促进交通部门的实质就业。

（3）在环境方面，采取预防和阻止的办法制定决策；避免不可逆转的影响发生，治理全球气候变化，减少污染；鼓励交通工具和设备的再制造、再利用和回收利用；确保与交通有关的有毒物质和废物能够得到妥善处理；保证栖息地和生态系统将活动范围和强度控制在它们的同化和再生产能力之内，维持生物多样性，保持环境美感。

Hall（2006）还认为国家管理对于实现可持续发展起到关键作用，因此在三大支柱之外应该另有管理支柱，即在政府管理方面，鼓励技术创新；确保透明度和负责制、公众和利益攸关者的参与；建立总体目标和绩效目标；支持完整和长远的规划、组织间和国际合作、政策整合与共同优化。

OECD 是可持续交通的重要开拓者和推动者。1996 年 OECD 在加拿大举办了以“朝着可持续交通”为主题的温哥华会议，探讨交通系统不可持续性、交通增长以及发展未来可持续交通等问题。美国国家公路和运输协会基于交通运输规划必须考虑可持续发展目标的要求，于2007 年发表了《交通：投资于我们的未来》的报告。新西兰可持续交通基准由新西兰运输署建立以评价交通系统的绩效。联合国 2011 年环境项目报告《迈向绿色经济：通往可持续发展和消除贫困之路》（UNEP，2011）指出，可持续交通有利于经济发展。我国在可持续交通方面目前已经有了一些提法，但还没有成熟的理论。

（二）北京市交通可持续性分析

将可持续交通理论应用于北京市交通具体实践有助于我们理解、分析和确立北京市可持续交通的内容。本报告从可持续发展三大支柱以及政府管理的结构出发探讨如下一些主要内容。

1. 经济内容

可承受能力，一方面指城市交通系统对交通出行者而言是可承受的，人人享有平等的交通出行权，另一方面是城市交通系统自身的财务可持续性。因此，公共交通作为公益性服务应当全方位考虑社会各阶层的经济承受能力，给予一定的补贴政策；同时，城市交通也无法回避市场规律，应当尽可能促进收支平衡，提高交通企业积极性，发挥企业活力，提供优良服务。

经济效率：可持续交通要适应自由竞争的经济环境，做到高效率运行，这包含两方面的内容。一方面表现为通过交通内部的竞争机制，实行优胜劣汰，激励交通供给和服务水平有效提高，实现交通资源优化配置；另一方面表现为交通对其他经济活动的适应性，交通需求管理（调节或限制过度需求）、可达性（客货均能送达相应地点）、出行时间节约（上下班时间、公务出行时间）、工作状态良好（心情愉快、精力体力未过度消耗）等。交通经济效率的结果是推动经济增长。

外部成本内部化：确保交通使用者为其交通消费支付全部社会成本和环境成本。高峰时段出行造成拥挤是一种社会成本，过度交通需求也是一种社会成本，交通事故既是经济成本也是社会成本，路边路面停车既是社会成本也是公共资源占用成本，汽车消耗能源、排放污染气体、制造噪声是环境成本等。对于这些成本要素，如果交通使用者做交通决策时不将其考虑进来，加以权衡，则它们属于外部成本。反之，如果交通使用者必须将这些成本纳入决策过程中来，即外部成本内部化，则它们即为内部成本，将影响交通决策，改变交通使用者的行为。外部成本内部化的基本方法是将外部成本以计价的方式向使用者索取，包括各项税收和收费等。

高效完善的城市交通运输体系：可持续交通应该建立起以轨道交通为核心、公共交通主导的城市综合交通运输体系，提高交通运能和效率，解决交通拥堵问题，满足日益增长的多方面的交通需求。

2. 社会内容

基本交通需求：人人都有出行的权利，出行的基本目的是工作、上学、购物、看病、娱乐等，可持续交通要能够满足所有人的这种基本需求，也就意味着要对社会中的弱势群体给予特殊的照顾和关爱。只有弱势群体的基本交通需求得到足够的重视和对待，才能保证社会全体成员的基本交通需求得到满足。基本交通需求是一种适当的消费需求，有的情况下代表最低的交通需求。它有较为明确的上限和下限，如果社会资源配置合理并且技术水平达到一定的程度，则理论上这种需求可以得到满足，实践中很多发达国家已经基本解决了这个问题。

高品质生活的交通需求：按照马斯洛的需求层次理论，人类需求是随着生活水平提高而逐次派生出来的，即从基本需求到自身发展的需求再到自我实现的需求。交通需求也是如此，在基本出行需求得到满足的基础上，人类将进一步追求高品质的出行条件，将更注重自我价值的实现、交通环境的舒适和谐、出行的良好感受和美好体验等多方面内容。整体上，可持续交通要不断提高和增加人们出行的满意度和幸福感。具体来说，可持续交通应能够满足如下几项交通需求。

*满足不同层次和境况的人群对于交通的不同需求。贫困人群偏重出行成本的可承受性，以满足基本需求为目标；中高收入群体额外追求舒适、高雅、便捷、快速的出行条件；老幼弱残孕等则需要有相对舒适轻松、有座、不拥挤的交通环境；妇女需要出行安全，免于骚扰；学生需要就学交通可达、顺畅，出行安全得到保证；上下班务工群体看重可达性以及高峰期顺畅、良好的交通状况；旅游休闲人群希望交通有较好的便捷性和可达性；全体人员都希望交通是社会和谐的象征和表现者而不是破坏者。可持续交通要充分体现交通的社会公平性。

*最大程度节约出行时间。除了以乘车观光旅游为目的的出行外，其他交通使用者都希望出行时间越短越好，高效率空间位移的能力意味着高质量的交通，对于生活质量和工作效率都是一种提高。特别是商旅人士，惜时如金，更看重交通节约的时间及其价值。可持续交通要始终追求节约时间这一目标。

*确保交通安全。可持续交通要提供高标准的安全技术保证，强化交通管理，增强交通安全意识，使交通事故率降低。

*坚持以人为本的原则。可持续交通要把对人的服务放在首位，确保人的利益优先，通过建立并推行人性化标准，使交通规划、交通设施设计和建设、交通服务体系、交通管理规章制度均围绕为人服务这个根本，不能失之偏颇。

3. 环境内容

土地利用：可持续交通要尽量减少交通的土地利用和占用，提高土地和空间利用效率。城市交通发展不能过度开拓路面，要从平面向立体交通转变；在中心地区不能为小汽车停放开辟大量的地面和空间；要有效保护路面不受侵占，为保持交通顺畅提供必要的条件。

能源使用：可持续交通要极大地降低或彻底改变对化石燃料的使用，基本依靠新能源、清洁能源和可再生能源，推广新型电力交通工具，不断提高能源使用效率。

空气和噪声污染：可持续交通要执行较高并且严格的环境质量和人类健康标准，将垃圾废物和产生的噪声减少到自然和社会可以承受的范围以内，实现清洁交通、清静交通和美好交通。

4. 政府管理

先进理念：政府决策者和管理者要注意将国际先进理念引入可持续交通中，摒弃崇尚小汽车的文化和理念，提倡绿色出行、人力出行、健康出行，提高公共交通服务水平。

先进经验：可持续交通要采用国际先进的管理制度和方法，厉行执法，严格监督。

先进机制：可持续交通要鼓励理念创新、技术创新、制度创新、政策创新，正确引导交通发展和管理。

社会公德：可持续交通要有益于社会公德水平的提高而不是造成滑坡，制造社会矛盾。

执法保障：可持续交通要确保制度的透明度和负责制，鼓励公众和利益攸关者参与，厉行执法，严格监督。

目标考核：可持续交通必须有明确的发展目标，从远期至近期，从整体到局部，即时跟踪评价。

根据北京市可持续交通的主要内容，我们可以对北京市当前交通发展情况做一个可持续性评价。表 1 是综述评价结果。

表 1　北京市可持续交通评价结果

指标	好	中	差	简要特征
经济内容				
可承受能力		√		—
需求者可承受	√			票价低廉，全国最低
供给者可承受			√	亏本运营，财政补贴严重

续表

指标	好	中	差	简要特征
经济效率			√	—
内部竞争机制		√		公共汽车较好，地铁、城铁很差
经济适应性			√	瓶颈
外部成本内部化			√	—
公共资源占用			√	无偿占用
高峰时段出行			√	不受制约
高运能高效率城市交通体系			√	—
公交汽车系统			√	比重相对较大
轨道交通			√	比重不足
人力交通			√	受到排挤
社会内容				
基本交通需求	√			基本上四通八达
高品质生活的交通需求			√	—
满足不同交通需求			√	交通极不公平
最大程度节约出行时间			√	拥堵耗费时间
确保交通安全		√		交通事故频繁
坚持以人为本的原则			√	没有得到体现
环境内容				
土地利用			√	—
道路占地			√	共93.95平方公里，占市区面积的比重是19.17%
车辆占地			√	共37.5平方公里，占路面面积的比重是39.91%，占市区面积的比重是7.65%

续表

指标	好	中	差	简要特征
其他占地			√	—
能源使用			√	—
化石燃料			√	化石燃料所占比重约为80%
电动车				—
空气和噪声污染			√	—
温室气体			√	18000万吨
污染气体			√	11.5万吨
粉尘			√	1.66万吨
垃圾废物			√	634.9万吨
噪声			√	平均值为70分贝
政府管理				
先进理念			√	落后陈旧
先进经验			√	故步自封
先进机制			√	极其落后
社会公德			√	极不重视
执法保障			√	有法不依，执法不严
目标考核			√	—

四　北京未来的交通：建设可持续的城市交通体系

（一）未来可持续的北京城市交通体系

1. 城市综合交通运输体系

未来可持续的北京城市交通体系应该是一个城市综合交通运输体系。地上与地下交通、公共与私人交通在城市中发挥不同的功能，为城市居民服务。公共交通与私人汽车是城市交通的两大主体，公共交通是普通民众出行的主要选择，并成为城区交通（即城市内交通）的主要方式，私人汽车主要满足城市与周边地区以及城市间的交通运输需求。此外，公共交通网络完全覆盖整个北京市，整个网络主线和支线衔接紧密，密度合理，市民可以在各种公共交通方式如公交、地铁、铁路等之间实现极低成本的转换，成本包括时间成本和出行费用。

2. 绿色的交通工具

交通工具是交通运输的主体之一，它也是交通运输实现可持续发展的关键所在，交通运输所带来的大气污染、噪声污染等环境问题在未来的交通运输体系中需要得到彻底的解决。通过投资研发和技术创新，未来的交通运输工具应该实现绿色可再生的新能源替代不可再生的高污染能源，尽最大的可能保护北京市的生态环境，同时最大限度地减少对土地的占用和产生的噪声。

3. 人性化的公共交通

以人为本是构建和谐社会、实现可持续发展的基本要求。城市公共交通的根本目的是为人们出行提供便利，人性化的公共交通应该是快速、方便、安全、舒适的客运交通。人性化的公共交通设施的建设充分考虑到社会中的弱势群体，满足不同的社会群体在不同时期的需求，最快、最大限度地疏导乘客，基本实现社会公平。

4. 高效的管理和严格的制度

没有规矩不成方圆。未来的可持续交通体系一定拥有一套成熟高效的管理系统。在这样一个管理体制下，交通的运输效率高，拥堵问题被最大限度地缓解，交通安全获得保障。

（二）北京市可持续交通发展策略

1. 建立标准

北京市的可持续交通建设过程将是政府不断摸索的建设过程，政府需要开发、制定并细化可持续交通运输的指标，每年测量并报告其取得可持续发展目标的进展情况。在综合规划的指导下，确定可持续交通发展的经济、社会、环境三个方面在各个阶段的目标，建立和制定相关指标和标准，监督、管理北京市可持续交通。

在经济、社会、环境、政府四个方面建立未来北京市可持续交通发展的标准。在经济方面，确保交通服务是可以承担得起的，有效地利用自然和金融资源，负面的社会和环境成本被内部化（如，污染者支付的原则）；支持有助于提高生产率和促进发展的交通贸易和商务活动。在社会方面，衡量交通安全性程度，建立有益于人类健康、社会福祉、生活质量的交通系统；提高交通的公平性、可达性和可选择性，交通系统建设和运营确保个体和集体的责任。在环境方面，采取预防和阻止的办法制定决策；避免不可逆转的影响发生，减少污染；鼓励交通工具和设备的再制造、再利用和回收利用；确保与交通有关的有毒物质和废物能够得到妥善处理；保持环境美感。在政府方面，鼓励技术创新；确保透明度和负责制，公众和利益攸关者的参与；建立总体目标和绩效目标；支持完整和长远的规划，组织间和国际合作，政策整合与共同优化。

2. 绿色交通基础设施建设

交通基础设施建设一般投资多、周期长，具有明显的锁定效应，一旦建成，几十年内很难改变，因此，北京未来的交通基础设施建设必须以绿色为方向，有利于资源节约、能源效率提高和环境保护，同时制约褐色交通的发展。

3. 交通技术创新

交通技术创新是未来交通发展的关键因素，北京市交通部门必须发挥交通技术创新的作用，加大科研投资力度，促进科研成果的转化和转移，特别是要重视学习和引进发达国家和地区的先进技术和管理经验，建立以现代先进科技为支撑的智能型交通体系。

五　结论与建议

目前，以北京为核心的京津城市群，已经成为中国北方聚集人口最多的城市群。经济的快速增长、城市化进程的加快，以及人口的大幅增长引起了过度的交通需求，这给原本土地空间有限的北京带来了巨大的交通压力。然而最近几年，除 2008 年奥运期间外，北京市的交通供给基本没有大的增加，而同期交通需求却迅猛增加，导致城市交通超负荷运转，引发交通拥堵以及其他一系列交通问题。与此同时，北京交通供给系统存在的结构不合理、管理体制落后等问题都使北京交通拥堵问题更加严重，交通拥堵增加了出行时间，降低了交通便捷性和可达性，严重影响到社会生产和人们生活，造成巨大的经济损失和社会损失，同时也提高了出行难度，降低了出行满意度和生活幸福感，产生社会不公平现象，引发各类社会矛盾。

根据上文的分析，为了解决这一突出的供求矛盾，我们必须做到以下几点。

1. 把过度的交通需求控制在交通环境所允许的范围之内

出行成本是调整交通需求的关键，利用经济杠杆“这只看不见的手”发挥市场的自发调节作用，经济利益使每个人自觉自愿地改变交通行为，理论上可以有效地将交通需求结构向合理状态引导。

2. 制定合理的政策引导北京市交通发展并严格监管

政府决策者和管理者要注意将国际先进理念引入可持续交通中，但在进行调查研究和论证的基础上，全面规划、协同设计、吸收合理建议，建立符合我国实际情况的城市轨道交通系统，才能避免日后因现在的粗放发展而付出惨痛的成倍的代价。可持续交通要确保制度的透明度和负责制，鼓励公众和利益攸关者的参与，厉行执法，严格监督。转变交通发展方式，建立可持续的城市交通体系。

3. 转变北京交通发展方式，建立可持续的城市交通体系

转变交通发展方式是我国也是北京市应对人口、社会、资源和环境挑战，实现持续健康发展的关键路径之一，需要技术进步和创新支撑。在可持续发展背景下，交通发展增添了新的内容，不仅要继续适应经济增长的需要，同时还要适应社会改进和生态可持续性的要求。北京未来的交通发展方向是建立可持续的城市交通体系。在经济方面，应该使交通费用降到最低收入人群可负担、大多数人不觉得过分负担的水平，实现交通体系的高效运行，交通内部实现有效竞争，优胜劣汰，同时实现外部成本内部化，交通系

统自身能负担得起系统升级和运行的费用，而不依赖政府和财政补贴。在社会方面，这一可持续的城市交通体系应该使全体社会成员的基本交通需求得到满足，做到出行安全，坚持以人为本的原则，并最大限度地节约出行时间，提高人们的出行和生活满意度。在环境方面，北京未来的交通应当最大限度地减少能源占用，合理进行土地利用，同时减少空气和噪声污染，鼓励使用环保型交通工具。

具体地，我们建议北京市发展可持续交通要贯彻“双标准一手段”的方针，即资源环境标准、人性化标准和市场化手段。资源环境标准是约束交通发展的上限，不允许交通发展活动对于资源环境的影响超出这个标准。人性化标准亦是社会标准，对交通发展提出社会发展要求的下限，确保交通服务把坚持“以人为本”落到实处，交通服务水平不得低于这个标准。市场化手段旨在取代目前的行政管理手段，充分调动市场的自发调节行为和个人的主观能动行为，通过市场调节杠杆，达到交通资源优化配置的目的。

交通的可持续发展要求以建设绿色、清洁、可持续的交通为目标，以资源环境承受能力为准绳，对于交通用地和占地、能耗水平和效率、污染物和温室气体排放、噪声水平等指标制定明确的上限并严格执行，加大处罚力度，确保交通与自然和谐发展。

人性化交通具有广泛的内容，具体地表现在以人为本、社会和谐和交通公平性三个方面。具体包括如下几项内容。

（1）人性化交通首先要保证交通安全，把安全作为考虑、设计和安排的第一准绳，严格交通事故率和伤残死亡率标准。

（2）在设计和安排道路、信号、栏杆、高架桥等交通设施时要遵照行人优先的原则，彻底摒弃机动车优先的错误观念和落后理念。

（3）要妥善合理地设置、使用和保养服务设施（如门闸、照明灯、空调、电梯、滚梯、休息座椅、饮水机、卫生间等），不得以节约成本、收费、省事等原因采取不设置、随意关闭、不维护等行为。

（4）要严格设置和执行上座率标准，杜绝严重超载现象，不得以非高峰期节约能源或保护设施等为名在非高峰期大幅度削减发车频次，缩短运营时间，造成乘车全天拥挤、等车时间超长、早晚没车的现象。

（5）设立交通拥堵时间和范围的提示预警机制、应急机制以及收费补偿标准。

（6）进行交通设施和服务的人性化设计，缩短换乘和等车时间。

（7）提倡文明交通，站点、车厢增设社会公德教育警示和执勤人员，随时提醒、教育相关人员和制止不文明行为；服务人员不得对乘客吆喝、呵斥、冷漠，驾驶人员不得野蛮驾驶。

（8）明确交通部门有责任创造良好的乘车氛围，根除乱撒广告、乞讨、兜售、吵架、打架以及刑事犯罪等现象。

（9）根本整治长期以来混乱恶劣且与首都形象严重不相匹配的北京市出租车服务系统，杜绝欺客、宰客、拒载、黑车、小电动三轮车等现象。

（10）要满足不同群体的不同交通需求，为老、弱、病、残、孕、幼、学等特殊群体提供特别服务，保障低收入群体的基本交通需求，为高端交通需求提供空间和可能。

（11）提倡人力出行、健康出行，提供安全舒畅的骑自行车、跑步和步行的设施条件。

（12）彻底取缔挤占交通资源和公共资源的乱象。

（13）严格执行交通法规，对相关行为进行监察和处罚，不得放弃原则，严肃追查执法者的责任。

北京市的交通管理一直以行政手段为主，鲜见市场手段的应用，目前一刀切的公交超低票价政策、小汽车限号摇号政策、空间资源滥占现象等都是典型的佐证。从理论和直觉上估计，每年由此造成的损失不少于几百亿元，实际数字很可能更大。这是因为行政干预一方面对于解决交通问题无能为力，另一方面又恰恰构成严重交通问题产生的根源，造成交通供需矛盾，城市空间规划、城市功能分布、产业布局等严重错位。为此，我们认为北京市交通市场化改革刻不容缓，改革是解决交通问题的根本出路。北京市公共交通需要建立差异化票价制度，引导不同交通需求合理分配；应该允许票价水平随市场供求关系而上下浮动，抑制过度交通需求；取消交通补贴、燃油补贴，修正错误的市场信号。北京市车辆管理应该实行资源付费原则，明确土地、公路等公共资源和交通资源的所有权、使用权和计价原则，通过停车费、资源占用费等收费方式将交通运输的外部成本内部化，将拥车成本与车辆控制目标挂钩，驾车成本与路面拥堵程度挂钩，停车成本与地面空间稀缺程度挂钩，从而实现有效控制机动车数量、缓解城市交通拥堵、保护城市环境的目的。

展望未来，北京的交通应该是在满足广大人民群众生活需要的基础上，与城市发展布局高度协调，把长远规划目标同近期调整改善结合起来。我们有理由相信通过社会全体成员的努力，可以成功建立一个可持续发展的交通体系，这将是一个高效、顺畅、有序、安全、舒适、愉悦、高尚、简约、怡人、清洁的交通体系。

参考文献

沈海州、周锡芳、邓云飞：《东京道路设计标准探讨》，《交通与运输》2009 年第 5 期，第 48 ~ 49 页。

AASHTO, Transportation Invest in Our Future, American Association of State Highway and Transportation Officials, 2007, http://downloads.transportation.org/TIF7 - 1.pdf.

Buxton, V., Charbonneau, J., Towards Sustainable Transportation, 1996, https://www.rug.nl/research/portal/publications/towards - sustainable - transportation (66d06519 - de8b - 4d91 - a0ae - bfc46fd847ab).html.

Hall, R. P., Understanding and Applying the Concept of Sustainable Development to Transportation Planning and Decision-Making in the U. S. PhD Thesis, Massachusetts Institute of Technology, Cambridge, USA, 2006, https://dspace.mit.edu/handle/1721.1/34555.

UNEP, Towards a Green Economy, United Nations Environment Programme, 2011.

B.12

打造“轨道上的京津冀”

——区域铁路十年建设发展综述

高明明*

摘　要： 推动京津冀协同发展，是党中央、国务院在新的历史条件下做出的重大决策部署，是习近平新时代中国特色社会主义思想的具体体现，对于疏解北京非首都功能、促进区域协同发展具有重要意义。推进构建功能完善、快速便捷、安全高效、低碳绿色的铁路交通网络，是优化交通运输结构、构建区域现代综合交通体系和京津冀交通一体化的关键所在。从2008年8月1日起京津城际铁路开通运营，经过10年来的集中攻坚和协同推进，区域铁路发展成效显著，客货运输能力和服务质量大幅提升，为打造“轨道上的京津冀”、优化运输结构、促进京津冀协同发展提供了有力支撑。

关键词： 区域铁路　京津冀　协同发展　轨道交通

一　区域经济社会发展

（一）经济特征

整体发展水平较高。京津冀地处京畿重地，濒临渤海，背靠太岳，携揽“三北”，战略地位十分重要。地域面积为21.6万平方公里，2016年末常住人

---

* 高明明，高级工程师，所长，任职于中国铁路设计集团有限公司。

口为11205万人，比2013年净增加285万人；地区生产总值为75625亿元，是2013年的1.21倍，平均增速接近7%。京津冀地区地缘相接、地域一体、文化一脉，历史渊源深厚、交往半径相宜，以全国2.25%的地域面积承载了全国8.10%的人口，创造了10.17%的经济总量，实现了12.21%的财政收入；2016年人均地区生产总值为6.8万元，相比2013年提升18.4%，是全国平均水平的1.25倍。京津冀地区与长三角、珠三角比肩而立，是我国经济最具活力、开放程度最高、创新能力最强、吸纳人口最多的地区之一，是拉动我国经济发展的重要引擎。京津冀地区生产总值变化趋势见图1。京津冀地区常住人口变化趋势见图2。京津冀地区财政收入变化趋势见图3。

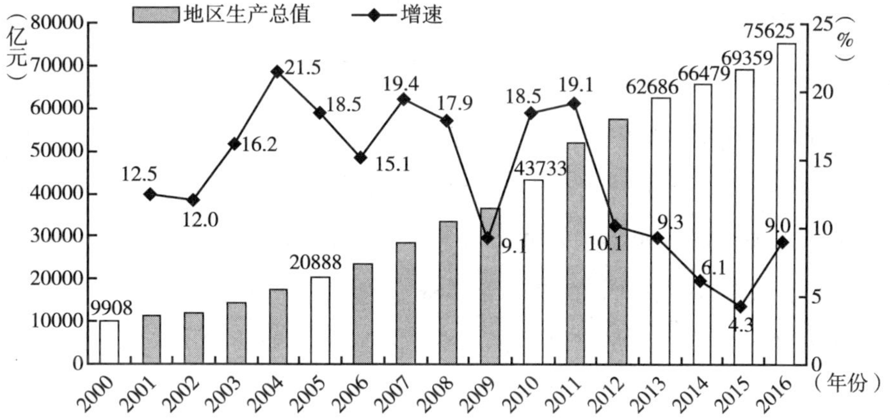

图1　京津冀地区生产总值变化趋势

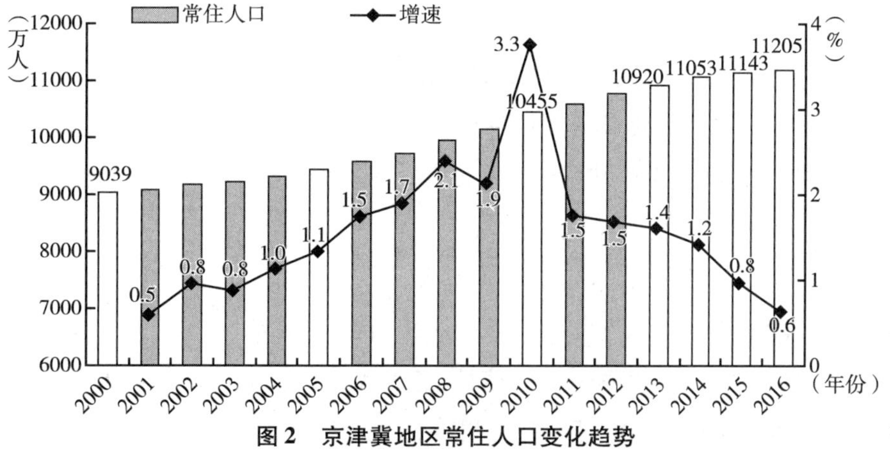

图2　京津冀地区常住人口变化趋势

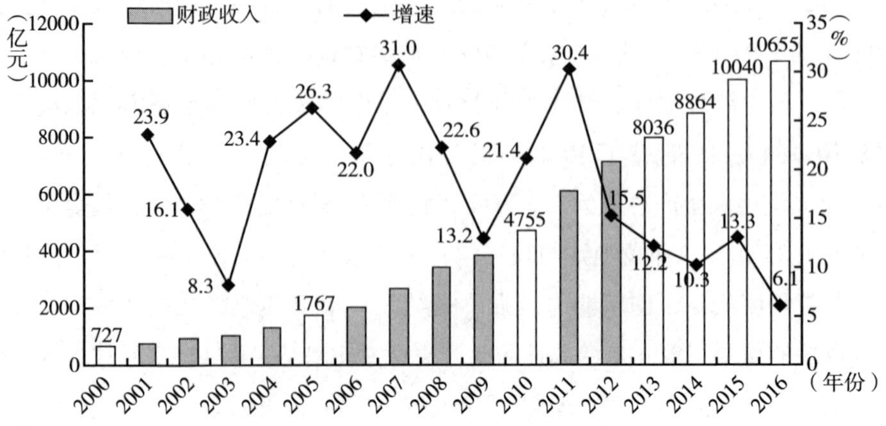

图3　京津冀地区财政收入变化趋势

协调发展尚存空间。经过近几年京津冀协同发展战略的实施，部分指标逐步改善，结构性差距依然存在。2016年，河北人均地区生产总值不足北京、天津的50%，人均财政收入分别只有北京、天津的1/6和1/5，全省居民人均可支配收入为北京的29%、天津的44%；城镇化率稳步提升至53%；人均财政支出分别只有北京、天津的27%和34%；地区生产总值占京津冀地区的比重持续下降，由1996年最高时的54.3%下降到2016年的42.4%，协调发展依然任重道远。

（二）城镇化

城镇化率稳步上升。2016年京津冀地区城镇人口为7158万人，城镇化率为63.9%，处于城市化的后期发展阶段，高于全国57.4%的平均水平6.5个百分点，较2013年提升6.6个百分点，年均增速为3.7%，高于全国年均增速（见图4）。

水平差异逐渐缩小。按常住人口统计，北京市城镇化率最高，达到86.5%，衡水市最低，约为48.9%。2016年京津冀地区已有9个地级市城镇化率超过50%，步入城镇化中期快速发展阶段，较2013年新增3个城市，分别为张家口市、邯郸市和沧州市。

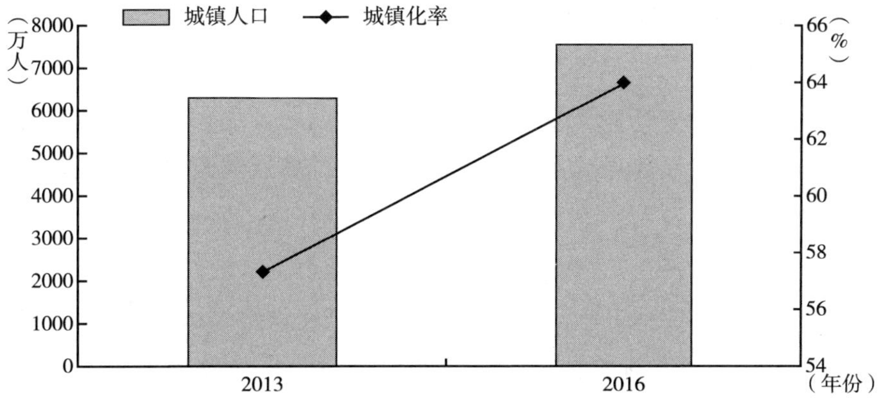

图 4　京津冀 GDP 及城镇化率变化

二　铁路的建设发展

（一）铁路建设持续推进

经过多年发展，京津冀地区铁路发展面貌焕然一新，铁路运输体系日趋完善，便捷了京津冀地区城市间的客货交流，促进了京津冀地区与全国其他主要城市的沟通联系，基本适应了当前区域经济社会发展需要，为推动京津冀协同发展奠定了基础。

京津冀地区是我国铁路网最为密集的地区之一。从 20 世纪 80 年代开始，国家对铁路逐步进行了有计划的建设，在本地区内先后新建了我国煤炭运输主通道大秦铁路一、二期工程，京九铁路等；并相继对京包、石德、石太等干线铁路进行了技术改造，线路质量明显提高；为适应市场经济发展的需要，提高铁路竞争力，又同时对京沪、京广、京秦等主干线进行了大规模的提速技术改造。“西煤东运”“南北运输”主通道的骨干效应日趋显现。截至 2007 年底，区域铁路运营里程达到 6600 公里，居全国第二位，密度为 3.06 公里/百平方公里，是全国平均水平的 3.8 倍。20 世纪 80 年代初至 2007 年这一阶段可以被归纳总结为以普速铁路发展建设为主的阶段。

1. 高速（城际）铁路建设持续加快

（1）高速铁路成就显著

2008 年我国第一条高速铁路——京津城际铁路开通运营，京津冀地区迈入以高速铁路发展建设为主的阶段。近年来，高速铁路发展建设如火如荼，京沪、京广、石太、津秦、石济等高铁相继开通，另有京沈、京张、大张、呼张等高速铁路正在建设之中，京沪第二通道，京港台高铁京雄段、雄商段正在积极推进前期工作，京津冀地区对外高速铁路通道日趋完善，技术装备质量跃上了一个新的台阶。截至 2017 年底，区域铁路运营里程达到 9563 公里（比 2012 年增加 1789 公里），密度为 4.43 公里/百平方公里，是全国平均水平的 3.3 倍，覆盖 80% 以上县级及以上行政单位；其中高速铁路运营里程为 1657 公里（比 2012 年增加 652 公里），2017 年底已覆盖 13 个地级及以上城市中的 11 个，待京沈高铁、京张铁路全线建成通车后，将实现市市通高铁。京津雄核心区已经基本实现 0.5 ~1 小时通达。

（2）城际铁路加速发展

在 2016 年国家发改委发布《关于京津冀地区城际铁路网规划的批复》（发改基础〔2016〕2446 号）后，京津冀地区进入以城际铁路发展建设为主的阶段。在京津冀协同发展国家战略指引下，城际铁路网作为区域综合交通体系的骨干网络，需要率先发展，京津冀地区进入以城际铁路发展建设为主的阶段。京津冀地区城际铁路网规划实施加速，津保铁路、京津城际延伸线建成通车，京唐、京滨、京雄等一批城际铁路开工建设，石雄城际、廊涿城际、城际铁路联络线、石衡沧港城际铁路等正在推进前期工作，“四纵四横一环”城际网骨架迈入实施建设阶段。

2. 铁路货运物流设施逐步转型升级

京津冀地区是我国铁路货物运输最集中的区域之一，是煤炭、矿石等大宗原材料重要的消费地，是钢铁、石油化工等重工业成品主要的外运地，也是“三西”煤炭外运的重要通道，目前已形成以京沪、京九、京广、京通，大秦、京哈、京包、唐呼、京原、津霸、朔黄、邯（邢）黄、石太、石德、济邯长铁路等通道为主骨架的货运网络。为加快铁路货运向现代物流转型发展，加强铁路物流基础设施规划建设，2015 年中国铁路总公司下发了《铁路物流基地布局规划及 2015—2017 年建设计划》（铁总计统〔2015〕232 号），京津冀地区规划布局 3 个一级铁路物流基地、12 个二级铁路物流基地。截至 2017 年底，京津冀地区已建成和利用既有开通物流基地 18 个，其中一级物流基地 1 个（新港北），二级物流基地 5 个（清苑、南仓、黄村、固安、邯郸），三级物流基地 12 个。此外，南港、唐曹、水曹等港口集疏运铁路正在建设之中，区域内天津港、唐山港等重要港口的集疏运体系日益完善。

（二）铁路运输服务水平稳步提升

随着京津城际，京沪、京广、津秦、石济高铁，津保铁路等建成通车运营，京津冀地区高速铁路网络逐步形成，旅客运输覆盖面进一步扩大，服务的舒适性和便捷性不断提高，改变了人民群众的生活理念和出行方式，越来越受到全社会的广泛认同。建成运营了北京南、天津站、天津西、于家堡、石家庄站等大型枢纽，开工建设了丰台站、星火站、清河站、北京新机场站等，为综合交通客运枢纽建设起到了示范作用。铁路旅客运输量快速增长，2017 年京津冀地区铁路客运量达 3.0 亿人次（较 2013 年增长 6.1%），占全社会客运量的 21%；旅客周转量为 1404 亿人公里（较 2013 年增长 4.8%），占全社会旅客周转量的 38%，与 2013 年基本持平。

随着铁路货运改革的逐步深入，货运能力逐步释放提高，高铁快件、快运、中欧等货运班列品牌效应日益显现。2017 年京津冀地区铁路货运量为 2.65 亿吨（同比增长 5.1%，较 2013 年下降 4.6%），占全社会货运量的 9%；货物周转量为 5554 亿吨公里（同比增长 17%，与 2013 年基本持平），占全社会货物周转量的 35%。以客运“实名制”为核心推进客货运输组织改革，客运售票方式、站车服务和货运受理等运输服务水平明显提升，铁路运输竞争能力显著增强。

此外，互联网售票、电话订票、电子支付、中铁银通卡等新手段、新技术改变了传统客票发售格局和方式。现代化、信息化手段的全面运用极大改善了旅客乘车体验，使越来越多的群众选择铁路出行，实现客运量年均近6%的增长。

（三）运输组织效率明显提升

通过运输组织优化、协调运输生产的各个环节，极大提升了高速铁路及铁路干线的运输能力，提高了铁路整体运输效率，降低了运输成本。

一是高速铁路实现了动车组周转顺畅接续。通过采用长短交路套跑、动车组循环开行，提高动车组的利用率，减少动车组车底使用数量，降低了运营成本；通过开行站折动车组列车，缩短动车组停站时间，提高客运站到发线使用效率，有效提升了动车组运用效率。运输组织的优化调整实现了京广高铁、京沪高速、京津城际高密度客车开行。

二是货运干线通道运输能力实现进一步提升。通过采用和谐大功率机车，提高货运列车牵引质量，京广线、京九线部分货运列车牵引质量由5000吨提高至5500吨，丰沙线、京哈线部分货运列车牵引质量由4000吨提高至4500吨，线路年输送水平得到有效提高。

三是煤运通道重载运输能力实现进一步提高。通过提高重载运输技术，提高煤运列车牵引质量，大秦线在开行1万吨列车的基础上，开行1.5万吨和2万吨重载组合列车，极大地提升了运输能力，降低了运输成本，获得了较好的经济效益。

（四）“轨道上的京津冀”雏形初见

在三地共同努力下，京津冀区域干线铁路、城际铁路、市域（郊）铁路、城市轨道“四网”加快融合，以京津、京保石、京唐秦为主轴的轨道交通网络基本显现。一是津保铁路、京津城际延长线、石济高铁建成通车，京张、京沈、呼张高铁加快建设，京滨、京唐、京雄城际已经开工，城际快速客运网络不断完善，京津冀地区1小时交通圈初步形成。二是北京、天津市域（郊）铁路稳步推进，利用既有铁路新增开行城市副中心线（北京西站至通州站）、S5线（黄土店站至怀柔北站）、天津至蓟州市郊列车，以服务中心城区与外围新城旅客出行。三是充分利用既有铁路资源，组织开行京津冀环形列车、通勤早晚动车、市城县域旅游列车、货物快运班列等，铁路运输效率和服务能力显著提升。天津新港北铁路物流基地的建成为打造“一带一路”重要物流节点提供支撑。

（五）疏解北京非首都功能作用初步显现

北京是全国铁路最发达的地区之一，衔接了京沪、京广高铁，京津城际等客运专线，未来还将建成京沈、京张、京港台等客运专线，是我国铁路客运中心。北京铁路枢纽现有北京站、北京西站、北京南站、北京北站四个大型客运站，还有丰台站、星火站等客运站在建，是全国最大的铁路客运枢纽之一。

2008 年以来北京枢纽占京津冀地区旅客发送量的比例一直在 45% 左右，承担了大量的旅客发送到达和中转换乘的功能，枢纽交通压力巨大。随着京津冀协同发展战略提出，打造“轨道上的京津冀”已经迈开实质性步伐，丰台站改造及星火站、副中心等新客运站的建设将极大分担北京站、北京南站、北京西站等传统主要客运站的交通压力，随着 2015 年底天津至保定铁路的开通，北京“单中心，放射状”格局开始向“网格化”格局转变。津保铁路打通了天津及以远、东北方向与京广沿线及西南、西北地区旅客交流的便捷通路，旅客无须经北京而是转经天津直接实现便捷联系，对疏解北京枢纽交通功能具有重要作用。

三　发展中面临的不平衡不充分问题

按照京津冀协同发展、疏解北京非首都功能、落实京津冀大气污染防治、调整优化运输结构等要求，区域铁路发展还存在一些不平衡不充分问题。

（一）基础设施供给水平和质量尚需提升

1. 对外高铁通道格局尚不完善

根据《京津冀协同发展规划纲要》，京津冀地区将建设成为以首都为核心的世界级城市群，充分发挥其对周边地区的辐射带动作用，有利于提升京津冀在全球城市体系中的引领地位。但目前由京沪、京广、津秦、石太、石济等构成的既有对外高铁通道格局尚不足以提供全方位支撑，且京沪高铁、京广高铁（部分区段利用率达97%）、石太客专等主要繁忙干线能力趋紧，部分中长途运输需求受到抑制。

京津冀地区对外已形成津秦—秦沈—哈大、京沪、京广、石太、石济5个方向高铁通道格局，在全国高铁网中发挥骨干作用。目前京沪高铁、京广高铁等主要繁忙干线能力趋紧（部分区段利用率达97%），同时高铁对外辐射作用有待加强，连接西北、西南、南部等地区的高铁格局尚不完善，需要加快推进京张、京沈、京港台等高铁通道建设。

2. 区域城际铁路整体规模偏小

京津冀地区具有城际功能的高速铁路仅有京津城际及其延伸线、津保铁路，总长度仅为298公里，体量较小。目前，京唐城际、京滨城际、京雄城际在建，随着京津冀地区协同发展的深入推进，区域空间格局进一步优化，城市群内部旅客快速出行需求势必增大，现有的城际建设体量明显不足。此外，对于疏解北京非首都功能，实现产业有序转移的重要载体“4＋N”平台，即曹妃甸区、北京新机场临空经济区、张（家口）承（德）生态功能区、滨海新区4个战略合作功能区，除滨海新区外，其余3个平台目前均没有城际铁路提供运输服务。

3. 市域（郊）铁路发展建设刚刚起步

借鉴东京、巴黎等的先进经验，发展市域（郊）铁路是大城市交通拥堵问题解决方案之一。目前，已开通天津至蓟州区、北京西至通州城市副中心线、黄土店至怀柔北等市域（郊）铁路，对有效疏解北京非首都功能，发挥京津两极对周边新城带动作用具有重要意义。但是，对于已开通运营线路来说，存在客流不足等问题，需要提升运输服务水平，合理制订市域（郊）列车开行计划，满足打造“轨道上的京津冀”的需要。

4. 区域铁路物流基础设施供给发展不充分

随着京津冀协同发展战略深入推进，交通一体化、生态环境保护、产业升级转移三大重点领域先行效果明显，区域调整产业结构、淘汰落后产能、调整能源结构步伐加快。区域货运需求发生深刻变化，钢铁、水泥等高耗能产业物流需求趋缓，而新兴行业物流，如电子商务、跨境物流等快速增长，货运逐步由过去“少品种、大批量、低频次”向“多品种、小批量、高频次”转变。当前，京津冀地区铁路物流基地建设以利用既有货场改造为主，新建项目推进缓慢，仅新建成新港北一个铁路物流基地。受地价问题、开发模式等影响，铁路物流基地的建设推进缓慢。

（二）综合交通运输体系的骨干作用尚未发挥

1. 运输结构不合理

2016 年京津冀地区完成货运量 27.9 亿吨，其中公路运输为 24.26 亿吨，占比达 87.0%，铁路运输为 2.26 亿吨，占比仅为 8%，运输结构明显不合理，公路承担了过多货物运输，给生态环境、交通带来较大压力。区域铁路货运量市场份额占比由 2000 年的 14% 下降到 2017 年的 9%，整体呈下降趋势。

2. 港口铁路集疏运比例低

天津港 2017 年货物吞吐量完成 5.0 亿吨，其中铁路集疏运量约为 10100 万吨，集疏运比例为 19.8%，其中，铁矿石疏运占比仅为 29%，海铁联运集装箱比例仅为 3.3%（发达国家海铁联运比重为 20% ~40%）。唐山港 2017 年货物吞吐量完成 5.97 亿吨，其中铁路集疏运量为 19520 万吨，占吞吐量的比例为 32.7%，其中，京唐港区上水矿石达 11291 万吨，铁路仅疏运 382 万吨，占比仅为 3.4%；曹妃甸港区上水矿石达 13259 万吨，铁路仅疏运 342 万吨，占比仅为 2.6%。

（三）疏解北京非首都功能方面的作用需要加强

1. 枢纽间联通性仍需提升

疏解北京枢纽交通功能是疏解北京非首都功能的重要组成部分，充分分析所面临的形势发现，北京枢纽旅客运输体系仍有待完善，主要表现如下。一是北京各大客运站之间联通性较差，各客运站始发列车方向单一，不同方向的旅客列车中转较为困难，不能实现多点集散，如北京北站未来主要承担京张方向的列车始发，星火站主要承担京沈方向的列车始发，上述两个车站与北京西站、丰台站等其他客站不能互相联通，需要依托于城市轨道交通进行换乘。二是北京枢纽呈单中心、放射状形态，不同方向的旅客交流需要进出北京市，给北京枢纽带来巨大压力。

2. 运输组织模式有待完善

京津冀地区位于我国华北地区，承担我国西北与华东、东北、华北地区，华北与华东、东北地区，东北与华东、华中、华南、西南地区间货物中转的任务。北京枢纽主要货流流向丰沙、京原线与京沪、京哈线，京哈、京通线与京广、京九、京沪线。路网中转货流通过北京城区，对北京的城市发展造成不利影响，制约了铁路在城市交通中作用的发挥，不利于市郊铁路的发展。

3. 绿色物流配送体系尚未建立

对照疏解北京中心城区区域性物流基地、提升货运组织绿色化水平的要求，当前铁路物流发展还不充分，设施布局和组织模式存在较大提升空间。主要表现在：一是缺乏环北京外环的一级铁路物流基地，“外集”功能还未完全实现；二是“内配”智慧绿色物流配送体系还未建立，当前北京市一年仅蔬菜和水果需求量为 1168 万吨、粮油为 992 万吨、冻品为 400 万吨，进京配送的大型货运车辆年需 128 万车次，日均需 3500 车次，如通过铁路网络体系实现“外集内配”，即外围大型铁路物流基地集、铁路小编组往内运、市内绿色智慧方式配送，则每天可减少 2000 辆货运车辆进出北京，对缓解交通压力、改善生态环境具有重要作用。

B.13 中国网约私家车的监管路径*

冯 博 杨 童**

摘 要： 本报告通过对中国网约私家车演进路径、发展现状以及监管模式的分析，发现了中国网约私家车现有监管制度（即“人＋车＋平台”的全面监管模式）的不足：相关概念混淆，平台责任不清，准入标准过高。本报告结合“Uber 滴滴合并案”“乐清滴滴案”等典型案例，探讨了网约车的类型划分、功能特征以及法律定位等重要理论问题，比较了美国、英国、新加坡等国对网约私家车的各种监管模式，进而根据“竞争优于监管”的理念提出中国网约私家车的监管路径：放松事前监管，激发市场活力；增加平台自主权，激发市场创新；增加事后监管，明确责任形式。

关键词： 网约私家车 巡游车 竞争政策

2008 年至今，网约车服务已经遍布 60 多个国家（或地区）。中国网约车服务更是凭借“共享出行，返利补贴”的经营策略迅猛发展，引领城市交通发展乃至交通产业结构的巨大革新。以“滴滴出行”为代表的网约车服务平台的异军突起，对城市交通运输的在位者——传统出租车造成了极大的利益

* 本报告为国家社科青年项目“集体诉讼的功能定位及在反垄断法领域的应用研究”（课题号：15CFX047）成果，已发表于《大连理工大学学报》（社会科学版）2018 年第 3 期，此处内容略作改动。

** 冯博，副教授，天津财经大学硕士研究生导师，研究方向为法律经济学、经济法；杨童，天津财经大学商学院博士研究生，研究方向为法律经济学、经济法。

冲击，二者的矛盾日益激化。网约车对中国现有城市交通管理的挑战从《城市出租汽车管理办法》的存废、网约车的合规到网约车平台的垄断、网约车承运的安全等不一而足。2016 年，《国务院办公厅关于深化改革推进出租汽车行业健康发展的指导意见》和《网络预约出租汽车经营服务管理暂行办法》（以下简称《网约车管理办法》）明确了网约车和巡游车的区别，提出了“人＋车＋平台”的监管模式，表明了“鼓励创新”的监管理念。然而，各地网约车实施细则的落地，不但没有达到鼓励网约车创新、共享共赢、惠及公众的立法预期，而且安全事件的频发、垄断地位的形成以及数据杀熟的出现也让以网约车为代表的新兴城市交通方式面临更大的危机。为维护和促进中国城市交通运输体系的健康运行，下文在厘清网约车的概念、特征和类型的基础上，比较分析各国监管模式，力图寻求中国网约车（尤其是网约私家车）的监管路径，逐步实现以较低执法成本达到较高执法效益的有效监管的目的。

一　研究综述

《网约车管理办法》对“网约车”的法律界定为中国网约车的现有监管制度定下基调。《网约车管理办法》明确指出“为促进出租汽车行业和互联网融合发展，规范网络预约出租汽车经营服务行为，制定本办法”，并在附则中特别说明，巡游车、私人小客车合乘不适用于该办法。由此可见，现有法律法规规定的网约车仅是狭义的网约车，即基于互联网平台的独乘服务，不仅与传统出租车（或巡游车）相区别，也不同于其他通过互联网平台开展的城市交通运送服务，如拼车、顺风车等。滴滴出行等网约车平台通过网络连接私家车与乘客的服务活动，因而将网约车称为“网约私家车”更为准确（冯博、杨童，2018）。

基于“互联网＋”引发的城市交通运输体系的颠覆式创新几年来不断引发法学、经济学等诸多学科对现代城市交通运输行业的新思考。作为“互联网＋”城市客运的具体应用，网约车具有准公共交通工具属性，涉及自由、安全、效率等诸多价值。自由与秩序、公正与效率等多种法律价值存在冲突（程琥，2018）。网约车平台采取的是实质上“人车合一”，形式上

"人车分离"的"四方协议"经营模式。网约车服务平台和乘客之间的法律关系是运输服务合同关系（侯登华，2017）。

人口密度、消费水平、环境状况以及交通承载均是影响网约车监管制度构建的重要因素（王学成，2018）。伊利诺伊州运输贸易协会诉芝加哥市政府以及 Dan Burgess 一案的判决指出，由于网约车的服务性质与传统出租车有很大区别，因此其应该适用不同的监管方式。基于"共享出行服务"的功能定位，"竞争优于管制"的监管理念更加契合网约车（尤其是网约私家车）的发展路径①。目前中国采取的是"人+车+平台"的全面监管模式。然而，实践中，中国现有监管模式不仅没有解决"打车难""打车贵""打车险"等传统城市交通问题，而且引发了创新性与合法性的两难困境（即颠覆创新后法律尚处空白，法律规定后创新动力不足）（国务院发展研究中心企业研究所课题组，2018）。技术创新日新月异，但社会适应仍需时间，因此，如何符合市场规律，鼓励技术创新，平衡各方力量，实现有效监管均是中国网约私家车乃至城市交通运输行业亟待解决的问题。

目前，学界对中国网约私家车监管路径的探讨多停留在固化的行政管制和产业政策的思路之上，并没有更多地从竞争政策的角度去理解。市场在资源配置中发挥基础性作用的关键在于竞争政策基础性地位的确定。网约私家车是典型的市场经济的产物，因此，只有从竞争政策的角度去解析才能寻找到适合中国国情的监管路径。

二　中国网约私家车的演进阶段与监管困境

（一）中国网约私家车的演进阶段

1. 2012~2015年：返利补贴，"非法"运营

2012 年起网约车服务平台大量涌现，主流的服务类型包括拼车、出租车、专车、快车与定制巴士等。然而，由于此时法律并未赋予网约车平台企

① 该判决的案号为 839 F. 3d 594（7th Cir. 2016）。

业合法地位，因此其运营的合法性仍存在较大争议。例如，2013 年深圳、苏州等地区明令禁止网约私家车的运行和平台软件的使用。

2013 年，中国约有 40 个网约车服务平台。从 2014 年初滴滴、快的的“烧钱”模式起，各网约车平台即开始了重金补贴乘客端，高额返利司机端的“补贴大战”。经过三年的激烈竞争，绝大多数平台被淘汰出局。滴滴出行、优步中国、神州专车初步形成了网约车平台企业“三足鼎立”的市场格局，网约车平台的垄断势力逐步形成（如图 1 所示）。与此同时，截至 2015 年底，中国网约车平台服务的乘客数量接近 4 亿人，其中网约私家车用户数量约为 3. 5 亿人。“低价”“便捷”的网约私家车服务对于传统出租车的颠覆也急速激化了城市交通运输行业内新旧业态的矛盾（如 2014 年多地出现出租车罢工）。

2. 2015 ~2017 年：全面管制，细化规则

2015 年上海市交通委正式向滴滴、快的专车平台颁发网络约租车平台经营资格许可。这意味着网约私家车的合法地位得到认可。2016 年，《国务院办公厅关于深化改革推进出租汽车行业健康发展的指导意见》，交通运输部等 7 部门发布的《网络预约出租汽车经营服务管理暂行办法》，更是在国家层面给予网约私家车合法身份，自此中国网约私家车步入合法时代。

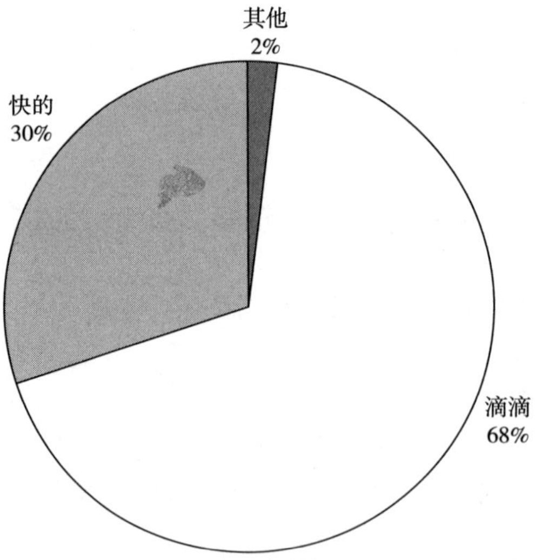

2014年市场份额

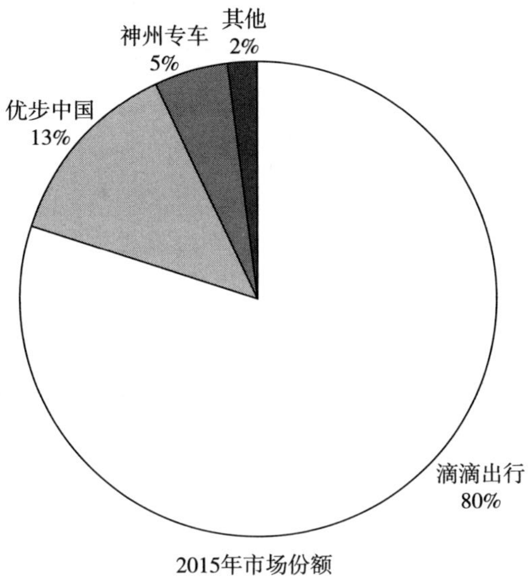

图1　2014年、2015年网约车平台市场份额变化

《网约车管理办法》规定，各地可根据具体情况制定相关实施细则（如表1所示）。截至2017年12月，以北京、上海为代表的32个省份，以合肥、武汉为代表的175个城市颁布了网约车实施细则，另有62个城市已经或正在公开征求意见。各地网约车实施细则试图因地制宜地对网约私家车实现从司机、车辆、牌照、平台、价格、乘客的全方位、全过程监管。然而，囿于传统行政管制思维，其中不乏违反公平竞争审查规定的法规的出台。例如，兰州市、泉州市因公平竞争审查修改网约车细则规定。此外，以哈尔滨、阜阳为代表的城市规定网约私家车必须是新车。这样的规定实质上已和共享经济的基本理念背道而驰，限制了闲置资源的再利用。

表1　七个城市关于网约车的相关规定的简要比较

城市	司机	车辆	平台	定价	许可期限
上海	户籍+资格+不良记录	车籍+排量+型号+配置	注册地+运营规模+运营信息	实行市场调节价	3年
北京	户籍+资格+不良记录+年龄+考试	车籍+排量+型号+配置+支付系统+所有者	注册地+运营规模+运营信息+支付系统	实行市场调节价，必要时可实行政府指导价	4年

续表

城市	司机	车辆	平台	定价	许可期限
武汉	户籍+资格+不良记录	车籍+排量+型号+配置+年限+所有者	注册地+运营规模+运营信息+支付系统+运营制度	实行市场调节价，并在市价格部门备案	6年
重庆	资格+不良记录+年龄	排量+型号+配置+行驶里程+运营区域+年限+购买价	运营规模+运营信息+支付系统	实行市场调节价	4年
合肥	户籍+资格+不良记录+年龄+考试	车籍+排量+型号+配置+年限+行驶里程	注册地+运营规模+运营信息	实行市场调节价	4年
天津	户籍+资格+文化程度+不良记录+年龄+考试	车籍+不良记录+排量+型号+配置+年限+性质+所有人	注册地+纳税+运营规模+运营信息	实行市场调节价，必要时可实行政府指导价	4年
广州	资格+文化程度+不良记录+年龄	排量+型号+配置+年限	运营规模+运营信息+司机劳务+投诉系统+培训制度+公示制度+系统配置+安全责任	实行市场调节价	8年

3. 2017年至今：弊端频现，反思监管

截至2017年底，中国网约车用户规模已达2.36亿人。然而，大量的数据支撑、绝对的市场势力、无力的监管方式均导致网约车隐患逐步显现。根据2018年上半年网约车行业调查数据，滴滴出行在网约车市场的份额约占78%。其中，2017年优步与滴滴的合并案无疑是促成滴滴现有市场地位的关键。滴滴出行是典型的独角兽企业，具有较高市值却仍是《反垄断法》规定的无营利企业。针对此类企业合并，反垄断执法并无先例可循，甚至预期的处罚也沦为了“鼓励性惩罚”。合并后，网约车平台利用垄断地位也已显现出其潜在的“滥用行为”，例如，数据杀熟等。此外，网约私家车的安全问题也一直挑战社会治理的“底线”。2017年，全国各级人民法院一审审

结的网约私家车犯罪案件为20件，其中77.78%的侵害对象是乘客。2018年的乐清滴滴案更是因网约车平台并不能及时保障乘客的人身安全而引发热议，网约车平台企业也不得不因此关停顺风车业务。

（二）中国网约私家车的监管现状

1. 混淆概念误导监管对象

第一，混淆网约车与出租车，导致错位监管。《网约车管理办法》明确指出网约车是网络预约出租车，但不适用《城市出租汽车管理办法》。一般认为，出租车（Car-Rental）是指车辆所有者租赁车辆，获取对价。在共享经济下，网约车平台利用互联网技术为私家车与乘客搭建信息平台，利用闲置资源，实现出行共享。网约私家车与出租车具有明显差异，不属于同一相关市场，更不可适用同样的监管标准（如表2所示）。

第二，混淆网约车与巡游车，引发套利监管。正如前文所述，网约车发展初期多是借助巡游车接入平台，进行网络预约。然而，根据《网约车管理办法》，通过网约车平台预约的巡游车仍要遵循《城市出租汽车管理办法》，不属于网约车的规制范畴。但在现实中，借助互联网技术，巡游车可以减少车辆的空置率，也允许峰时提价增加运力。一方面，相较于路边载客，执行“由城市的物价部门会同同级建设行政主管部门制定的收费标准”，出租车从事网约服务更具动力。然而，另一方面，传统出租车的网约服务也致使其舍本逐末，增加了路边拒载的概率，损害了消费者利益。

第三，分化网约车与私人小客车合乘，增加监管成本。《小客车合乘（拼车）指导意见》中划分网约车和私人小客车合乘的关键在于是否以营利为目的。然而，现实中此标准并不易判断。例如，在滴滴出行的App中“快车”业务即有拼车和不拼车之分，二者并无明显界限且转换随意。此外，顺风车也属于典型的私人小客车合乘。正因《网约车管理办法》并不规制私人小客车合乘的相关经营行为，所以严格意义上，以顺风车为代表的私人小客车合乘仍处于监管空白，安全事故频发。以“是否盈利”硬性划分网约车和私人小客车合乘，不仅将引发执法成本激增，甚至还会导致“钓鱼式执法”的出现。

第四，新兴承运业务，面临监管真空。伴随共享经济的快速发展，以滴滴巴士为代表，网约车平台不断开拓新兴业务。相较于网约私家车，网约巴士价格更为低廉，适合远途和通勤。然而，多人共乘的新兴业务不仅规避了“营利性”的限制，也不适用“网约车”和“巡游车”的监管制度，目前仍面临监管真空。

表2　《网约车管理办法》中网约车、巡游车与私人小客车合乘概念比较

指标	网约车	巡游车	私人小客车合乘
存在类型	专车、快车中的非拼车	计程车	拼车、顺风车
预约方式	互联网	无	互联网
乘坐方式	独乘	独乘	合乘
信息来源	网约车平台	无	网约车平台
服务方式	点对点	巡游揽客	点对点，指定路线
定价方式	市场定价，部分地区必要时实行政府指导价	政府统一定价	市场定价，部分地区必要时实行政府指导价，非营利
收费方式	GPS 定位实时价格	里程表价格	GPS 定位实时价格
支付方式	网络支付	现金支付	网络支付

2. 权责不清增加监管成本

综观现有网约车监管政策，不难发现，主体繁复、权责交叉是影响网约车有效监管的重要症结。无论是国家层面还是地方层面，交通运输管理部门成为主要监管机构。然而，根据规定，公安、人力资源与社会保障、发展改革、环保、税务、工商、质量技术监督、商务、经济信息化、金融服务、网信以及国家通信、保险监督等部门也需要各司其职、各尽其责，进行相关监督管理（如图2所示）。总体而言，中国网约车监管制度呈现“双层次，多部门”的构建体系。换言之，网约车从其平台设立到最终的载客运营至少要接受十余个行政部门的监管。由于监管成本与监管主体的数量呈现正向发展趋势，因此，大量执法资源将被投入网约车的监管过程。与此同时，大量的权责交叉，监管真空、监管重叠等情况必然导致监管效益折损。针对同一项纠纷或者同一个问题，重复取证、交叉调查等事项将耗损至少 2/3 的执法成本。

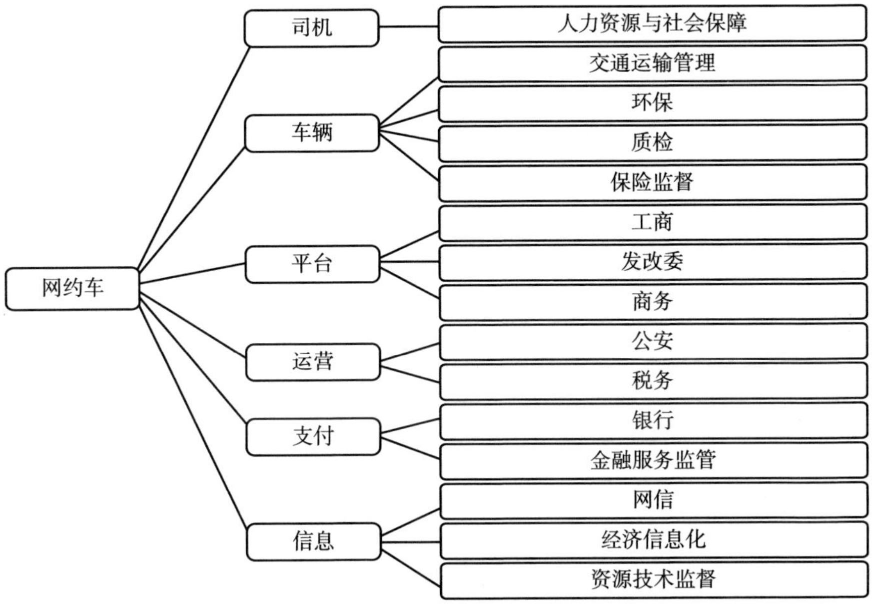

图 2　网约车监管机构简要分布

3. 严格准入埋藏垄断隐患

囿于行政管制思维，传统出租车行业竞争显著不足，甚至存在“行政垄断”的嫌疑。在网约私家车出现之前，传统出租车行业“拒载”“绕道”“随意讲价”等损害消费者利益的行为时有发生。正如 Frankena 和 Pautler 的研究表明，准入规制时期在位经营者能够获得垄断租金，进而逐步形成垄断，而大量潜在竞争者出于行业利润率的吸引也将以各种打破“限制”的形式存在。网约私家车的出现盘活了城市交通运输的竞争，也在一定程度上打破了巡游车的既有垄断。根据数据统计，2017 年中国互联网出行市场规模业已突破 2000 亿元，为 2120 亿元。据预测，到 2022 年，互联网出行市场交易规模将突破 5000 亿元（如图 3 所示）。

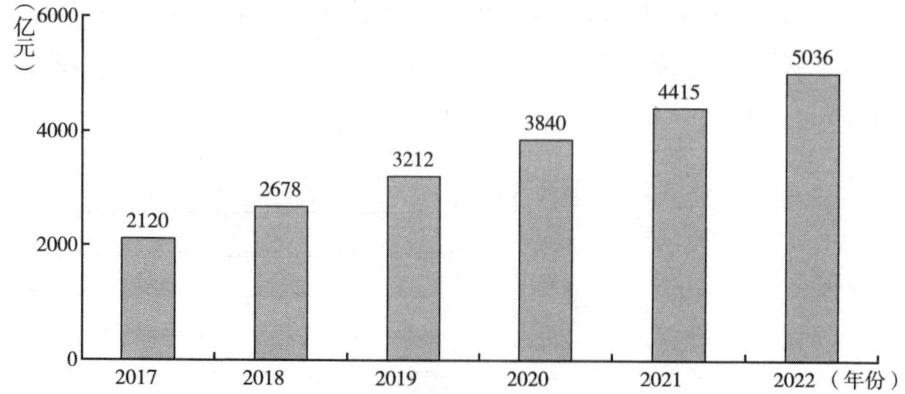

图3　中国互联网出行交易规模变化趋势

注：2018年、2019年、2020年、2021年、2022年数据为预测数据。

2016年以后，各地关于网约私家车的监管规定相继出台。“人+车+平台”的严苛准入条件让从事网约私家车服务的车辆骤减至之前的20%，其中保证每日从事经营的仅占2%。部分无资格的人员和车辆纷纷分流至私人小客车合乘市场。与此同时，由于私人小客车合乘仍处于监管空白，准入条件较低甚至没有，其中不乏利用其从事犯罪的人员和车辆的混入。2018年频发的顺风车安全事件业已力证其缺陷。为避免类似事件的频发，2018年9月，滴滴出行关闭了其顺风车业务。然而，在城市交通布局无法满足城市出行需要的推动下，“黑车”现象或将重现。以行政管制配置市场资源无疑是对“市场在资源配置中起决定性作用”的背离。现有“人+车+平台”的全面监管模式不仅是以管制思维的方式固化在位者的垄断地位，扰乱市场秩序，促成行政垄断，而且必将引发更多的城市交通乱象。

三　网约私家车的类型划分与功能定位

（一）网约私家车的类型划分

城市交通类型大体包括出租车、私家车、公交车、轨道交通和长途客运五大类型。在共享经济的理念下，“互联网+”传统城市交通出行方式，衍生了不同类型的网络预约承运服务，即广义的网约车。广义的网约车包括网约出租车、网约私家车、网约公交车以及网约租车等。不同类型的网约车在服务形式、补贴形式、政府交通管制方式、运营成本与收入以及合同类型等方面存在一定差异（如表3所示）。

网约出租车是指通过互联网技术平台预约出租车出行的服务。网约出租车与传统出租车的运行方式类似，仅是借助互联网技术，以求增加信息的对称程度，例如，“滴滴出租车”“上海大众App”。网约私家车是指司机和乘客利用互联网技术，接通网约车服务平台，了解供需信息，预约车辆出行，例如，“Uber”“滴滴快车”等。网约公交车是指乘客利用互联网技术平台在指定路线预约指定座位与多人共乘巴士。网约公交车的运行方式与长途车类似，例如，“滴滴巴士”等。网约租车指租赁人通过互联网技术租赁车辆。承租人只提供车辆，并无运送等其他服务，例如，“神州租车”等。

表3　中国城市交通分类及特征

城市交通类型	预约方式	服务形式	补贴形式	政府交通管制方式	运营成本	运营收入	合同类型
传统出租车	电话或无预约	车+司机	政府补贴	出行不限号，牌照管制	车钱+油费+车辆耗损+司机工资+份子钱	里程计价车费+补贴	服务合同
私家车	无	无	无	出行限号，牌照不限	无	无	无
公交车	无	车+司机	政府补贴	出行不限号，牌照管制	车钱+油费+车辆耗损+司机工资	政府定价	服务合同
长途车	无	车+司机	无	出行限号，牌照管制	车钱+油费+车辆耗损+司机工资	指定路线车费	服务合同

续表

城市交通类型		预约方式	服务形式	补贴形式	政府交通管制方式	运营成本	运营收入	合同类型
网约车	网约出租车	互联网	车+司机	政府补贴和企业补贴	出行不限号，牌照管制	车钱+油费+车辆耗损+司机工资+份子钱	里程计价车费+补贴	服务合同
	网约私家车	互联网	车+司机	企业补贴	出行限号，牌照不限	车钱+油费+车辆耗损+司机基本费用	GPS计价车费+补贴	居间合同
	网约公交车	互联网	车+司机	企业补贴	出行不限号，牌照管制	车钱+油费+车辆耗损+司机工资	指定路线车费+补贴	服务合同
	网约租车	互联网	车	无补贴	出行限号，牌照不限	车钱+油费+车辆耗损	汽车租赁费	租赁合同

（二）网约私家车的功能定位

1. 网约私家车的功能特征

共享经济的两个基础理论即为零边际成本和双边市场。根据双边市场理论，网约私家车具有交叉网络外部性、价格非对称性、相互依赖性及互补性四项功能特征。

网约车，尤其是网约私家车的交叉网络外部性表现为车辆数量、乘客数量以及平台交易量的相互影响。网约车平台，一方面需要争取更多的司机参与运营，以保障更多的乘客使用其App软件；另一方面需要提高每个用户的黏性，以保证平台有能力提供更多的运送服务。网约车运营的模式是由网约车平台收取乘客费用（含加价费用），支付司机费用并同时向司机收取提成。若定义 r 为平台收益，p 为平台收取的乘客费用，c 为平台支付给司机的费用，α 为平台提成率（$0<\alpha<1$），αp 为司机支付平台的费用，那么平台收益可表示为 $r=(1+\alpha)p-c$。由于乘客付费与司机收益的价差总是存在，因此网约车平台确定的乘客与司机的价格也就体现出非对称性。此外，网约车平台的存在价值即在于平衡司机和乘客之间的供需，因此，乘客、司机和网约车平台即体现出强烈的相互依赖性和互补性。就交叉网络外部性、价格非对称性、相互依赖性及互补性而言，网约出租车、网约公交车、网约租车等服务的双边市场属性并不明显。

2. 网约私家车的法律定位

（1）网约私家车具备纯粹的“私有性”

就物权属性而言，网约私家车强调的是私家车的私有属性。如果将整车的所有权细化为车辆的所有权和牌照的所有权，那么网约私家车则属于整车的私有，即个人（自然人）拥有牌照和车辆。区别于出租车和巡游车的法人所有，网约私家车是真正意义上的“私有”。出租汽车企业为从事租赁（或运输）业务的法人。巡游车的车辆所有虽根据各地制度有所差异，但巡游车的牌照均需要经过特殊的行政许可程序获取。一定意义上，巡游车的牌照所有者是政府，具备准公有属性。

（2）网约私家车不以盈利为唯一标准

根据《网约车管理办法》，是否以营利为目的是区分网约车和私人小客车合乘的关键。基于共享经济的理念，车主从事网约车运送服务不仅在于盈利，同样也在于对闲置资源的再利用。对于所有者而言，资源被闲置就意味着其产生的收益为0，甚至为负。闲置资源一经再利用，其产生的任何收益均可被视为盈利。在共享经济中，闲置资源的盈利并不囿于人数，也不体现在单次共享过程，而是在于参与人数导致的频次增加，因此，相较于巡游车，网约私家车不以盈利作为唯一标准。当然，盈利与否更不能作为其内部分类的准则。

（3）网约私家车平台的定位

网约车行业目前主要的经营模式有两种：B2C 模式和 C2C 模式。网约车平台并不拘泥于单一模式的发展，滴滴、神州专车、首汽约车与易到均涵盖了 B2C 与 C2C 两种运营模式，因此，网约私家车的法律关系并不能简单地用“四方协议”概括。B2C 商业模式实质类似于传统产业的管线式经营，并非真正的“平台模式”。网约车平台既拥有并管理车辆，也雇用司机从事运营，所以 B2C 商业模式中的网约车平台既是生产者也是销售者，二者一体。在 C2C 商业模式下，司机拥有车辆，不被企业雇用；平台搭建渠道，配置双方资源；乘客支付费用，寻求承运服务，因此，网约私家车的法律关系实质上是居间合同关系（如图 4 所示）。C2C 模式中，网约车平台具有开放性，发挥媒介作用，提供服务信息，提高服务缔结概率，协助乘运双方缔结合同。

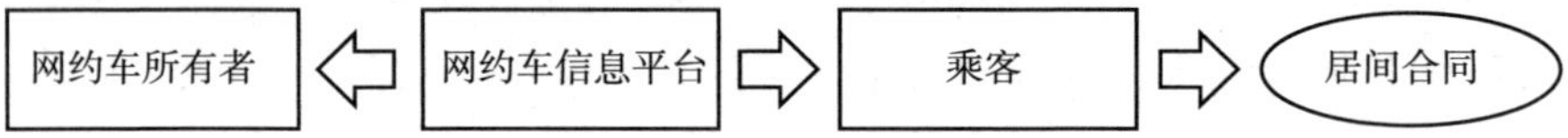

图 4　C2C 商业模式下的法律关系

四　网约私家车的域外经验和中国选择

（一）网约私家车的域外经验

1. 新加坡模式——服务监管

新加坡的城市交通客运行业遵循市场化的运营方式（如表 4 所示）。无论是传统出租车还是网约私家车，新加坡政府并不对车辆、人员、价格等方面设限。网约私家车的从业者仅需申请“拥车证”（类似于车辆行驶证）。在新加坡监管模式中，网约车平台拥有自主定价权，只要向政府报备即可。新加坡政府监管部门只对服务质量进行监管。根据新加坡对于网约车的相关规定，新加坡网约车平台公司的主要业务是私家车的预约租车服务，其只能通过预约的方式接客，不能在路上巡游，也不能在传统出租车候车点载客。新加坡政府鼓励私家车共享自驾，并且规定网约车平台公司仅需要在陆路交通管理局申请备案即可获得三年运营资质证书，具体运营并不受限。网约私家车的价格包含运送费用和附加费用，为保障消费者的知情权，新加坡政府规定网约车平台需要将价格在出行前告知乘客，且其附加费用不能超过同期出租车所实施的费用。就新加坡监管模式而言，服务监管的执法成本主要体现在服务标准的制定、服务过程的监督，以及服务资质的审核方面。

2. 美国模式——监管平台

因立法模式不同，美国各州对网约车的监管细节也存在差异。但总体而言，54 个网约私家车合法化的州基本采取“政 + 企”的监管模式（如表 4 所示）。加利福尼亚州是全美第一个承认网约私家车合法地位的地区。为应对网约私家车这一新兴业态，加州公共事业委员会在原有从事城市客运服务的 3 类公司［计程车公司（Taxicab）、旅客承运公司（Passenger Stage Company，PSC）以及客运租赁公司（Charter Party Carrier，TCP）］之外，特意创设了“交通网络公司”（Transportation Network Company，TNC），以实现对网约车的有效监管。网约车平台企业仅需向相关部门购买“交通网络公司”的运营牌照，即可从事相关经营。至于对接入网约车平台的车辆和车主则不设任何管制，无须行政许可，不受总量控制。在监管模式上，政府通过立法确立网约车平台需要审核的内容（如责任保险、运营要求等），明确平台的权责，赋予平台充分自主管理权限，建立平台定期报告制度。总体而言，美国的监管模式着重点在于平台，即政府管平台，平台管其他。

3. 英国模式——全程监管

英国对于网约私家车采取全程监管的模式（如表 4 所示）。英国的出租车行业起步较早，监管较严。然而，在构建网约私家车监管模式中，立法部门也意识到了网约私家车与传统出租车之间的差别，并通过立法区分二者的监管制度。依据 1998 年《约租车法案》，英国将网约私家车的管理纳入现有约租车监管体系进行规制，实行服务与平台的全程监管。鉴于全程监管模式，所以在准入条件上，相较于传统出租车，网约车的准入门槛更低。私家车只要符合交通局设定的条件即可申领到“网约车执照”，从事网约车服务。在英国，虽然凡涉网约车服务均要受到政府监管，但监管标准相较于严苛的出租车从业标准更为宽松。

表4　各国网约车“合法化”后的规定比较

国家	准入限制	价格限制	监管方式
新加坡	·鼓励私家车共享自驾 ·司机和车辆必须提前在新加坡陆路交通管理局申请备案	·搭乘过程中的所有收费和附加费必须事先向乘客说明 ·使用打车软件的预约费不能超过现有出租车所实施的费用	只对服务质量进行监管
美国	·只需购买“交通网络公司”的运营牌照 ·接入交通网络公司的私家车主无须申请任何行政许可	·交通网络公司根据里程和/或时间计费，自行定价 ·向监管部门提交明确的运营数据报告	监管机构与网络平台合作的“政＋企”监管模式
英国	符合交通局设定的准入门槛，私家车均可申请到“网约车执照”，相较于传统出租车，条件更为宽松	根据GPS信号按里程计价	由1998年《约租车法案》进行规制，实行平台与服务的双重监管
中国	车辆规格、车辆总数限制，车辆需为本地车籍，司机资格限制，平台运营要求	根据GPS信号按里程计价和附加费，企业自行定价，但总体价格要高于政府定价的普通出租车	“人＋车＋平台”的政府监管模式

注：日本、法国、德国等国由于网约车对传统出租车行业的冲击过大，因此至今其仍为“非法运营”或被“禁止运营”。

无论是新加坡模式、美国模式，还是英国模式，都不难看出各国对于网约私家车的监管思路主要为“放”，即赋予网约车平台更多的自主管理权。此项自主管理权不仅涉及日常经营的管理，还涉及车辆、司机等方面。然而，“放”不是“弃”，政府要做的是“管住中间，放开两边”，将更多的执法精力集中于对平台资质和运营的监管。此种监管模式可以最低的执法成本实现最佳的执法效益，节省执法资源，提高执法效率，达到事半功倍的执法效果。

（二）网约私家车监管的中国选择

网约私家车是互联网经济的产物，体现的是共享经济的理念。网约私家车服务的实质是“网约＋运送”，是两个市场，因此，单纯认为网约私家车属于城市交通运输体系的一部分而将其划归交通运输部门管辖是不妥的。网约私家车监管的关键在网约，因此，也不能简单地将网约私家车作为第二个出租车进行管制。网约私家车是市场经济的产物，理应遵循“竞争优于管制”的理念。探寻中国网约私家车的监管路径，首要任务就是区分监管与管制。行政管制思维强调政府悖逆市场规律直接干预，短期而言可能见效，长期来讲必然产生更多隐患（如产业政策不合理）。基于竞争理念的监管是对竞争政策的基础性地位的贯彻。政府顺应市场规律进行资源配置，结合规制政策和竞争政策对市场进行管理。当前，各地出台的相关规定仍具有较为浓重的行政管制色彩，更有甚者公然违背公平竞争市场制度。相较于其他司法辖区，中国网约私家车监管制度的构建与完善仍有很大改造和提升的空间。就中国网约私家车的发展现状而言，系统构建其监管路径可通过以下三步实现。

1. 放松事前监管，激发市场活力

消费者保护和市场准入是共享经济下市场监管的重点。恰如其分的市场准入制度是共享经济发展的基础。相较于传统出租车的流动性、随机性和一次性，网约私家车可以将一次交易产生的资源反复利用。较为宽松的市场准入制度是其根基。因为传统出租车存在“占用大量道路资源具有不经济性以及加剧交通拥堵等负外部性”，所以传统出租车需要较为严格的行政审批。然而，网约私家车市场具有交叉网络外部性，不仅不会存在传统出租车的负外部性，而且可以优化道路资源分配，减轻城市交通拥堵。长期以来，特殊行政许可制度都是传统出租车行业无法满足市场需求的症结。出于地方利益考量，地方政府利用行政权力对出租车采取总量控制，排斥跨区运营，更有甚者出现以权谋私、权力寻租等现象。日积月累，传统出租车行业已然成为“行政垄断”的典型。伴随 2017 年公平竞争审查制度的实施，任何有碍和限制竞争的行政行为都将被排除、制止。这无疑为网约私家车的发展提供了清明有序的市场环境。前车可鉴，在网约私家车监管政策的制定中，政府不但需要利用规制政策保障网约私家车的安全，还应充分利用公平竞争审查制度破除行政垄断，从“权力管制权利”到“权力还给权利”。在事前监管领域，网约私家车的监管政策应适度降低准入标准，充分发挥市场在资源配置中的作用。

2. 增加平台自主权，激发市场创新动力

在网约车安全事件频发之后，车辆安全和乘客权益无疑成为影响网约私家车发展的关键因素。承运过程的服务质量、行使安全和人身安全从传统出租车到网约私家车始终是城市交通运输的关注重点。网约私家车有其特有的问题，但也有与其他城市交通运输服务共通的问题。如果政府只因网约私家车的特殊而采取全方位的监管，那么不仅会耗费巨大的执法资源，付出高额的执法成本，还将导致网约车平台违规操作和违法运营的机会成本增加。网约私家车在过度监管的模式之下必将缺乏创新意识与发展动力。互联网技术的每次创新都可能在短时间内颠覆原有的市场结构。网约私家车利用5年时间颠覆了原有城市交通运输体系。在激烈的市场竞争中，企业只有不断创新才能得以留存，因此，只要保证互联网企业的市场活力和创新动力，那么市场就可自愈隐患，淘汰落后产能，颠覆在位垄断。增加网约车平台企业的自主权不仅不会扰乱市场，反而会激发市场创新的动力。当然，赋予网约车平台企业自主权并不意味着政府“无为”。政府利用竞争政策将权力放给市场，利用市场竞争机制进行监管，设定规制政策保证平台企业合规经营。在网约私家车的监管过程中，政府是裁判员，需要做的是划定边界，解决纠纷。然而，伴随用户规模的扩大，根据互联网企业“数一数二，不三不四”的发展规律，某些网约车平台企业也会逐步占据较大市场份额。联合定价、数据杀熟等反竞争行为也将开始显现。此时，执法机构则需依据《反垄断法》进行竞争倡导甚至竞争执法，维护市场竞争秩序。例如，新加坡政府已就Uber的反竞争行为开展反垄断调查。

3. 增加事后监管，明确责任形式

根据现有规定，网约车平台无须为网约私家车承担任何法律责任，因此，面对网约私家车是否在运营过程中有违法行为的存在，网约车平台置若罔闻，不予理会。与此同时，基于经济人理性，网约车平台大量接入无资质或资质不健全的司机和乘客信息，以求获取更多盈利空间。网约车平台的“纵容”引发的侵害消费者权益、威胁城市交通安全的事件也开始逐步显现，如乐清滴滴案。放开准入标准，增加平台自主权并不代表监管部门放弃监管“底线”。本着“政府管平台，平台管车辆”的“政+企”监管思想，监管部门更需要通过明晰网约车平台的权责，保障消费者权益，通过竞争政策实现社会总福利水平的提升。司法救济是网约私家车监管制度的最后防线，其监管制度的构建必须与司法制度相衔接，保障消费者依靠《反垄断法》《消费者权益保护法》《合同法》等法律法规实现权利的最后救济。无论对网约车平台企业实行严格责任制度还是过错责任制度，平台企业与网约私家车都应承担无限连带责任。无限连带责任的确立可以保障一旦出现侵害乘客权益或者影响市场竞争的行为，即便监管部门尚未对平台企业和司机进行惩处，消费者也可自行通过司法途径寻求赔偿。网约私家车的事后监管同样需要注重利用市场竞争机制。网约车平台与运营车辆的责任绑定体现的是成本最小规避原则，有助于实现监管制度激励相容的目标。竞争政策与诉讼制度的融合形成的是外部监管的内化，有利于平台企业实现自治与优化。有鉴于此，就中国网约私家车的发展现状而言，“政+企”的监管模式是实现市场充分竞争，保障城市交通平稳运行的最优选择。

参考文献

《2017—2023 年中国网约车产业全景调研及发展前景预测报告》，智研咨询集团，2017 年 6 月 2 日，中国产业信息网，http：//www.chyxx.com/research/201706/536687.html。

《波斯纳法官关于网约车案件的判决全文》，2016 年 10 月 18 日，个人图书馆网站，http：//www.360doc.com/content/16/1018/19/10988502_599414461.shtml。

程琥：《我国网约车监管中的法律价值冲突及其整合》，《环球法律评论》2018 年第 2 期，第 90 ~ 109 页。

丁轶：《权利保障中的“组织失败”与“路径依赖”——对于“运动式治理”的法律社会学考察》，《法学评论》2016 年第 3 期，第 47 ~ 54 页。

冯博、杨童：《中国网约私家车监管路径转型研究》，《大连理工大学学报》（社会科学版）2018 年第 3 期。

国务院发展研究中心企业研究所课题组：《从网约车新模式看深化监管改革（上）》，《中国经济报告》2018 年第 8 期。

国研中心企业所课题组：《从网约车新模式看深化监管改革》，《中国经济报告》2018 年第 8 期，第 74～77 页。

侯登华：《共享经济下网络平台的法律地位——以网约车为研究对象》，《政法论坛》2017 年第 1 期，第 157～164 页。

彭岳：《共享经济的法律规制问题——以互联网专车为例》，《行政法学研究》2016 年第 1 期，第 117～131 页。

王思源：《论网络运营者的安全保障义务》，《当代法学》2017 年第 1 期，第28～37 页。

王学成：《网约车政策的影响因素与波及》，《改革》2018 年第 3 期，第 124～133 页。

于立：《跳单问题的法律经济学研究》，法律出版社，2018。

于立、王玥、杨童：《平台模式中的跳单问题：以“陆勇案”与“数字音乐案”为例》，《比较》2018 年第四辑，第 213～229 页。

张素凤：《“专车”运营中的非典型用工问题及其规范》，《华东政法大学学报》2016 年第 6 期，第 75～87 页。

Frankena, M. W., Pautler, P. A., An Economic Analysis of Taxicab Regulation Bureau of Economics Staff Report, Federal Trade Commission, 1984.

Moore, A. T., Balaker, T., “Do Economists Reach a Conclusion on Taxi Deregulation?” Econ Journal Watch, 3 (1), 2006: 109.

国际案例篇

International Case Study

B.14

城市绿色交通发展国际案例与经验

刘铁鹰　梁潇艺*

摘　要： 本报告选择了绿色交通发展水平较高的国家的城市，欧洲地区以法国巴黎市和英国伦敦市为例，美洲地区以美国波特兰市为例，亚洲地区以日本为例，介绍了上述国家的城市绿色交通现状，对其现有的绿色交通法律法规进行整理，并将其绿色交通发展状况与国内城市进行比较，得出了可借鉴的发展经验和启示。

关键词： 城市交通　绿色发展　国际案例

* 刘铁鹰，博士，北京交通大学经济管理学院，副教授，研究方向为区域经济学、运输经济学；梁潇艺，北京交通大学经济管理学院硕士研究生，研究方向为运输经济学、产业经济学。

一 欧洲国家绿色交通发展案例与经验

（一）法国巴黎

1. 城市绿色交通现状

1982年，法国出台了《国家内部交通组织方针法》（LOTI），提出了与减碳节能密切相关的“城市交通规划”理念。14年后，1996年，法国又出台了《大气保护和能源合理使用法》，在其中，进一步确定了在可持续发展的目标下，巴黎将如何发展城市交通，即确定了巴黎的城市交通政策。另外，法国政府对地方城市给予资金支持，保证其交通基础设施的发展。在政府财政支持和政策支持下，巴黎的城市交通发展取得了非常良好的成果：小汽车数量有所减少，公共交通得到了良好的发展，无碳出行得到了宣传和认可，同时交通CO_2的排放量大幅下降。

大巴黎地区［指包括巴黎省（75省）、小三环省（92、93、94省）、大四环省（77、78、91、95省）在内的法兰西岛大区］的面积为1.2万平方公里，常住人口数量为1170万人，机动车保有量约为500万辆。如表1所示，公交路网、地铁、RER（区域快速铁路，简称区域快铁）、区域铁路共同组成了大巴黎交通体系。其中，区域铁路由SNCF（法国国家铁路公司）负责运营管理；STIF（法兰西岛运输联合会）则实际负责地铁、区域快铁和公交路网的运营规划并提供资金支持，而RATP（巴黎大众运输公司）主要负责管理区域快铁。

在巴黎，人口流动的主要运载工作大部分由集体交通工具承载完成，尤其是在巴黎进行可持续发展交通改革的过程中，广大市民逐渐选择使用步行、自行车、集体交通等方式出行，以代替小汽车出行。

表1　2015年大巴黎地区的主要公共交通服务

交通方式	全长（千米）	线路数量（条）	主管机构	运营机构
地铁	212	16	STIF	RATP
区域快铁	115	5	RATP、SNCF	RATP、SNCF
区域铁路	1296	14	SNCF	SNCF
公交路网	3861	384	STIF	RATP

2. 绿色交通政策法规

节能减排是法国交通发展的重中之重。法国 2009 年《环境法》和 2012 年《新环境法》都提出鼓励公共交通发展，《新环境法》中还提出加大电动车和混合动力汽车充电设施的建设力度。法国政府制定了多项交通规划（如表 2 所示）。

表 2　法国城市发展绿色交通的规划

绿色交通政策规划	实施阶段	主要措施
国家—地区集体交通发展计划	2000～2006 年 2007～2013 年	分两个阶段实施，设想法国未来 30 年的交通体系：除传统交通方式外，增加有轨电—火车、TZen、合适站点巴士等新交通模式
交通基础设施规划	2010～2015 年	到 2022 年，将 14%～25% 公路商业运输由其他运输方式代替；优先使用公共交通方式发展巴黎旅游事业；减少航空运输污染
电动车发展国家规划	2009 年	完善基础收费设施，鼓励使用无碳汽车出行，支持电池研发，推行电动车政府和企业采购、电动车购买补贴，发展公共和家庭充电设备
"21 世纪交通"国家可持续交通纲要	2013 年	包括四个主要部分：保证交通基础设施运行质量，提高交通系统服务水平，改善铁路系统总体业绩，改革国家对交通体系的资助机制

在法国国家交通规划的蓝图下，巴黎市也制定了相应的发展规划和节能策略。巴黎于 2000 年制定的《大巴黎地区交通出行规划》，相比 1980 年的交通政策，在以下方面得到改进：目标演进——从积极发展公共交通到以减少小汽车交通量为优先目标；方法改进——从管理交通流量的传统做法转变为城市机动性组织管理，即综合机动性—交通—空间系统方法，进行交通需求和供给之间的互动，进行多模式交通之间的转换；方式多样化——通过公共交通渠化、城市道路改造、鼓励节能和无污染交通等方式进行运作。

在大巴黎地区交通出行规划的框架下，近年来，巴黎市又出台了多种绿色交通措施（如图 1 所示），如自行车发展规划、快速公交系统项目、企业绿色交通计划（PDE）和电动公交车租赁计划（Autolib'）。

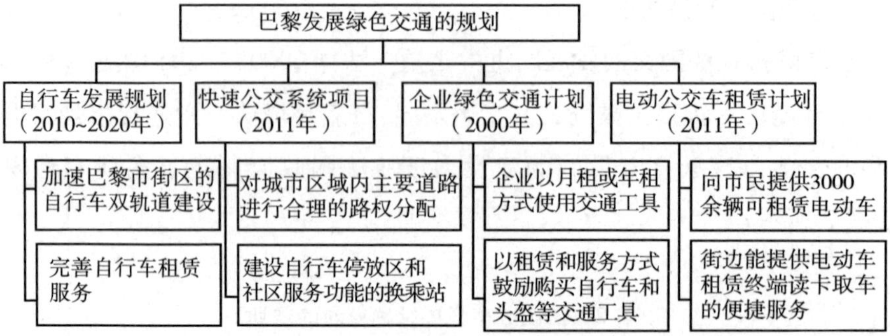

图1　巴黎发展绿色交通的规划

当交通需求与环境保护诉求逐渐增加时，法国开始提倡生态转型（或称能源转型），即向高效节能的能源使用模式过渡。为实现这种转型，法国首先从生活、生产、消费、运输等方面做出转变。从法国国家层面来说，发展基础交通设施、减少陆路运输从而实现能源转型是一个重要发展方向；从巴黎市政府角度来说，则提倡无污染交通方式（如大力发展自行车、电动车等节能减排的交通工具），提供更便捷的接驳方式，配以智能化、高科技手段，从而实现合理、有效、可持续性发展。

3. 启示

鉴于巴黎市绿色交通发展的成功经验，我国还可以在以下三方面做出努力。

（1）社会发展需求方面，改良交通运输网络

智能交通信息平台在绿色交通发展进程中尤为重要，应加大公交轨道枢纽的建设力度，利用智能信息平台对交通进行实时信息监控，并将信息实时反馈给市民，以保证他们的正常出行，满足其需求。另外，多种模式并存的交通网络有助于满足居民的多元化出行需求，因此可以将地铁、公交、铁路、轻轨等多种交通方式结合起来，合理地分配给各种出行方式不同的路权。

（2）基础设施方面，改善交通硬件条件

发展公共交通系统的一个重要的内容和前提是基础设施建设的加强。公

共和轨道交通的基础设施建设应加强，并合理规划与管理。

（3）出行观念方面，改变居民出行方式

在控制并尽量减少汽车保有量的同时，还应对每天的汽车流量加以控制。公共道路是公民所共同享有的，另外公民也享有选择自己的交通方式的权利，但与此同时，公民还应履行自己保护环境的义务和责任，因此，交通管理部门应该转变管理方法和观念，大力宣传和推行可持续理念，提倡居民在保证出行效率的同时，选择对环境危害小的环保型公共交通方式，或者选择对环境不产生污染的自行车出行或步行。

（二）英国伦敦

1. 伦敦绿色交通现状

绿色交通工具出行方式的改变。伦敦绿色交通发展的主轴是限制小汽车使用，改变居民的出行方式，鼓励低碳出行。根据克里斯·布拉德肖（Chris Bradshaw）的绿色交通体系（Green Transportation Hierarchy），绿色交通工具的优先级依次为步行、自行车、公共运输工具、小汽车。绿色交通政策的实施效果可以通过居民出行绿色交通工具优先级的转变（由低级到高级）得以体现，根据“Travel in London，Report 2”报告，2000～2010年，大伦敦地区私人交通工具（小汽车和摩托车）出行比例由46.69%降为40.56%，而公共交通出行［火车、地铁/DLR、巴士（含Tram）］比例由27.75%上升为33.73%，其他低碳出行方式（步行和自行车）的比例基本保持在25.5%左右。

道路拥挤收费抑制小汽车使用。伦敦中心区“道路拥挤收费”是一系列伦敦绿色交通政策的重要措施，它在抑制小汽车使用时发挥了积极作用。2003年2月，伦敦市在市中心21km^{2}范围内实施道路拥挤收费制度。该措施原本仅在伦敦最拥挤的道路实施，由于成效明显，而逐步扩大收费范围，并于2007年2月19日将收费区域延伸至伦敦西部，较2003年，渔区收费区域面积扩展1倍，费用由5英镑/天调整为8英镑/天，并且对使用替代能源的低污染车辆提高免费通行比例。在扩大实施区域后，有效地减少了道路拥挤，改善了空气质量及增加了公共交通及自行车的使用，具体成效为：收费区内拥挤程度减少约25%；氮氧化合物（NO_x）排放量减少了8%，可吸入颗粒物（PM10）的排放量减少7%及减少了1%碳（CO_2）排放量；该区域内公共交通乘客增加32%；自行车使用者增加43%，区域内每年车祸受伤案件减少40%~70%。

大力发展公共交通。伦敦在抑制小汽车使用的同时，也不忘大力发展公共交通。由于中心区道路在工作日进行道路拥挤收费，更多市民选择乘坐地铁和公交车等公共交通工具，代替开车出行和上班。伦敦政府设立了公交专用车道和密如蛛网的地铁线，鼓励市民乘坐公交车、火车、轨道交通等交通工具。

公共交通分担率的提高有助于缓解交通拥挤，减少交通污染以及其他的机动车造成的负面影响。公共交通的分担率由2000年的27.75%上升到2010年的33.73%，伦敦公共交通运营里程数持续增加。其中，2010年，巴士运营里程数相较于2000年增加了39.64%，地铁运营里程数相较于2000年增加了12.66%。

2. 绿色交通政策法规

英国政府在1998年发表了交通运输政策白皮书 A New Deal for Transport: Better for Everyone，其目的是将过去以增加供给来缓解交通压力的观点转为重视交通与环境的平衡，并以可持续绿色交通为未来施政的重点。贯穿政策白皮书的主轴是以减少私家小汽车的使用，并以公共交通或的士、步行为主要出行方式，减少对环境及人们身心健康的危害。针对此施政重点，交通运输政策白皮书提出了4项政策原则，并使之成为后来英国地方政府制定地方交通政策的纲领。①整合各种不同类型的交通出行方式：通过对各种类型交通出行方式的整合，让出行者可以更加方便地使用不同交通工具到达目的地。②与环境整合：发展环境友好型的交通运输系统，让出行者的交通出行方式选择有助于创造更好的环境。③与土地利用整合：在全国范围内、区域范围内及地方范围内进行不同层次的整合，以便交通和土地利用能够促进可持续发展的出行选择，减少出行需求。④与教育发展、健康及财富创造整合：在制定交通运输政策时，不仅需要考虑社会公平性，还需要考虑人类的健康及社会全面发展的需要，这样有助于创造更加公平、更具有亲和力的社会。

具体到伦敦，城市层面上制定了值得借鉴的绿色交通政策，具体如下。

（1）The Mayor's Transport Strategy

在英国国家交通运输政策白皮书 A New Deal for Transport：Better for Everyone 的指引下，伦敦市长 Ken Livingstone 在 2001 年发表了 10 年交通运输政策 The Mayor's Transport Strategy。它以增加运输运量、提高可靠性和运输效率、促进经济社会发展及改善环境为此交通政策的主轴，并设定 2001 ~ 2010 年，将增加 40% 的公共交通（包括轨道交通及巴士系统）运量、减少伦敦中心区 15% 的交通量。

综观 The Mayor's Transport Strategy 的交通运输政策，它以在伦敦市中心区实施“道路拥挤收费”来抑制私人小汽车为政策核心，以提高公共交通服务品质及私人交通工具使用的合理费用，同时推动绿色交通大力发展。在关注环境影响、人本交通思维下，通过提高公共交通服务水平、增加行人及自行车路权及道路交通规划和交通管理方式，让伦敦市民舍弃以小汽车为主的出行方式，引导伦敦市民绿色交通出行。

（2）The Mayor's Transport Strategy Revision

伦敦市长 Ken Livingstone 在 2004 年 8 月针对伦敦市中心区道路拥挤收费“区域西扩”发表了 The Mayor's Transport Strategy Revision 政策，此政策成为“西扩区域”道路拥挤收费的实施依据。

（3）Transport 2025—Transport Vision for Growing City

伦敦政府在 2006 年制订了一个近 20 年的交通发展计划 Transport 2025—Transport Vision for Growing City（T2025）。T2025 的前景就是要创造一个世界级的交通系统，保证人与物的安全、可靠和高效活动，促进伦敦经济发展，改善环境，扩大社会服务面。这一政策方案既有利于解决市区交通堵塞问题，也有利于改善空气质量。T2025 交通政策可以归纳为三大目标、六大战略，及五大成果（如图 2 所示）。

T2025 提到的三大目标和六大战略，及为了增加新的客运能力而计划执行的十一项重大投资如表 3 所示。

（4） Action Today to Protect Tomorrow：The Mayor's Climate Change Action Plan

在伦敦中心区道路拥挤收费实施成效显著后，伦敦市政府在 2007 年颁布了 Action Today to Protect Tomorrow：The Mayor' Climate Change Action Plan（《今天行动，守候将来：市长应对气候变化的行动计划》）政策，计划 CO_2 减排目标定为在 2050 年降至 1990 年水平的 60%，此政策制定了众多的行动与方案，相应地也制定了许多具体的措施与目标，致力于解决绿色家园、商业、能源效率和交通运输等问题。

Action Today to Protect Tomorrow：The Mayor's Climate Change Action Plan 提出了碳减排目标为在 2020 年 CO_2 排放在 1990 年水平上降低 26% ~32%，2050 年降低 60%，并以此为依据制定了减排措施，希望通过改变伦敦居民的出行方式，加大在公共交通、步行及自行车系统的投入，鼓励低碳交通和能源及高效车辆运营等措施的实施，在陆路交通方面 2025 年达到碳减排量 4.3 百万吨的目标，其占总量（19.6 百万吨）的 22%。这些措施对应的减排比例如图 3 所示。在政策制定上，引入碳价格（Carbon Pricing），把车辆二氧化碳排放水平作为进入市中心的车辆征收费用的依据，以阻止消费者使用化石燃料，促使商业机构开发低碳技术和替代燃料。各项具体政策依据交通工具及手段细分如表 4 所示。

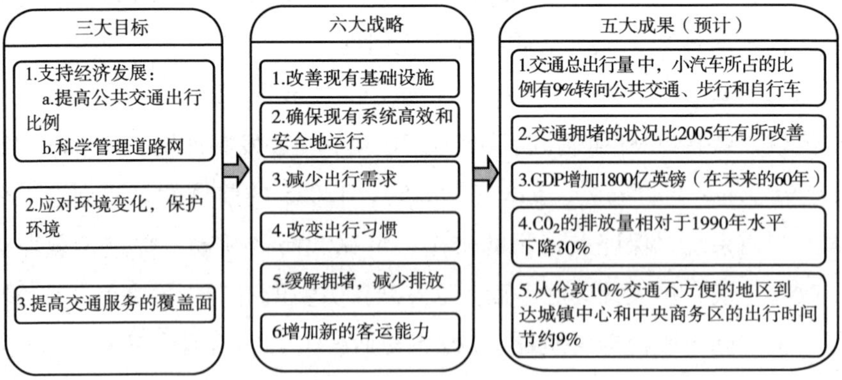

图 2　T2025 的主要内容

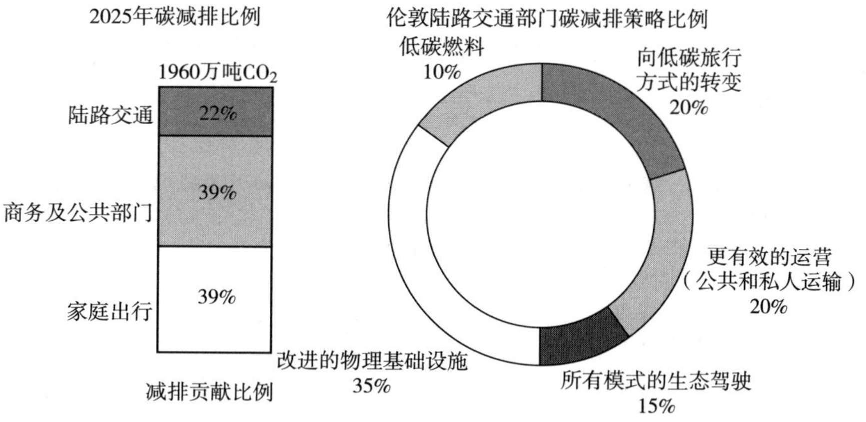

图 3　2025 年伦敦陆路交通部门碳减排目标及各策略比例

表 3　T2025 中的三大目标和六大战略以及十一项重要投资

项目	内容
目标	1. 支持经济发展：提高公共交通出行比例，科学管理道路网 2. 应对气候变化，保护环境：伦敦通过使用可再生能源以提高能源利用率来降低能源消耗和减少 CO_2 排放量。英国的目标是 2025 年的 CO_2 的排放量要比 2000 年水平降低 60%，其中 T2025 制定的目标是比 1990 年水平降低 30%。交通排放的 CO_2 量占伦敦总排放量的 21%。交通排放的 CO_2 中，道路交通是最大的排放源，约占 80%，其中小汽车与摩托车占 49%，货运车占 23%，公共交通占 17%，飞机起飞和降落产生的地面排放占 11% 3. 提高交通服务的覆盖面：要求伦敦 10% 交通不方便的地区，居民能在 45 分钟以内到达都市中心或国际商务区
战略	1. 改善现有基础设施：任务最重的项目是对伦敦地铁进行改造。一方面通过改造，使每辆公共汽车排放的 CO_2 减少 40%；另一方面，通过使用生物燃料和氢燃料，为减少 CO_2 排放做贡献 2. 确保现有系统高效和安全地运行：最大限度地发挥现有公交网络的运能，提高运行的可靠性。充分利用新增的运能：通过在车内和车站安装闭路电视来加强安全防范，并增设求助点，同时改进票务系统和信息服务系统。对道路系统的管理包括：加强路边泊车管理，实施拥挤收费，改进交通通信系统，改进交通管理和执法，对交通和事故进行实时管理，减少瓶颈，改善货运管理等 3. 减少出行需求：交通需求管理可以使现有的交通得到更好的利用。在进行土地使用规划、采取控制泊车策略的背景下，抑制驾车出行的需求，使市民认真考虑是否放弃驾车，从而转向骑自行车和使用公共交通工具 4. 改变出行习惯：远程办公和电话会议可以减少一些长距离的交通出行。及时提供交

续表

项目	内容
战略	通信息和实施适当的奖励措施可以影响居民的出行习惯。鼓励居民更多使用公共交通、自行车和步行 5. 缓解拥堵,减少排放:2005 年伦敦每天的总流量为 2720 万人次,其中小汽车占 41%,公共交通占 37%,步行占 21%,自行车占 1%。预计 2025 年每天总出行量将达到 3120 万人次,出行模式的分配要求为:小汽车占 32%,公用交通占 41%,步行占 22%,自行车占 5%。新的道路建设并不能解决问题,也不是可持续发展的方针,而道路拥挤收费是有效而可行的手段 6. 增加新的客运能力:T2025 的投资计划重点用于增加新的客运能力,并鼓励步行和自行车
投资	1. 地铁改造:伦敦地铁的改造将采取公私合作(PPP)的模式,使整个地铁网的客运能力提高 25%,高峰时段开往伦敦中心城区的客运能力增加 28.5%。高峰时段的列车频率提高到每小时 30 列,并缩短行车时间 2. Crossrail:Crossrail 是东西向通过伦敦市区的轨道交通线,与重要的伯丁顿车站相连,并为希思罗机场、伦敦西段和市中心不断增加的交通需求服务,同时也将促进伦敦东部的复兴,Crossrail 将使客运能力在伦敦地铁的基础上增加 10% 3. 铁路:2025 年铁路发展涉及国家铁路、环形铁路网和 Thameslink。国家铁路为伦敦与英国东南部提供通勤交通服务,它也是通过国际机场和海峡隧道的重要交通连线。环形铁路将伦敦北部、东部和南部连接起来,可以降低放射性线路上的拥挤程度。Thameslink 是通过伦敦市中心的南北线,它是高频率发车的直达交通方式,不会形成大量乘客的换乘。2025 铁路发展计划和 Crossrail 的实施将使铁路系统的运能增加 35% ~40% 4. 其他轨道交通计划:地铁改造、Crossrail 和 2025 铁路发展计划完成后,到 2025 年约有 1/4 的轨道交通网络仍将拥挤。最拥挤的是东北到西南的交通走廊,因此提出了两个长期项目:Crossrail 2 和北线的分配 5. 巴士:到 2025 年,巴士的乘次将增加 50%,乘客公里数将增加 35%。增加巴士运量的措施有:改进交通走廊的管理,实施巴士优先措施,以提高巴士的快速性和可靠性。要求做到 99% 的伦敦市民都能在步行距离范围内到达巴士站点 6. Docklands:Docklands 轻轨交通线是伦敦东部和东南部的一条重要的快速轨道交通线,并连接两个金融和商业区。T2025 提出一个延伸计划,并安装新的信号系统,增加列车长度,改进车厢内部设计,提高行车效率,以增加运能 7. 中容量公交:中容量公交指介于地铁和巴士之间的公共交通模式,主要是有轨电车。Cross Rail Tram(CRT)是轨道交通系统的补充,以增加伦敦中部南北向的交通运能,减轻伦敦地铁的压力。其他还有 West London Tram(WLT)和 Trameslink 的延伸线 8. 步行:T2025 提出,步行占总出行量的比例从 2005 年的 21% 增加到 2025 年的 22%。提倡步行必须使家庭、商店、学校、公园等集合在一起。这要求土地使用政策和开发计划加以控制,保证高质量、高密度、功能齐全的开发。地区的投资要使街道和空间更具有吸引力,可达性更好。创造良好的步行环境。交叉口,步行信号灯、照明,街景,导向指示灯都应被十分重视。此外,建设战略性的步行路网使伦敦成为一个更加方便步行的城市 9. 自行车:T2025 提出自行车出行量占总出行量的比例从 2005 年的 1% 提高到 2025 年的 5%。鼓励自行车出行,采用以下措施:改进基础设施,完成 1000km 的伦敦自行车道路网建设,

续表

项目	内容
投资	发展地区性的自行车道路网；加强宣传——提供更多的自行车地图，重视广告宣传；增强自行车出行意识——对青年和其他年龄段的人进行宣传和培训；停车设施——在城镇中心、公共交通换乘站、学校等增加新的自行车停车设施；与其他计划相配合——合理的土地使用计划，采取交通走廊的管理措施等，方便自行车出行 10. 交通网络一体化：要使交通出行的换乘快捷、方便、可靠、安全 11. 其他交通：充分发掘泰晤士河水上交通潜力，为观光游客和通勤出行服务，并将其用于货物运输；改善通往机场和其他国际出入通道的交通系统；提高伦敦东部的港口能力

表4　《今天行动，守候将来：市长应对气候变化的行动计划》中陆路交通部门的策略

目的	策略	目标	执行项目
改变出行方式	公共交通	1. 2025年地铁运量增加25%；2. 2025年地面轨道交通运量提高25%～30%；3. 2025年巴士交通运量提高40%	1. 改善地铁；2. 有轨电车路网再造；3. 配合伦敦2012年奥运会，升级及延长东伦敦地铁线；4. 强化轻轨的运量；5. 持续升级及扩张巴士路网
	自行车	2025年整个伦敦地区自行车出行旅次增加400%	1. 到2010年底，完成900公里路网；2. 在学校、地铁站及火车站设置自行车停放设施；3. 学校交通规划纳入小学生自行车骑游教育（含对其父母及监护人进行相关教育）
	步行	让伦敦成为对行人最友善的城市：1. 到2015年，步行旅次提高10%；2. 2025年增加100万步行旅次	1. 改善行人道路面、灯光、绿化，提供具有吸引力的人行环境；2. 增加更多的固定和临时步行区；3. 新建及升级行人穿越设施；4. 具有易读并具有一致风格的步行地图
	私人交通工具	2025年减少5%的车辆公里里程	1. 交通运输需求管理政策；2. 提供通勤、上学及个人化的出行计划，让所有在城市中出行的人充分了解出行信息，帮助正确选择出行方式；3. 推广电视会议；4. 推动汽车公乘服务；5. 鼓励及推动车辆俱乐部（一车共用政策）发展；6. 通过资讯让民众更加了解公共交通
	各种交通工具的碳成本	推广使用低污染车辆	1. 修订道路拥挤收费方案，将车辆碳排放与道路拥挤收费相结合：a. 提供燃油率高的车辆，最多可以获得100%拥挤费折扣（每公里碳排放量少于120g及符合欧Ⅳ排放标准的车辆）；b. 高污染车辆将需要付出比标准费率更高的拥挤费（每公里碳排放量高于225g的车辆需要付25英镑的拥挤费）。2. 中央与地方政府的政策配合：a. 游说中央政府改变现行对不同污染等级的车辆牌照税差额制度，现行制度分A～E级，最大税差仅为210英镑/年，尚无法充分鼓励换用低污染车辆；b. 车辆相关税费采用低碳价格制度

续表

目的	策略	目标	执行项目
高效车辆操作	低碳驾驶	改变驾驶习惯，提高燃油效率	推动各种交通工具的低碳驾驶方式，包括小汽车、的士、巴士、货运车辆及轨道交通车辆
采用低碳车辆和燃料及设备	地铁	减少电力使用	1. 拟定具有能源效率的运营操作手册，并说明每项行为的效益；2. 更新设备，减少能源消耗；3. 把可再生能源作为电力来源
	巴士	减少巴士碳排放量	1. 使用柴电混合动力巴士；2. 推广研发氢气燃料车辆，在氢气燃料合作计划中，预计2010年有10000台氢气燃料巴士在伦敦部分地区运营
	国家铁路	减少铁路的能源使用量	1. 利用铁路制动进行能源再生；2. 把可再生能源作为电力来源；3. 实现南伦敦线电气化
	的士	改善的士燃油效率	1. 研发高效率的士引擎技术；2. 以运营执照费率鼓励更换新技术引擎
	小汽车与货车	推动环保汽车使用	1. 游说中央政府及欧盟强制车辆制造商标识车辆碳排放量，让车辆购买者认识到购买清洁车辆对环境的效益；2. 游说欧盟制定生物燃料鉴定系统，确保产品稳定及最小碳排放标准；3. 推动研发氢气燃料

3. 启示

中国向世界做出“到2020年我国单位国内生产总值CO_2排放比2005年下降40%～45%”的承诺，这意味着土地、能源、气候和环境对交通运输的发展提出了严格的要求。目前汽车排放较为严重，环境保护部的数据显示：中国各大城市空气污染严重，约79%来自机动车尾气排放。

中国首都北京近年来采取一系列措施发展绿色交通，提升居民绿色出行的积极性与主动性。北京虽然为推动绿色交通采取了积极的措施，但是成效并不那么显著。北京市居民1986～2010年各种交通方式出行构成（不含步行）如表5所示。

表5　北京市居民1986～2010年各种交通方式出行构成（不含步行）

单位：%

年份	小汽车	公共交通	自行车	出租车	其他
1986	5.0	28.2	62.7	0.3	3.8
2000	23.3	26.5	38.5	8.8	3.0
2005	29.8	29.8	30.3	7.6	2.5
2009	34.0	38.9	18.1	7.1	1.9
2010	34.2	38.7	16.4	6.6	3.1

由表5可知，公共交通（巴士+轨道）的比例在1986~2005年基本保持不变，但是在近几年随着轨道交通的大力发展，出行比例有所上升。自行车比例下降趋势明显，由1986年的62.7%下降到2010年的16.4%。而小汽车的增长速度最快，从1986年的5%增加到2000年的23.3%，到2005年的29.8%，再到2010年的34.2%，随着小汽车拥有量的增加，小汽车的出行比例有增无减。总之，小汽车已经从绝对的弱势地位跃升为强势的机动化交通方式。北京这种情况也在我国其他大城市得到印证，有资料显示，近几年，私人小汽车的平均增长率：北京、上海、广州分别为20.5%、21.9%、22.1%。步行和自行车出行比例正迅速下降，如自行车出行比例就正以年均2%~5%的比例下降。有着“自行车王国”别称的中国，自行车越来越被认为是现代城市交通发展的障碍。同样，在一些城市，步行道路空间被挤压，步行安全受到侵害，小汽车拥有量大增，步行的出行比例也呈逐年下降趋势。

相反，英国伦敦经过近十年的绿色交通政策的推广与实践，已经取得不俗的成就（小汽车的出行比例越来越低，公共交通的出行比例越来越高）。针对我国大城市面对的实际困难，特别是在绿色交通方面，我们能够从英国伦敦得到以下启示。

（1）以抑制小汽车的使用为主要措施，同时加大对公共交通及自行车系统和步行的投入。通过外部成本内部化，使私人交通工具使用成本提高，促使其改变交通出行方式，使公共交通收益提高，健全发展，维持费率水准，达到绿色交通目标。

（2）以拥挤收费为交通政策发展轴心，同时配合此政策，妥善提出诸多配套策略，包括公共交通改善及市中心区单一票价制度。就改善层面而言，不只是票证、信息整合，服务质量提高，对于人身安全的改善也不只是减少交通事故，更要考虑到到/离场站的安全，因此，出行方式改变的效果取决于各项措施的综合绩效。

（3）对于每一项措施均拟定明确的目标，并将目标与减碳成效具体结合，以作为未来措施成效评定基础。

(4) 为了更加公平、公正地反映各种交通工具对环境所造成的负面影响，道路拥挤收费引入碳价格制度，根据 CO_2 排放水平，向进入市中心的车辆征收费用。

(5) 对于非伦敦所能掌控的中央法令、欧盟协定、国营铁路提出施政及运营改善建议，并具体执行协调。

(6) 政府的施政能力、公众参与的程度和科学技术的水平是绿色交通实践取得成功的三个基础，缺一不可。

二 美洲国家绿色交通发展案例与经验——以美国波特兰市为例

(一) 波特兰市绿色交通现状

位于美国西北部地区的波特兰市是俄勒冈州最大的城市。波特兰市具有极强的前瞻性，在城市规划方面，勇于变革，一直走在美国各大城市的前列。波特兰市善于发展公共交通和绿色交通，这对于解决城市拥堵和空气污染等问题有着独到且有效的方法，其建设绿色交通的经验值得借鉴。

波特兰市的交通发展由高速公路主导向绿色交通转型，历程与美国联邦交通政策的发展历程大致相同。自 20 世纪 70 年代中叶开始，波特兰市实施了两项政策，标志着自此其开始了对城市空间化和绿色交通发展的各项探索。这两项政策分别是：从重点发展高速公路系统转向发展轻轨系统（LRT）；州立法明确要求每个城市和县必须划定“城市增加边界”，保护多产的农田和森林。

1. 城市空间向 LRT 理念转化

20 世纪 70 年代起，波特兰市开始大力建设和发展轻轨系统，同时结合以公共交通为导向的开发（TOD）模式，优化城市空间和复兴城市中心区。

俄勒冈州的交通官员曾提出在位于波特兰市东南 80km 处的 Mount Hood

修建一条高速公路，当地居民和政府因公路修建将破坏生态环境而极力反对。在当时的联邦法律中，将公路建设资金投入城市的公共交通已被考虑，因而，波特兰市借助法律支持，在得到上级部门允许的前提下，将高速公路的资金投入轻轨发展中，由此，产生 LRT 理念。在 20 世纪 70 年代末，波特兰都会区政府成立，用以保障轻轨项目的有效实施。在此基础上，1980 年，波特兰公共交通管理局、波特兰市及周边区县积极利用轻轨开发 TOD 模式，促进站点土地综合利用。波特兰都会区政府编制的《2040 成长概念》的规划目标是：到 2040 年为止，2/3 的就业岗位和 40% 的住户将位于有轻轨和公共汽车服务的走廊上。

2. 对轻轨系统做补充，发展有轨电车

波特兰著名的有轨电车系统主要致力于服务城市中心区域。有轨电车的造价比轻轨系统低一些，其重要目的是一方面方便市民出行，另一方面在客运高峰期为 LRT 分担和转运客流。建成后的有轨电车系统将形成一个长达 11600 米的环线，贯穿整个城市中心地区。

3. 建设公交步行街区

波特兰的公共交通步行街区是位于城市中心的一个条形的南北向区域，该区域两侧均为单行道，且只允许公共汽车和轨道车辆通行，中间的区域为步行区域。波特兰公交步行街区最早开放于 1978 年，是通过投资公共交通进行社区发展的早期代表，也是属于市中心复兴的计划之一。公交步行街在提高通行效率的同时，很大程度地缓解了交通拥堵带来的压力。

4. 注重自行车和步行系统的规划和建设

俄勒冈州和波特兰市持续注重自行车和步行系统的规划及建设。颁布多项法律条文，要求城市区域、市和县制定交通体系规划，一定要避免过分依赖某种或某几种特定的交通模式，并做出几点要求。

要求每个新开发的项目都必须为自行车停车提供设施保障，同时要为行人及自行车出行者提供场地设施以便他们安全方便地出入；主干道、次干道以及地方支路沿线必须设有人行道，同时主、次干道必须设有自行车专用车道；保证行人和公共交通系统可以便利连接，换乘方便；为支持公共交通系统的发展，须保证土地利用密度和类型尽可能充分。

（二）绿色交通政策法规

汽车等机动车的过量使用，导致越来越严重的能源消耗和尾气排放等污染环境的问题，并且其日益受到民众的密切关注，由此，在20世纪六七十年代，美国大规模兴起了环境保护运动和民众反对修建内城高速公路的活动。民众发起的反对活动为旧金山、波士顿及芝加哥等大城市提了醒，提示其应减缓或减少大规模高速公路的修建速度及项目。同时，民众反对活动也为美国交通法规和环境保护法规的联合提供了契机。

1963年，《清洁空气法案1963》出台，这是首个对交通建设过程中的污染排放进行标准设定的法案。随后，《国家环境政策法案1969》（NEPA）通过，体现了公众对生活质量的提高和环境保护的日益关注。在这项法案中，明确要求重大的项目和投资在启动前必须先进行环境影响的评估。随后出台的《清洁空气法案1970》及《清洁空气法案增补条款1977》也同样加入了这项规定。《清洁空气法案增补条款1977》还要求州政府及地方政府联合起来编制《州域实施规划》（STP），规定每个区域应该达到相应的清洁空气标准。

1956年《联邦援助公路法1956》出台，然而，其对公路的系统建设并没有起到意想中的效果。与此同时，城市扩张、环境污染、交通污染、交通拥堵等城市问题的不断涌现和加剧使1990年以前出台的交通政策遭到了很多批评，并直接导致交通政策的大变革。1990年后，《联运地面交通效率法案1991》（ISTEA）、《21世纪交通公平法案》（TEA－21），以及《安全、负责任的、灵活的、有效率的交通平等法案2005》（SAFETEA-LU）相继出台，成为美国交通政策全面向绿色化转型的标志。

（三）启示

改善汽车依赖的交通情况，需要大量的时间、精力和资金投入，同时也需要新的交通理念的产生。中国经济正在飞速增长，正处于加速发展的阶段，城市交通的发展与问题并存。绿色交通就是一种新型的交通理念，也是一种新型的有利于保护城市环境的交通运输系统，它可以促进减少拥堵、减少污染、节省费用、实现公平。

通过对美国交通政策和交通理念的发展经验的研究，我们得出几点启示。

1. 创建“绿色”城市结构

民众出行的目的是到达另一地点进行交流或者获得人力或物力服务，对于交通系统来说，可达性相较于移动性要重要得多，因此，拥有一个紧密连接的、具有复合功能的绿色城市结构是非常必要的。它可以减少居民的出行次数和距离，并且可以为居民节省出行时间。

不同的城市结构将影响城市发展，继而产生不同的交通模式。研究发现，波特兰市是采用紧凑的以 LRT 理念、TOD 为核心的发展模式，从而成功地减少了交通量和交通环境污染，由此应该考虑到，在中国的城市和城市交通的建设过程中，应从城市结构、城市布局、土地利用和交通系统的关系出发，整体考量，对城市边界进行一定的限制，促进城市空间紧密化，使城市土地利用与交通规划共同协调发展。

2. 发展“绿色”交通工具

中国环境检测部门发布的报告显示，中国大多数城市目前最大的污染源是机动车尾气，而不再是以前的工业污染。现如今，全球变暖日渐严重，如何避免环境污染，加强环境保护已经成为全世界各国应增加更多投入并予以思考和研究的问题。美国波特兰市绿色发展状况和政策相较于中国的城市交通绿色发展有着非常重要的借鉴意义，其发展理论和经验值得深入学习。中国应该向美国学习，鼓励和研发更多的“绿色”交通工具，如有轨、无轨电车，轻轨系统，清洁能源交通工具等，同时设立尾气等污染源排放标准，设定统一的交通规范和环境保护政策，并鼓励清洁交通模式的开发和发展。

三　亚洲国家绿色交通发展案例与经验——以日本为例

（一）绿色交通现状

日本有着悠久的城市轨道交通历史，至今已超过60年。早在1953年，东京就出现了以300型电动车组为代表的现代城轨系统的雏形。随着城市的不断发展，城市人口不断集中，以前的城轨系统以及路面电车系统已不能满足城市生产发展和人民生活需要，进而出现了设备的不断更新。新型交通方式不断发展，多种新型城市轨道交通系统应运而生。目前，日本各大城市的新型轨道交通系统可以分为单轨电车、自动导轨电动车组（AGT）、直线电机电动车组和轻轨系统（LRT）。

（二）绿色交通政策法规

结合自身发展实际和资源状况，日本将节能和高效作为目标，大力建设和发展其城市及城镇各项服务体系，并取得了一定的效果。物联网技术的不断发展为日本在几大城市构建城市智能交通系统提供了便利和技术支持。该智能城市交通系统大幅提高了居民的出行效率，可以在居民出行时，为其提供最省时、便捷且节能的路径选择，并提供交通方式的选择方案，而且可以实现在出现突发情况时对交通方案进行及时调整。

日本也致力于建立低碳的交通发展模式。

一是技术减碳，日本出台了节能减排技术创新政策，主要涉及插电式混合动力汽车和纯电动汽车、燃料电池汽车、生物质能源、智能交通系统等方面的技术创新。日本积极推动宣传和普及生态驾驶以及生态驾驶管理系统，使日本的燃油使用效率提升了15%。除新能源汽车的宣传和发展外，在铁路领域，日本还推行使用混合动力机车及其他节能机车，并加大高效电力技术的研发力度。在海运领域，鼓励超级节能船舶的开发，积极推进船舶能耗指标的标准化等。

二是政策减碳，2008年6月，日本制订了社会减排计划，将转变生活观念和习惯作为减排的一项重要措施。另外，日本还制订了应对全球变暖的计划，针对二氧化碳的排放制定相关减排对策，其中包括推行自行车出行政策、构建具有交通友好特点的交通体系等。

三是战略低碳，日本提出了“下一代汽车”概念和发展策略，计划将日本建设成为“下一代汽车”的生产和研发基地，并将此战略和思想系统化，做出了“车用电池”“基础设施”“生产资源”等一系列发展规划和目标设定以及行动方针和路线。2010 年，日本实现了对轨距可变列车的实用化评估；2012 年，日本成功获取电池式节能路面电车实用化技术以及高效率船舶无空转技术；2016 年，日本将超导线性技术应用于实际。交通革命和低碳减排被日本当作发展经济的重要途径，并对低碳交通革命寄予厚望，希望其能带领日本经济持续增长。

（三）启示

1. 科技进步以实现交通运输节能减排

为了不断发展交通运输行业，实现交通运输节能减排的目标，不断提升科技水平，实现科技进步显得尤为重要。日本注重研发各项先进技术，从而实现能源节约。首先，不断改善车辆性能，努力减少能源消费，提高能源利用率；其次，加速研发可再生能源，逐渐不再依赖使用惯用燃料；最后，利用信息技术开发和使用多种智能交通系统，促进智能交通运输的发展，进行交通运输的组织管理、运行监控和优化等，提升效率，实现节能减排。

政府直接投资并鼓励各类投资主体加大对交通科技研发的投入，将有利于后发国家在交通运输层面的跨越式发展，从而促进交通运输业逐渐从能源依赖型向创新驱动型转型。投入交通节能减排领域的资金应将重点放在节能交通工具的研发上，如投资混合动力汽车、新能源汽车等以及对各类交通运输基础设施建设的优化组合技术的研发，如开发综合交通运输枢纽等，还有智能交通运输系统的研发、现代物流技术的发展和研究等在宏观层面实现了对交通运输节能减排的管理，整体提升了节能减排的水平。

2. 完善综合运输体系，倡导公交优先

不同的交通运输方式具有不同的特点，各有各的优缺点，应发扬各自的优点，扬长避短，在市场竞争中形成一套完善的综合交通运输体系，从而提高运输效率，完成交通节能减排的任务和目标。应学习日本大力发展和完善公共交通运输系统，努力使公共交通出行成为居民出行的首选模式，同时在政策上提倡大规模的城际旅客运输，加强各种交通方式间的连接，提倡多式联运的发展，提高各种运载工具的实际运载量和运载率。

3. 节能减排法规标准是促进绿色交通运输合理高效用能的重要保障

各国在制定能源战略时都会考虑到提升能源效率、实现节能减排的问题。日本专门制定了相关法律法规以对国家和地方的节能减排做出书面要求。出台的节能减排政策和制定的标准依据科技发展水平不断更新，周期为3～5年。这些政策和标准为实施节能减排激励措施提供了重要的衡量标尺，同时可以提倡使用低能耗产品，促进低能耗产品占领市场，限制高能耗产品的发展。这种能效标准和标识制度在日本的实施效果非常不错，并已成为当前国际贸易壁垒的手段。

4. 实施绿色财税政策，引导交通运输节能减排

多个国家的绿色交通发展经验都表明，经济手段尤其是财政税收政策对于发展绿色交通、实现城市交通节能减排起到了非常大的作用。发达国家在交通财税政策方面有着丰富的经验，值得借鉴，因此，中国应学习日本及其他率先发展绿色交通的国家，尽早制定可持续交通财税政策，例如，燃油税是当前发达国家普遍实施的一项针对交通发展的税收政策。而在日本，比较普遍的是针对车辆拥有的税费政策，以及对新型、清洁和高能效汽车的税收减免政策。

Abstract

The transportation industry has a basic, leading and strategic position in the national economy, and it is widely recognized and concerned for promoting the role of economic and social development. At the same time, it has produced high level of energy consumption and pollution emissions, which has caused many ecological and environmental problems. In recent years, the status and role of ecological civilization construction has become increasingly prominent. The report of the 19th National Congress of the Communist Party of China clearly pointed out that ecological civilization is the millennium plan for the sustainable development of the Chinese nation, and we must speed up the reform of the ecological civilization system and building a beautiful China. For the transportation industry, the "13th Five-Year Plan for Modern Comprehensive Transportation System Planning" proposed to promote the green development of transportation, strengthen ecological protection and pollution prevention, promote the intensive use of resources, and fully attach importance to the implementation of the principle of sustainable development.

Urban transportation is closely related to urban development and residents' travel. Since "reform and opening" policy has implemented, the economy and living standards have been continuously improved, and the number of private car insurance has increased year by year. In 2017, it exceeded 170 million vehicles. Urban planning is relatively lagging behind, and traffic restriction policies have limited effect. The acceleration of urbanization, the expansion of urban population, traffic congestion, environmental pollution, energy consumption, etc. are becoming more and more serious. Building an urban green transportation system and effectively guiding residents to green travel has become the only way to solve urban traffic problems. In recent years, due to the application and expansion of technologies such as the Internet, big data, and cloud computing, a series of new phenomena have emerged in the urban transportation field, for example, sharing the rise and fall of bicycles, the cooperation and competition of online care-hailing service, security accidents and the continuous promotion of smart tourism. It has a great impact on the energy, environment and residents' travel behavior. Therefore, the research on urban green transportation development is very important.

At present, the relevant policies on green transportation have been initially implemented and achieved certain results. A few cities have been awarded the title of "Green Transportation City" by the Ministry of Transport. However, China has a vast territory, and the economic and social development of each region is very different. Its traffic status and related governance policies are different. It is necessary to comprehensively evaluate the green development of transportation in different cities, to summarize the reasons for formation and effective paths, and to play an important role in practicing the concept of green development, promoting resource conservation and ecological protection, and alleviating urban transportation problems.

The book is divided into four parts: general report, index section, special topics and international case study. Based on the history and characteristics of urban transportation development in China, the general report of the overall situation and prospects of urban transportation, and it shows that China's urban transportation infrastructure construction growth is stable and orderly, the "share + transportation" model booms with risks, meanwhile, the intelligent trend of urban transportation is obvious with Beijing and Guangzhou at the forefront. We suggest that countermeasures for urban transportation development. First, we must improve the green traffic regulation system. Second, we should improve the quality of public transportation services. Third, encouraging the development of new energy vehicles is important. Fourth, comprehensively adopt informatization and intelligent management method. Index section starts from the five aspects of function, economy, society, environment and governance, constructs the green development index of urban transportation and evaluates and analyzes 38 major cities in China. On this basis, it performs index decomposition, regional comparison and satisfaction evaluation. It finds that economic foundation, government financial situation, government management efficiency, urban population growth rate and residents' traffic habit awareness influence the green development of urban transportation. From the perspective of typical urban transportation development, we conclude that factors like capital investment, road facility planning and land use, transport management, green transportation policy and cultural construction are the main means to form a good green transportation situation. From the perspective of index decomposition and regional comparison, It shows that the economic index of the eastern region has great advantages, the ecological index and social index of the central region are the most prominent, also the environmental index in the western region is relatively high, and the social and environmental index in the northeast region is relatively good. From the perspective of economical, society and ecology, the path of green transportation is proposed. In economic terms, we must actively use the role of green transportation on urban development, improve speed and accessibility of city, and adopt effective measures and systems to ensure the sustainable competitiveness of green transportation. In terms of social part, it is necessary to improve the quality of public transport services, strengthen transportation planning and design, strengthen publicity and education, and establish a green travel concept. For ecological part, it is necessary to build an ecological city and create a healthy and green transportation environment based on people-oriented thinking. Urban transportation development measures include vigorously developing green transportation modes and establishing a green transportation system; adjusting travel demand through economic means such as vehicle purchase tax and parking management; and improving transportation planning and land planning. Special topics provide an in-depth analysis of Beijing's construction of a sustainable transportation system, the development of rail transit in Beijing-Tianjin-Hebei region and the supervision of online car-hailing service of private cars in China. International case study introduces the experience of urban transportation development in Paris, France, London, Portland, USA, and provides inspiration for the development of urban transportation in China.

This book builds a relatively complete evaluation index system for the green development of urban transportation. It uses detailed data and conducts measurement evaluation based on two methods to obtain more objective research conclusions. On the demand side, this book builds a ranking of resident satisfaction, reflecting its subjective perception of urban traffic. Meanwhile, considering the regional development differences, the index analysis of the eastern, central, western and northeastern regions is carried out, and the targeted recommendations are obtained, which can provide reference for the theory and practice of urban transportation development in China.

Keywords: Urban Transportation; Green Development Index; Ranking; International Case

Contents

I General Report

B. 1 Overview and Research Trends of Green Development of Urbantransportation *Lin Xiaoyan, Liu Tieying and Wang Zili* / 001

Abstract: Along with the process of urbanization and urban expansion, a series of traffic problems have emerged. Promoting the green development of urban traffic has become an inevitable trend. The background and significance of the relevant research are analyzed, and the literature review is carried out from the perspectives of concept, evaluation content and implementation path. It is pointed out that China's urban transportation has experienced four major stages of development and showed characteristics that as rapid construction of transportation infrastructure, policy-oriented "bus priority", from the bicycle era to the development of high-level motorization. We could find that under the new situation, China's urban transportation infrastructure construction has grown steadily and orderly, meanwhile, the "shared + transportation" model has emerged with coexisting risks. It also shows the traffic intelligentization trend, and Beijing and Guangzhou are at the forefront.

Keywords: Urban Transportation; Green Development; Overall Situation

Ⅱ Index Section

B. 2 The Theoretical Basis of Urban Green Development

Cui Zhuoran, *Lin Xiaoyan* / 031

Abstract: This report briefly describes the green economy theory, urban planning theory and transportation economic theory related to green transportation development. There are three dimensions of green economy, namely, the efficiency-oriented green economy, which makes the efficiency of the economic system as the core; the scale-oriented green economy makes the limit of the ecosystem as the core; the fair-oriented green economy, which has the social system equity to be core. At present, the fair-oriented green economy has had a great impact on industry and decision-making levels, and has gradually become the key to formulating green economy policies. Urban planning theory generally be regarded as a way of allocating resources. Its main purpose is to provide public transportation products, and whether public interest maximization can be achieved as a criterion for judging the quality of resource allocation. The formation of transportation economy includes transportation supply, transportation market equilibrium and its significance have become the basic research content of transportation economics. The above theory will constitute the research basis of the urban traffic green development index, and the theoretical connotation will be applied to the index construction and evaluation.

Keywords: Green Economy; Urban Planning; Transportation Economy

B. 3 Evaluation Method of Transport Green Development Index

Zhang Zehua, *Liu Tieying* / 044

Abstract: This report focuses on the index evaluation method, which is divided into two types: traditional method and cross method. Traditional methods include comprehensive grade method, satisfaction evaluation method, fuzzy sets, grey comprehensive evaluation method, analytic hierarchy process and energy analysis. The cross-evaluation method includes system dynamics, data envelopment analysis, artificial neural network method, extenics analysis method and lattice order decision theory.

Keywords: Urban Transportation; Green Development Index; Evaluation Method

B. 4 Construction of Green Development Index of Urban Transportation *Wang Zili*, *Zhang Zehua* / 054

Abstract: Based on the principles of systemicity, scientific objectivity, consistency, independence, comparability and operability, we select indicators from five aspects: function, economy, society, environment and governance. The indicators in the functional index include: urban road network density, bus line network density, number of buses per 10000 people, subway line density, number of civilian vehicles per capita, and number of taxis per 10000 people. The economic index indicators are the benefits of urban rail transit and road and bridge fixed asset investment, saving travel time, saving energy, and driving the value of land along the line. The social index indicators include bus passenger traffic, congestion delay, green travel tendency, public transportation satisfaction of residents, number of traffic accidents, traffic and economic and social coordination, and traffic fairness. Energy consumption, per capita green area, green coverage and SO_2 emissions are the targets of the ecological index. Green travel publicity, road traffic planning system, comprehensive transportation coordination mechanism, and new transportation technology guarantee are indicators for governance index evaluation.

Keywords: Urban Transportation; Green Development; Indicator System

B. 5 Green Development Index Measurement of Urban Transportation

Li Yihang, *Liu Tieying* / 088

Abstract: This report introduces the calculation process of the green development of urban transportation index and the statistics of the indicators included in each index. The analytic hierarchy process is used to calculate the weight of each index; the extensional analysis method and the fuzzy comprehensive evaluation method are used to calculate the urban traffic green development index respectively; in order to improve the scientific and reliability of the results, the calculation of the two methods is used. The results are converted into a percentage system score, and the results of the comprehensive evaluation are obtained by weighted average. Finally, descriptive statistical analysis is carried out on data included in the functional index, economic index, social index, ecological index and governance index, and each index is analyzed by inter-city analogy, including city ranking and inter-regional indicators, which provide a basis for analyzing the green development of urban transportation in one step.

Keywords: Analytic Hierarchy Process; Matter-element Extension; Fuzzy Comprehensive Evaluation

B. 6 China Green Development of Urban Transport Index Rankings

Wang Zili, *Lin Xiaoyan* / 163

Abstract: Based on the calculation of the ranking of urban transportation green development level, this chapter divides 38 major cities into three categories: high, medium and low level, carries out characteristic analysis. The economic basis, government financial situation, government management effectiveness, urban population growth rate and residents' traffic habits are analyzed for the causes of three types of urban traffic green development. On the whole, the city's regional GDP, government fiscal balance, government management efficiency and residents' environmental awareness are positively correlated to the green development. The urban population growth rate and the green degree of transportation show a "U" relationship. Starting from the typical urban traffic development situation, the reasons for the formation of the top 5 and the last 5 cities are analyzed.

Keywords: Urban Transportation; Green Development; Ranking

B. 7 Decomposition of China's Green Development of Urban Transportation Index *Lin Xiaoyan*, *Zhang Zehua* / 182

Abstract: This report decomposes the urban transportation green development index. For the 38 major cities in China, the functional index, economic index, social index, environmental index and governance index are measured respectively, and the top five index rankings are obtained. Among them, the top 3 cities of functional index are Shenzhen, Suzhou, and Nanjing. The top 3 cities of economic index are Beijing, Shanghai, and Guangzhou. The top 3 cities of social index are Lhasa, Shanghai, and Xiamen. The top 3 cities of environmental index is Foshan, Urumqi, Suzhou, and the top 3 cities of governance indexe are Harbin, Haikou and Kunming.

Keywords: Urban Transportation; Green Development; Index Decomposition

B. 8 Regional Comparison about Green Development of Urban Transportation in China *Liu Tieying*, *Wang Zili* / 240

Abstract: Based on the regional perspective and index, this chapter analyzes the green development of urban transport in the eastern, central, western and northeastern regions, and proposes regional improvement. The economic index of the eastern region has great advantages. The ecological index and social index of the central region are the most prominent. The environmental index in the western region is relatively high, and the social and environmental index in the northeast region is relatively good. The eastern region should build an integrated and diversified public transportation system; develop slow transport facilities and implement restrictive policies; strengthen the propaganda of urban green transportation and increase the density of policy introduction. The central region needs the government and the public to change their concepts, advocate green travel modes, implement bus priority strategies, promote public transport, bicycles and pedestrian urban transport modes; scientifically implement traffic management, guide individual transport to public transport; and increase green traffic publicity. Strength, timely introduction of incentives and preferential policies. The western region should improve the laws and regulations on green transportation and its related standards and norms; broaden the financing and management methods, and enhance the economic index; vigorously cultivate talents, improve the ability of green transportation development; and strengthen regional cooperation. The northeast region should start with rational planning, policy formulation, rational development of rail transit, and increase public participation.

Keywords: Urban Transportation; Green Development; Regional Comparison

B. 9 Satisfaction Ranking of China's Green Development of Urban report Transportation *Lin Xiaoyan, Cui Zhuoran* / 272

Abstract: This report establishes the satisfaction evaluation system of urban transport, namely, the three dimensions of convenience, humanization and overall perception. The data is obtained through questionnaire survey, and the combination of matter-element extension and fuzzy comprehensive evaluation method is used to calculate the green development satisfaction of transportation. For, convenience satisfaction The top 3 cities are Dalian, Shenzhen and Ningbo. The top 3 cities with the satisfaction of humanity are Shenzhen, Hangzhou and Nanjing. The top 3 cities with perceived residents satisfaction are Shenzhen, Ningbo and Nanjing. Overall, the overall satisfaction of Shenzhen, Haikou and

Ningbo are the best among 38 cities.

Keywords: Urban Transport; Satisfaction; Ranking

B. 10 The Path and Measure of China's Green Development of Urban Transportation

Liang Xiaoyi, *Li Yihang and Liu Tieying* / 297

Abstract: This report introduces the realization path and countermeasures of urban transport about green development. In terms of economical aspect, we must actively use the role of green transportation for urban development, improve speed and accessibility, and adopt effective measures and systems to ensure the sustainable competitiveness of green transportation. In the social aspect, we must improve the quality of public transportation services and strengthen transport planning and design, strengthen publicity and education, establish a green travel concept. In the ecological aspect, we should build an ecological city and create a healthy and green transportation environment based on people-oriented thinking. In terms of development countermeasures, we should vigorously develop green transportation modes and establish a green transportation system; adjust the travel demand through economic means such as vehicle purchase tax and parking management; improve transportation planning and land planning.

Keywords: Urban Transportation; Green Development; Realization Path; Development Strategy

Ⅲ Special Topics

B. 11 Beijing's Future Transportation: Building a Sustainable Urban Transportation System *Pan Haoran* / 309

Abstract: Based on the analysis of the causes and mechanisms of Beijing's actual transport problems, this paper explores sustainable transportation theory, Beijing's sustainable development strategy and policy issues, also predicts and constructs Beijing's future ideal sustainable traffic scenarios. This chapter studies development strategies that achieve an ideal level.

Keywords: Sustainable Development; Urban Transportation

B. 12 Creating "Beijing-Tianjin-Hebei on the Rail": Overview of the Ten-Year Construction of Regional Railways

Gao Mingming / 330

Abstract: Promoting the coordinated development of Beijing-Tianjin-Hebei is a major decision-making arrangement made by the Party and the State Council under new historical conditions. It is a concrete manifestation of Xi Jinping's socialism with Chinese characteristics in the new era. It is a solution to Beijing's non-capital function and promote regional coordinated development, which of great significance. Promoting the construction of a railway transportation network with complete functions, fast and convenient, safe and efficient, and low carbon green is the key to optimizing transportation structure, constructing a modern integrated transportation system and integrating transportation in Beijing, Tianjin and Hebei. From the opening and operation of the Beijing-Tianjin inter-city railway on August 1, 2008, after 10 years of concentrated attack and coordinated promotion, the regional railway development has achieved remarkable results, meanwhile, the passenger and cargo transportation capacity and service quality have been greatly improved, which create the "Beijing-Tianjin-Heibei on the railway", optimizing the transportation structure and promoting the coordinated development of Beijing-Tianjin-Hebei with strong support.

Keywords: Regional Railway; Beijing-Tianjin-Hebei

B. 13 Supervision Path of China's Online Car-hailing Service of Private Car *Feng Bo*, *Yang Tong* / 341

Abstract: Based on the analysis of the evolution path, development status and supervision mode of private cars in China, this paper finds the shortcomings of the existing regulatory system for private cars used to online car-hailing in China (for example, the supervisory model of "people + car + platform"): which concept is confused, the platform responsibility is unclear, and the access criteria are too high. Combined with typical cases such as "M&A of Uber and DiDi" and "Leeqing Drip Case", the paper discusses the important theoretical issues such as the type division, functional characteristics and legal positioning of the online car-hailing. Comparing the various regulatory modes of private cars in the United States, the United Kingdom, Singapore and other countries, and then proposing the regulatory path for online car-hailing of private cars in China according to the concept of "competition is better than supervision". It shows that measures should be promote about relaxing pre-regulation and stimulating market vitality; increasing the platform Autonomy, stimulating market innovation; increasing post-event supervision and clarifying the form of responsibility.

Keywords: Private Car for Online Car-hailing Service; Cruising Car; Competition Policy

Ⅳ International Case Study

B. 14 Cases and Experiences about Green Development of Urban Transportation *Liu Tieying*, *Liang Xiaoyi* / 361

Abstract: This report selects countries and regions with high level of green transportation development. This chapter takes Paris and London as the example of European region, and the city of Portland is taken to show the experience of

United States. Meanwhile, the Asian region is based on Japan. The status quo of national and urban transportation and green transportation, the existing green transportation laws and regulations are sorted out, and the development status of green transportation is compared with domestic cities, and the development experience and enlightenment that can be used for reference are obtained.

Keywords: Urban Transportation; Green Development; International Case

皮书起源

“皮书”起源于十七、十八世纪的英国，主要指官方或社会组织正式发表的重要文件或报告，多以“白皮书”命名。在中国，“皮书”这一概念被社会广泛接受，并被成功运作、发展成为一种全新的出版形态，则源于中国社会科学院社会科学文献出版社。

皮书定义

皮书是对中国与世界发展状况和热点问题进行年度监测，以专业的角度、专家的视野和实证研究方法，针对某一领域或区域现状与发展态势展开分析和预测，具备原创性、实证性、专业性、连续性、前沿性、时效性等特点的公开出版物，由一系列权威研究报告组成。

皮书作者

皮书系列的作者以中国社会科学院、著名高校、地方社会科学院的研究人员为主，多为国内一流研究机构的权威专家学者，他们的看法和观点代表了学界对中国与世界的现实和未来最高水平的解读与分析。

皮书荣誉

皮书系列已成为社会科学文献出版社的著名图书品牌和中国社会科学院的知名学术品牌。2016 年，皮书系列正式列入“十三五”国家重点出版规划项目；2013~2018 年，重点皮书列入中国社会科学院承担的国家哲学社会科学创新工程项目；2018 年，59 种院外皮书使用“中国社会科学院创新工程学术出版项目”标识。

S 基本子库
UB DATABASE

中国社会发展数据库（下设 12 个子库）

全面整合国内外中国社会发展研究成果，汇聚独家统计数据、深度分析报告，涉及社会、人口、政治、教育、法律等 12 个领域，为了解中国社会发展动态、跟踪社会核心热点、分析社会发展趋势提供一站式资源搜索和数据分析与挖掘服务。

中国经济发展数据库（下设 12 个子库）

基于“皮书系列”中涉及中国经济发展的研究资料构建，内容涵盖宏观经济、农业经济、工业经济、产业经济等 12 个重点经济领域，为实时掌控经济运行态势、把握经济发展规律、洞察经济形势、进行经济决策提供参考和依据。

中国行业发展数据库（下设 17 个子库）

以中国国民经济行业分类为依据，覆盖金融业、旅游、医疗卫生、交通运输、能源矿产等 100 多个行业，跟踪分析国民经济相关行业市场运行状况和政策导向，汇集行业发展前沿资讯，为投资、从业及各种经济决策提供理论基础和实践指导。

中国区域发展数据库（下设 6 个子库）

对中国特定区域内的经济、社会、文化等领域现状与发展情况进行深度分析和预测，研究层级至县及县以下行政区，涉及地区、区域经济体、城市、农村等不同维度。为地方经济社会宏观态势研究、发展经验研究、案例分析提供数据服务。

中国文化传媒数据库（下设 18 个子库）

汇聚文化传媒领域专家观点、热点资讯，梳理国内外中国文化发展相关学术研究成果、一手统计数据，涵盖文化产业、新闻传播、电影娱乐、文学艺术、群众文化等 18 个重点研究领域。为文化传媒研究提供相关数据、研究报告和综合分析服务。

世界经济与国际关系数据库（下设 6 个子库）

立足“皮书系列”世界经济、国际关系相关学术资源，整合世界经济、国际政治、世界文化与科技、全球性问题、国际组织与国际法、区域研究 6 大领域研究成果，为世界经济与国际关系研究提供全方位数据分析，为决策和形势研判提供参考。

法律声明